निबन्धों की दुनिया

संस्कृति है क्या?

तथा अन्य निबन्ध

रामधारी सिंह दिनकर

निबन्धों की दुनिया

संस्कृति है क्या? तथा अन्य निबन्ध

रामधारी सिंह 'दिनकर'

सम्पादन एवं भूमिका

अरविन्द कुमार सिंह

वाणी प्रकाशन

प्रकाशन के उत्कृष्टतम 61 वर्ष

vaniprakashan.com

सजिल्द पहला संस्करण : 2024

वाणी प्रकाशन

4695, 21-ए, दरियागंज, नयी दिल्ली-110 002

फ़ोन : +91 11 23273167, 23275710

शाखाएँ

अशोक राजपथ, पटना-800 004, बिहार

कॉफ़ी हाउस कैम्पस, महात्मा गांधी मार्ग, प्रयागराज-211 001, उत्तर प्रदेश

महात्मा गांधी अन्तरराष्ट्रीय हिन्दी विश्वविद्यालय, वर्धा-442 001, महाराष्ट्र

36/ए, शेक्सपियर सरणी, रानी बिरला गर्ल्स कॉलेज के पास, कोलकाता-700 017, प. बंगाल

sales@vaniprakashan.in

vaniprakashan@gmail.com

Nibandhon Ki Duniya

Sanskriti kya hai? Tatha any Nibandh : Ramdhari Singh 'Dinkar'

by Arvind Kumar Singh

ISBN : 978-93-5775-385-2

Literary Essays

मूल्य : ₹ 895

जी.एस. ऑफ़सेट, दिल्ली-110 095 में मुद्रित

वाणी प्रकाशन का लोगो मक़बूल फ़िदा हुसेन की कूची से

भूमिका

राष्ट्रकवि रामधारी सिंह दिनकर हिन्दी के विशिष्ट, गण्यमान्य और वर्तमान समय में महान कवि हैं। उन्होंने हिन्दी की काव्यधारा को एक नयी दिशा, नया आयाम, नया क्षितिज, नयी अवधारणा, नयी सोच, नया धरातल, नया बिम्ब विधान और सर्वोपरि हिन्दी काव्य को दुरूह और अस्पष्ट कल्पना जगत् से निकालकर उसे लोकहित और जनहित में स्थापित और प्रतिष्ठित किया। उनकी काव्य-पंक्तियाँ हैं—

सच्चाई की पहचान कि पानी साफ़ रहे
जो भी चाहे ले परख जलाशय के तल को
गहराई का वे भेद छिपाते हैं केवल
जो जानबूझ गँदला करते अपने जल को।

दिनकर अपने युग के प्रथम पांक्तेय विभूतियों में रहे, उनके साहित्य में हमारा पारम्परिक दर्शन और विचारधारा तथा पाश्चात्य चिन्तकों की सोच, दोनों का सम्मिश्रण तो नहीं कहना चाहिए, बल्कि ज़्यादा उपयुक्त होगा कहना कि दोनों को आत्मसात् करने के पश्चात् जो रत्न नितान्त मौलिक तौर पर अभिव्यक्त होता है, वह उनके काव्य और उनके साहित्य का सौन्दर्य है।

दिनकर जी यदि कवि नहीं, केवल गद्यकार ही होते तो आज उनका स्थान कहाँ होता? यह सवाल अक्सर मेरे मन में उठता है और तब मुझे लगता है कि कदाचित् उनके विराट कवि व्यक्तित्व ने उनके गद्यकार को ढक लिया है। यह निश्चित है कि पूज्य दिनकर जी यदि मात्र गद्य लेखक ही होते तब भी उनकी गणना हिन्दी के श्रेष्ठतम गद्य लेखकों में होती। किन्तु जैसे 'रेणुका', हुंकार, 'रश्मिरथी', 'कुरुक्षेत्र' और 'परशुराम की प्रतीक्षा' के रचयिता और 'रसवन्ती' तथा 'उर्वशी' के रचयिता एक ही कवि का होने के कारण 'रसवन्ती' और 'उर्वशी' की

कोमल, मृदु और आध्यात्मिक धारा की अवहेलना हो जाती है, वैसे ही दिनकर के विराट् और विशाल कवित्व के कारण उनका गद्य उपेक्षित हो गया है।

मुझे आभास होता है कि जब कोई गद्यकार केवल गद्य ही लिखता हो तो वह अपने गद्य में कवित्व का पुट डालना चाहता है और प्रमुखतः कोई कवि यदि गद्यकार भी हो तो वह अपने मन-मस्तिष्क पर छायी काव्य-भावनाओं से मुक्त होकर .ज़्यादा विश्लेषणात्मक किन्तु वस्तुनिष्ठ होना चाहता है। किन्तु प्रमुखतः कवि होने के कारण उसके गद्य में काव्यात्मकता स्वाभाविक तौर से विद्यमान होती है। इस तरह यदि विशुद्ध गद्यकार अपने भीतर व्याप्त काव्यगत मनोभावों का समावेश अपने गद्य में करता है तो उसका गद्य .ज़्यादा मौलिक, पारदर्शी और सम्प्रेषणीय हो जाता है। जबकि मूलतः कवि जब गद्य लिखे तो वह भावजन्य विचारों से जितना मुक्त हो सके, इसमें उसके सफल गद्यकार होने का रहस्य छिपा होगा।

दिनकर जी की कविताओं के 32 संकलन प्राप्त हैं और 30 गद्य पुस्तकें हैं। इससे स्पष्ट हो जाता है कि उन्होंने जितनी कविताएँ लिखीं, प्रायः उतना ही गद्य भी लिखा। इसमें उनके निधनोपरान्त प्रकाशित पुस्तकें 'दिनकर के पत्र', 'संसद में दिनकर', 'शेष-निःशेष' भी सम्मिलित हैं। आचार्य हजारीप्रसाद द्विवेदी ने दिनकर जी के सम्बन्ध में कहा था—"उनके समान तेजस्वी कदाचित् ही धरती पर आते हैं। वे जितने उच्च कोटि के कवि थे, उतने ही बड़े विचारक और वाग्मी भी। गद्य और पद्य दोनों के वे सव्यसाची थे। भगवान ने उन्हें जैसी वाणी की सम्पत्ति दी थी वैसा ही चारुदर्शन भव्य रूप दिया था।"

मैंने पूर्व में लिखा कि दिनकर जी का गद्य नितान्त मौलिक है, वह सर्वथा नये ढंग से अभिव्यक्त हुआ है, कहीं भी ऐसा नहीं कि वह किसी आयातित सोच, चिन्तन या अवधारणा की अनुभूति के तौर पर लक्षित हो। वरेण्य कवि डॉ. शिवमंगल सिंह सुमन ने कहा—"इसी तरह जो भाषा दिनकर जी ने लिखी, जो भाषा बच्चन जी ने लिखी, वह भाषा भारत की मिट्टी की सुगन्ध लेकर आयी जिससे वह पनपी थी। वह औरों की भाषा नहीं थी, नक़ली भाषा नहीं थी, लेकिन जब बोली जाती थी तो हृदय को छूती थी।"

दिनकर जी ने गद्य की प्रायः सभी विधाओं में लिखा है—आलोचना, ललित निबन्ध, यात्रा वृत्तान्त, संस्मरण, डायरी, लघुकथा, गद्य काव्य, रेडियो रूपक इत्यादि। मेरा ख़याल है कि उनके गद्य लेखन पर अलग से विचार किया जाना चाहिए और उनका मूल्यांकन स्वतन्त्र तौर पर होना चाहिए।

दिनकर जी का गद्य स्पष्ट है, पारदर्शी है, दुरूह-से-दुरूह तथ्यों को कैसे

सरल-से-सरल तरीक़े से परोसा जाये, यह उनके गद्य से प्रकट होता है। वे एक सहज विचारक, चिन्तक, मनीषी और दार्शनिक हैं, जी हाँ, मैं यहाँ एक नया शब्द दे रहा हूँ—दार्शनिक, जो है तो बहुप्रचलित किन्तु उनके सम्बन्ध में कदाचित् ही प्रयोगित हुआ है। दिनकर जी को पढ़ने पर यह भासित होता है कि वे एक महान दार्शनिक हैं। वे निरन्तर चिन्तनशील हैं; भारत की सांस्कृतिक चिन्ता, धर्म, नैतिकता और विज्ञान की चिन्ता, जीवन में सत्यम्, शिवम्, सुन्दरम् के स्थान-निर्धारण का द्वन्द्व, परम्परा और आधुनिकता के सम्बन्ध में उनकी सोच और उनके इस विपुल गद्य सृजन का अवगाहन करते हुए साफ़ प्रतीत होता है कि वे एक दार्शनिक सोच का प्रतिपादन करते हैं। इसलिए मुझे उनके निबन्धों में मात्र साहित्य ही नहीं, बल्कि दर्शन का भी दिग्दर्शन होता है। वे जगह-जगह बतौर शिक्षक दिखते हैं, जो कि कठिन विषयों का सरलता से विश्लेषण करता हुआ प्रतीत होता है। 'संस्कृति के चार अध्याय' की भूमिका में लिखा भी है—देश के सम्बन्ध में—"यह महल साहित्य और दर्शन का है। तथ्यों को समझाकर बोधगम्य बनाने की ऐसी अप्रतिम क्षमता कदाचित् हिन्दी साहित्य में दुर्लभ है।" एक जगह वे लिखते हैं—"धर्म और विज्ञान पर विचार करते हुए आइंस्टीन इस निष्कर्ष पर पहुँचे थे कि इन दोनों के कार्यक्षेत्र दो हैं। विज्ञान उन वस्तुओं का विश्लेषण करता है जिनका अस्तित्व है, अर्थात् विज्ञान के द्वारा हम उन नियमों का ज्ञान प्राप्त करते हैं जो इन वस्तुओं के पारस्परिक सम्बन्धों के आधार हैं, किन्तु धर्म ऐसा कोई भी कार्य नहीं करता। वह केवल इस बात पर विचार करता है कि मनुष्य को होना कैसा चाहिए। विज्ञान यह पता लगाता है कि हृदय मानव-शरीर में दाहिनी या बायीं ओर है। धर्म यह बतलाता है कि मानव जीवन में हृदय का महत्त्व क्या है। विज्ञान नित्य नयी शक्तियों का अर्जन करके उन्हें मनुष्य के हाथों में रखता जा रहा है; किन्तु मनुष्य इन शक्तियों का उपयोग किन ध्येयों के लिए करे, यह शिक्षा विज्ञान से नहीं निकाली जा सकती। यह बात हमें धर्म बतला सकता है। किन्तु धर्म अनावृत हो गया और मनुष्य ने अपने कार्यों के लिए धर्म से राय-मशविरा करना छोड़ दिया है, वह अपना सारा काम अब केवल बुद्धि से पूछकर करता है। परिणाम यह है कि विज्ञान की शक्तियाँ मनुष्य का काल बन रही हैं, क्योंकि मनुष्य यह जानता ही नहीं कि इन शक्तियों का सम्यक् उपयोग क्या है?"

दिनकर जी के गद्य में अवगाहन करने का अर्थ है, स्वयं को ज्ञान की विभिन्न धाराओं से पुष्ट करना। मैं यह विश्वास के साथ कह सकता हूँ कि

दिनकर जी का गद्य यदि आपने पढ़ा है तो आप निश्चयपूर्वक उस ज़मीन पर खड़े हैं, जो जितनी ठोस है, उतनी ही मुलायम, जितनी कठोर है उतनी ही मृदु। जितनी स्पष्ट है, उतनी ही वायवीय। हाँ अगर हमने दिनकर जी के गद्य साहित्य को गम्भीरता से पढ़ा है, तो भारत के साहित्यिक, सांस्कृतिक, सामाजिक और दार्शनिक वैशिष्ट्य को हम समझ सकते हैं, न सिर्फ़ भारतीय सन्दर्भों को बल्कि विश्व स्तर पर जो चिन्तन, जो सोच, जो दिशा निर्धारित हो रही है, प्रतिपादित हो चुकी है, वे ज्ञान के उन महत्त्वपूर्ण टापुओं पर आपको पहुँचा देंगे। 'शुद्ध कविता की खोज' के सम्बन्ध में डॉ. हजारीप्रसाद द्विवेदी का विचार है–

"बहुत बार शुद्ध या अशुद्ध कविता की चर्चा इतनी नीरस होती है कि देर तक उलझने की हिम्मत नहीं होती। पर यह पुस्तक अपवाद है। पश्चिम के विचारकों से उलझने और उनसे रास्ता निकालने के अनेक प्रयास आपकी सरस लेखनी से महिमामण्डित होकर निकलते हैं। क्या शानदार ढंग से आपने यह कहानी कही है।"

पश्चिम के लेखकों की कहानी कहने वाले प्रायः उसे ऐसा बोझिल बना देते हैं कि लगता ही नहीं कि हिन्दी भाषा में कुछ पढ़ा जा रहा है। 'शुद्ध कविता की खोज' इस विषय में भी अपवाद हैं, इसमें लेखक विषय पर अच्छी तरह अधिकार करके उसे सहज भाषा में कहता है। मैंने कई शोध छात्रों को यह पुस्तक पढ़ने को कहा है। मैं चाहता हूँ कि वह सीखें कि कैसे कहा जाता है?

डॉ. शिवमंगल सिंह सुमन ने लिखा–"जो भी हो, मैं इस पुस्तक को 'काव्य में अभिव्यंजनावाद' के समकक्ष रखता हूँ। बाद में इतिहास भी शायद इसकी गवाही दे।"

आचार्य शिवपूजन सहाय जी ने कहा कि, "सुगम गद्य में ऐसी मार्मिक बातें कह जाना कमाल का काम है। ...ऐसी पते की और मार्के की बात कहना, जैसी प्रायः सन्त या महात्मा या दार्शनिक ही यह सकते हैं।"

कबीर साहब से भेंट में दिनकर जी लिखते हैं–"कबीर साहब की बातें सुनकर क्षण भर मैं विचार-मग्न हो गया। मुझे लगा कि समाजवाद नया शब्द ज़रूर है, किन्तु उसकी तैयारी सदियों से होती आयी है। कबीर ने जातिप्रथा और वर्णाश्रम पर प्रहार किया। मार्क्स धनतन्त्र को ललकारने के जोश में धर्म के भी विरुद्ध हो गये। गांधी की व्यथा यह है कि धनतन्त्र तो अवश्य टूटे, किन्तु धर्म फिर से अचल हो जाये। किन्तु इस कार्य में कठिनाई कितनी है? अतएव मैंने आतुर होकर प्रश्न किया, "किन्तु महाराज, आप जिस समाज की कल्पना करते हैं; वह तो संन्यासियों के समाज जैसा लगता है? तो क्या संन्यासी भी समाज चला सकते हैं?"

महात्मा बोले, "चलाना ही होगा। और कोई उपाय नहीं है। मैं जिस समाज की कल्पना करता हूँ उसके गृहस्थ संन्यासी और संन्यासी गृहस्थ होंगे, अर्थात् संन्यास और गृहस्थ के बीच की दूरी नहीं होगी, जो परम्परा से चली आ रही है। मैं स्वयं गृहस्थ था, नानक गृहस्थ थे, बहुत प्राचीन काल से वशिष्ठादि अनेक ऋषि गृहस्थ हुए हैं। संन्यासी उत्तम कोटि का मनुष्य होता है, क्योंकि उसमें संयम की वृत्ति नहीं होती, लोभ और स्वार्थ नहीं होता। यही गुण गृहस्थ में भी होना चाहिए, और संन्यासी भी वही श्रेष्ठ है जो समाज के लिए कुछ काम करे; शक्ति भर फावड़ा, चरखा या करघा चलाये अथवा विपन्न मनुष्य की सेवा करे, जैसे एक गृहस्थ दूसरे गृहस्थ की करता है। ज्ञान और कर्म को भिन्न करोगे तो समाज में विपन्नता उत्पन्न होगी ही, मुख में कविता और करघे पर हाथ, यह आदर्श मुझे पसन्द था और इसी की शिक्षा मैं दूसरे को देता हूँ। और तुमने सुना है कि नहीं कि नानक ने एक अमीर लड़के के हाथ से पानी पीना अस्वीकार कर दिया था? लोगों ने कहा—गुरु जी, यह लड़का तो अत्यन्त सम्राट वंश का है, इसके हाथ का पानी पीने में क्या दोष है? ...नानक बोले—इसकी तलहत्थी में मेहनत और मज़दूरी के निशान नहीं हैं। जिसके हाथ में मेहनत के ठेले नहीं होते, उसके हाथ का पानी पीने में मैं दोष मानता हूँ। ...नानक ठीक थे। श्रेष्ठ समाज वही है जिसके सदस्य ज्ञान और कर्म में से एक को श्रेष्ठ और दूसरे को अधम नहीं मानते। श्रेष्ठ समाज वह है जिसके सदस्य जी खोलकर श्रम करते हैं और तन की ज़रूरत से अधिक धन का अधिकार जमाने की उनकी इच्छा नहीं होती।

उदर समाता अन्न लै, तनहिं समाता चीर
अधिकहिं संग्रह ना करै, ताको नाम फ़कीर
साधू सच्चा वही है, पेट समाता लेइ
आगे पीछे हरि खड़े, जब माँगे तब देइ।
साईं इतना दीजिए, जामें कुटुम समाय
मैं भी भूखा ना रहूँ, साधु न भूखा जाय।

तो मैंने दिनकर जी के गद्य में से कुछ मंजूषाएँ एकत्र की हैं, आप भी इसका आनन्द लें। तुष्ट तो आदमी कभी नहीं होता। ज्ञान का क्षेत्र अगम है, अपार है, किन्तु आपकी पिपासा को हो सकता है कि यह संग्रह और तीव्र कर दे और तब आप विस्तार से उनके समस्त साहित्य को पढ़ें। कवि दिनकर तो हिन्दी साहित्य

के लिए अनिवार्य हैं और इसे पढ़कर शायद आपको भाषित हो कि गद्यकार दिनकर भी शायद उतने ही आवश्यक हैं।

–अरविन्द कुमार सिंह

5 फ़रवरी, 2023
बसन्त पंचमी
दिनकर संस्कृति संगम न्यास
दिनकर भवन, आर्य कुमार रोड, पटना-800004

अनुक्रम

अर्धनारीश्वर

मन्दिर और राजभवन

मन्दिर है उपासना का स्थल, जहाँ मनुष्य अपने-आप को ढूँढ़ता है।

राजभवन है दण्ड-विधान का आवास, जहाँ मनुष्यों को शान्त रहने का पाठ पढ़ाया जाता है।

मन्दिर कहता है, आओ, हमारी गोद में आते समय आवरण की क्या आवश्यकता? पारस और लोहे के बीच काग़ज़ का एक टुकड़ा भी नहीं रहना चाहिए; अन्यथा लोहा लोहा ही रह जायेगा।

और राजभवन कहता है, हम और तुम समान नहीं हैं। हम प्रताप की पोशाक पहने हुए हैं; तुम अधीनता की चादर लपेटे आओ; क्योंकि हम शासक हैं और तुम शासित। हम तुम्हें गोद में नहीं बिठा सकते, अधिक-से-अधिक अपनी कुर्सी के पास स्थान दे सकते हैं।

मन्दिर कहता है, लोग संसार में लिप्त हैं; वासना के रोगों से पीड़ित हैं; हम उन्हें संसार से विरक्त करेंगे जिससे दण्ड-विधान की ज़रूरत ही नहीं रह जाये।

राजभवन कहता है, लोग संसार में अनुरक्त हैं। और जब तक वे अनुरक्त हैं, तब तक उन पर पहरा देने के लिए एक सत्ता की ज़रूरत है। वह सत्ता हम हैं।

मन्दिर कहता है, हम मनुष्यों को सुधारेंगे।
राजभवन कहता है, हम मनुष्यों पर शासन करेंगे।

गांधी जी अहिंसा सिखाते-सिखाते स्वयं हिंसा के शिकार हो गये। मन्दिर गिर गया और राजभवन का दण्ड-विधान अपनी जन्मपत्री में अपना भविष्य देख रहा।

गांधी जी की मृत्यु के साथ संसार की एक पुरातन समस्या, मनुष्य-जाति का एक प्राचीन प्रश्न फिर अपनी विकरालता के साथ हमारे सामने आया है।

सन्तों, अवतारों और भविष्य को देखने वालों की दृष्टि क़ानून बनाने वालों, शासकों और राजपुरुषों के कार्यों से किस प्रकार सम्बद्ध है? दोनों के बीच कौन-सा नाता है? जो मनुष्य के स्वभाव पर पहरा देते हैं, क्या उनकी आत्मा का

मेल उन लोगों से कभी नहीं बैठेगा, जो मनुष्य के स्वभाव को बदलने के लिए आया करते हैं? मन्दिर की स्थापना क्या राजभवन में नहीं ही होगी? अथवा राजभवन क्या मन्दिर में कभी भी नहीं समायेगा?

मन्दिर और राजभवन के बीच कोई प्रच्छन्न संघर्ष है जो बहुत दिनों से चल रहा है और जिसका कोई-न-कोई हल निकालना ही होगा, क्योंकि मनुष्य को बदलना भी ज़रूरी है और उसे अनुशासन के भीतर रखना भी आवश्यक है।

जो क़ानून बनाते हैं, जो शासन करते हैं, उनका दृष्टिकोण वर्तमान से सम्बद्ध रहता है। उनके कार्यों की भूमि ही वर्तमान काल है। मनुष्य अभी जैसा है, उसके सम्बन्ध में उनकी जैसी धारणा है, अपनी भावना, इच्छा और प्रवृत्तियों से शासक उसे जैसा समझते हैं, उसके साथ वैसा ही व्यवहार भी करते हैं। वे अदृश्य में प्रवेश नहीं कर सकते। उनके सामने मनुष्य का जो निश्चित, स्थूल रूप है और जिसे वे आसानी से समझ सकते हैं, वही उनके अंकुश का लक्ष्य होता है।

इसके विपरीत, जो नबी और अवतार हैं, जो भविष्यद्रष्टा, सुधारक और सन्त हैं, वे मनुष्य के उसी रूप को नहीं देखते, जो उसका वर्तमान रूप है। वरन् उनकी दृष्टि मनुष्य के भीतर छिपी हुई सम्भावनाओं पर भी जाती है। भ्रमों और मलों का केंचुल उतार फेंकने पर मनुष्य कितना नवीन और मोहक हो सकता है, यह उनकी सहानुभूति के फैलने का कारण हो जाता है। नबी और अवतार उन अनुभूतियों को जगाना चाहते हैं जो अभी इन्सानों को मिल नहीं सकी हैं। जो हाथ से दूर है, जो तुरत पकड़ में नहीं आ सकता, जो अदृश्य और अनुपलब्ध है, भविष्य को देखने वाले सन्त उसे ही समीप लाना चाहते हैं और उसे समीप लाने के प्रयास में वे जो कुछ करते या बोलते हैं, वह साधारण मनुष्य की समझ में ठीक से नहीं आता। रहस्यवादियों की वाणी धुँधली और क्रिया आलोचना से परे होती है, जैसी कि बापू की थी। और इतर मनुष्य इस क्रिया और इस वाणी के सामने किंकर्तव्यविमूढ़-से खड़े रहते हैं।

राजमहल चाहता है प्रतिरोध और प्रताप, सम्पत्ति, शक्ति और विशालता। हम कुबेर हैं, हम सूर्य हैं, हम अर्जुन और भीम हैं, हम दहकते हुए अंगारे हैं और जो कोई हमारा स्पर्श करेगा, वह जल जायेगा। भला कौन कह सकता है कि राजमहल के उद्देश्य हीन हैं?

मगर मन्दिर सिखाता है अनवरोध; मन्दिर सिखाता है विनयशीलता; मन्दिर सिखाता है अपरिग्रह, दीनता और ब्रह्मचर्य।

शंकालु कहते हैं; ब्रह्मचर्य के अखण्ड पालन से मनुष्य जाति समाप्त हो जायेगी।

अपरिग्रह और दीनता की प्रशंसा करते-करते हम ऐसी विपत्तियों में पड़ जायेंगे, जिनसे निस्तार पाना कठिन होगा।

विनयशीलता और अनवरोध को अगर हमने अपना जीवन-सिद्धान्त बनाया तो इसका परिणाम तो जघन्य शक्तियों की विजय और विकास ही होगा।

तब क्या सन्तों, नबियों, अवतारों और सुधारकों ने इस अत्यन्त स्पष्ट सत्य को ही नहीं समझा और आँख मूँदकर अपने प्रभाव में आये हुए मानव समुदाय को आत्मघात करने की शिक्षा दे दी?

हम नहीं मानते कि एक मोटी बात जो सबकी समझ में आती है, सिर्फ़ सन्तों की ही समझ में नहीं आयी। और न हम यही मानते हैं कि नबियों ने हमसे यह आग्रह किया है कि जो कुछ मैं कहता हूँ, तुम उसे अपने आचरण का कठोर नियम बना लो।

जब बापू चाँदपुर (नोआखाली) गये, उनसे कुछ बंगाली नवयुवकों ने वहाँ की विपत्ति की कहानियाँ सुनायीं और कहा कि आप जो अहिंसा सिखाते हैं, वह यहाँ एकदम असफल होगी। कोई युवती जीभ काटकर मर जाये या ज़हर खा ले, इससे दूसरी युवती का सतीत्व नहीं बच सकता और न अनुनय, विनय और अहिंसा तथा प्रेम का साँपों और भेड़ियों पर कोई प्रभाव ही पड़ता है।

राजमहल ने समझा था कि मन्दिर पराजित और निरुत्तर हो जायेगा। मगर मन्दिर निरुत्तर कैसे हो? जो भविष्य को देखता और समझता है, वह क्या वर्तमान को ही नहीं समझ सकता?

हठ और ज़िद तो अधकचरे दिमाग़ के लक्षण हैं। सत्य को खोजने वाला पुरुष तो बराबर यही सोचता है कि सम्भव है, किसी बात में मैं ही ग़लत और दूसरे लोग ही ठीक हों। जब हम सत्य की ओर बढ़ने वाली सीधी राह पर आ जाते हैं, तब हमारी भावना उदार हो जाती है और हम किसी बात पर ज़िद नहीं करते। 1942 में गांधी ज़ी ने लुई फ़िशर से कहा था कि "मैं, प्रधानतः, समझौतों में विश्वास करने वाला जीव हूँ; क्योंकि मुझे कभी भी यक़ीन नहीं रहता कि जो कुछ मैं कर रहा हूँ, वह ठीक ही है।"

किसी समय चटगाँव के शस्त्रागार पर छापा मारने वाले नोआखाली के इन नौजवानों से बापू ने कहा, "मैं यह हठ करने के लिए नहीं आया हूँ कि तुम उसी वीरता का प्रयोग करो, जिसका मैं अभ्यासी हूँ, तुम परम्परागत वीरता से

भी काम ले सकते हो। किन्तु स्मरण रहे कि मैं चटगाँव के शस्त्रागार पर छापा मारने वालों के बीच हथियार बाँटने को यहाँ नहीं आया हूँ।"

मन्दिर हठ नहीं करता। मन्दिर यह नहीं कहता कि मेरी तमाम लकीरें तुम्हारे जीवन की पगडण्डियाँ हैं और उन्हें छोड़कर तुम्हें और कहीं नहीं जाना चाहिए। ये तो रोशनी की छोटी-बड़ी शलाकाएँ हैं जिन्हें लेकर हमें जीवन के मर्म को समझना है।

ज्ञान और साधना के चरम शिखर पर बैठा हुआ सन्त यह नहीं कहता कि मैं तुम्हारे दैनिक जीवन के क्षण-क्षण के आचरणों के नियम बोलता हूँ, वरन यह कि मैं जो कुछ कहता हूँ, उसे सोच-समझकर तुम यह निश्चय करो कि जीवन के ये कौन-से उद्देश्य हैं, कौन-सी दिशाएँ हैं, जिनके प्रति तुम्हें वफ़ादार रहना चाहिए।

सन्त कहते हैं कि तुम्हारे ज़िम्मे जिसका जो पावना है, उसे वह अदा कर दो; किन्तु अपनी अन्तिम भक्ति और आख़िरी वफ़ादारी उसके चरणों में अर्पित मत करो।

और अब नबियों की धुँधली वाणी के भेद हम पर खुल सकते हैं कि :

विनयशीलता का अर्थ इतना ही है कि दलीलों की घाटियों से होते हुए जब तुम विश्वास की चोटी पर जा पहुँचो, तब भी दुराग्रही मत बनो। तब भी तुम एक प्रकार के विरल संशय को अपने आसपास मँडराते रहने दो कि मुमकिन है कि दूसरी चोटियाँ भी ठीक हों।

अपरिग्रह का आशय इतना ही है कि अधिकार के मद में मत भूलो समृद्धि, सुयश और सम्मान के बीच भी विराग ही तुम्हारी सबसे बड़ी शोभा है।

और अनवरोध का तात्पर्य यह है कि दुनिया में खड्गहस्त लोगों के बीच जो स्पर्धा और द्वन्द्व मचा हुआ है, हिंसा की जो भीषण घुड़दौड़ चल रही है, उसके अग्रगणी तुम मत बनो।

और चाहिए किरण जगत् को और चाहिए चिनगारी

प्रकाश का निर्माण कर पन्थी! क्योंकि इससे तुझे तेरी राह मिलेगी और इसके सहारे दूसरे लोग भी अपना मार्ग निर्धारित करेंगे।

पिता अपनी प्रगति के लिए प्रकाश ढूँढ़ता है, किन्तु वह उसे अपनी सन्तान को भी दे जाता है।

प्रकाश पर अधिकार व्यष्टि का नहीं, समष्टि का होता है। रोशनी सारी इन्सानियत की पूँजी है और प्रकाश निखिल संसार की निधि।

भगीरथ एक होता है, किन्तु उसकी लायी हुई गंगा अनन्त मानवों का उद्धार करती है।

मनुष्य एक है : मनुष्य अविभाज्य है।

हाथ से कमाई हुई रोटी का रस क्या पाँव के लिए पुष्टिकारक नहीं होता?

मानवता अन्धकार की कारा से युद्ध कर रही है। संसार के कोने-कोने में इस प्राचीर पर प्रहार किये जा रहे हैं। पता नहीं, यह प्राचीर पहले कहाँ टूटेगा। मगर जहाँ भी टूटे, प्रकाश का जो प्रवाह फूट निकलेगा, वह एक-दो खण्डों को नहीं, समस्त मानवता को प्लावित करेगा।

हम प्रकाश चाहते हैं; परम्परा की तमिस्रा को छिन्न-भिन्न कर देने वाले विभाविशिखों से संवलित ज्ञान का प्रकाश; रूढ़ियों के जाल पर ज्वालापात करने वाला उद्धारक प्रकाश; मनुष्य और मनुष्य के बीच जो एक नैसर्गिक सम्बन्ध है, उसे प्रत्यक्ष करके दिखलाने वाला समत्वविधायक प्रकाश।

और हम चिनगारियाँ भी चाहते हैं। प्रतिभा के मूल पुंज से छिटकनेवाली देदीप्यमान ज्ञान की चिनगारियाँ; कायरता को भस्मीभूत करने वाले तेज और ओज की चिनगारियाँ, बलिदान के पथ पर आरूढ़ रहने का प्रोत्साहन देने वाली त्याग की चिनगारियाँ।

ओ मनुष्य! जो कुछ तुम्हें मिला है, वही तुम्हारा अन्तिम लक्ष्य नहीं था। यह प्राप्ति तो केवल इस आश्वासन के लिए है, तुममें केवल यह विश्वास उत्पन्न

करने के लिए है कि तुम्हारा श्रम व्यर्थ नहीं जा सकता; कि चलने वाला आगे ही बढ़ता जाता है; कि चलने वाला अपने लक्ष्य तक पहुँचकर रहेगा।

ये तारे और दीप तुम्हारी प्रगति के पथ के प्रकाश-स्तम्भ हैं। ये बतलाते हैं कि अनादि काल से मनुष्य अन्धकार को भेदने के लिए अपने प्रयत्नों से प्रकाश का निर्माण करता आ रहा है। ये बतलाते हैं कि इन छोटे दीपों और इन टिमटिमाते ताराओं से उसे सन्तोष नहीं। वह तो उस उद्गम-स्थल पर पहुँचना चाहता है, जहाँ विश्व का सम्पूर्ण प्रकाश विराज रहा है, जहाँ ज्ञान की सम्पूर्ण अग्नि अपने पूरे तेज के साथ शोभित है।

ज्ञान के उद्गम, प्रकाश के आदि-स्रोत के आमने-सामने खड़े होकर हम अपने आपको पहचानना चाहते हैं। ये दीप जिसके दूत हैं, ये तारे जिसके संकेत हैं, उस आलोक-पुंज का परिचय हमें मिलना ही चाहिए।

आकाशगंगा कहती है—ओ ज्योति के आकुल अन्वेषको! मेरे किनारे-किनारे चलो; तुम अपने लक्ष्य तक पहुँचकर रहोगे।

पृथ्वी कहती है—आलोक की जननी मैं हूँ। इन दीपों के प्रकाश में अपनी राह खोज लो।

मगर शुक्र को ही सूर्य मानकर जो भूल जाये, उसे क्या कहिए?

ऊपर, ऊपर, और ऊपर मेरे जीवराज! रोशनी की इन लकीरों से आगे भी कोई देश है, जिस पर तुम्हें क़ब्ज़ा करना होगा।

सितारों से आगे जहाँ और भी हैं,
अभी इश्क़ के इम्तिहाँ और भी हैं।

दीवाली
1950

दीपक की लौ अपनी ओर

अँधेरे में सभी लोग भटक रहे हैं। किसी को भी नहीं सूझता कि ग़लती किसकी है।

माँझी कहता है, पतवार ठीक है; ग़लती लग्गीवाले ने की होगी। और लग्गीवाला कहता है, मैं भी ठीक हूँ और नाव भी ठीक है। सारी फ़साद इस नदी ने बरपा की है, जिसकी छाती पर हम लोग घूम रहे हैं।

पट्टाभि कहते हैं, कांग्रेस की हालत गड़बड़ है। कृपलानी जी ने उसे गड़बड़ मानकर अलग सेवाश्रम बसाना शुरू किया है। कांग्रेसवालों ने कहा, सरकारी अफ़सर बड़े मूजी हैं। वे समय के अनुसार बदलने में देर लगाते हैं। वे अगर ठीक होते, तो सारा काम यों हो जाता।

इस पर सरदार पटेल नाराज़ हो गये। उन्होंने कहा कि अगर सिविल सर्विसवालों पर तुम हाथ उठाओगे, तो मैं उनको साथ लेकर सरकार से बाहर हो जाऊँगा। कहूँगा, "देखो, यह देश बदल गया है। अब हम और तुम यहाँ नहीं टिक सकते। इसलिए, चलो, कहीं दूर-दराज़ का रास्ता नापें।"

हिन्दू कहते हैं, सारा कसूर मुसलमानों का है। वे इस देश को अपना देश क्यों नहीं समझते?

और मुसलमान कहते हैं, बँटवारे के बाद से हिन्दुओं का मिज़ाज वही नहीं रह गया है, जो पहले था। अब तो वे आँखों से ही मारे डालते हैं।

सारा देश कहता है कि हमें एक राष्ट्र चाहिए, एक भाषा और एक सरकार चाहिए। मगर जब एक राष्ट्र बनाने का प्रस्ताव आता है, तब जाट कहते हैं, हमें जाटिस्तान दो, सिख कहते हैं, हमें सिक्खिस्तान दो और मराठे कहते हैं, हमें महाराष्ट्र की वैयक्तिकता का विकास चाहिए। और बंगाल कहता है, पहले यह बताओ कि गोखले की इस उक्ति में तुम्हारा आज भी विश्वास है या नहीं कि, "जिस बात को बंगाली आज सोचते हैं, उसे सारा भारतवर्ष कल सोचेगा?"

और जब एक भाषा बनाने की बात आती है, तब बंगाल कहता है, हिन्दी 'मेडुओं' की बोली है; महाराष्ट्र कहता है कि मराठी हिन्दी से बुरी किस बात में

है और मुसलमान मन-ही-मन पछाड़ खाकर रह जाते हैं कि हाय री क़िस्मत! अब उर्दू के लिए लड़ना भी असम्भव हो गया!

और सब मिलकर यह कहते हैं कि ख़ैर, अगर इसी भाषा को राजगद्दी देनी है, तो इसकी एक टाँग सखुए की और दूसरी सागवान की होनी चाहिए और हो सके तो इसकी एक आँख भी निकालकर उसकी जगह पर शीशे की आँख लगा दो।

सबकी शिखाएँ जब अंग्रेज़ों के हाथ में थीं, तब कोई नहीं बोलता था। तब सिर्फ़ वे ही लोग बोलते थे, जिनमें कुछ दम था। मगर अंग्रेज़ों के हटते ही सबकी शिखाएँ हवा में फरफरा रही हैं और सबके पेट से कोई-न-कोई बात उमड़कर ज़ुबान पर आ रही है। ईश्वर न करे कि अभागे एक-दूसरे से लड़ने भी लगें।

गांधी जी सब समझते थे। उन्होंने कहा, "क्यों नाहक दूसरों के ऐब ढूँढ़ते चलते हो? माना कि सभी पापी हैं, सभी अन्धे हैं, सभी गुनहगार हैं, लेकिन तुम दूसरों को क्या उपदेश दे रहे हो? ज़रा अपने भीतर तो झाँककर देखो कि वहाँ सुधार की कोई गुंजाइश है या नहीं। अगर है, तो फिर तुम्हारे सामने काफ़ी ज़रूरी काम मौजूद है। सबसे पहले इसी पर ध्यान दो। सबसे पहले अपना सुधार करो। और जब तक तुम खुद मैले हो, तब तक तुम्हें दूसरों को उपदेश देने का क्या अधिकार है? और तब तक दूसरे लोगों पर तुम्हारी बातों का असर भी क्या होगा?"

दीपक बड़े उद्योग से मिलता है और उसमें जो रोशनी चमक उठती है, उसके पीछे भी पुण्य का बहुत बड़ा संचय रहता है।

ऐसे क़ीमती दीपक को लेकर तुम आकाश में क्या ढूँढ़ते हो मनुष्य? ऐसी अलभ्य ज्योति को तुम दरवाज़े के बाहर क्या सोचकर धर आती हो मेरी बहनो?

जिस अन्धकार को जलाकर छिन्न-भिन्न कर देने के लिए तुम मशालें लेकर बाहर कूद रहे हो, उसका असली उत्स तो तुम्हारे भीतर छिपा पड़ा है। भीतर भी अन्धकार है। भीतर भी कीड़े-मकोड़े उड़ रहे हैं।

और भीतर भी तूफ़ान है, जिससे इस दीपक को बचाये रहना है।

और भीतर भी एक देवता है, जिसके मन्दिर में बहुत दिनों से कोई आरती नहीं सँजोयी गयी है!

आज दीवाली के दिन तो उस मन्दिर में झाड़ू-बुहारू लगा दो कि देवता ठीक से दिखलायी पड़ें।

और दीपक की इस लौ को आज की रात बाहर मत रखो, बल्कि उसे भीतर की ओर मोड़ दो।

जो भी सुगन्ध हो, उसकी धारा को प्राणों में बहाओ।

जो भी चन्दन हो, उसका लेप अन्तर्वासी देवता को अर्पित करो।

जो भी फूल हैं, उनका हार अपने हृदय को चढ़ाओ।

यह आत्मपूजा सर्वात्मा की अर्चना है। यह भीतर की सफ़ाई ही संसार की असली सफ़ाई है।

भीतर एक दीप जलाओ और सोचो कि समस्या क्या है, उसका निदान कैसे मिलेगा और गांधी जी क्या कहते थे।

अगर गांधी जी की बात हमने मानी होती, तो भारतवर्ष के तैंतीस करोड़ लोगों के दिलों में रोशनी की तैंतीस करोड़ लकीरें हुई होतीं, जिन पर पाँव धरकर भारत की आत्मा ज्योति से अठखेलियाँ करती।

मगर, गांधी जी की बातों की अवज्ञा करके हमने अपने बाहर ही नहीं, भीतर भी अन्धकार फैला रखा है।

अन्दर-बाहर सर्वत्र ही अन्धकार! अन्दर और बाहर सर्वत्र ही चिल्लाहट! इतनी बड़ी चिल्लाहट कि हम अपने छोटे श्रवणों से उसे सुनने में भी असमर्थ हैं।

हर आदमी अपनी ज़िम्मेवारी दूसरों पर फेंक रहा है। हर आदमी अपने को निर्दोष और दूसरों को दोषी बता रहा है। हर आदमी अपने गले के फन्दे को किसी-न-किसी तरह दूसरों के गले में डाल देने की फ़िक्र में है!

नाव डगमगा रही है। बड़ा कोलाहल है। बड़ी हलचल है। और सब-के-सब डूब रहे हैं।

कौन है, जो हर आदमी के दिल में एक चिराग़ जला दे और उससे कहे कि पहले अपनी मलिनता और अपने अन्धकार को दूर करो? दीवाली की रात पूछती है कि कौन है।

दीवाली

1951

महाकाव्य की वेला

कविगुरु रवीन्द्रनाथ ने लगभग दो हज़ार गीत और असंख्य कविताएँ लिखीं, किन्तु महाकाव्य उन्होंने एक भी नहीं लिखा। महाकाव्य तभी लिखा जाता है जबकि युग की अनेक विचारधाराएँ वेग से बहती हुई किसी महासमुद्र में मिलना चाहती हैं। जब ऐसी अनेक धाराएँ वेगवन्त प्रवाह में होती हैं, तभी महाकाव्य की रचना का समय आता है और जो कवि उनके महामिलन के लिए सागर का निर्माण कर सकता है, वही महाकाव्य लिखने का अधिकारी होता है। महाकाव्य की रचना मनुष्य को विकल करने वाली अनेक भाव-धाराओं के बीच सामंजस्य लाने का प्रयास है, महाकाव्य की रचना समय के परस्पर विरोधी प्रश्नों के समाधान की चेष्टा है। जब परम्परा से आने वाले महान प्रश्नों और भावों की अनुभूति में परिवर्तन होता है, तब मनुष्य का संस्कार भी परिवर्तित होने लगता है तथा इस परिवर्तित संस्कार को चित्रित करने के लिए ही महाकाव्य लिखे जाते हैं। विश्व के महाकाव्य मनुष्यता की प्रगति के मार्ग में मील के पत्थरों के समान होते हैं; वे व्यंजित करते हैं कि मनुष्य किस युग में कहाँ तक प्रगति कर सका है।

किन्तु यह लक्षण जिन महाकाव्यों में घटित होते हैं, उनकी संख्या अधिक नहीं है। 'इलियड', 'एनिड', 'ओडेसी' और 'डिवाइन कामेडी'—ये पश्चिम के कुछ प्रसिद्ध महाकाव्य हैं। इसी प्रकार, प्राचीन भारत में जिन महाकाव्यों का निर्माण हुआ, उनमें 'रामायण' और 'महाभारत' प्रधान हैं। जो काम पहले महाकाव्य करते थे, वही काम बाद को नाटकों और उपन्यासों के द्वारा किया जाने लगा। अतएव, हम देखते हैं कि बाद के साहित्य में बहुत-से नाटककार और औपन्यासिक ऐसे हुए, जो अगर कवि हुए होते, तो उनका स्थान 'रामायण' और 'महाभारत', 'इलियड' और 'ओडेसी' के रचयिताओं के ही समकक्ष होता। नाटककार इब्सेन और बर्नार्ड शॉ, उपन्यास लेखक रोमां रोलां और गोर्की—इनमें से प्रत्येक ने अपने समय की महान समस्याओं के भीतर पैठकर उनका निदान खोजने की कोशिश

की है और प्रत्येक ने अपने क्षेत्र में वही काम किया है, जो महाकाव्यों के द्वारा कवि किया करते थे। जर्मन कवि गेटे और जर्मन दार्शनिक नीत्से की रचनाओं में भी हम महाकाव्य की ही झाँकी पाते हैं।

न जाने रवीन्द्रनाथ ने महाकाव्य क्यों नहीं लिखा। अगर उनकी प्रतिभा महाकाव्य की ओर प्रेरित हुई होती तो अवश्य ही वे संसार को कोई ऐसी रचना दे जाते, जिसके सहारे हम अपने समय की अनन्त समस्याओं के बीच समीचीन सामंजस्य बिठा सकते थे। रवि बाबू ने चुन-चुनकर मनोहारी पुष्पों पर अपनी प्रतिभा की शबनम बरसायी! अगर उन्होंने महाकाव्य लिखा होता, तो वे शीतल जल से पूर्ण एक ऐसा जलाशय भी छोड़ जाते, जो सूखना नहीं जानता और जिसके घाट पर अनेक युगों के लोग अपनी प्यास बुझा सकते थे। अनेक युगों की आत्माओं की तृप्ति के लिए रवि बाबू यथेष्ट जल छोड़ गये हैं। किन्तु वह शबनम के रूप में फूलों की पत्तियों पर विकीर्ण है और यह शबनम कभी सूखेगी भी नहीं। किन्तु शबनम के लिए फूल-फूल पर घूमते फिरना एक बात है और प्यासे को एक सरोवर की ओर संकेत कर देना बिल्कुल दूसरी बात।

तो भी ऐसा लगता है कि रवि बाबू ने जो अपने युग को, महाकाव्य को प्रेरित करने वाले गुणों से रहित समझा, उसका कारण यह था कि वे 19वीं सदी में पैदा हुए थे और, यद्यपि, वे बीसवीं सदी के, प्रायः, पूर्वार्द्ध तक लिखते रहे, फिर भी उनकी मुद्रा 19वीं सदी की ही रही और जिन उपादानों का उन्होंने अपने यौवन-काल में संचय किया था, वे उपादान उनकी दृष्टि में अन्त तक मूल्यवान बने रहे!

यह भी सत्य है कि जिन प्रश्नों और समस्याओं के कारण, आज की मानवता विकल दीख रही है, वे 19वीं सदी में बीज-रूप में ही परिलक्षित होती थीं और उनका अतिविकास वर्तमान शताब्दी में ही सम्भव हो सका है। किन्तु रवीन्द्रनाथ अपने यौवन-काल में जिस मनोदशा का निर्माण कर चुके थे, वह मनोदशा इन समस्याओं की विकरालता को स्वीकार नहीं कर सकती थी। अतएव वे अन्त तक अपने उसी मानस-जगत् में धैर्य के साथ विराजमान रहे, जो उन्हें 19वीं सदी के हाथों प्राप्त हुआ था।

विशेषतः, भारत में उन्नीसवीं शताब्दी बौद्धिक तृप्ति की शताब्दी थी और कर्म के साथ उसका उचित संयोग नहीं था। यह ठीक है कि राममोहन राय और दयानन्द तथा रामकृष्ण और विवेकानन्द के व्यक्तित्व में हम एक नवजागरण की आभा पाते हैं। किन्तु यह आभा हमारे मन को जो कुछ दिखलाती है, वह प्रधानतः, धर्म और भक्ति का शृंग है, वह आत्मा की उपासना का मन्दिर और

हृदय की आकुल भावनाओं का ताल है, जिस पर छाये हुए सेंवार को ये महात्मा दूर करने की कोशिश करते हैं। कर्म की प्रेरणा और लोगों की अपेक्षा विवेकानन्द की वाणी में कुछ अधिक थी। किन्तु देश के सामने पराधीनता की समस्या इतनी प्रचण्ड होकर खड़ी थी कि हम विवेकानन्द से जो स्फूर्ति प्राप्त कर सके, वह सीधे स्वातन्त्र्य-संग्राम में जा लगी और हम उन अनन्त समस्याओं को नहीं देख सके, जो पहले से ही विद्यमान थीं और जो भारतवर्ष को स्वतन्त्रता-प्राप्ति के बाद भी विकल कर रही हैं।

एक दृष्टि से देखा जाये तो स्वातन्त्र्य-संग्राम के दिनों में, भारत में ही सचमुच महाकाव्य की रचना नहीं की जा सकती थी; क्योंकि पराधीनता की समस्या के सामने और सारी समस्याएँ गौण एवं अप्रमुख हो गयी थीं। लोगों के सामने केवल एक ही दीवार थी, जिस पर वे अहर्निश प्रहार करते थे। लेकिन समस्याएँ जब दिखलायी नहीं पड़ती हैं, तब भी उनका दंश तो हमें भोगना ही पड़ता है। और सच ही उनके दंशों का अनुभव हम भी करते थे, किन्तु हमारा भाव यह था कि ग़ुलामी की दीवार ही इन दुःखों का असली मूल है और यह दीवार टूटी नहीं कि सारी मुसीबतें काफूर हो जायेंगी।

इन अनेक विपत्तियों की अनुभूति रवीन्द्रनाथ को हुई थी और उन्होंने 'ए बार फिराओ मोरे' नामक अपनी एक स्फुट कविता में उन विपत्तियों की ओर संकेत भी किया था :

कवि, तबे उठे एसो, यदि थाके प्राण,
तबे ताई लहो साथे, तबे ताई कोरो आजि दान।
बड़ो दुःख, बड़ो व्यथा, सम्मुखेते कष्टेर संसार,
बड़ोई दरिद्र, शून्य, बड़ो क्षुद्र, बद अन्धकार।
अन्न चाई, प्राण चाई, आलो चाई, चाई मुक्त वायु,
चाई बल, चाई स्वास्थ्य, आनन्द-उज्ज्वल परमायु।
साहस-विस्तृत वक्षपट, एई दैन्य माझारे कवि,
एक बार निये एसो स्वर्ग होते विश्वासेर छवि।

"कवि यदि तुम में प्राण है, तो उठो, उसे साथ लेकर चलो और उसका आज दान करो। इस संसार में बड़े ही दुःख हैं, बड़ी व्यथाएँ हैं, बड़ी ग़रीबी है। हाय, यह तो बड़ा शून्य है, बड़ा छोटा है, बड़ा अन्धकार है। अन्न चाहिए, प्राण चाहिए, रोशनी चाहिए, खुली हवा चाहिए, शक्ति चाहिए, स्वास्थ्य चाहिए, आनन्द से उज्ज्वल आयु चाहिए और साहस से विस्तृत हृदय चाहिए। हे कवि!

इस दीनता में एक बार स्वर्ग से विश्वास तो ले आओ।" (मन्मथनाथ गुप्त कृत अनुवाद से)।

किन्तु, जहाँ विश्व की अगणित कुरूप पीड़ाएँ, उन्हें इस रूप में ललकार रही थीं, वहाँ उनके हृदय के निभृत कोने में एक प्रबल आध्यात्मिक विश्वास भी आसन जमाये बैठा था, जो उनके भीतर के मनुष्य को समाज की उलझनों से दूर रखकर वैयक्तिक मुक्ति की साधना के लिए तैयार कर रहा था :

विश्व यदि चले जाय काँदिते-काँदिते,
एका आमि बसे रबो मुक्ति समाधिते।

कभी-कभी मुझे ऐसा मालूम होता है कि रवीन्द्रनाथ ने अगर बीसवीं सदी में जन्म लिया होता और जिन पीड़ाओं की ओर उन्होंने 'ए बार फिराओ मोरे' में संकेत किया है, उनकी अनुभूति में उन्नीसवीं सदी की ज्ञानप्रधान आध्यात्मिक मुद्रा उनकी सहायक या बाधक नहीं हुई होती, तो वे युग की समस्याओं को अचिर मानकर, उनकी ओर से मुँह नहीं फेर लेते। तब वे, शायद, इन समस्याओं के व्यूह में घुसकर वह करतब दिखाते, जो इब्सेन और शॉ, रोमां रोलां और गोर्की में से कोई भी नहीं दिखला सका है; क्योंकि कविता मनुष्य के हृदय को सुगमता से पकड़ सकती है, उस सुगमता से आदमी को और कोई भी साहित्य नहीं पकड़ सकता। अगर परस्पर-विरोधी भावों का आक्रमण कवि को महाकाव्य लिखने की प्रेरणा दे सकता है, तो उसका समय आज है। अगर महाकाव्य की रचना का समय, वह युग होता है, जबकि प्रश्नों की विभिन्न धाराएँ अपना समाधान पाने के लिए किसी समुद्र की खोज में वेग से दौड़ती होती हैं, तो वह समय आज ही आया हुआ है।

मनुष्य ने आध्यात्मिकता को निस्सार समझकर जड़ता को ज़ोर से पकड़ा और एक बार उसके मुँह से आनन्द की किलकारी भी निकली कि पहले जिन हाथों में हवा और शून्य ही आ पाते थे, अबकी उनकी पकड़ में एक ठोस चीज़ आ गयी है। मगर यह किलकारी देर तक नहीं ठहरी। उसने हाथ में आयी हुई चीज़ के घनत्व को तो समझा, किन्तु उसे निर्जीव देखकर दूसरे ही क्षण उसका चेहरा उतर गया। मनुष्य ने हृदय की राह पर चलते-चलते थककर मस्तिष्क की राह पकड़ी और यह सोचने लगा कि इस रास्ते से वह जहाँ चाहे, वहाँ जा सकता है। पानी के नीचे, आकाश के अन्तराल और पहाड़ की खोह में वह बड़ी ही वीरता से चलता रहा और ज्यों-ज्यों प्रकृति उसके सामने पराजित होती गयी, त्यों-त्यों उसका अहंकार बढ़ता गया, यहाँ तक कि आज वह यह भी सोचने लगा

है कि इस सृष्टि को वह चाहे तो सिर्फ़ सात दिनों में बर्बाद कर सकता है। तो साफ़ बात यह है कि विज्ञान का उपयोग वह उन त्रासों को बढ़ाने के लिए करना चाहता है, जो त्रास अनन्त काल से संसार को सता रहे हैं। विज्ञान का उपयोग वह दूसरों को काटने के लिए करना चाहता है, किन्तु मन-ही-मन उसे यह भय भी लगा हुआ है कि विज्ञान की तलवार की धार एक ही नहीं, दोनों ओर है और उससे काटनेवाले का अंग भी मज़े में कट सकता है। क्या बात है कि मनुष्य प्रत्येक कार्य का आरम्भ तो सदुद्देश्य से करता है, किन्तु परिणाम उसके दुःखदायी हो रहे हैं? जीवन पर विजय पाने के प्रयास में, मनुष्य मृत्यु को प्राप्त हो रहा है, विश्व को सजाने की कोशिश में, वह इसे और भी कुरूप बनाये जा रहा है तथा सत्य की समीपता की प्राप्ति के प्रयत्न में, वह उससे और भी दूर पड़ता जा रहा है? गांधी जी ने जीवनभर अहिंसा का उपदेश दिया; किन्तु मरने के पहले उन्होंने यह देख लिया कि आजीवन अगर वे लोगों को हिंसा भी सिखलाते रहते, तब भी लोग, शायद, इतनी घोर और इस नीच ढंग की हिंसा नहीं कर सकते थे। मार्क्स ने आधिभौतिकता की उपासना के द्वारा मनुष्यों को सुखी बनाने का उपदेश दिया था, किन्तु उनके मार्ग पर किये जानेवाले इतने बड़े प्रयोग के पास खड़ा होकर भी मनुष्य यह सोच रहा है कि आत्मा की सर्वथा उपेक्षा करना ठीक है, या नहीं। जीवन में कितना आकाश चाहिए और कितनी मिट्टी, कितना जल चाहिए और कितनी आग, तथा कितने फूल चाहिए और कितने पत्थर, यह समस्या केवल बौद्धिक नहीं रहकर प्रखर रूप से सत्य हो उठी है और वह अनेक रूपों में मानव मस्तिष्क को झकझोर रही है। यह संस्कृति के बदलने का समय है, यह परम्पराओं के परिवर्तन की वेला है। पुरानी दीवार हिल रही है, पुराने प्राचीर धराशायी हो रहे हैं। क्षितिज के किनारे-किनारे एक लाल डोरी-सी दीख रही है, जिससे मालूम होता है कि आकाश का पुराना छिलका उखड़ रहा है और नीचे से एक नया-ताज़ा आकाश बढ़ता हुआ ऊपर जा रहा है। यह आकाश के भीतर से एक नये आकाश के निकलने की सूचना है। संसार में जो भी कोलाहल है, वह नवीन और पुरातन के संघर्ष की आवाज़ है। संसार में जो भी भीषिकाएँ हैं, वे मरणशील युग की मृत्यु के प्रतीक हैं और धरती जिन वेदनाओं से होकर गुज़र रही है, वे नये विश्व के जन्म की वेदनाएँ हैं।

क्या महाकाव्य के लिए इससे भी और उपयुक्त समय चाहिए और क्या प्राचीन एवं मध्यकालीन नाटकों तथा महाकाव्यों में हम मानव-चरित्र के भीतर जिस द्वन्द्व एवं संघर्ष का प्रतिबिम्ब देखते हैं, वह आज के व्यक्ति एवं समाज में कुछ कम है? मनुष्य आज जिन शंकाओं और द्वन्द्वों से ग्रस्त है, उन्हें अगर वह काव्य के किसी एक ही दर्पण-खण्ड में देख पाये तो वह स्वयं चीत्कार कर उठेगा।

पाकिस्तान के पीछे साहित्य की प्रेरणा

आमतौर से कहा जाता है कि हिन्दुस्तान के बँटवारे की फ़िलासफ़ी सर इक़बाल की देन है। यह इसलिए नहीं कि सर्वप्रथम उन्होंने ही मुस्लिम लीग के एक वार्षिक अधिवेशन के सभापति की हैसियत से, दबी ज़बान में, इस बँटवारे की बात चलायी थी, बल्कि इसलिए कि मुसलमानों में कुछ दिनों से चली आती हुई एक अस्पष्ट मनोवैज्ञानिक धारा को उन्होंने सुस्पष्ट बना दिया तथा उसे दर्शन की भूमि पर लाकर भिन्नता की ओर मोड़ दिया। इक़बाल के समय से कुछ पहले से ही भारत के मुसलमान, कुछ-कुछ अज्ञात रूप से, अपनी सम्प्रदायगत इकाई को प्रधानता देते आ रहे थे, किन्तु अपनी नयी भावदशा को वे तब तक स्पष्टता के साथ नहीं जान पाये थे। इसके सिवा, हिन्दुओं के साथ बहुत दिनों तक दूध-पानी की तरह मिले रहने के कारण उनमें जो एक सामाजिक उदारता और पारस्परिक बन्धुत्व का संस्कार आ गया था, उसे देखते हुए वे हिन्दुओं से भिन्न अपनी इकाई की घोषणा करते हुए शरमाते भी थे। एकता का यह संस्कार हिन्दुओं और मुसलमानों के लगभग छः वर्षों के सम्मिलित जीवन के इतिहास से निकला था और, स्वभावतः, उसके पक्ष में अगणित तर्क वर्तमान थे। हिन्दुस्तान में रहकर हिन्दुओं से भिन्न मुस्लिम इकाई की अनुभूति अभी बिल्कुल नयी और कच्ची थी तथा उसके पक्ष में कोई नैतिक दलील या दार्शनिक तर्क नहीं था। यह भी कारण था कि मुसलमान अपनी आन्तरिक भावना को न तो ठीक-ठाक जानते ही थे और न उसे बोलकर प्रकट करने की उन्हें हिम्मत ही होती थी। इक़बाल ने अपनी अद्‌भुत प्रतिभा के बल से यह दर्शन उन्हें दे दिया और उस दृष्टि को पाकर अब मुसलमान उस बात को वीरतापूर्वक बोल रहे हैं, जिसे बोलने में उन्हें पहले लाज लगती थी।

अंग्रेज़ों के आने से पहले मुसलमान इस देश के स्वामी थे और हिन्दू संस्कारों के आक्रमण से अपनी रक्षा का प्रश्न उनके सामने प्रमुख नहीं था। स्वामित्व का गौरव–शासक होने का सन्तोष कुछ इतना अधिक था कि इस्लाम पर पड़नेवाले

हिन्दू प्रभावों की ओर उनकी दृष्टि ही नहीं गयी। और, यह योग्य भी था, क्योंकि वे यहाँ विदेशी बनकर राज नहीं कर रहे थे। किन्तु, जब उनके हाथ से हिन्दुस्तान की सल्तनत छिन गयी, वे, स्वभावतः, एक प्रकार की विफलता की भावना से आक्रान्त हो गये। निराश और किंकर्तव्यविमूढ़ मनुष्य प्रायः, उन लोगों से भी चिढ़ जाता है जो उसके हितेच्छु अथवा उसके प्रति उदासीन होते हैं। सम्भव है, मुसलमानों की भी यह मनोदशा उस समय हुई हो। किन्तु, सिपाही विद्रोह के दिनों तक उनकी इस प्रकार की अप्रसन्नता के कोई स्पष्ट लक्षण दिखाई नहीं पड़े। पर, उसके बाद की घटनाओं के आधार पर यह सोचना अयुक्तिसंगत नहीं दीखता कि हिन्दुओं के प्रति उनकी अकारण अप्रसन्नता के कुछ कारण मनोवैज्ञानिक भी रहे हों, तो कोई आश्चर्य नहीं।

हिन्दुस्तान में अंग्रेज़ों के पैर जमते-न-जमते यहाँ हिन्दुओं और मुसलमानों के बीच, सांस्कृतिक जागरण आरम्भ हो गया। जिस प्रकार हिन्दू समाज ने उस समय दयानन्द, राममोहन राय, रामकृष्ण और विवेकानन्द को उत्पन्न किया, उसी प्रकार मुसलमानों के बीच से भी सर सैयद अहमद ख़ाँ, वकारुलमुल्क, नज़ीर अहमद, मौलाना शिबली और मौलाना हाली उत्पन्न हुए। यह जागरण विद्या, अध्यात्म और प्राचीन संस्कारों का जागरण था तथा मनोवैज्ञानिक न्याय से इसे पलायनवाद का उदाहरण कहना अधिक युक्तियुक्त होगा। देह से हारी हुई जाति, आत्मा की भूमि में अपने तेज का चमत्कार दिखलाकर, अपनी ग्लानि को भूलना चाहती थी। सामने के आकाश पर हिन्दू और मुसलमान—दोनों ही के कलंक और पराजय की कथा लिखी हुई थी और दोनों ही उसकी ओर देखने से घबराते थे। इस कलंक को धोने का जो उपाय था, उस पर आरूढ़ होने की हिम्मत दोनों में से किसी में भी नहीं थी। अतएव इस ग्लानिजनक दृश्य से आँख फेर लेने के उद्देश्य से दोनों ही अपने-अपने प्राचीन गौरव की ओर भगे! वेद और प्राचीन सभ्यता! क़ुरान और अरब का पाक रेगिस्तान! यह कल्पना दोनों के ध्यान में उद्दीप्त होती थी और इस अस्तमित महिमा का ध्यान पराजय के घाव पर एक प्रकार की ठण्डक भी पहुँचाता था। यह ठीक है कि यही जागरण आगे चलकर हमारी राष्ट्रीयता का जनक हो गया; किन्तु इसका एक कुप्रभाव भी था। वेद और क़ुरान की विशेषताओं, हिन्दुत्व और इस्लाम की विशिष्टताओं पर रीझते हुए दोनों ही एक-दूसरे से दूर होते जा रहे थे तथा उनका ज़ोर उन्हीं बातों पर पड़ता जा रहा था, जो उन दोनों को अलग करने वाली थीं—उन बातों पर नहीं, जो उनके पारस्परिक मिलन की कड़ी थीं। हिन्दुओ की दृष्टि इतिहास के गह्वर से घूमकर वर्तमान की भूमि पर आ गयी और चूँकि अब और कोई राह नहीं थी,

इसलिए, उन्होंने राष्ट्रीयता को पकड़ा। किन्तु मुसलमानों की भावना हिन्दुस्तान की सीमाओं के बाहर चली गयी, जहाँ बृहत्तर इस्लाम के सपने ने उसे मोहित कर लिया। जब तक हिन्दुस्तान में राष्ट्रीयता का जन्म होने ही जा रहा था, तब तक मुसलमानों की कल्पना संसार भर के मुसलमानी राज्यों के एक धार्मिक संघ की स्थापना के धुँधले चित्र पर आसक्त हो चुकी थी।

हाल के विश्वेतिहास में यह भी एक विचित्र बात हुई है कि संसार भर के मुसलमानों को एक सूत्र में बाँधने का आन्दोलन सबसे अधिक हिन्दुस्तान में ही चला। जो मुसलमान हिन्दुस्तान में अपनी सल्तनत क़ायम नहीं रख सके, उन्हीं के सिर पर विश्व के मुसलमानी देशों की एकता का भूत सवार हुआ। आश्चर्य है कि अंग्रेज़ों के चाटुकार अमीर अली शिया और आग़ा ख़ाँ खोजा ख़िलाफ़त का उद्धार करने टर्की दौड़े! लेकिन, "टर्की का ग़ाज़ी उन्हें देखकर भूत हो गया। घृणा के साथ उसने अंग्रेज़ों के साथ उनकी मिताई की चर्चा की और कहा कि इस युद्ध (1914-18) में भी तुम अंग्रेज़ों के ही साथ थे–जब अंग्रेज़ टर्की के साम्राज्य को मटियामेट कर रहे थे!" इसी प्रकार सन् 1931 ई. के दिसम्बर में मौलाना शौकतअली ने जेरूसलेम में जब इस्लामी देशों की एक महासभा की तब उन्हें देखकर आश्चर्य हुआ कि मुसलमानों की सार्वभौमिक समस्या पर बोलनेवाले प्रतिनिधियों की दृष्टि इस्लाम की अपेक्षा उनके अपने देश पर ही अधिक जाती थी।

अंग्रेज़ों से पराजित हो जाने के बाद मुसलमानों में एक प्रकार की पस्ती आ गयी, जिसने उन्हें उचित दिशा की ओर देखने नहीं दिया–जो वास्तविकता से मुठभेड़ करने में सदैव उनकी बाधक रही। इस पराजय से उनकी मानसिक स्थिति में कुछ ऐसे विकार आ गये कि उन्होंने कभी विश्वासपूर्वक हिन्दुस्तान की आज़ादी के लिए सामूहिक प्रयत्न नहीं किया, बल्कि देश में सामूहिक या छिटपुट जो भी प्रयत्न हुए, उनसे उन्होंने अपनी इकाई को ही बढ़ाने का सबक़ लिया। उन्नीसवीं सदी में उनके बीच जो वहाबी आन्दोलन आया था, वह साम्प्रदायिक नहीं था, किन्तु उसका भी अन्तिम परिणाम इस्लाम की सम्प्रदायगत इकाई का ही पोषक सिद्ध हुआ। और, कौन कह सकता है कि सन् सत्तावन के ग़दर का भी एक परिणाम उनकी इसी भावना को दृढ़ करनेवाला सिद्ध नहीं हुआ? वहाबी और अलीगढ़-दल के आन्दोलनों से लेकर ख़िलाफ़त आन्दोलन तक मुस्लिम विचारधारा पश्चिम के मुस्लिम राज्यों की ओर कुछ अकथनीय तृष्णा एवं कुछ अनिर्वचनीय रहस्यात्मकता की दृष्टि से देखती रही है और इसी रहस्यवाद की रेती में वह खो भी गयी। पच्छिम उसे बराबर दुत्कारता रहा, किन्तु उसने पच्छिम

की ओर प्रवाहित होना नहीं छोड़ा और अन्त में जाकर वह जिना साहब की दो जातियोंवाली 'थ्योरी' (कल्पना) की दरार में गुम हो गयी!

अंग्रेज़ सबसे पहले मुसलमानों के दुश्मन थे, क्योंकि उन्होंने राज्य मुसलमानों से ही छीना था। हिन्दू, कांग्रेस का संगठन करके, अंग्रेज़ों से उस राज्य को वापस लाना चाहते थे और उनकी यह आशा उचित थी कि इस कार्य में मुसलमानों का मुक्त सहयोग उन्हें प्राप्त होगा। किन्तु, मुसलमान कांग्रेस में नहीं पड़े; क्योंकि सर सैयद ने इसकी मनाही कर दी थी। वे अलग संगठन करके भी अंग्रेज़ों के ख़िलाफ़ उभड़ना नहीं चाहते थे, क्योंकि सर सैयद और अलीगढ़-दल के नेताओं ने उन्हें अच्छी तरह समझा दिया था कि अंग्रेज़ों से मिलकर मुसलमानों में शिक्षा फैलाना और उनके लिए अच्छी-अच्छी नौकरियाँ हासिल करना विद्रोही हो जाने की अपेक्षा कहीं अच्छा और लाभदायक काम है। इसके सिवा वे कांग्रेस में जाने से इसलिए भी डरते थे कि कांग्रेस में हिन्दुओं की भरमार थी और मुसलमानों के सांस्कृतिक नेताओं ने उन्हें आगाह कर रखा था कि हिन्दू संस्कृति की पाचन शक्ति बड़ी ही विकराल है; उसके पेट में बहुत कुछ पच चुका है और इस्लाम पर भी उसने गहरे दाँत मारे हैं। मगर, शायद, ये बातें तब तक स्पष्ट नहीं हुई थीं। मुसलमान हिन्दुओं के प्रति कुछ सशंक हो उठे थे और वे उनसे खिंचने भी लगे थे। किन्तु, तब तक न तो हिन्दुओं को ही यह मालूम था कि इस खिंचाव का कारण क्या है अथवा यह कि मुसलमान क्या सचमुच ही खिंचते जा रहे हैं; और न मुस्लिम जनता को ही इसका ज्ञान था कि हिन्दू और मुसलमान के बीच के प्रेम-दुग्ध में कहीं कोई खटाई पड़ गयी है। मगर, अंग्रेज़ इस झीनी घटा को भाँप गये थे और उन्हें यह उम्मीद भी हो गयी थी कि इस पतले मेघ को गाढ़ा बनाना बहुत कठिन कार्य नहीं है। किन्तु यहाँ हमारा अभिप्राय उनसे नहीं है। हम तो यह जानने बैठे हैं कि एकता के दूध को फाड़ने के काम में साहित्य ने क्या योग दिया।

भारतीय मुसलमानों में हिन्दुओं के प्रति जो एक हल्की-सी झिझक, हिन्दुओं के द्वारा आयोजित अभियानों के प्रति एक दबी-दबी विरक्ति तथा बृहत्तर इस्लाम की कल्पना के प्रति जो एक प्रकार की रहस्यात्मक अनुरक्ति आ गयी थी, उसकी पहली झाँकी सर सैयद के प्यारे कवि मौलाना हाली की आवाज़ में मिली। उनका 'मुसद्दस' हिन्दुस्तान का नहीं, इस्लाम का महाकाव्य होकर आया। मुसलमानों के मानसिक स्तर पर जो कामनाएँ ऊँघ रही थीं, उन्हें 'हाली' अच्छी तरह पकड़ न सके, किन्तु एकमात्र इस्लाम का गौरव-गान करके उन्होंने उन्हीं भावनाओं की प्रतिक्रिया को मूर्त किया। यों तो 'मुसद्दस' एक प्रशंसनीय काव्य है और

उसकी कविताओं ने मुसलमानों को बहुत ही उत्साहित भी किया। किन्तु ये सारी गोलमटोल बातें थीं। हाली की असली देन तो यह है कि उन्होंने पहले-पहल मुसलमानों को इस बात का ध्यान दिलाया कि गंगा और जमुना के दो-आबे में आकर इस्लाम की क़िश्ती डूब गयी है और इसे उबारना है तो मुसलमानों को चाहिए कि वे इस्लाम के उत्स, अरब की ओर देखें।* हाली ने इससे आगे, शायद और कुछ नहीं कहा। किन्तु इतना कहना भी उस समय के लिए हिम्मत का छोटा काम नहीं था। और, तब भी देश के किसी कोने से उनके ख़िलाफ़ आवाज़ नहीं उठी! उनके 'मुसद्दस' पर राय देते हुए सर सैयद ने कहा था—"मरकर जब ख़ुदा के सामने जाऊँगा और जब वह मुझसे पूछेंगे कि मैं दुनिया से क्या करके वापस आया, तब मैं कहूँगा कि हाली से 'मुसद्दस' लिखवा आया हूँ।" और, मौलाना हाली देश के सिरताज मान लिये गये! उनके काव्य के ख़िलाफ़ कोई बड़ा प्रमाण नहीं मिलता, किन्तु इतना स्पष्ट है कि बदगुमानी की घटा—बृहत्तर इस्लाम की कल्पना का पक्षी, साहित्य की भूमि पर उतरने के लिए, हाली की कविता में अपने डैने तोल रहा था। ज्यों-ज्यों यह भावधारा फैलती गयी, मुसलमान मानसिक धरातल पर हिन्दुओं से अलग होते गये। हिन्दुओं के साथ दूध और पानी की तरह मिलकर रहने का उनका पुराना भाव शिथिल पड़ता गया और उस समय से लेकर आज तक कांग्रेस ने जो भी आन्दोलन चलाये हैं, उनमें से किसी में भी मुस्लिम जनता यह सोचकर नहीं पड़ी कि यह हिन्दुस्तान की आज़ादी का सवाल है। 1920-21 का असहयोग आन्दोलन हिन्दू-मुस्लिम एकता का ज्वलन्त प्रमाण माना जाता है। किन्तु यह भी तो सोचने की बात है कि 1920 में 10 मार्च को गांधी जी ने असहयोग-आन्दोलन का जो घोषणापत्र (मेनिफेस्टो) लिखा था उसमें उन्होंने मुसलमानों के हृदय के क्षोभ को ही आन्दोलन का प्रधान कारण माना।

---

*वो दीने-हेजाजी का बेबाक बेड़ा,
निशां जिसका अक्साये-आलम में पहुँचा,
मजहम हुआ कोई ख़तरा न जिसका,
न अम्मां में ठटका न कुलजम में झिझका,
किये पै सिपर जिसने सातो समुन्दर,
वो डूबा दहाने में गंगा के आकर।
वो दीं जिससे तौहीद फैली जहां में,
हुआ जलवागर हक़ ज़मीं-आसमां में।
रहा शिर्फ बाक़ी न बहमो-जमां में,
वो बदला गया आके हिन्दोस्तां में।

यह ठीक है कि एक बार जब हिन्दू और मुसलमान एक होकर आगे बढ़े तब भारतीय स्वाधीनता में ही उन्हें ख़िलाफ़त और हिन्दुस्तान, दोनों के उद्धार का मार्ग दिखाई पड़ा! किन्तु बाद की घटनाओं ने जो सबक छोड़ा है, उसे देखते हुए कौन कह सकता है कि गांधी जी ने उस समय अगर ख़िलाफ़त के प्रश्न को प्रधानता न दी होती, तब भी मुसलमान कांग्रेस का साथ उसी प्रकार देते जिस प्रकार उन्होंने उस समय देने की कृपा की? फिर यह भी विचारणीय है कि ख़िलाफ़त के मसले के ख़त्म होते ही मुसलमान कांग्रेस से खिसकने क्यों लगे? हिन्दुस्तान की आज़ादी की लड़ाई तो अभी ज़ारी थी।

भारतीय मुसलमानों के हृदय में जो एक अस्फुट-सी भावना उत्पन्न हो रही थी कि वे हिन्दुओं से (और, शायद दुनिया की अन्य जातियों से भी) भिन्न हैं, उसकी ओर हाली ने सिर्फ़ एक संकेत भर किया था। हाली के बाद अकबर इलाहाबादी आये। वे सर सैयद के घोर विरोधियों में से एक थे और अलीगढ़-दल की राजनीति से उनका सहज वैर था। उनकी सारी ज़िन्दगी सर सैयद और अलीगढ़-दल के नेताओं के ख़िलाफ़ लड़ते बीती। वे हिन्दू और मुसलमान—दोनों की दृष्टि को आपसी मतभेद से हटाकर उस समान विपत्ति पर ले जाना चाहते थे जो पाश्चात्य शासन और सभ्यता के कारण हिन्दुस्तान पर आ पड़ी थी। उनका यह उद्योग इतना सबल और निश्छल था कि वे अगर सरकारी मुलाजिम न होकर समाज और राजनीति के क्षेत्र में खुलकर खड़े हुए होते, तो देश के भविष्य पर उनकी वाणी का प्रभाव कुछ अधिक प्रबल और व्यापक रूप में पड़ता। किन्तु देश के दुर्भाग्य से उन्हें सारी ज़िन्दगी बन्धनों में काटनी पड़ी और जिस समय वे अपने खानगी कमरे में बैठकर छिपे-छिपे (और, शायद, सहमे-सहमे भी) अमृत के छींटे उड़ा रहे थे ठीक उसी समय, भगवान ने कालकूट का भाँड देकर इस देश में 'इक़बाल' को उतार दिया! बीसवीं सदी के प्रथम चरण के अन्त तक इक़बाल ने अपनी सारी भावनाओं को फ़ारसी साहित्य और उर्दू साहित्य में बिखेर दिया। वे दर्शन के विद्वान और स्वयं भी एक दार्शनिक पुरुष थे। उनकी विशाल दृष्टि के वृत्त में मुसलमानों की स्पष्ट और धुँधली भावनाएँ साकार हो उठीं। उन्होंने मुस्लिम-समाज के हृदय की गहराइयों में प्रवेश किया। वहाँ जाकर वे उन सभी अस्फुट एवं अर्ध-स्फुट कामनाओं को ढूँढ़ने लगे जो, प्रायः एक सदी से मुसलमानों को बेचैन कर रही थीं; किन्तु जिन्हें मुसलमान भली-भाँति समझ नहीं पाते थे। वे ज्यों-ज्यों उनका अनुसन्धान करते गये, मुसलमानों के सामने यह बात प्रत्यक्ष होती गयी कि उनकी सम्प्रदायगत इकाई काल्पनिक नहीं, प्रत्युत, एक वास्तविक सत्य है। इक़बाल के आगमन के समय मुस्लिम-समाज दो भावनाओं

के सन्धिस्थल पर खड़ा था। एक भावना थी हिन्दुओं से अलग होकर अपनी सत्ता को आत्मतन्त्र रूप देने की और दूसरी थी भारतीय राष्ट्रीयता में सहयोग देकर ग़ैर-मुस्लिम लोगों के उत्थान के साथ अपना उत्थान खोजने की। लेकिन, चूँकि पिछली भावना मुसलमानों के हृदय से नहीं निकली थी—जनमत के द्वारा उनके सामने लायी जा रही थी, इसलिए उसका ज़ोर कुछ कम था। तो भी यह सच है कि इक़बाल अगर राष्ट्रीयता से समझौता करके मुसलमानों का पथ-प्रदर्शन करने को आगे बढ़ते, तो आज हिन्दुस्तान के इतिहास का ढाँचा कुछ दूसरा ही होता। किन्तु यह सम्भव न हुआ। अपनी शिक्षा-दीक्षा, संस्कार और नीति के कारण इक़बाल एक मात्र इस्लाम के उद्धारक बनकर खड़े हुए और उन्होंने मुसलमानों की उन भावनाओं को दुलराना शुरू किया जो इस्लाम की इकाई की पुष्टि के लिए बेचैन थीं।

कोई भी लेखक या कवि संस्कारों की किसी विशेष दिशा की ओर क्यों मुड़ता है, यह एक रहस्य की बात है। इक़बाल के पूर्वज ब्राह्मण थे और ब्राह्मणत्व का संस्कार इक़बाल को विरासत के रूप में ज़रूर मिला होगा। उन्होंने यूरोप जाकर विद्वत्समाज का सान्निध्य प्राप्त किया था। वे कवि थे और कवियों का स्वाभाविक झुकाव कोमलता, आदर्शवादिता और वृत्तियों की सूक्ष्मता की ओर होता है। यह क्यों हुआ कि उन्होंने यूरोप जाकर केवल 'नीत्से' को पसन्द किया? यह क्यों हुआ कि यूरोप से वे 'अफलातून' की फ़िलासफ़ी के विरोधी होकर लौटे? यह क्यों हुआ कि एक आस्तिक कवि के भीतर ऐसी फ़िलासफ़ी पैदा हो गयी जो ईश्वर की अवज्ञा और उससे गुस्ताख़ी करने से भी नहीं डरती थी? लेकिन, एक दूसरी दृष्टि से यह सब स्वाभाविक मालूम होता है। मुस्लिम जाति ने हिन्दुस्तान में अपनी सत्ता इसलिए नहीं खोयी थी कि उसका प्रतिपक्षी अधिक बलवान था, बल्कि इसलिए कि उसके अपने संस्कार कमज़ोर हो गये थे। सूफ़ियों का वैराग्योत्पादक प्रभाव; गुल, बुलबुल और शराब की शायरी के दुष्परिणाम; आपसी वैर-फूट; जीवन में संघर्ष से विमुखता—ये कुछ कारण थे, जिनके चलते वह निर्वीर्य हो गयी थी। इसके सिवा, जब इक़बाल आये, उसके पहले से ही मुसलमान किंकर्तव्यविमूढ़ हो रहे थे। उनकी अपनी शक्ति क्षीण हो गयी थी और वे अपने पड़ोसी हिन्दुओं के अभियान को शंका की दृष्टि से देखते थे—शंका इस बात की कि हिन्दुओं का अभियान अगर सफल हो गया तो क्या होगा? मुसलमान अभी कल तक शासक थे और वे इस दृश्य को बर्दाश्त नहीं कर सकते थे कि हिन्दुस्तान की सल्तनत फिर से वापस आये और वह एकमात्र मुसलमानों की ही न हो। और, अभी वे अपने अहंकार को भूलकर इतना उदार

भी न हो पाये थे कि सबकी आज़ादी के साथ अपनी आज़ादी को, सबकी ग़ुलामी के साथ अपनी ग़ुलामी से, श्रेष्ठ समझ सकें। किंकर्तव्यविमूढ़ता के बीच वे शायद इस ख़्वाहिश में तड़प रहे थे कि काश, कोई ऐसी सूरत निकलती जिससे हम हिन्दुओं के सामने झुके बिना ही अपने कल के ग़ुलामों को अपनी बराबरी का दर्जा दिये बिना ही अपना खोया हुआ गौरव फिर से प्राप्त कर पाते कि काश, हम किसी तरह तहजीब और ताक़त का उसी तरह से मरकज (केन्द्र) बने रह पाते जिस तरह से पहले थे और हिन्दुस्तान पर हमारा वही रोब रहता जो हमारी हुकूमत के दिनों में था। मगर कांग्रेस बढ़ती जा रही थी और हिन्दू उसमें भरते जा रहे थे। इस बाढ़ का प्रतिकार मुसलमानों के हाथों सम्भव नहीं था और वे इसमें कूदने से भी डरते थे; क्योंकि वैसा करने से उनकी अपनी इकाई के बह जाने का पूरा ख़ौफ़ था। लिहाज़ा, वे बृहत्तर इस्लाम की कल्पना के साथ और भी ज़ोर से चिपकने लगे; किन्तु आँख मूँदकर—महज़ वास्तविकता से दृष्टि फेर लेने के उद्देश्य से और बिना यह सोचे-समझे हुए कि बृहत्तर इस्लाम का भारतीय रूप क्या हो सकता है।

ऐसी अवस्था में इक़बाल हिन्दुस्तानी मुसलमान के नये नबी बनकर आये, मानो मुसलमानों के हृदय की अविश्लिष्ट बेचैनियों और अपरिज्ञात आशंकाओं ने ही उन्हें अपने निदान के लिए उत्पन्न किया हो। इक़बाल ने वास्तविकता का सामना ठीक वस्तुवादी दृष्टिकोण से किया और उन्होंने बड़ी ही वीरता के साथ उन भावनाओं की व्याख्या शुरू कर दी जो मुसलमानों के भीतर खुलकर भी नहीं खुल पा रही थी। उन्होंने आते ही अपने हिन्दुस्तानी धर्म-बन्धुओं से सवाल किया :

यों तो सैयद भी हो, मिरज़ा भी हो, अफ़गान भी हो,
तुम सभी कुछ हो, बताओ तो, मुसलमान भी हो?

इक़बाल को इस प्रश्न के उत्तर के लिए इन्तज़ार करने की कोई ज़रूरत नहीं थी। इनसे पहले कई लोग इशारा कर चुके थे कि हिन्दुस्तान में आकर इस्लाम की क़िश्ती गर्क हो गयी है। और, उत्तर की प्रतीक्षा किये बिना ही वे कहने लगे :

हाथ बेज़ोर हैं, अलहाद से दिल ख़ूगर हैं,
बुतशिकन उठ गये, बाक़ी जो रहे बुतगर हैं।
क़ौम मज़हब से है, मज़हब जो नहीं, तुम भी नहीं,
जज़्बे-बाहम जो नहीं, महफ़िले-अंजुम भी नहीं।
वज़े में तुम हो निसारी तो तमद्दुन में हनूद;

ये मुसल्माँ हैं? जिन्हें देख के शरमायें यहूद।
मिस्ले-अंजुम अफके-कौम पे रोशन भी हुए,
बुते-हिन्दी की मुहब्बत में बरहमन भी हुए।
फिरक़ाबन्दी है कहीं और कहीं जाते हैं,
क्या ज़माने में पनपने की यही बातें हैं?
हरमें-पाक भी, अल्लाह भी, कुरआन भी एक,
*कुछ बड़ी बात थी होते जो मुसलमान भी एक?**

मौलाना हाली ने जिस बात को संकेत में कहा था, इक़बाल उसे वीरतापूर्वक ज़ोर से दुहराने लगे :

वजे में तुम हो निसारी तो तमद्दुन में हनूद
x x x
बुते-हिन्दी की मुहब्बत में बरहमन भी हुए।

इक़बाल ने मुसलमानों के दिमाग़ पर इस बात को बिठा दिया कि हिन्दुस्तान में आकर इस्लाम वास्तविक इस्लाम नहीं रह गया है; वह तो सनातन धर्म का ही अरबी तर्जुमा हो गया है, ठीक वैसे ही जैसे सिक्खों का खालसा-धर्म इस्लाम का ही भारतीय संस्करण है। हिन्दुओं और मुसलमानों ने अपने सामाजिक जीवन के मेल-मिलाप से जो एक सांस्कृतिक एकता प्राप्त की थी, इक़बाल ने उसे ग़लत बताया तथा मुसलमानों के भीतर उन्होंने यह अनुभूति पैदा कर दी कि इस्लाम के दौर्बल्य का कारण है उस पर हिन्दू धर्म का घातक रूप में प्रभाव पड़ना। इसी अनुभूति के ज्ञान ने हिन्दुओं और मुसलमानों के सामाजिक जीवन में बहिष्कार और विच्छिन्नता को प्रेरित किया और धीरे-धीरे (तथा आरम्भ में अदृश्य रूप से भी) उस वस्त्र के ताने-बाने अलग किये जाने लगे जिसे दोनों ने एक साथ मिलकर बुना था। हम नहीं कह सकते कि इक़बाल की वाणी का जो दुष्परिणाम

---

* बेज़ोर=कमज़ोर। अलहाद=नास्तिकता। ख़ूगर=अभ्यस्त। बुतशिकन=मूर्तिभंजक। बुतगर=मूर्ति गढ़नेवाला। जज़्बे-बाहम=पारस्परिक ऐक्य का उत्साह। महफ़िले-अंजुम=तारों की सभा। वज़े=रीति-रिवाज या सजधज। निसारी=ईसाई। तमद्दुन=संस्कृति। हनूद=हिन्दू। यहूद=यहूदी। मिस्ले अंजुम=सितारों की तरह। उफ़क़=क्षितिज। हरम=निराकार-उपासना का स्थान।

देश की क़िस्मत पर पड़ा, वही उनके जीवन का उद्देश्य भी था। सम्भव है कि साहित्य-रचना का काम हाथ में लेते समय उन्हें किसी भी ऐसे उद्देश्य का ज्ञान न रहा हो। और, सम्भव है, देश की शक्ति को बढ़ाने के लिए ही वे मुसलमानों की इकाई को पुष्ट करने में लगे हों। अथवा, यह भी सम्भव है कि स्वयं न चाहते हुए भी वे परिस्थितियों के धक्के में पड़कर साम्प्रदायिक बन गये हों। यह द्वन्द्व हमें इसलिए घेरता है कि आरम्भ में इक़बाल राष्ट्रीय विचारों के पोषक थे और हिन्दुस्तान की क़िस्मत पर उन्होंने ख़ून के कुछ ऐसे आँसू बहाये हैं जिनकी सचाई पर हमें शंका हो ही नहीं सकती। उनकी एक ही कविता 'तसवीरे-दर्द' इस बात को प्रमाणित करने के लिए यथेष्ट है कि उनके दिल में हिन्दुस्तान की दुरवस्था के लिए बहुत ही कठिन ऐंठन चल रही थी और वे विदेशी शासन से काफ़ी बेजार थे। किन्तु आरम्भ से ही हम उनमें राष्ट्रीयता और साम्प्रदायिकता के बीच एक प्रकार का द्वन्द्व भी पाते हैं। 'सारे जहां से अच्छा हिन्दोस्तां हमारा'—इस ग़ज़ल का आरम्भिक अंश भारत का राष्ट्रीय गीत समझा जाता है, पर इसी ज़मीन पर लिखी उनकी ये पंक्तियाँ :

अय आबे-मौजे-गंगा! वह दिन है याद तुझको
उतरा तेरे किनारे जब कारवाँ हमारा?
चीनो-अरब हमारा, हिन्दोस्तां हमारा,
*मुस्लिम हैं हम, वतन है सारा जहां हमारा**

साफ़ बतलाती हैं कि राष्ट्रीयता के इस उत्साह का असल उत्स कहाँ था!

इक़बाल की पुण्यमती आत्मा हमें क्षमा करे, क्योंकि अज्ञान में पड़कर हम उनकी बुराई करना नहीं चाहते। समुचित प्रमाण के अभाव में हम यह भी नहीं कह सकते कि उन्होंने जान-बूझकर भारतीय राष्ट्रीयता का अहित चाहा था; और बहुत सम्भव है कि उनका जैसा भी विकास हुआ, प्रकृति के स्वाभाविक नियमों के अन्दर ही हुआ। किन्तु अगर यह ठीक है कि मुसलमान हिन्दुओं से अलग होकर अपनी स्वतन्त्र सत्ता स्थापित करने का सपना देख रहे थे और वे एक योग्य दार्शनिक नेता की ताक में बैठे थे, तो इस बात के मानने में भी किसी को आपत्ति

* इस लेख के 'हिमालय' में प्रकाशित होने के बाद स्वर्गीय स्वामी भवानीदयाल जी संन्यासी ने लेखक को पत्र द्वारा यह बतलाने की कृपा की थी कि इक़बाल की ये पंक्तियाँ बहुत बाद की रचना हैं।

न होनी चाहिए कि यह नेता इक़बाल ही हुए और उन्होंने ही मुसलमानों के दिल में अस्फुट या अर्धस्फुट रूप से गूँजनेवाले भावों को प्रत्यक्ष करके उन्हें दिखला दिया तथा इन भावों के विकास और परिणति की दिशा भी उन्हें बतला दी।

इक़बाल ने जीवन की अनन्त राहों में से कविता की राह पकड़ी; इसका कारण यह था कि बुद्धि को छोड़कर उन्होंने हृदय को पसन्द किया था और स्पष्टतापूर्वक वे यह मानते थे कि वास्तविकता के असली रूप तक पहुँचने के लिए दर्शन और विज्ञान की अपेक्षा कविता का मार्ग कहीं अधिक सुगम है। किन्तु वे ऐसे कवि नहीं थे, जो फूलों और बादलों की तसवीर लेकर थकी हुई जनता का मनोरंजन करने आता है। प्रतिमा की रेती से पत्थर खरादना उनका काम नहीं था और न वे कारीगरी का दावा ही करते थे। जो लोग कविता और कारीगरी के बीच अविच्छिन्न सम्बन्ध के विश्वासी हैं, इक़बाल को वे कवि नहीं मानेंगे। किन्तु जो लोग यह मानते हैं कि कविता केवल कारीगरी ही नहीं, वरन् एक औज़ार भी है जिससे नये मूल्यों, नये संस्कारों और नूतन क्षितिजों का निर्माण किया जाता है, वे केवल एक पारायण के बाद ही इक़बाल को एक ऐसा कवि मान लेंगे जिसका जोड़ एक तो क्या, कितनी ही सदियों के बाद भी, शायद ही उत्पन्न होता है। स्वयं इक़बाल भी कवि होने का दावा नहीं करते थे। 'मुझे कला के सूक्ष्म तत्त्वों का ज्ञान नहीं', 'मैं कविता नहीं लिख रहा हूँ' आदि पंक्तियाँ उनकी रचनाओं में मिलती ही रहती हैं। जब वे कविताएँ लिखते हैं, उनकी दृष्टि सौन्दर्य पर केन्द्रित नहीं रहती; ऐसा भासता है, मानो कोई दर्शन उन्हें पुकार रहा हो और कविता; शायद, वह सिर्फ़ इसलिए लिखते हैं कि यह विचारों के व्यक्त करने का एक सबल माध्यम है—ऐसा माध्यम जिसमें भावनाएँ और आवेग भली-भाँति केन्द्रित किये जा सकते हैं, जिस माध्यम में ज़ोर और चमत्कार है तथा जो विचारों को आसानी से फैला भी सकता है—और प्रतिपक्षी का तर्क जिसकी प्रगति को ठीक उसी तरह से नहीं रोक सकता जिस तरह से वह दर्शन, राजनीति या विज्ञान की राह को रोकता है। उनकी सभी रचनाओं में हम एक प्रकार की वास्तविकता से संघर्ष की अवस्था को मौजूद पाते हैं। कोई पहाड़ है, जिसे वे तोड़ना चाहते हैं; कोई अनुल्लंघ्य समुद्र है, जिसे वे पार करना चाहते हैं; कोई योद्धा है, जिसे वे बैठने देना नहीं चाहते। कविताओं के भीतर उनकी मुद्रा गुल और बुलबुल से खेलनेवाले कवि की सरल और प्रसन्न मुद्रा नहीं, बल्कि उस नायक, उस नेता अथवा उस नबी की गम्भीर मुद्रा है जो अपने कन्धों पर एक विशाल जनसमुदाय की क़िस्मत का बोझ महसूस करता है। आरम्भ में यह बात प्रत्यक्ष नहीं थी कि वे जिस वास्तविकता से उलझ रहे हैं, वह है क्या। किन्तु ज्यों-ज्यों समय बीतता

गया, उसका यथार्थ रूप प्रत्यक्ष होता गया। यह वास्तविकता थी इस्लाम के उद्धार की, उसे हिन्दू-प्रभावों से विमुक्त करने की; यह वास्तविकता थी इस्लाम के आरम्भिक रूप को प्रत्यावर्तित करने की। बृहत्तर इस्लाम की सृष्टि और विकास इक़बाल के जीवन के सबसे प्यारे उद्देश्य निकले। किन्तु इस उद्देश्य की प्राप्ति के लिए उन्होंने धर्म की कोमलता और उज्ज्वलता पर ज़ोर नहीं दिया, प्रत्युत मुसलमानों से यह कहा कि वीरता, निर्भीकता, युद्धप्रियता और ख़तरों का प्रेम ही इस्लाम के विशिष्ट गुण हैं तथा इस्लाम को अगर पुनरुज्जीवित करना है तो इन गुणों को वापस लाओ। उनका सन्देश जीवन, जागरण और आक्रमण का सन्देश है तथा घूम-फिरकर वे मुसलमानों को आक्रमणकारी होने की सलाह देते हैं। उनकी आँखों के सामने विश्व नहीं, इस्लाम है और वह इस्लाम के उद्धार में ही संसार के उद्धार का सपना देखते हैं। उनके सामने जो यह वास्तविकता खड़ी थी, उनकी तमाम रचनाएँ उसी की पुकारों के जवाब हैं। मुसलमानों ने एक स्वर से उन्हें अपना जातीय कवि स्वीकार किया था और उन्होंने इस पद के गौरव को ऐसा सँभाला कि मुस्लिम-जीवन की वास्तविकता की कोई भी पुकार उनके सामने से बिना उत्तर के नहीं लौटी।

इक़बाल ने कविता का माध्यम तो चुन लिया; किन्तु वे जानते थे कि इस्लाम के पतन में हाफ़िज़—जैसे हालावादियों की जृंभोत्पादक वाणी का भी कम हाथ नहीं था। इसलिए अपनी कविता को उन्होंने फूल, मदिरा और मोहनी के प्रभाव से मुक्त रखा। हिन्दुस्तान के कलाकारों की नारी-उपासना से वे कैसे बेज़ार थे, यह बात उनकी निम्नलिखित पंक्तियों से प्रत्यक्ष हो जाती है :

हिन्द के शायरो? सूरतगरो? अफ़सानानवीस?
*आह! बेचारों के आसाब पर औरत है सवार!**

हाफ़िज़ को तो एक कविता में उन्होंने 'गुलाबों के बीच छिपकर रहनेवाला वह साँप' कह दिया 'जिसके पास घातक विष होता है तथा जो मरने के पहले अपने शिकार को नींद में सुला देता है।' अस्तु।

कविता का माध्यम तो ठीक था; किन्तु मुसलमानों के लिए जिस मोहक भविष्य की उन्होंने कल्पना की थी, उसकी प्राप्ति के निमित्त शक्ति-संचय करने के लिए एक नया दर्शन और इतिहास की एक नयी व्याख्या भी ज़रूरी थी और यह भी ज़रूरी था कि यह व्याख्या और दर्शन इस्लाम के मूलभूत

---

*शायर=कवि। सूरतगर=चित्रकार। अफ़सानानवीस=कथाकार। आसाब=धमनी या शिरा : पुट्ठा।

सिद्धान्तों के अनुकूल हों। किन्तु इस्लाम का भारतीय रूप इक़बाल को विकृत-सा लगा। भारत के बाहर भी उसमें ईसाई और सूफ़ी सन्तों के मतों का धुँधलापन भर गया था। हिन्दुस्तान के मुसलमान इस्लाम के उस रूप से कुछ दूर जा पड़े थे जिसके माननेवाले लोग मुजाहिद या धार्मिक योद्धा समझे जाते थे। वे तो उसके उस रूप पर आसक्त थे जिस पर सरमद, मंसूर और हजरत चिस्तों-जैसे सन्तों का प्रभाव था तथा जो आध्यात्मिकता के आलिंगन में पड़कर अपनी आरम्भिक क्रूरता छोड़, कुछ कोमल हो गया था। इसके सिवा, बहुत दिनों से साथ रहने के कारण, हिन्दुस्तान के मुसलमानों ने (जो अधिकांश में हिन्दू-वंश से ही निकले थे) हिन्दुओं के निवृत्तिवाद से भी कुछ-न-कुछ प्रभाव ग्रहण कर लिया था, जो उनके सूफ़ी-मत-सम्मत इस्लाम का पोषक ही पड़ता था। इक़बाल ने इस्लाम के इस निवृत्तिमूलक रूप का विरोध किया और मुसलमानों के सामने उन्होंने इस्लाम का वह युद्धपरक रूप रखा जो उसके इतिहास के आरम्भ के दिनों में प्रचलित था। इस्लाम के आरम्भिक इतिहास की व्याख्या से उन्होंने अपने मत को पुष्ट किया तथा अपने अनुयायियों को उन्होंने यह शिक्षा दी कि धर्म के नाम पर तलवार उठाना जीवन का सबसे बड़ा पुण्य है। 'शिकवए-ख़ुदा' नाम्नी अपनी ओजस्विनी कविता में ख़ुदा के सामने खड़े होकर जब वे इस्लाम की वकालत करने लगे, तब अपने पक्ष की सबसे आगे बढ़नेवाली गोटी उन्हें यह सूझी :

बस रहे थे यहीं सलजूक़ भी, तूरानी भी,
अहले-चीन में, ईरान में सासानी भी,
इसी मामूरे में आबाद थे यूनानी भी,
इसी दुनिया में यहूदी भी थे, नसरानी भी।
पर, तेरे नाम पर तलवार उठायी किसने?
*बात जो बिगड़ी हुई थी वह बनायी किसने?**

भगवान की बिगड़ी हुई बात तो बन गयी यानी मूर्तियाँ तोड़ डाली गयीं और तौहीद (एकेश्वरवाद) में विश्वास करनेवालों की संख्या में वृद्धि हो गयी; किन्तु इक़बाल बीसवीं सदी के कवि थे—यह बीसवीं सदी, जो युद्ध की लपटों

---

* सलजूक़=एक क़ौम जिसका अस्तित्व अब नहीं है। तूरानी=एक दूसरी अस्तित्वहीन क़ौम। अहले-चीं=चीनी जाति। सासानी=पारसी जाति। मामूरा=दायरा, घेरा, दुनिया। नसरानी=ईसाई।

में झुलसती हुई युद्ध की व्यर्थता को भली-भाँति समझ रही है। फिर यह कैसे हो सकता था कि वे युद्ध का समर्थन युद्ध के लिए ही करें? अतएव उसी कविता में उन्होंने खूँरेजियों के औचित्य को यह कहकर सिद्ध किया कि वे ईश्वर के नाम पर की गयी थीं :

हम जो जीते थे तो जंगों की मुसीबत के लिए,
और मरते थे तेरे नाम की इज़्ज़त के लिए,
थी न कुछ तेग़ज़नी अपनी हुकूमत के लिए,
सर-बकफ फिरते थे क्या दह में दौलत के लिए?
कौम अपनी जो ज़रोमाले-जहां पर मरती,
*बुतपरस्ती की एवज़ बुतशिकनी क्यों करती?**

मगर सच तो यह है कि तेग़ज़नी दौलत के लिए हो अथवा ईश्वरसिद्धि के लिए, वह दोनों ही हालतों में एक-सी निंद्य है। आज हिन्दुस्तान में यह तेग़ज़नी दोनों मकसदों के लिए एक साथ की जा रही है। काश, सर इक़बाल इस दम ज़िन्दा होते और देखते कि उनकी फ़िलासफ़ी ने हिन्दुस्तान में क्या ग़ज़ब ढा रखा है! और, क्या सचमुच ही बुतशिकनों ने दौलतपरस्ती नहीं की? तो फिर सोमनाथ के मन्दिर की मूर्तियों का सोना गजनी क्यों ले जाया गया था? 'शिकवए-ख़ुदा' और 'जवाबे-शिकवा'—इन दोनों कविताओं की रचना 'बागे-दरा' के दिनों में हुई थी और ये दोनों ही रचनाएँ हाल के उर्दू-काव्य में बिल्कुल बेजोड़ चीज़ें हैं। इन कविताओं के भीतर हाली का वह जोश और भी उबाल खा रहा है जिसे उन्होंने 'मुसद्दस' में व्यक्त किया था। इस्लाम की अस्तंगत वीरता का वही बखान, हिन्दू धर्म से प्रभावित होने के कारण मुसलमानों की वही निन्दा, जो मुसद्दस में है, इक़बाल के शिकवों में भी उतरी और पहले से अधिक उग्रता के साथ; क्योंकि हाली की अपेक्षा इक़बाल कहीं अधिक चैतन्य, उग्र और ज्वलन्त कवि थे। हिन्दुस्तान में मुसलमानों की सल्तनत छिन गयी थी, किन्तु वह हिन्दुओं के पास नहीं आयी थी, अतः यह कैसे हो सकता था कि हिन्दू मुसलमानों पर हँसते? मगर इक़बाल को जान पड़ा जैसे मुसलमानों के ह्रास पर तमाम मूर्तिपूजक हँस रहे हों। और उन्होंने इसकी शिकायत भगवान के यहाँ तक पहुँचा दी :

---

* तेग़ज़नी=तलवारबाज़ी। सरबकफ़=हथेली पर सिर लिये हुए। दह=संसार। जरोमाल=धन-दौलत।

बुत सनमखानों में कहते हैं, मुसलमान गये,
है ख़ुशी उनको कि काबे से निगहबान गये।

x x x

दिल तुझे दे भी गये, अपना सिला ले भी गये,
*आके बैठे भी न थे और निकाले भी गये।**

शिकवे के अन्त में जब भगवान से वे अन्तिम वरदान माँगने को हाथ पसारते हैं तब उनके मुख से बेसाख्ता निकल पड़ता है :

जिन्से-नायाब मुहब्बत को फ़रोजां कर दे,
*हिन्द के दौरनशीनों को मुसल्मां कर दे।***

इक़बाल की दृष्टि में हिन्दुस्तान के मुसलमान दौरनशीन (प्रतिमापूजक) हो गये थे, अतएव उन्होंने अल्लाह से दुआ की कि वे इन बहके हुए मुसलमानों को फिर से असली मुसलमान बना दें! इक़बाल आजीवन धर्म की आड़ में बोलते रहे। किन्तु धर्म का पर्याय उनके लिए एकमात्र इस्लाम था और इस्लाम की सबसे बड़ी विशेषता वह खड्गवाद को समझते थे। 'बाले-जिब्रइल' की एक कविता में वे कहते हैं :

सोचा भी है अय मर्दे-मुसल्मां कभी तूने
क्या चीज़ है फ़ौलाद की शमशीर जिगरदार?
इस बैत का य मिसरए-अव्वल है कि जिसमें
*पोशीदा चले आते हैं तौहीद के असरार।****

तलवार के मन्त्र में तौहीद के रहस्य प्रच्छन्न हैं, इसे अब तक किसी ने भी नहीं देखा था। किन्तु इक़बाल ने उसे देखा और अपने धर्मबन्धुओं को भी दिखला दिया। लारेंस-जैसे कुछ कवियों ने यौन-चेतना को धर्म की पवित्रता प्रदान कर दी है। इक़बाल के सम्बन्ध में भी यह कहा जा सकता है कि उन्होंने

---

* सनमख़ाना=प्रतिमालय। काबा=निराकार पूजा का स्थान। निगहबान=रखवाला। सिला=एवज़, बदला या पुरस्कार।

** जिन्स=चीज़। नायाब=अप्रतिम, अलभ्य। फ़रोजां=रौशन। दौर नशीन=प्रतिमापूजक, प्रतिमा के सामने बैठनेवाला।

*** फ़ौलाद=लोहा। शमशीर=तलवार। जिगरदार=हिम्मत से भरी। बैत=कविता, पद। मिसरए-अव्वल=छन्द की पहली पंक्ति। पोशीदा=प्रच्छन्न। तौहीद=एकेश्वरवाद। असरार=भेद।

खड्गवाद को धर्म के पार्श्व में अधिष्ठित कर दिया। पाकिस्तान की माँग के पीछे कौन-सी भावना काम कर रही है, केवल नौ करोड़ मुसलमान कोई तीस करोड़ लोगों के ख़िलाफ़ युद्ध ठान देने की कैसे हिम्मत कर रहे हैं, इस सभ्य और सुसंस्कृत युग में भी लोग हलाकू और चंगेज़ खाँ को अपना आदर्श क्यों मान रहे हैं तथा क्या कारण है कि मुसलमानों के नेता सबसे अधिक गांधी जी से ही नाराज़ हैं—इन बातों को समझने के लिए यह जान लेना आवश्यक है कि इक़बाल का जीवन-दर्शन क्या था।

इस्लाम की स्वेच्छाचारी (Autocratic) परमात्मा की सत्ता में विश्वास करता है। जिसकी इच्छा के बिना संसार में एक पत्ता भी नहीं हिल सकता। उसके माननेवाले जितने लोग हैं, सभी उसकी प्रजा हैं, सभी उसके बन्दे हैं। बन्दे को यह हक़ नहीं कि वह मालिक के कामों को शंका की दृष्टि से देखे अथवा उससे शोखी करे। इक़बाल एक दृढ़ मोमिन के रूप में पूजनीय हो गये हैं; किन्तु उनकी कल्पना का भगवान स्वेच्छाचारी नहीं है और न उसका बन्दा ही बन्दा मात्र है। जीव को वे ब्रह्म से स्वतन्त्र मानते हैं; किन्तु उनका कहना है कि जीव ईश्वर से जितना ही दूर रहता है, उतना ही वह अपूर्ण होता है। उसकी पूर्णता ईश्वर के सामीप्य में है। किन्तु इस सामीप्य को वे लय की अवस्था नहीं मानते। उलटे, वे यह कहते हैं कि जीव ईश्वर में नहीं, प्रत्युत पूर्ण रूप से विकसित जीव के भीतर ईश्वर ही विलीन हो जाता है। जीव के सम्बन्ध में, शायद, इसी कल्पना के आधार पर उन्होंने खुदी' का सिद्धान्त निकाला जिसके कारण उनके ख़िलाफ़ नास्तिक होने का फ़तवा दिया गया था तथा जिसकी व्याप्तियों से अब भी कितने ही धर्मभीरु उलेमा सहमत नहीं होते। 'ख़ुदी' का सही अर्थ करना ज़रा कठिन है। इसे हम 'आत्मसत्ता का सिद्धान्त' कह सकते हैं। इस विस्तृत ब्रह्माण्ड में हमारी भी एक अलग सत्ता है जो किसी से भी न्यून नहीं है। ज्वलन्त पौरुष, अहंकार और आत्माभिमान इस सत्ता के गुण हैं। हम सर्वश्रेष्ठ हैं और हमारी मर्ज़ी के ख़िलाफ़ कोई बात नहीं चल सकती। इन कुछ लक्षणों में ख़ुदी के सिद्धान्त की कुछ स्थूल विशिष्टताएँ आ जाती हैं। दार्शनिक पक्ष में अब तक के सभी महात्माओं और कवियों ने मनुष्य को परम सत्ता के सामने झुकने का सन्देश दिया था, किन्तु इक़बाल ने भक्तों से भी कहा :

ख़ुदी को कर बुलन्द इतना कि हर तक़दीर से पहले
*ख़ुदा बन्दे से पूछे, बता तेरी रजा क्या है?**

---

*तक़दीर=भाग्यलिपि। ख़ुदी=आत्मसत्ता। बुलन्द=ऊँचा। रजा=इच्छा।

कहते हैं, ख़ुदी के इस सिद्धान्त के अनुसन्धान में उन प्रभावों का हाथ है, जो इक़बाल के मस्तिष्क पर मौलाना रूमी और जर्मन दार्शनिक नीत्से की रचनाओं के अध्ययन से पड़े थे। मौलाना रूमी एक दार्शनिक सन्त और रहस्यवादी पुरुष थे, किन्तु वे जीव के स्वतन्त्र अस्तित्व में विश्वास करते थे। ईश्वर और जीव के पारस्परिक मिलन के सम्बन्ध में उनका भी कहना है कि जीव ब्रह्म में लय नहीं होता, प्रत्युत ब्रह्म की सत्ता के आलोक में पड़कर वह स्वयं भी दीप्त हो उठता है एवं उस दीप्ति के साथ उसकी सत्ता भी स्वतन्त्र रूप से क़ायम रहती है, ठीक वैसे ही जैसे अंगारों के पुंज में पड़कर एक लौहखण्ड अंगार बनकर क़ायम रहे। इसके विपरीत, 'नीत्से' पूर्ण रूप से नास्तिक था। अपने मोह के कारण इक़बाल ने उसे हृदय से आस्तिक और बुद्धि से नास्तिक कहा है। किन्तु आस्तिकता का कोई प्रमाण नीत्से की रचनाओं में नहीं मिलता। नीत्से ज्वलन्त पौरुष एवं उत्कट वैयक्तिकता का घोर उपासक था। उसके सामने ऐसे किसी भी सिद्धान्त की इज़्ज़त नहीं थी जो मनुष्य को विनय और शील सिखाता है। वह बौद्ध धर्म, ईसाई-मत तथा सुकरात और अफलातून के सिद्धान्तों का प्रचण्ड शत्रु था, क्योंकि ये सिद्धान्त मनुष्यों में कोमलता, उदारता, अपरिग्रह, निवृत्ति और वैराग्य का प्रचार करते हैं। ईसाई-धर्म को उसने ग़ुलामों, कमज़ोरों और बकरियों का धर्म कहा एवं ऐतिहासिक अनुसन्धानों से उसने यह सिद्ध कर दिखाया कि जब यहूदियों पर रोमनों का प्रभुत्व था तब यहूदियों ने रोमनों के नैतिक पक्ष को कमज़ोर बनाने के लिए ही इस धर्म का आविष्कार किया था। नीत्से का कहना है कि ईसाई-धर्म ईजाद करके ग़ुलाम यहूदी लोग दैन्य, दुरवस्था, निर्धनता एवं उदारता की प्रशंसा इसलिए करने लगे कि इस प्रकार वे रोमनों के हृदय में वैभव, प्रताप और पौरुष के प्रति ग्लानि उत्पन्न कर, उनके इन गुणों का विनाश करके उन्हें शासक के पद से च्युत करना चाहते थे। नीत्से की राय में यही वह अस्त्र था जिसके प्रयोग से यहूदियों ने रोमनों को पराजित भी किया। नीत्से ऐसे सभी धर्मों को निंद्य और त्याज्य बताता है जो मैत्री, करुणा और समानता के प्रचारक हैं अथवा जो शिक्षित से अशिक्षित, विद्वान से मूर्ख, धनिक से दरिद्र और सबल से निर्बल को अच्छा समझते हैं। उसका कहना है कि ऐसे दर्शनों की ईजाद हमेशा ग़ुलाम किया करते हैं जो अपने ऊपर चढ़े हुए मालिकों से मुक्ति पाना चाहते हैं तथा इन धर्मों का अनुसरण बकरियाँ करती हैं जो बाघों को शाकभोजी बनाकर स्वयं उनके दंष्ट्राओं की चोट से बचना चाहती हैं। नीत्से के कोश में पुण्य के मानी शक्ति के हैं तथा पुण्यवान वह उन्हीं लोगों को समझता है जो शक्तिशाली हैं। ईसाई और बौद्ध धर्म के आचरण-विधान (Ethics) को

वह ग़ुलामों का आचरण-विधान कहता था और जीवन की केवल वही फ़िलासफ़ी उसे मान्य थी जो मनुष्य को शक्तिशाली तथा आक्रमणशील बना सके–वह नहीं जो उसमें पुण्य और विनयशीलता के नाम पर दुर्बलता एवं दरिद्रता को प्रेरित करती हो। वैयक्तिकता का घोर प्रेमी होने के कारण नीत्से प्रजासत्ता का द्रोही था। प्रजासत्ता के समुचित विकास के लिए यह आवश्यक है कि कोई भी व्यक्ति अपने गुणों की विशिष्टता के अनुरूप किसी विशेष लाभ या मर्यादा का दावा न करे। इसी से वह कहा करता था कि प्रजासत्ता बिल्कुल ही निंद्य वस्तु है; क्योंकि इसकी स्वीकृति से औसत से बड़े मनुष्य के विकास में बाधा पड़ती है। नीत्से की कल्पना का पुरुष अतिमानव (Superman) है जो सामाजिक समानता के साधारण नियमों से परे हैं एवं जिसकी योग्यता और मर्यादा का माप उसी दण्ड से नहीं किया जा सकता जिससे साधारण मनुष्यों की योग्यता मापी जाती है। मनुष्य-मनुष्य के बीच समानता के सिद्धान्त को नीत्से नहीं मानता। उसके हृदय के सभी ऊँचे भाव केवल उनके लिए सुरक्षित हैं जो तेजस्वी एवं जाज्वल्यमान हैं। जो लोग दुर्बल एवं दीन हैं, उनके निमित्त नीत्से के पास घृणा को छोड़कर और कोई उपहार उपलब्ध नहीं।

प्रत्येक देश में जब कोई प्रबल दार्शनिक अपना काम कर जाता है, तब वहाँ उसी के अनुरूप कर्मठ नेता अवतार लेते हैं। ज़माने से यही होता आया है। पहले बुद्धदेव हुए, तब अशोक। पहले रूसो हुआ, तब रोबसपियर। पहले मैजिनी हुआ, तब गेरीबाल्डी। पहले नीत्से हुआ, तब हिटलर और इसी प्रकार हिन्दुस्तान में भी पहले इक़बाल हुए तब जिन्ना! कई स्थलों पर इक़बाल ने सफ़ाई दी है कि वे नीत्से के अन्धभक्त नहीं हैं। एकाध कविताओं में भी उन्होंने नीत्से के कुछ सिद्धान्तों का खण्डन किया है। नीत्से से अपने को भिन्न और स्वतन्त्र दिखाने की चिन्ता केवल इक़बाल को ही नहीं थी; आज भी उनके तमाम प्रशंसक उन्हें नीत्से से बिल्कुल अलग ले जाने की कोशिश करते हैं। और यह सब, शायद, इसलिए कि नीत्से को नास्तिक होने की बदनामी मिली हुई है। अन्यथा हम देखते हैं कि नीत्से के सिद्धान्त–केवल सार-रूप से ही नहीं, बल्कि पूरे-के-पूरे–इक़बाल की कृतियों में परिव्याप्त हैं। इक़बाल का वासस्थान अध्यात्म की चोटी पर नहीं, प्रत्युत राजनीति के व्यूह के बीच था। वे मुसलमानों को धर्म सिखाने के लिए नहीं, बल्कि संसार में उन्हें विजय दिलाने को आये थे। और, चूँकि सच्चे अर्थों में वे धार्मिक नेता नहीं थे, इसलिए विजय की राह उन्होंने खड्गवाद के भीतर से बनायी–करुणा, प्रेम और क्षमाशीलता के बीच से नहीं। मौलाना रूमी को उन्होंने अपना गुरु कहा है, किन्तु रूमी से भी उन्होंने भक्ति और अपरिग्रह की

नहीं, मनुष्य की ज्वलन्त वैयक्तिकता की ही विरासत ली! अरबी और फ़ारसी के अनेक सूफ़ी सन्तों में से इक़बाल ने अपना गुरु रूमी को चुना, इसका कारण यह नहीं था कि रूमी में परम सत्ता के लिए अन्य सन्तों की अपेक्षा कुछ अधिक अधीरता थी, बल्कि कारण यह था कि रूमी सन्त होते हुए भी संसार में वीरता और तेजस्विता की इज़्ज़त करते थे। जिस ख़ुदी के सिद्धान्त को इक़बाल ने प्रसिद्ध किया, वह रूमी की कविताओं में भी यत्र-तत्र विद्यमान मिलता है। अपनी एक कविता में मौलाना रूमी कहते हैं—"यदि तू दाने का एक कण बनकर रहेगा, चिड़िया तुझे चुग जायेगी। यदि तू फूल बनकर रहेगा, बच्चे तुझे तोड़ लेंगे। इसलिए दानों को छिपाकर ख़ुद जाल बन जा—फूल को हृदय में मूँद ले और वह घास बनकर फैल, जो अट्टालिकाओं के मस्तक पर खेलती है।"

महात्मा जलालउद्दीन रूमी प्रेममार्गी सन्त थे। किन्तु वे जीव की स्वतन्त्र सत्ता में विश्वास करने वाले थे। लौकिक पक्ष में वे व्यक्ति की स्वाधीनता के उन्नायक थे। मनुष्य के स्वभाव और उसकी सम्भावनाओं के विकास की व्याख्या उन्होंने ऐसी निर्भीकता से की है कि कुछ लोग उन्हें नीत्से-जैसे स्वाधीन चिन्तकों का अग्रदूत भी मानते हैं। अपने समय और अपनी परम्परा के वे शायद अकेले कवि हैं जिसने सतत संघर्ष को मनुष्य का भाग्य कहा है। इक़बाल का जीवन-दर्शन रूमी और नीत्से के इन्हीं सिद्धान्तों पर अवस्थित है। इस्लाम की तात्कालिक आवश्यकता एवं अपनी अनुभूति के अनुसार उन्होंने इन सिद्धान्तों में काट-छाँट भी की। जहाँ आवश्यक समझा, उनका विकास भी किया और ऐसा कर उन सब पर अपनी मौलिकता की मुहर लगा दी। किन्तु, उनके विचारों की दिशा वही है जो नीत्से की थी तथा जीवन, व्यक्ति और समाज को देखने का उनका दृष्टिकोण भी वही है जो नीत्से का था। जीवन को उन्होंने पाचन (Assimilation) की एक प्रगतिशील प्रक्रिया के रूप में देखा एवं व्यक्तित्व के विकास को उन्होंने संघर्ष की अवस्था कहा। उनका सन्देश है—संघर्ष, संघर्ष और अधिक संघर्ष! जिस बदनसीब को संघर्ष का क्षेत्र प्राप्त नहीं है, उसे वे ऐसी भूमि खोजने के लिए प्रेरित करते हैं; क्योंकि उनका दृढ़ विश्वास है कि संघर्ष अगर क़ायम न रहा तो जीवन में शिथिलता आ जायेगी और शिथिलता के मानी हैं मृत्यु। ध्यान देने की बात है कि उनका कहना था कि इस्लाम का सबसे बड़ा दुर्भाग्य यह हुआ कि उसके अनुयायियों ने साम्राज्य स्थापित किये। निर्विघ्न साम्राज्य संघर्ष के अभाव का द्योतक है और इसी के कारण इस्लाम खोखला हो गया। संघर्ष से विहीन जीवन की वे कल्पना भी नहीं करते और न उसके अस्तित्व में विश्वास ही करते हैं। जीवन के भीतर जो एक पाचन की प्रक्रिया है, वह संघर्ष में ही

क़ायम रहती है। आदमी की असली ज़िन्दगी वह है जो संघर्षों के बीच सब को पराजित करती हुई, सबको लीलती हुई—केवल 'मैटर' को ही नहीं, 'स्पिरिट' को भी आत्मसात् करती हुई—आगे जा रही है। जीवन के अभियान का क्षेत्र केवल इसी लोक तक नहीं, परलोक तक भी विस्तृत है और उनके लक्ष्य के दायरे में देवता ही नहीं, परमात्मा भी आते हैं। सच्चे मुसलमान का लक्षण बताते हुए एक जगह वे कहते हैं :

जँचते नहीं कंजश्को-हमाम इसकी नज़र में,
*जिबरीलो-सराफील का सैयाद है मोमिन।**

इसी प्रकार, अपनी एक फ़ारसी-कविता में वे कहते हैं—"हिम्मतवाले मर्द, अपना जाल अगर कहीं फेंकना हो तो उसे ख़ुद परमात्मा पर फेंक।"

नीत्से के समान ही, इक़बाल भी मनुष्य की वैयक्तिकता के अनन्य उपासक हैं। जहाँ जाने से अपनी इकाई के डूब जाने का भय हो, वे ऐसी जगह को दूर से ही प्रणाम करते हैं। सार्वभौमिकता के सिद्धान्त को वे एक पल के लिए भी नहीं मानते और न इसकी स्वीकृति में संसार का कल्याण ही देखते हैं। उनकी दृष्टि में सम्पूर्ण जीवन इकाइयों में विभक्त है। मनुष्य अपनी इकाई को जितना ही आत्मतन्त्र एवं औरों से भिन्न बनाता है, वह उतनी ही पूर्णता को प्राप्त होता है। इसीलिए उनका उपदेश है कि अपनी वैयक्तिकता की रक्षा करो एवं तुम्हारी इकाई के साथ तुम्हारे वातावरण का जो संघर्ष चल रहा है, उसमें पराजित होकर विलीन मत हो जाओ। धर्म की रहस्यात्मकता और राजनीति की स्थूलता के मिलन से जो विचित्रता पैदा हो सकती है, वही विचित्रता उनकी फ़िलासफ़ी की रीढ़ है। नीत्से के अतिमानव वाले सिद्धान्त को उन्होंने मोमिन (सच्चे मुसलमान) पर लागू कर दिया और बिना इस बात की चिन्ता किये ही कि संसार क्या कहेगा, उन्होंने यह मान लिया कि संसार का सबसे सच्चा धर्म इस्लाम, उसका सबसे श्रेष्ठ संघ मुस्लिम-राष्ट्र-संघ एवं मानवता का सबसे बड़ा रहनुमा (मार्गदर्शक) मुस्लिम-मिल्लत है। अपनी कल्पना में उन्होंने समस्त संसार के मुस्लिम राष्ट्रों का एक संघ बनाया जिसकी राजधानी काबा में थी और जिसके सभी सदस्य एक ईश्वर के प्रेम-सूत्र में आबद्ध थे। 'रमूजे-बेख़ुदी' नामक अपने फ़ारसी-काव्य में उन्होंने इसी मुस्लिम-मिल्लत की महिमा गायी है। बृहत्तर इस्लाम की जो तसवीर उन्होंने बनायी थी, हिन्दुस्तान के बाहर उसकी क़द्र बहुत ज़्यादा नहीं हुई; किन्तु

* कंजश्को-हमाम=गौरैया और फुदकी-जैसे छोटे पक्षी। जिबरील और सराफील=स्वर्ग में विचरने वाले देवदूत (दो फ़रिश्तों के नाम)।

हिन्दुस्तान के किंकर्तव्यविमूढ़ मुसलमान उस पर टूट पड़े। बात यह है कि जातियाँ जैसे दर्शन को ग्रहण करती हैं, उनके कर्तव्य भी वैसे ही हो जाते हैं। जातीय दर्शन वह उत्स है, जहाँ से कर्तव्य का निर्झर जन्म लेता है। निवृत्तिवाद के अतिसेवन ने हिन्दुओं का जो हाल कर रखा है, वह सर्वविदित बात है। बहुत अच्छा होता कि पाश्चात्य देशों के लोग भी सच्चे ईसाई बने रहते। किन्तु ईसामसीह की जगह उन्होंने कंचन को बिठला दिया। परिणाम यह हुआ है कि वे अपने साथ ही समस्त संसार को ले डूबने को तैयार हैं। इक़बाल ने व्यक्ति के इकाईवाले सिद्धान्त से मुस्लिम-सम्प्रदाय की इकाई का सिद्धान्त निकाला और उसकी परिणति इतर मानव-जाति से भिन्न संसारभर की एक मुस्लिम-मिल्लत में कर दी। किन्तु, इस लक्ष्य की प्राप्ति कोई साधारण बात नहीं थी। हिन्दुस्तान में और हिन्दुस्तान के बाहर, दोनों ही जगहों पर अंग्रेज़ विराजमान थे। मुस्लिम देशों के चारों ओर कठिन खड्गवाले शासक पहरा दे रहे थे। ये शासक स्नेह से पराजित नहीं हो सकते थे और इक़बाल को स्नेह एवं सौहार्द का मार्ग पसन्द भी न था। फिर उनकी कल्पना का हरएक मुसलमान नीत्से की कल्पना का अतिमानव (सुपरमैन) भी था। अतएव उन्होंने मुसलमानों के भीतर, पौरुष के नाम पर, एक प्रकार की बर्बरता को भरना शुरू किया। मुसलमानों को उन्होंने उकाब और शाहीं (गरुड़ और बाज) कहा—वे ही उकाब और शाहीं, जो पक्षियों का खुलकर शिकार करते हैं! इक़बाल नीत्से से सीख आये थे कि दुनिया में इज़्ज़त के साथ जीना हो तो शिकार नहीं, शिकारी बनकर जियो। अब वे इस उपदेश को मुसलमानों पर उतार रहे थे। उन्होंने यह भी समझ लिया था कि हिन्दुस्तान की सल्तनत अब फिर मुसलमानों के हाथ नहीं आ सकती है। फिर उन्हें यह भी मालूम था कि साम्राज्यजन्य विलासिता एवं संघर्षहीनता से ही भारतवर्ष में इस्लाम का पतन सम्भव हुआ था। अतएव उन्होंने मुसलमानों को उपदेश दिया :

उक़ाबी रूठ जब बेदार होती है जवानों में,
नज़र आती है उसको अपनी मंज़िल आसमानों में;
नहीं तेरा नशेमन क़स्र-ए-सुलतानी की गुम्बद पर,
*तू शाहीं है, बसेरा कर पहाड़ों की चटानों में।**

शाहीं उनकी कल्पना के पुरुष का प्रतीक हो गया। वे इन शिकारी पक्षियों के गुणों का वर्णन कुछ इस तन्मयता के साथ करने लगे जिससे मुसलमान उनकी ओर

---

* उकाब=गरुड़-जाति का एक शिकारी पक्षी; कोई-कोई इसे गिद्ध भी बतलाते हैं। बेदार=जाग्रत। नशेमन=नीड़, घोंसला। क़स्र=महल। शाहीं='बाज' पक्षी।

आकृष्ट हों एवं उनके गुणों को सीखें। यों तो वे इस्लाम के आरम्भिक इतिहास की व्याख्या के सिलसिले में ही यह बता आये थे कि ये गुण मुसलमानों के सनातन भूषण रहे हैं। कभी तो उनका यह शाहीं, आत्मपरिचय देता हुआ कहता है :

हमामो कबूतर का भूखा नहीं मैं,
कि है ज़िन्दगी बाज की जाहिदाना;
झपटना-पलटना, पलट कर झपटना,
*लहू गर्म रखने का है एक बहाना।**

और कभी वे स्वयं ही घर के बूढ़े उकाब की हैसियत से अपने बच्चों को उपदेश देते हैं :

जो कबूतर पर झपटने में मज़ा है अय पिशर,
*वह मज़ा शायद कबूतर के लहू में भी नहीं।***

आज की दुरवस्था में ऐसा दीखता है, मानो, इक़बाल की ये पंक्तियाँ इन्हीं दिनों के लिए भविष्यवाणी के तौर पर लिखी गयी हों—मानो उन्होंने अपने शाहीं और उकाबों को पहले से ही आगाह कर रखा हो कि इस 'जंगल में' अगर चैन से रहना हो तो इर्द-गिर्द के 'कबूतरों' पर अकारण भी झपटते रहो। झपटते रहने से जहाँ तुम्हारी रगों का ख़ून गर्म रहेगा, वहाँ ये 'कबूतर' भी तुम्हारे रोब में रहेंगे।

ज्यों-ज्यों समय बीतता गया, इक़बाल उन सभी आदर्शों से दूर होते गये जिन्हें भारतीय राष्ट्रीयता अपना रही थी। वे मुसोलिनी की प्रशंसा में कविता लिखते थे और, प्रायः, हर चीज़ की टीका फैसिस्ट दृष्टिकोण से करते थे; इधर आकर वे किसानों और मज़दूरों की ओर भी मुखातिब हुए थे; किन्तु आश्चर्य की बात है कि एक पूरी नज़्म (कविता) उन्होंने केवल 'पंजाब के दहकान' से कही है। जब देश में प्रजासत्ता की आवाज़ बुलन्द होने लगी, तब उन्होंने जमहूरियत (प्रजासत्ता) की नीत्सेनुमा टीका करते हुए लिखा :

इस राज़ को एक मर्दे फिरंगी ने किया फ़ाश,
हरचन्द कि दाना इसे खोला नहीं करते।
जमहूरियत एक तर्जे-हुकूमत है कि जिसमें,
*बन्दों को गिना करते हैं, तोला नहीं करते।****

---

* हमाम=एक छोटा पक्षी। जाहिदाना=साधुओं-सी पवित्र।

** पिशर=बेटा। कबूतर=दब्बू जाति।

*** राज़=रहस्य। फ़ाश=निरावृत्त, स्पष्ट। दाना=बुद्धिमान। जमहूरियत=प्रजासत्ता। तर्जेहुकूमत=शासन का तरीक़ा। बन्दा=भक्त, आदमी।

इस प्रकार, समानता के सिद्धान्त पर चोट करते हुए उन्होंने अन्यत्र कहा है कि 'दो सौ गधों के भेजों से एक मनुष्य का मस्तिष्क नहीं बन सकता' सम्भव है, यह टुकड़ा पाश्चात्य प्रजासत्ता पर व्यंग्य के रूप में लिखा गया हो; किन्तु इसका संकेत उस आशंका की ओर साफ़ है जो प्रजासत्ता के प्रति पाकिस्तान के पक्षपातियों के हृदय में उठती रही है। गांधी जी ने मैत्री और अहिंसा का जो आदर्श भारतवर्ष के सामने रखा वह इक़बाल के जीवन-दर्शन के विपरीत था और वे उस पर बराबर चोट करते गये। 'असरारे-ख़ुदी' में प्लेटो को उन्होंने प्राचीन समय की भेड़ कहा तथा उसी पुस्तक में भेड़ और बाघ का एक क़िस्सा गढ़कर उन्होंने अहिंसा और दया के सिद्धान्त पर गहरे वार किये।

जब भारतवर्ष गांधी जी के नेतृत्व में अहिंसा की लड़ाई लड़कर संसार को चकित चमत्कृत कर रहा था, तब वे लिख रहे थे :

ऋषि के फ़ाकों से टूटा न बरहमन का तिलिस्म
*असा न हो तो कलीमी है कारे-बेबुनियाद।**

जब देश में प्रजासत्ता के लिए बेचैनी बढ़ती जा रही थी तब वे प्रजासत्ता पर ताने कस रहे थे। जब देश की आँखें दिल्ली पर लगी हुई थीं, तब वे मुसलमानों का रुख़ और पच्छिम की ओर फेर रहे थे। और, ज्यों-ज्यों भारतवर्ष अपनी मंज़िल के क़रीब आता गया, वे मुसलमानों को लेकर भारतीय राष्ट्रीयता से दूर हटते गये। और जब यह स्पष्ट दीखने लगा कि देश में किसी प्रकार के स्वराज्य की नींव पड़ने ही जा रही है, तब उन्होंने मुस्लिम-लीग के सभापति की हैसियत से पाकिस्तान के आदर्श की घोषणा कर दी। उस समय कहते हैं, जिन्ना साहब को भी यह आदर्श कवि-कल्पना के समान ही अलभ्य-सा लगा था और उन्होंने हँसकर कहा था कि आख़िर इक़बाल तो कवि ही ठहरे। किन्तु, कौन जानता था कि इक़बाल की कल्पना जिन्ना साहब के ही सिर चढ़ सत्य बनकर पुकार उठेगी? आरम्भ में इक़बाल भी ज़रा पसोपेश में थे और यदा-कदा उनके मुँह से उनकी कठिनाइयाँ और निराशाएँ भी व्यंजित हो जाती थीं। किन्तु ऐसा प्रतीत होता है कि अन्त में जाकर उन्हें इस बात का भरोसा हो गया था कि उनकी

---

* फ़ाकों=उपवास। तिलिस्म=जादू। असा=लाठी। कलीमी=कलीम उसे कहते हैं जिसकी पहुँच ईश्वर तक हो, अतः कलीमी का अर्थ ऐसे पुरुष का काम। कारे-बेबुनियाद=अस्तित्वविहीन कार्य।

वाणी के बीज पत्थर पर नहीं गिरे हैं। अपनी एक ग़ज़ल में वे बड़ी ही प्रसन्नता के साथ कहते हैं :

गये दिन कि तनहा था मैं अंजुमन में
*यहाँ अब मेरे राज़दां और भी हैं।**

राज़दां तो ज़रूर बढ़ गये हैं; किन्तु समय को अब भी यह लिखना बाक़ी है कि इक़बाल का सपना हिन्दुस्तान की आकस्मिक विपत्ति है अथवा उसकी क़िस्मत की कोई अटल लकीर!

---

* तनहा=अकेला। अंजुमन=महफ़िल, राज़दां=रहस्यज्ञाता।
यह लेख सन् 1946 में लिखा गया था। किन्तु देश के दुर्भाग्य से कवि इक़बाल की वाणी सत्य हो गयी।

जॉर्ज रसल का साहित्य-चिन्तन

जॉर्ज रसल के बारे में कहा जाता है कि वे रहस्यवादी थे। रहस्यवाद हम भारतवासियों की दृष्टि में अदृश्य और अगोचर की एक प्रकार की अपूर्ण अनुभूति है, अतएव उसे हम योगियों और सन्तों के जीवन से सम्बद्ध मानते आये हैं। यहाँ तक कि सामान्य गृहस्थ कवि की वाणी में भी जब कभी हमें अदृश्य और अगोचर का धूमिल संकेत मिलता है, तब हमारा विचार होता है कि यह कवि क्षणमात्र के लिए रहस्यवाद के स्तर पर पहुँच गया है।

अब तो साहित्य में ऐसे बहुत से लोग हैं जो मानते हैं कि अदृश्य और अगोचर की ओर संकेत करने वाली धुँधली वाणी को रहस्यवाद कहकर उसे व्याख्यातीत नहीं छोड़ना चाहिए। किन्तु उस वाणी की व्याख्या हम किस भाषा में करेंगे जो गोचर और दृश्य की अन्तिम सीमा पर पहुँचकर बोली जाती है? और अगर हम इन कवियों को यह कहकर चुप करा देना चाहें कि तुम जहाँ पहुँचने का दावा करते हो उस भूमि का अस्तित्व ही नहीं है अथवा तुम जिस अवस्था में पहुँचकर बोलते हो, वह एक प्रकार के मन्दोन्माद की अवस्था है तो स्पष्ट ही इसका परिणाम यह होगा कि मानवीय ज्ञान और अनुभूति के उस पक्ष को भी विज्ञान के अधीन हो जाना पड़ेगा, जिस पक्ष का विश्लेषण और कथन आज तक तार्किक और वैज्ञानिक नहीं, बल्कि कवि और कलाकार करते आये हैं। कवि और कलाकार यानी आदमी के दिल की बोली में बोलनेवाले लोगों का प्राधान्य कुछ इसलिए तो नहीं है कि जो बात वैज्ञानिक और तार्किक बोलते हैं, वही बात कवि और कलाकार भी अपने ढंग पर कहते हैं। एक तरह से यह भी ठीक है। किन्तु इस भिन्नता को अधिक स्पष्टता से उपस्थित करने का उपयुक्त ढंग, शायद, यह है कि प्रत्येक घटना के दो पक्ष होते हैं जिनमें से एक का वर्णन वैज्ञानिक, तार्किक और इतिहासकार करता है और दूसरे का कवि और कलाकार। यहाँ यह स्मरण रखना चाहिए कि जीवन या घटना के अपर पक्ष का जो वर्णन कवि के

हिस्से में आता है, वह इसलिए नहीं कि विज्ञान उसे अप्रमुख मानकर कवियों के लिए छोड़ देता है, बल्कि इसलिए कि विज्ञान इस पक्ष को समझ ही नहीं सकता, यद्यपि मनुष्य के सारे सूक्ष्म संस्कार घटना के इसी अपर पक्ष में पोषित, पालित और रक्षित होते हैं। स्वयं रसल ने ही एक स्थान पर कहा है कि "घटनाएँ पहले मनुष्य की आत्मा में घटित होती हैं और तब उसके शरीर में। इसलिए सच्चा इतिहासकार तो वही माना जायेगा जो घटनाओं की सूची तैयार करने के बदले उसके मूल कारणों का विश्लेषण करता हो।"

और मूल कारणों की खोज, सच पूछिए तो जीवन के उद्गम की खोज है। यही वह जिज्ञासा है जहाँ से विद्या और कला, दोनों का जन्म हुआ था अथवा जिसके समाधान की ओर दोनों ही प्रगतिशील हैं। अन्तर केवल यह है कि एक जहाँ बुद्धिगम्य तत्त्वों तक पहुँचकर अपनी शक्ति की इयत्ता स्वीकार कर लेती है, वहाँ दूसरी बुद्धि की अन्तिम सीमा को भी अपूर्णता की ही भूमि समझकर पूर्णता की खोज में और भी आगे बढ़कर अविश्लिष्ट, अगोचर और अदृश्य की ओर संकेत करती है। अदृश्य और अगोचर की सत्ता है या नहीं, यहाँ इस प्रश्न का उत्तर खोजने से कुछ आने-जानेवाला नहीं है। जो सुधी हैं, जो सचमुच ही सत्य के प्रेमी हैं, वे ऐसे प्रश्नों का समाधान देना नहीं चाहते और जो समाधान देने के लिए वीरता के साथ आगे आते हैं, वे अपनी विवेकशीलता और श्रद्धा का प्रयोग एक ऐसे स्थल पर करते हैं जहाँ उसके प्रयोग की कोई आवश्यकता ही नहीं है! हाँ, यह सोचने की बात अवश्य है कि जहाँ पहुँचकर मनुष्य की बुद्धि इति कहकर निश्चेष्ट होकर बैठ जाती है, वहाँ मनुष्य की कल्पनाशक्ति पर कैसी प्रतिक्रिया होती है। अया वह भी बुद्धि के साथ आराम से लेट जाना चाहती है अथवा दुर्गम और दुर्भेद्य के बीच अपनी राह निकालने के लिए शायक-सन्धान करने का साहस उसमें अभी शेष है?

जॉर्ज रसल की कल्पना, बुद्धि के साथ लेटकर आराम से पगुरानेवाली कल्पना नहीं है, बल्कि जहाँ बुद्धि थकने लगती है, वहाँ भी उनकी कल्पना साहस के साथ आगे देखने का प्रयत्न करती है। और उनका रहस्यवाद भी उस हीन कोटि का रहस्यवाद नहीं है जिसे हम लोग तोता मैना काव्य में से अन्योक्ति अथवा अप्रस्तुत प्रशंसा की सीढ़ी लगाकर बड़ी ही आसानी से निकाल लेते हैं। यह ठीक है कि राग की भाषा होने के कारण काव्य में कल्पना का प्राधान्य होता है, किन्तु जो कल्पना ईर्ष्यावश बुद्धि की उपेक्षा या त्याग केवल इसलिए करती है कि वह उसकी तेजस्विता की बराबरी नहीं कर सकती, उस कल्पना के सहारे सच्ची रहस्यात्मकता की सृष्टि नहीं हो सकती। प्रत्येक प्रकार की धुँधली

वाणी को हम रहस्यवाद मान लें, यह रहस्यवाद-जैसे महँगे शब्द का मान घटाना तथा असमर्थ उद्‌गारों को अनुचित महत्त्व देना है। वाणी धुँधली इसलिए भी हो सकती है कि जो तत्त्व बुद्धिगम्य है, उसका सुस्पष्ट चित्रण कवि अपनी अक्षमता के कारण नहीं कर सका हो, उसके भीतर साधारणीकरण की शक्ति सीमित हो अथवा उसकी भाषा में बल नहीं हो। बुद्धि हमारी जिज्ञासाओं का जहाँ तक समाधान कर सकती है, वहाँ तक वह रहस्यवादी को भी ग्राह्य होनी चाहिए। किन्तु उसके आगे के संसार में रहस्यवादी अपनी कल्पना शक्ति के बल पर प्रवेश करता है। अतएव सच्ची रहस्यात्मकता के पीछे बुद्धि का भी प्रबल आधार होता है। हाँ, यह सम्भव है कि प्रत्येक रहस्यवादी की बुद्धि अध्ययन और मनन-जनित अथवा शास्त्रीय नहीं होती; क्योंकि मनुष्य के भीतर सहज प्रवृत्ति (Intuition) नाम की भी एक शक्ति है जो वही काम करती है जिसका सम्बन्ध ज्ञान अथवा बुद्धि से है। कबीर, दादू और नानक के सम्बन्ध में कहा जाता है कि ये महात्मा बड़े विद्वान नहीं थे और जब-तब मस्ती में आकर उन्होंने पाण्डित्य का कुछ निरादर भी किया है। फिर भी अपनी साधना के बल पर वे जिन निर्णयों पर पहुँचे थे, वे ज्ञानियों और पण्डितों के निर्णय से बहुत भिन्न नहीं है। अगर वेदों और उपनिषदों को हम भारतीय ज्ञान का आदिकोश मानते हों तो हमें यह भी मानना पड़ेगा कि वेद का ज्ञान इन महात्माओं के हृदय में सहज रूप से प्रकट हो गया था। न्याय और मीमांसा की सीढ़ियाँ इन साधकों ने नहीं पकड़ीं, किन्तु तब भी वे ज्ञान के उस स्तर पर पहुँच गये जहाँ पहुँचते-पहुँचते पण्डितों की भी आयु थक जाती है। यह चमत्कार सहज प्रवृत्ति का है। यह चमत्कार उस शक्ति का है जिसे हम, अन्य कोई नाम नहीं पाकर, हृदय की शक्ति कहते हैं। अक्ल जिसे समझ नहीं सकती, दिल उसे आँखों से देखता है। हठयोगी जिसे विविध क्रियाओं के द्वारा भी प्राप्त नहीं कर सकता, वही समाधि किसी-किसी को आप-से-आप लग जाती है :

साधो, सहज समाधि भली।
गुरु प्रताप जा दिन ते लागी
युग-युग अधिक चली।

गांधी जी की अन्तर्ध्वनि के क़िस्से पर विवेकशील लोग अब भी एक प्रकार की हँसी हँसते हैं जिसका अर्थ होता है कि गांधी भी अजब भटका हुआ जीव था। किन्तु यह इस प्रकार हँसी में टालने की बात नहीं है। सहज प्रवृत्ति भी ज्ञान का

एक माध्यम है, और गांधी जी इसी शक्ति के बल पर अपने निर्णय पर पहले पहुँचते थे और उनकी दलीलें पीछे उपस्थित किया करते थे।

जहाँ तक बुद्धि की गति है, वहाँ तक कल्पना को भी सुस्पष्ट होना ही चाहिए; क्योंकि अगर अपने देखे हुए दृश्य को वह सुस्पष्टता से उपस्थित नहीं कर सकी तो उसे बुद्धि के ताने सहने पड़ेंगे। क्योंकि जो वस्तु बुद्धि के द्वारा सुस्पष्टता से देखी जा सकती है, उसके चित्रण को अगर कल्पना ने धूमिल छोड़ दिया तो यह उसकी असमर्थता होगी। कल्पना में बुद्धि से कुछ अधिक शक्ति होती है। कवि से हम केवल यही आशा नहीं करते कि वह हमें वैसा ही चित्र दिखलाये जैसा चित्र हम इतिहासकार और वैज्ञानिक के यहाँ देखते हैं। विज्ञान सुन्दर होने के पहले सुस्पष्ट होता है; बल्कि सौन्दर्य तो उसका आनुषंगिक गुण है, उसका वास्तविक गुण तो सुस्पष्टता ही होना चाहिए। किन्तु कवि से हमारी यह आशा होती है कि वह जो कुछ भी हमारे सामने लाये वह केवल सुस्पष्ट ही नहीं, वरन सुन्दर और उद्दीप्त भी हो। इसलिए जहाँ तक बुद्धि और कल्पना की समानान्तर दौड़ का क्षेत्र है, वहाँ तक रहस्यवाद जैसी किसी वस्तु की सत्ता नहीं मानी जा सकती। असल में रहस्यवाद वहीं आ सकता है, जहाँ बुद्धि श्रान्त होकर बैठ जाये और कल्पना आगे बढ़कर अदृश्य का संकेत देती हो। रहस्यवाद पूर्णता की अपूर्ण अनुभूति है। रहस्यवाद उस अगोचर को छूने का प्रयास है जिसे तर्क नहीं छू सकता, जो बुद्धि के स्पर्श के परे है। अपनी समाधि में फैलते-फैलते मनुष्य जब गोचर परिधि के पार जाने लगता है तब उसकी अनुभूति शब्दों में सुस्पष्ट रूप से नहीं कही जा सकती। शब्द उस अनुभूति का सिर्फ़ संकेत भर देते हैं और उन्हीं संकेतों के बल पर हमें उसे ग्रहण करना होता है। व्यक्ति में किसी ऐसी भाव-दशा की सत्ता सम्भव है या नहीं, इस प्रश्न पर विज्ञान से प्रमाण माँगना उसे व्यर्थ ही असमंजस में डालना है; क्योंकि संसार की विभिन्न भाषाओं में ऐसे कितने ही कवि और सन्त हुए हैं, जिनकी आत्मा ने ऐसे प्रसार का अनुभव किया था। रह गयी उपयोग की बात, सो हमारे भीतर ऐसी कितनी ही शक्तियाँ हैं जिनका आधिभौतिक जीवन में कोई प्रत्यक्ष उपयोग नहीं है, किन्तु जिनके विकास से हमारी आन्तरिक सम्पन्नता में वृद्धि होती है और हमारे चौकोर (Rounded) व्यक्तित्व के निर्माण में सहायता मिलती है। गोचर के घेरे से उमड़कर अगोचर से टकरानेवाला हमारा आत्मिक प्रसार भी, इसी प्रकार हमारे व्यक्तित्व को और भी अधिक सम्पन्न बनाता है, हमें और भी अधिक पूर्ण करता है।

और सच पूछिए तो रसल की आत्मा का इतिहास पूर्णता के अधिक-से-अधिक समीप पहुँचने के लिए अटूट साधना में संलग्न सतत जागरूक आत्मा का ही

इतिहास है। किन्तु उनकी साधना की प्रक्रिया रूढ़िग्रस्त योगियों की साधना की प्रक्रिया नहीं थी जो शास्त्र का आधार और आप्त वचनों का प्रमाण पकड़कर चलते हैं, जो अपने मन के स्वर्ग में प्रवेश करने के पूर्व बुद्धि के पाँवों में बेड़ी तथा इच्छा के अंग-अंग पर ज़ंजीर कस देते हैं; क्योंकि उन्हें भय लगा रहता है कि अगर इन्द्रियाँ नियन्त्रण से कुछ छूट गयीं तो फिर मोक्ष का पद हाथ नहीं आयेगा। इसके विपरीत, रसल के जीवन में हम श्रद्धा और बुद्धि को एक ही छत के नीचे निवास करते देखते हैं। उनकी श्रद्धा जितनी प्रबल है, उनकी बुद्धि भी उतनी ही प्रखर है तथा वह प्रत्येक दिशा में एक नयी जिज्ञासा का भाव जगाये चलती है। यह बुद्धि शास्त्रों से डरे हुए साधक की अन्ध श्रद्धा नहीं, किन्तु एक जाग्रत आत्मा की अदम्य इच्छा का प्रतिरूप है जो प्रत्येक आवरण को हटाकर उसके परे देखना चाहती है। बाह्य जीवन में हम जो कुछ देखते हैं, उसका विधिवत् वर्णन कर देना बहुत आसान काम है। मन में जो तरंगें उठती हैं और समाधि में जो सपने लहराया करते हैं उनका चित्रण भी उतना कठिन नहीं होता। किन्तु समाधि के मूल में बसनेवाली आत्मा को अपना वर्ण्य विषय बनाकर कविता रचने का कार्य अत्यन्त दुरूह होता है। तो भी यही काम है जिसमें रसल जीवनभर लगे रहे और इसी श्रद्धा-समन्वित बौद्धिक प्रयास के भीतर से उनका विकास पूर्णता की ओर हुआ।

जॉर्ज रसल एक साथ कवि, दार्शनिक और चित्रकार थे, किन्तु अपने पीछे उन्होंने जो नाम छोड़ा है, वह महान होता हुआ भी, किसी विशेषज्ञ का नाम नहीं है। यों तो उनके काव्य, चित्र और विचार, सभी का अन्यतम महत्त्व है, परन्तु कला या दर्शन में जिसे सम्पूर्ण सिद्धि कहते हैं, वह उन्हें इन तीनों में से एक में भी नहीं मिली। उनके शब्दों में जो सतही अर्थ है उनमें अधिक विलक्षणता नहीं मिलती; विलक्षणता तो उन शब्दों के भीतर छिपी हुई व्याप्तियों में निहित है। किन्तु आज के युग में इन व्याप्तियों तक पहुँचने की शक्ति या धीरता अधिक लोगों में नहीं पायी जाती। ज़्यादा लोग तो ऐसे ही हैं जो उस भाव-जगत को ही ग़लत समझते हैं जिसमें प्रविष्ट होकर रसल ने काम किया है। इस स्थिति का एक कारण शायद यह भी है कि अपनी सभी क्षमताओं को लेकर रसल अपने आपका ही अनुसन्धान कर रहे थे—दर्शन, कविता और चित्र ये उनके लिए सुयश और अमरता के साधन नहीं, प्रत्युत आत्मविकास के ही सोपान थे।

कभी-कभी मुझे ऐसा मालूम होता है कि रसल का रहस्यवाद अपनी तमाम परम्पराओं को लिए हुए होने पर भी बिल्कुल नवीन था। उनमें पहले के रहस्यवादियों की अन्धभक्ति नहीं मिलती। कभी-कभी वे उन शंकाओं से भी

ग्रस्त दीखते हैं जो शंकाएँ बहुत से सामान्य जिज्ञासुओं को सताया करती हैं। शायद यह कहना उतना ठीक नहीं होगा कि अदृश्य की सत्ता में अटूट विश्वास रखने के कारण वे रहस्यवादी हो गये थे, जितना यह समझना कि मनुष्य के भीतर जो एक अविश्लिष्ट देश है उसमें उन्होंने कौतूहल और आकुल जिज्ञासा से प्रेरित होकर डुबकी लगायी और ज्यों-ज्यों इस अनुसन्धान में उन्हें रस मिलता गया, त्यों-त्यों वे और गहराई में नीचे उतरते गये। और जीवन के अन्त तक उन्होंने इस अनुसन्धान में कुछ पाया भी या नहीं, यह बात भी दृढ़ता के साथ नहीं कही जा सकती; क्योंकि बुढ़ापे में आकर एकाध बार, उन्होंने इस बात के लिए भी विलाप किया कि उनकी सारी ज़िन्दगी उन भावों की उपासना में व्यर्थ ही बीत गयी जिनके मूल का पता ही नहीं चलता। रहस्यवादी बनने या कहलाने की भी उन्हें कोई इच्छा नहीं थी। जिस कृत्रिम रहस्यवाद की झाँकी दूसरों की अनुभूति या दूसरों के द्वारा निर्मित प्रतीक का नाम लेकर दिखलायी जाती है उससे तो उन्हें और भी चिढ़ थी। उन्होंने एक स्थल पर लिखा है कि "आज के रहस्यवादियों की आत्मा अनगढ़ सिद्धान्तों का आगार बन गयी है। वे संस्कृत-साहित्य से कुछ नाम उठा लाते हैं और उनके आधार पर ऐसे-ऐसे प्रतीकों की रचना कर डालते हैं जिनमें रचयिता के हृदय की धड़कन बिल्कुल सुनाई नहीं देती।"

सच पूछिए तो रसल का रहस्यवाद एक बौद्धिक चिन्तक का रहस्यवाद है। प्रस्तुत और दृश्य के पीछे प्रच्छन्न तथा अदृश्य-लोक की जो झाँकी पहले के चिन्तक अपनी समाधि में देखते आये थे, उसी के भीतर प्रवेश करने की जिज्ञासा ने रसल को रहस्यवादी बनाया। और, यह कार्य उन्हें इतना प्रिय प्रतीत हुआ कि जीवन की बाह्य सम्पन्नता की ओर उन्होंने कभी ध्यान ही नहीं दिया। आरम्भ में वे किसी बैंक में क्लर्क थे; पीछे चलकर उन्होंने अपना सारा समय आयरलैंड में सहकारिता के प्रचार में लगा दिया। संस्कृत एवं अन्य प्राच्य दर्शनों का उन्होंने विधिवत अध्ययन किया था और सच्चे भारतीय ऋषियों का अनुकरण करते हुए उन्होंने अपनी सारी शक्ति अपने-आपको भीतर से सम्पन्न बनाने में लगा दी थी। जन-जीवन का साथ उन्होंने कभी नहीं छोड़ा, बल्कि अपने जीवन के अन्तिम पच्चीस वर्ष तो उन्होंने अपने देशवासियों के गहरे सम्पर्क में बिताये। किन्तु मन उनका उसी लोक में घूमता रहा जो चर्मचक्षुओं से देखा नहीं जा सकता, जिसके रूप को विज्ञान की काठ की उँगलियाँ नहीं छू सकतीं। भीतर की दुनिया में उन्हें जो बौद्धिक आनन्द मिलने लगा था उसके सामने बाहर के सुख, सुविधा और सुयश सभी फीके थे। सुयश की उन्हें इच्छा नहीं थी और न इहलौकिक सुखों पर ही उनका कोई विशेष ध्यान था। यहाँ तक कि जीवनभर उन्होंने जो

प्रभूत चिन्तन किया था, उसका भी एक अप्रमुख अंश ही उन्होंने संसार के लिए छोड़ा है। उनके जीवन-काल में कहा जाता था कि रसल दूसरों के विचारों की धाय (Midwife) है अर्थात् रसल से बातें करते समय प्रत्येक मनुष्य के भीतर विचारों का ज्वार-सा उठ खड़ा होता है। किन्तु ऐसा दुर्लभ कार्य भी उन्होंने बहुत नहीं किया। वेद, उपनिषद् और प्राच्य एवं पाश्चात्य दर्शनों के बीच निरन्तर निमग्न एवं जीवन की मौलिक समस्याओं पर कठोर चिन्तन करते हुए वे बराबर अपने भीतर की दुनिया में डूबते गये और इस बात पर कभी सचेष्ट होकर विचार ही नहीं किया कि इसका निचोड़ एक अच्छी मात्रा में मनुष्यता के लिए भी छोड़ जाना चाहिए। तब भी जो कुछ साहित्य वे छोड़ गये हैं, वह उनके चिन्तनशील व्यक्तित्व से स्वेद के समान निःसृत हुआ-सा लगता है।

विशेषतः कविता को वे कवि के व्यक्तित्व की स्वाभाविक द्रुति मानते थे। काव्य-रचना के प्रसंग में लिखते हुए उन्होंने कहा है कि "जिस ग्रन्थ में मुझे सर्वाधिक ज्ञान मिला है (अर्थात् गीता) उसकी शिक्षा है कि कर्म की प्रेरणा तुम्हारे कर्म में ही निहित होनी चाहिए अर्थात् कविता रचने और चित्र अंकित करने की मूल प्रेरणा यही होनी चाहिए कि रचना के समय हमें आनन्द की प्राप्ति होती है। हमें कविताएँ तो उसी स्वाभाविकता से लिखनी चाहिए जिस स्वाभाविकता से वृन्तों पर फूल खिला करते हैं। किसी सुन्दर वस्तु का निर्माण कर लेने के बाद हमारे भीतर यह लालसा क्यों जगे कि उसे दुनिया याद भी रखेगी या नहीं?"

वस्तुतः वे कला की कृतियों को प्रचार की वस्तु नहीं मानते थे। उलटे, उनका विचार था कि जब संसार की दृष्टि कलाकार की कृतियों पर पड़ने लगती है, तब उस कलाकार का भोलापन कुछ कम होने लगता है। रसल ने लिखा है कि आरम्भ में जब वे कविताएँ रचते थे तब उन्हें अपने भीतर एक प्रकार की निर्दोषता का आभास मिलता था; किन्तु जभी उनका पहला संग्रह प्रकाशित हुआ और उसकी चर्चा लोगों में सुनाई पड़ने लगी, उनकी इस निर्दोषता में एक कमी आ गयी जिसकी पूर्ति वे सारे जीवन में नहीं कर सके।

कविता के सम्बन्ध में जिस कवि के इतने पवित्र और कोमल भाव हों, वह कला को किस रूप से ग्रहण करता होगा, इसका आसानी से अनुमान लगाया जा सकता है। फिर भी जीवन के प्रति उनमें वह उपेक्षा नहीं थी जो 'कला के लिए कला' नामक सिद्धान्त में विश्वास करने वाले अनेक विद्वानों में पायी जाती है। दरअसल, सभी कलाओं और विद्याओं के माध्यम से वे अपने-आपकी खोज कर रहे थे (जो, एक प्रकार से, मनुष्यमात्र की खोज है)। वे अपनी आभ्यन्तर सम्पन्नता की वृद्धि करना चाहते थे। अतएव दायित्वहीन सिद्धान्तों की ओर

उनका झुकाव नहीं हो सकता था। फिर भी कविता और चित्र के साथ उन्होंने पवित्रता, सुकुमारता और स्वाभाविकता के जिन भावों को सम्बद्ध कर रखा था, उसमें सहायक होने के कारण 'कला के लिए कला' वाले सिद्धान्त के प्रति वे यत्किंचित सहानुभूतिशील थे। "रचना की प्रक्रिया में एक आनन्द है, जिसे वे लोग नहीं पा सकते जो केवल बनी-बनायी वस्तुओं का उपभोग करते हैं। इसका कारण यह है कि कलाकार जब अपनी कृतियों में अपने आपको अभिव्यक्त करता है तब वह जीवन के ही किसी नैसर्गिक नियम का पालन करता होता है। अगर मैं ऐसी जगह पर भी क़ैद कर दिया जाऊँ जहाँ मेरे सिवा और कोई भी नहीं हो, तब भी मैं चित्र बनाना तो नहीं ही छोड़ूँगा। चित्र बनाने में जो एक आनन्द है, वह यह सोचकर न्यून क्यों होगा कि उसे देखनेवाला कोई नहीं है?" इस सन्दर्भ के बाद रसल ने यह संकेत किया है कि हो-न-हो 'कला के लिए कला' वाले सूत्र में भी कुछ-न-कुछ सत्य निहित होगा।

सिद्धान्तों का उदय शून्य या नकारात्मकता से नहीं होता। आगे चलकर खण्डित हो जानेवाले सिद्धान्त भी अपने भीतर का कोई-न-कोई अंश नवागन्तुक सिद्धान्त के हाथ पर धर जाते हैं; क्योंकि यह अंश सत्य होता है और इसके बिना उस सिद्धान्त का भी काम नहीं चल सकता जो पहले के किसी अधूरे सिद्धान्त पर विजयी होता है। 'कला के लिए कला' वाले सिद्धान्त का भी यही हाल है। रचना की प्रक्रिया में एक आनन्द है, इसे तो वे भी स्वीकार करते हैं जिनका विचार है कि रचना समाज के लिए की जानी चाहिए। सम्भव है, कला के भीतर सामाजिकता की दृढ़ता से स्थापना हो जाने के बाद हम फिर इस सिद्धान्त की ओर मुड़ें कि कला में कभी-कभी 'कला' की भी प्रधानता होनी चाहिए।

टालस्टाय 'कला के लिए कला' वाले सिद्धान्त के प्रबल विरोधी हुए हैं और संयोग से एक स्थल पर रसल ने टालस्टाय के सिद्धान्त पर अपना विचार प्रकट किया है जिससे इस बात पर कुछ और प्रकाश पड़ता है कि कला के सम्बन्ध में रसल के अपने विचार क्या थे। वे लिखते हैं कि "टालस्टाय हर चीज़ को एक नैतिक दृष्टिकोण से देखने के आदी हैं, किन्तु वे यह भूलते हैं कि जीवन की सम्पूर्णता के दर्शन के लिए उसे अनेक दृष्टियों से देखना पड़ता है। सुन्दर की सत्ता टालस्टाय केवल इसलिए नहीं मानना चाहते कि वह सुन्दर है, बल्कि इस कारण कि सुन्दरता श्रम करती है, सुन्दरता सूत कातती है और ज़रूरत होने पर अपने अस्तित्व को सिद्ध करने के लिए वह प्रवचन भी करती है। ...मेरा ख़याल है कि साहित्य और कला की आलोचना करने में टालस्टाय ने अपने भ्रम, अहंकार और अन्धवृत्ति का परिचय दिया है। किन्तु, सब कुछ होते हुए भी वे

एक महान प्रतिभासम्पन्न विद्वान हैं और उनके उद्‌गारों में भी कुछ ऐसे तो हैं ही जिनसे सहमत होने में मुझे कोई आपत्ति नहीं हो सकती। उदाहरणार्थ, उनका यह कथन सत्य प्रतीत होता है कि विश्वजनीन कला का जन्म तब होता है जब कि कलाकार को किसी गम्भीर भाव की अनुभूति होती है और वह उसे सबके लिए सुलभ बनाना चाहता है। इसके विपरीत ऐसे भी कलाकार हैं जो इसलिए लिखते हैं चूँकि उनकी रचनाओं से कुछ धनियों का मनोरंजन होता है।" इस विभाजन के साथ रसल ने अपनी पूरी सहमति प्रकट की है और सभी लेखकों, कवियों एवं कलाकारों को उन्होंने सलाह दी है कि वे टालस्टाय के कला-सम्बन्धी विवेचन पर अवश्य ध्यान दें, क्योंकि लेखकों में से अधिकांश आज धनियों के पैसों पर जीने लगे हैं और वे जीवन की वही झाँकी सामने लाने लगे हैं जो धनियों को पसन्द है।

रसल कला के क्षेत्र में उपदेश और प्रवचन के विरोधी थे। वे कला की कृतियों को कलाकार के जीवन का नवनीत तथा उसकी स्वाभाविक सुरभि मानते थे। शुद्ध नवनीत और शुद्ध गन्ध के लिए दूध और फूल का भी शुद्ध होना आवश्यक है। अतएव उनका विश्वास था कि मन्द और मलिन व्यक्तित्व से सुन्दर कृतियों का जन्म नहीं हो सकता। टालस्टाय जैसे महान लेखक को भी जो उन्होंने श्रद्धा से स्वीकार नहीं किया, उसका कारण यही था कि टालस्टाय के आरम्भिक जीवन का पाशविक आवेग उन्हें बराबर याद रहा और उस आवेग की गन्ध उन्हें टालस्टाय की रचना से अन्त तक विचलित करती रही। टालस्टाय भी आत्माभिव्यक्ति के लिए अपने जीवन की खान में ही काम करते थे, किन्तु वे कलाकार होने के साथ-साथ उपदेशक भी थे। अतएव अपनी अनुभूति की मिट्टी खोदने में उन्हें वह प्रसन्नता नहीं मिली जो एक कलाकार को मिलनी चाहिए। एक ओर तो उनका कलाकार मिट्टी को उलट रहा था, दूसरी ओर उनके भीतर का उपदेष्टा, मानो यह कहकर घिना रहा था कि यह तो बिल्कुल सड़ीगली चीज़ है। जॉर्ज रसल टालस्टाय की हठयोग-जैसी वृत्ति के भी विरोधी थे, क्योंकि उन्होंने लिखा है कि "टालस्टाय की नैतिकता सभी प्रिय लगनेवाली बातों का वध करने वाली है। शायद, टालस्टाय इस भाव से पीड़ित हैं कि जो भी इच्छाएँ हमें प्रिय दीखती हैं वे अवश्य ही पापमयी होंगी, अतएव चुन-चुनकर हमें सभी सुहावनी इच्छाओं का वध कर डालना चाहिए।" ऐसी उक्ति उसी व्यक्ति के मुख से निकल सकती है जो जीवन के विविध रूपों के प्रति बहुत उदार हो। अगर पाप का लक्षण उसका ख़ूबसूरत होना मान लिया जाये, तो सचमुच ही, जीवन में कहीं रस नहीं टिक सकता है।

मनुष्य की आध्यात्मिक अभिव्यक्ति का माध्यम होने के कारण कला को वे अत्यन्त पवित्र एवं स्वाभाविक मानते थे। फिर भी उनका विश्वास था कि कला की श्रेष्ठता की पहचान अभिव्यक्ति की तेजस्विता और सहजता से ही हो सकती है, केवल शैली की विलक्षणताओं से नहीं। दूसरी ओर, कला में सोद्देश्यता के आरोप से उन्हें घृणा थी। वस्तुतः कला का उपयोग वे आनन्द के अतिरिक्त किसी अन्य उद्देश्य के लिए करना ही नहीं चाहते थे। "मैं तो अपना दीपक अपने आनन्द के लिए जलाता हूँ, अगर उससे दूसरों को भी रोशनी मिल जाती है तो अच्छी बात है।" यह भाव उनके कला-सम्बन्धी सभी मतों का निचोड़ है। शैली या टेकनिक के सम्बन्ध में तो उन्होंने स्पष्ट लिखा है कि "शैली पर आवश्यकता से अधिक ध्यान देना भी एक दोष है जिससे कलाकार को बचना चाहिए। टेकनिक पर अगर हम बहुत अधिक सोच-विचार करने लगें तो इसका एक बुरा प्रभाव हमारी रचना की सहजता पर भी पड़ सकता है। वक्ता का समग्र ध्यान तो अपने विषय पर केन्द्रित रहना चाहिए। अगर वह अपने भाषण की शैली और स्वर के चढ़ाव-उतार को देखने लगेगा, तो निश्चय ही, उसके भाषण की प्रभविष्णुता में कमी हो जायेगी। श्रोताओं से तो यह बात छिपी नहीं रह सकती कि वक्ता का ध्यान एक वस्तु पर है अथवा वह दो वस्तुओं (अर्थात् विषय और शैली) को सँभालने की कोशिश में है और अगर श्रोताओं को यह पता चल गया कि वक्ता अपनी शैली को सजाने या सँभालने की कोशिश कर रहा है तो भाषण से उसका असर ही जाता रहेगा। अतएव, अच्छा यही है कि हम अपने सम्पूर्ण अस्तित्व को विषय के साथ तल्लीन कर दें और अभिव्यक्ति की शैली को प्रकृति के ही अधीन चलने दें।"

शैली और भाव के विषय में रसल ने जो यह सूक्ष्म विवेचन किया है, साहित्य में उसे बहुत अधिक महत्त्व दिया जाना चाहिए, क्योंकि यद्यपि शैली और भाव दोनों मिलकर ही साहित्य की रचना करते हैं, फिर भी साहित्य में भाव का स्थान पहले और शैली का पीछे आता है। हम भावों की अभिव्यक्ति के लिए शैलियों की तलाश करते हैं, शैलियों के भीतर स्थापित करने के लिए अनुकूल भावों की खोज नहीं किया करते। कुछ कवि ऐसे भी ज़रूर होते हैं जो केवल काफिये या अन्त्यानुप्रास के संकेत पर अनुकूल भाव जुटाकर पूरी ग़ज़ल-की-ग़ज़ल लिख डालते हैं, किन्तु काव्य-रचना की सामान्य पद्धति यह नहीं है। कविताएँ तो प्रायः इसीलिए रची जाती हैं कि कवि के हृदय में पहले भाव आते हैं और तब वह उनके अनुकूल छन्दों, रीतियों एवं तुकों का चुनाव करता है अथवा आवश्यकता पड़ने पर छन्दोबन्ध को ही तोड़ डालता है।

कला की जिस प्रगतिशील व्याख्या को आज के कलाकार उत्साह से ग्रहण करते हैं, उनके मत से रसल के मत का स्पष्ट ही वैपरीत्य है, क्योंकि रसल इस बात को ज़रा भी बर्दाश्त नहीं कर सकते कि कला-जैसी सुकोमल एवं स्वाभाविक वस्तु का उपयोग राजनीतिक आन्दोलनों के प्रचार के लिए किया जाये अथवा उसके माध्यम से सामाजिक अत्याचारों पर प्रहार या राष्ट्रीयता की उपासना की जाये। "जब जनता विद्रोह करती है, तब वह पूर्ण रूप से जाग्रत अवस्था में आ जाती है। उस समय उसकी वह स्वप्निल चेतना विनष्ट हो जाती है, जो वस्तुतः कविता के जन्म की भूमि है। इसलिए राजनीतिक एवं क्रान्तिकारी आन्दोलनों से सच्ची कविता का जन्म, शायद ही हो सकता है। क्रान्तियों से कविता में जो विलक्षणता आती है, वह उसकी शक्ति है, आत्मा नहीं।" क्रान्ति की कविताओं को रसल Rhetoric या रीति कहते हैं। "रीति से आत्मा जड़ हो जाती है। अगर मैं क्रान्तिकारी कविताएँ पढ़ने लगूँ तो मैं जानता हूँ कि मेरी आत्मा में जिस क्रान्ति-भावना का प्राचुर्य है वह समाप्त हो जायेगी। इन कविताओं के रचयिता अख़बारों के अग्रलेख पढ़-पढ़कर ग़ुस्से में आते रहते हैं, मगर क्रोध के आवेश में आना तो आत्मा को जगाने का सही मार्ग नहीं कहा जा सकता।"

आयरलैंड में स्वाधीनता-संग्राम के प्रसंग में जो अनेक ओजस्विनी कविताएँ लिखी गयीं, रसल उन कविताओं के भी कठोर आलोचक थे। उनका विचार था कि सच्ची कविता में विश्वभर की भावनाओं और विचारों का संकेत रहता है। सच्ची कविता में एक प्रकार की अनन्तता का वातावरण रहता है और उसे पढ़ते समय ऐसा मालूम होता है, मानो यह विश्व के किसी भी कोने में, इतिहास के किसी भी युग में लिखी जा सकती थी। किन्तु, चूँकि राष्ट्रीय कविताओं में विश्वजनीन भावनाओं का अभाव होता है, इसलिए वे ऐसी कविताओं को कविता मानने को तैयार नहीं थे।

रसल की यह उक्ति अप्रिय होते हुए भी सत्य से बहुत दूर नहीं कही जा सकती। विशेषतः, जब हम यह सोचते हैं कि रसल राष्ट्रीयता को मनुष्य की कमज़ोरी समझते थे और मनुष्य को उस रूप की याद दिलाना चाहते थे जो उसका सार्वभौम रूप है, तब हम उनके इस मत को भी सहानुभूति से ग्रहण करने योग्य हो जाते हैं। राष्ट्रीय जागरण को वे मनुष्य के भीतर बसनेवाले पशु का जागरण कहते थे और रवीन्द्रनाथ को उन्होंने जो हार्दिक श्रद्धा अर्पित की, उसका भी मूल कारण यही था कि रवीन्द्रनाथ स्वदेश से प्रेम करने वाले मनुष्य की ख़ातिर समग्र संसार से प्रेम करने वाले मनुष्य का बलिदान कराना नहीं चाहते थे। वह देशभक्ति तो सचमुच ही निंद्य है जो अपनी पुष्टि और विकास के लिए उन

तत्त्वों का बलिदान माँगती है जो तत्त्व स्वयं देशभक्ति से भी ऊँचे और महान है। किन्तु, देशभक्ति का सर्वत्र वही रूप तो नहीं हो सकता जो पश्चिम के देशों में देखने को मिलता है। एक प्रकार की देशभक्ति की स्थापना गांधी, जवाहरलाल और रवीन्द्रनाथ ने भी की है जो विश्वभक्ति तक जाने में सोपान का काम दे सकती है। अतः, रवीन्द्रनाथ के लिए रसल की श्रद्धांजलि रवीन्द्र और गांधी की देशभक्ति-भावना के लिए भी निवेदित समझी जानी चाहिए।

कविता के द्वारा मनुष्य में जागरण भी लाया जा सकता है और उसके द्वारा समाज में एक प्रकार का कम्पन भी उत्पन्न किया जा सकता है, यह बात रसल की चिन्ता में भी नहीं आ सकती थी। किन्तु तब भी कला और काव्य, दोनों को ही वे साध्य नहीं, साधन मानते थे, मनुष्य के आध्यात्मिक विकास का साधन, उसकी आन्तरिक सम्पन्नता की वृद्धि का साधन तथा उसके सुकोमल व्यक्तित्व से सौरभ की तरह प्रस्फुटित होनेवाली अनुभूतियों की अभिव्यक्ति का साधन। वे कला को अत्यन्त सहज, सुकोमल और सूक्ष्म मानते हुए भी उसे केवल सौन्दर्य-सृष्टि का माध्यम नहीं मानते थे। "मैं इस बात का विरोध करता हूँ कि केवल सुन्दरता ही कविता का लक्ष्य और उसका एकमात्र नियम है। सत्य और शिव भी कविता के वैसे ही आवश्यक उपकरण हैं और कवि के मार्ग-प्रदर्शन में उनका भी प्रबल भाग होना चाहिए।"

मांक गिबन ने लिखा है कि कविता को रसल विशुद्ध कला का पर्याय नहीं मानते थे। कविता का उपयोग वे इसलिए करते थे चूँकि इसके द्वारा सत्य मनुष्य की पकड़ में लाया जा सकता है।

कला निरुद्देश्य नहीं है। किन्तु रसल के मतानुसार कोई भी स्थूल वस्तु कला का लक्ष्य नहीं हो सकती। कला का काम मनुष्य के भीतरी जगत का विश्लेषण और मनुष्य को उसकी गहराइयों में नीचे ले जाना है। वे सत्यान्वेषण के लिए मनुष्य की बेचैनी को कला कहते हैं; उनके विचार से मानवात्मा की चरम अनुभूतियों की अभिव्यक्ति ही कला का लक्ष्य हो सकती है। कुर्टन ने लिखा है कि रसल कवि को केवल सौन्दर्य का कारीगर नहीं मानते थे, बल्कि उनकी दृष्टि में कवि होना नबी और द्रष्टा होने के समान है जिसकी बातों को दुनिया इसलिए सुनती है चूँकि ज्ञान के उद्गम का वासी होने के कारण द्रष्टाओं को मनुष्य मात्र के द्वारा सुने जाने का नैसर्गिक अधिकार होता है।

जिस प्रकार, रहस्यवाद उस लोक की अनुभूति है जो बुद्धि की पहुँच के परे पड़ता है, उसी प्रकार, कविता को भी रसल उन भावों की अभिव्यक्ति का माध्यम मानते थे जो बुद्धि के द्वारा किसी भी प्रकार व्यक्त नहीं किये जा सकते। अपने

एक कवि मित्र को उन्होंने लिखा था कि "जिसके भीतर यह आस्था प्रबल नहीं हो कि कविता मानवात्मा की चरम अभिव्यक्ति है, उसे कविता लिखने का प्रयास ही नहीं करना चाहिए। और जो कविता लिखने लगा है उसे यह भी सोच लेना चाहिए कि काव्यगत भावनाओं और विचारों का सौन्दर्य वहाँ तक विकसित किया जाना आवश्यक है, जहाँ तक कवि की पहुँच हो सकती है। कविता की प्रक्रिया शुद्ध विश्लेषण और विशुद्ध चित्रण की प्रक्रिया है। कविता आरम्भ करने के पूर्व कवि में एक प्रकार की बेचैनी होती है और जब कवि कविता लिखने लगे तब उसे बार-बार अपने-आपसे यह पूछते रहना चाहिए कि "क्या मैं इन चीज़ों में विश्वास करता हूँ? क्या जो कुछ मैं महसूस कर रहा था, वह यही चीज़ है? और क्या मेरी कल्पना की अभिव्यक्ति ठीक-ठीक हो रही है?"

कविता में जिस चित्रमयता को, साधारणतः, प्रमुखता दी जाती है, उसके पीछे, मुख्यतः, फैंसी अथवा उपकल्पना का हाथ होता है। किन्तु उपकल्पना पानी की ऊपरी सतह पर ही काम करती है अथवा वह वहीं तक नीचे जा सकती है जहाँ तक सूर्य की किरणें उसे रास्ता दिखाती हैं। किन्तु जीवन का सत्य तो वहीं तक सीमित नहीं रहता। जीवन सचमुच ही समुद्र के समान गम्भीर है और इसके बहुमूल्य रत्न जलराशि के घनान्धकार के नीचे प्रच्छन्न पड़े हैं। इस अन्धकार को भेदकर समुद्र के तल तक जाने का प्रयास कवि केवल कल्पना के बल पर कर सकता है, उपकल्पना इस कार्य में उसकी सहायता नहीं कर सकती। किन्तु कल्पना और उपकल्पना में शक्ति का भेद होने पर भी, दोनों के स्वरूप, प्रायः, समान हैं और जब उपकल्पना कवि के साथ चल रही हो तब बहुत सम्भव है कि कवि को यह भ्रम हो जाये कि उसकी पथ-प्रदर्शिका स्वयं कल्पना ही साथ चल रही है। रस्किन ने दोनों का भेद बतलाते हुए कहा है कि उपकल्पना ऐसी रंगीनियों की भी सृष्टि कर सकती है जो सत्य नहीं हों। किन्तु कल्पना सत्य को छोड़कर किसी और को ग्रहण ही नहीं करती। जो कुछ असत्य और मिथ्या है, उसकी रचना में कल्पना का हाथ नहीं होता। किन्तु छलनामयी उपकल्पना से सावधान रहने के लिए ही, शायद, रसल ने यह कहा है कि कवि को क़दम-क़दम पर यह सोचते रहना चाहिए कि उसकी अनुभूति ठीक-ठीक चित्रित हो रही है या नहीं; अथवा जो कुछ यह लिख रहा है, वह वही चीज़ है या नहीं, जिसका उसने अनुभव किया था।

रसल की अपनी कविताएँ इस कसौटी पर कहाँ तक खरी उतरी हैं, यह कहना ज़रा मुश्किल-सा काम है; क्योंकि उनकी अनेक कविताओं की शैली कुछ अधूरी और उनमें आनेवाले चित्र धूमिल एवं अस्पष्ट हैं। किन्तु एक बात है

कि इन सभी कविताओं की लौ ऊपर की ओर है। कविता रचते समय रसल मन-ही-मन अपने-आपसे कुछ दूर निकल जाते थे और सचमुच ही, उनकी धुँधली रचनाएँ भी हमें अपने-आपसे अलग ले जाती हैं। दृश्य और गोचर की परिधि को तोड़कर अनन्तता के किनारे आत्मा का विचरण, ऐसे चित्र रसल की कविता में बार-बार मिलते हैं और शायद यही वह चीज़ है जिसे वे जीवन की गहराई में उतरना कहते हैं।

Let thy young wanderer dream on :
Call him not home.
A door opens, a breath, a voice
From the ancient room
Speaks to him now. Be it dark or bright,
He is knit with his doom. [Germinal]

चूँकि रसल साहित्य को बारीक चीज़ मानते थे, इसलिए उनका यह विश्वास था कि रचना की परिमाण वृद्धि से साहित्य का मान नीचे जाता है। वे केवल यही नहीं चाहते थे कि लिखनेवालों की संख्या थोड़ी हो, बल्कि उनका यह भी विचार था कि जो लोग लिखने का काम करें भी, उन्हें चाहिए कि वे लेखन कम और चिन्तन अधिक करें; क्योंकि प्रभूत चिन्तन के बिना रचना में कसावट नहीं आ सकती। मुद्रण-यन्त्र के आविष्कार और प्रचार से साहित्य की जो बाढ़ आ गयी है, उसे वे मुद्रा-स्फीति की भाँति साहित्य की स्फीति (Inflation) कहते थे। जब-जब मुद्रा की स्फीति होती है, तब-तब उसका मान कम हो जाता है। इसी प्रकार, अतिशय स्फीति के कारण आज साहित्य का भी कोई प्रभाव नहीं रह गया है।*

बर्नार्ड शॉ की क्षमता रूसो और वाल्तेयर की अपेक्षा कहीं महान है, मगर बर्नार्ड शॉ का आज के समाज पर वह प्रभाव नहीं है जो रूसो और वाल्तेयर का अपने समय में था। कारण स्पष्ट है। शब्द-रूपी जिस मुद्रा के माध्यम से लेखक अपना व्यवसाय चलाते हैं, उसमें स्फीति आ गयी है और उसके मान का जादू लोगों के मन पर से जाता रहा है। इस दुरवस्था के सुधार का रसल ने यह उपाय बतलाया है कि लिखने की छूट केवल उसी लेखक को दो, जो लिखे बिना जी ही नहीं सकता। और ऐसे लेखक को भी चाहिए कि वह अपनी अनुभूति को कम-से-कम शब्दों में अधिक-से-अधिक प्रबलता के साथ व्यक्त करने की कोशिश करे।

---

* The currency of literature is words and the printing press enables writers to inflate that corrency as readily as the printing press in Germany or Russia enabled the Governments there to manufacture marks and roubles, until, at list, a million mark or rouble note did not pay for the cost of printing it (The Living Torch)

"कपिल और पतंजलि के सूत्रों को देखो। सारी आयु तक मनन करते रहने पर भी मनुष्य उनकी तह तक नहीं पहुँच पाता। इन सूत्रों में से एक का भी पूरा अर्थ अगर हम पर प्रकट हो जाये तो हम अपना दर्शन आप बना सकते हैं।" कोई आश्चर्य नहीं कि रसल का साहित्य परिमाण में इतना थोड़ा रहा।

रसल ने भारतीय दर्शन से जो कुछ सीखा था, उसी की अनुभूति से उन्होंने साहित्य की जाँच के लिए अपना एक अलग मापदण्ड बना लिया। भारतीय दर्शन की शिक्षा मनुष्य को अगम और अगाध के आमने-सामने ले जाती है। बाहर के रंगों में जो कुछ झलकता है, भारतीय मनीषी वहीं तक नहीं रुकते। सत्य का वास तो रंगों के परे और आवरण के पार है। कविता में आनेवाले शब्दों की सुकुमारता, पदों की ललित योजना, चित्रमयता और अलंकार तथा भणिति-भंगिमा में से किसी को भी वे कविता का प्रधान गुण नहीं मानते, क्योंकि उनकी दृष्टि में ये सभी गुण अप्रमुख और गौण हैं। कविता की परख के लिए उनके पास केवल एक कसौटी है और वह यह कि "यह कविता पारदर्शी (Transparent) है अथवा अ-पारदर्शी (Opaque)? अर्थात् इस कविता में मैं केवल बाह्य सौन्दर्य ही देख पाता हूँ अथवा इसके भीतर से मुझे दूर की चीज़ भी दिखलायी पड़ती है? और इसके बाद मैं दूसरी बात यह जानना चाहता हूँ कि इस कविता का कवि जीवन की कितनी गहराई में से बोल रहा है?" ये बड़े ही मौलिक प्रश्न हैं; क्योंकि साहित्य में, सचमुच ही, हम जिस सौन्दर्य को चर्मचक्षु अथवा स्मृति की आँखों से देख सकते हैं, उसकी रचना अपेक्षाकृत सरल कार्य है। कहते हैं कि कहानी में मनोविज्ञान का जो स्थान है, कविता में चित्रमयता का वही महत्त्व है। कविता की पंक्ति-पंक्ति में चित्र उगाते चलना, सचमुच ही, प्रतिभासम्पन्नता का ज्वलन्त प्रमाण है। किन्तु, इससे भी बड़ी एक और शक्ति है जो वर्ण्य विषय को फूलों, रंगों और मणियों से सजाने के बजाय उसके तल में प्रवेश करके भीतर के सत्य को ही उद्घाटित कर देती है। जब ऐसा होता है, तब हम महसूस करने लगते हैं, मानो किसी ने हमारे पाँव के नीचे से ज़मीन खींच ली हो, मानो हम जिस भूमि पर खड़े थे उसके मूल में कोई विस्फोट हो गया हो, मानो हम जो कुछ देख रहे थे, वह अचानक उलट गया हो। फूलों की तसवीर बनाकर पाठकों को प्रसन्न करना उतना कठिन नहीं होता जितना कि उनके भीतर किसी शंका, जिज्ञासा या विचारोत्तेजना को जन्म देना अथवा उनकी किसी ऐसी शंका का समाधान करना जिसका उत्तर साधारण बुद्धि से नहीं दिया जा सकता हो।

जो कवि अपनी देखी हुई सुन्दरता को हमें भी दिखला दे, वह 'जीनियस' होगा। किन्तु उसे हम क्या कहकर पुकारेंगे जो अपनी देखने की पूरी शक्ति ही हमें दे डालता है?

गुप्त जी : कवि के रूप में

स्वर्गीय बाबू बालमुकुन्द गुप्त का नाम कवि के रूप में कम, आलोचक और निबन्धकार के रूप में अधिक विख्यात है। हिन्दी भाषा और साहित्य के इतिहास में वे एक उच्च कोटि के पत्रकार के रूप में भी समादृत हैं। सुगठित एवं प्रांजल गद्य के वे एक ऐसे आचार्य हो गये हैं, जिनका लोहा आचार्य द्विवेदी जी को भी मानना पड़ा था। किन्तु पद्य भी उन्होंने कम नहीं लिखे और उनके समय में हिन्दी-कविता की जो अवस्था थी, उसे देखते हुए उनके पद्य उपेक्षणीय तो नहीं ही कहे जा सकते।

गुप्त जी की कविता के साथ न्याय करने के लिए यह आवश्यक है कि हम उनके समय को ध्यान में रखें तथा यह बात भी याद रखें कि प्रायः पच्चीस वर्ष की उम्र तक हिन्दी भाषा से उनका कोई विशेष सम्पर्क नहीं था। आरम्भ में उन्होंने अपने लिए उर्दू-पत्रकार का जीवन चुना था। हिन्दी के क्षेत्र में तो वे बाद को आये और वह भी मालवीय जी के अनुल्लंघनीय आग्रह के कारण।

तुलसीदास के बाद हिन्दी साहित्य में सबसे बड़ी क्रान्ति भारतेन्दु-युग में हुई। साहित्य के अन्य क्षेत्रों की बात तो जाने दीजिए, एक कविता के ही क्षेत्र में भारतेन्दु जी ने क्या परिवर्तन कर दिखाया, इसे वे ही समझ सकते हैं, जिन्होंने भारतेन्दु के पूर्ववर्ती कवि पजनेस और द्विजदेव की रचनाओं के साथ भारतेन्दु-काव्य का तुलनात्मक अध्ययन किया हो। यह ठीक है कि भारतेन्दु-काव्य की सरसता उनके उत्तराधिकारियों की रचनाओं में नहीं मिलती, किन्तु अपनी रचनाओं के द्वारा भारतेन्दु जी ने साहित्य की भूमि में जो अभिनव बीज गिराये थे उनमें से एक भी विनष्ट नहीं हुआ तथा उनकी मृत्यु के पचास वर्ष बाद तक हिन्दी साहित्य में जो भी हरीतिमा विकसित होती रही है, वह किसी-न-किसी रूप में भारतेन्दु-कालीन क्रान्ति से सम्बद्ध है। तफसील में न जाकर हम भारतेन्दु की दो बातों का उल्लेख यहाँ करना चाहते हैं। पहली बात तो यह है कि भारतेन्दु जी की कितनी ही कविताओं में हम एक ऐसा नवीन स्वर पाते हैं, जो पहले के

सभी स्वरों से भिन्न है तथा जो हिन्दी-कविता में आगे चलकर उत्पन्न होनेवाले रोमांटिक आन्दोलन की क्षीण, किन्तु, सुनिश्चित पूर्व सूचना देता है। और, दूसरी बात यह है कि भारतेन्दु जी ने पहले-पहल समकालीन दुरवस्थाओं को साहित्य के कोमल हृदय में स्थान देना आरम्भ किया तथा कविता के माध्यम का उपयोग वे जन-चेतना को जगाने के लिए करने लगे। इस प्रकार, वे सिर्फ़ रोमांटिक आन्दोलन के ही पूर्वपुरुष नहीं, बल्कि हिन्दी के प्रगतिवादी आन्दोलन के भी पिता के समान हैं।

भारतेन्दु जी ने रोमांटिक धारा की जो सूचना दी थी, वह उनके बाद बहुत दिनों तक इतिवृत्तात्मकता के सिकता-समूह में विलीन-सी पड़ी रही और बीसवीं सदी के दूसरे दशक से पूर्व उसका स्पष्ट उद्रेक कहीं भी दिखाई नहीं पड़ा। किन्तु प्रगतिवादी धारा का जो उत्स उनकी वाणी में फूटा था, उसने कभी भी विश्राम नहीं लिया तथा उनके उत्तराधिकारियों में से जो भी कवि कविता की ओर उन्मुख हुए, उन्होंने अपने समय की देश-दशा को ज़रूर प्रमुखता दी।

इस दृष्टि से बाबू बालमुकुन्द गुप्त भारतेन्दु के सच्चे वारिसों में से थे। उनके पद्यों में सौन्दर्य की सृष्टि कम, समय के चित्रण का प्रयास कहीं अधिक है। उनका काव्य-काल कांग्रेस के जन्म के तीन-चार साल बाद प्रारम्भ होता है। अतएव हम देखते हैं कि राजनीति की ओर वे भारतेन्दु की तरह सावधान रहकर संकेत नहीं करते, बल्कि उन्हें जो कुछ कहना होता है, उसे वे बड़ी ही निर्भीकता से कह जाते हैं। स्वदेशी-आन्दोलन के समय उन्होंने जो कविताएँ लिखी थीं, वे तो प्रायः उतनी ही निर्भीक हैं, जितनी कांग्रेस आन्दोलन के समय लिखी गयी अन्य कवियों की कविताएँ मानी जा सकती हैं। इंग्लैंड में लिबरल पार्टी की जीत के समय सन् 1906 ई. में उनकी 'पॉलिटिकल होली' नामक जो रचना 'भारतमित्र' में छपी थी, उसमें उन्होंने बड़ी स्पष्टता के साथ उस सिद्धान्त का निरूपण कर दिया था, जिस पर भारतवर्ष, प्रायः सन् 1942 तक चलता रहा :

ना कोई लिबरल ना कोई टोरी,
जो परनाला सोडी मोरी,
दोनों का है पन्थ अघोरी,
होली है, भई, होली है।
करते फुलर विदेशी वर्जन,
सब गोरे करते हैं गर्जन,

जैसे मिंटो वैसे कर्जन,
होली है, भई, भोली है।

उन्नीसवीं सदी के अपरार्द्ध का भारतवर्ष एक अपमानित, प्रताड़ित, रुग्ण और दुर्भिक्ष-पीड़ित देश था। अंगरेज़ों ने अपने शासन के साथ देश की छाती पर जो अनेक अभिशाप लादे थे, उनमें से दीनता, अकाल और प्लेग की भयंकरता अत्यन्त कराल थी तथा हिन्दी के तत्कालीन कवि शासकों को किसी भी प्रकार क्षमा करने की मुद्रा में नहीं थे। प्लेग को तो भारतवासी सीधे अंगरेज़ों की देन समझते थे, जो बात बिल्कुल ठीक भी थी। गुप्त जी ने 'प्लेग की भूतनी' नामक जो विचित्र कविता लिखी थी, उसमें एक स्थान पर हम प्लेग को अंगरेज़ों पर ही टूटते देखते हैं :

आओ आओ रे अगरेज़।
ठहरो ठहरो भागे कहाँ? खाऊँगी, पाऊँगी जहाँ,
फोड़ खोपड़ी भेजा खाऊँ करके रेज़ारेज।

प्लेग को, उसे भारत में लानेवाले अंगरेज़ों पर ललकारने में जो एक प्रतिशोधात्मक भाव है, वह सहज ही समझ में आ जाता है। इसी कविता में गुप्त जी ने बूढ़ों पर भी एक कटु व्यंग्य किया है, जैसा व्यंग्य प्रत्येक युग के अल्हड़ नौजवान अपने समय के सत्तारूढ़ वयस्क लोगों पर किया करते हैं। प्लेग कहती है :

कच्चे कच्चे लड़के खाऊँ युवती और जवान,
बूढ़े को नहीं हाथ लगाऊँ, बूढ़ा बेईमान।

जवानी का अर्थ है साहस, त्याग और प्रयोग करने की आकांक्षा। बुढ़ापे की निशानी अगति, रक्षण और अनुदारता है। गुप्त जी का वोट जवानी के पक्ष में था। सर सैयद अहमद खाँ ने मुसलमानों को कांग्रेस से बचे रहने का जो उपदेश दिया था, उससे गुप्त जी तिलमिला उठे थे और अपना क्षोभ उन्होंने 'सर सैयद का बुढ़ापा' नामक लम्बी कविता में प्रकट किया था, जिसकी आरम्भिक पंक्तियाँ ही भयंकर प्रहार करने वाली थीं :

बहुत जी चुके बूढ़े बाबा, चलिये मौत बुलाती है,
छोड़ सोच मौत से मिलो जो सबका सोच मिटाती है।

उन्नीसवीं सदी के अपरार्द्ध के कवि अपने देश की दरिद्रता और समाज में फैली हुई विषमता से किस प्रकार ऊबे हुए थे, यह बात भी 'सैयद का बुढ़ापा' शीर्षक कविता से स्पष्ट मालूम होती है। आश्चर्य यह है कि आज हम अपने को प्रगतिवादी सिद्ध करने के लिए कविता में जितनी दलीलों को एकत्र करने के आदी हो गये हैं, वे सारी दलीलें गुप्त जी ने बड़ी ही स्वाभाविकता के साथ पहले ही उपस्थित कर दी थीं :

"हे धनियो! क्या दीन-जनों की नहि सुनते हो हाहाकार?
जिसका मरे पड़ोसी भूखा, उसके भोजन को धिक्कार!"

x x x

"भूखों की सुधि उसके मन में कहिए किस पथ से आवे,
जिसका पेट मिष्ट भोजन से ठीक नाक तक भर जावे?
फिर भी क्या नंगे-भूखों पर दृष्टि नहीं पड़ती होगी?
सड़क कूटनेवालों से तो आँख कभी लड़ती होगी।
कभी ध्यान में उन दुखियों की दीन-दशा भी लाते हो?
जिनको पहरों गाड़ी घोड़ों के पीछे दौड़ाते हो।
लूके मारे पंखेवाले की गति वह क्योंकर जाने?
शीतल खस की टट्टी में जो लेटा हो चादर ताने।"

x x x

"जिनके कारण सब सुख पाये, जिनका बोया सब जन खायँ,
हाय, हाय, नित उनके बालक भूखों के मारे चिल्लायँ।
हाय, जो सबको गेहूँ दें वे ज्वार-बाजरा खाते हैं,
वह भी जब नहिं मिलता तब वृक्षों की छाल चबाते हैं।"

इन पंक्तियों में शैली का वह निखार तो नहीं है, जो आज देखने में आता है, किन्तु कौन कह सकता है कि इनमें निरूपित सत्य कहीं से भी कमज़ोर है?

सर सैयद की फ़िलासफ़ी ने देश का सत्यानाश किया। अगर सर सैयद का जन्म इस देश में नहीं हुआ होता, तो सम्भव था, मुसलमान कुछ अधिक हिम्मत से काम लेते और अपनी क़िस्मत की डोर कांग्रेस के साथ बाँधकर राष्ट्रीयता को शक्ति पहुँचाते, जिसके लिए कांग्रेस उनसे बार-बार प्रार्थना कर रही थी। सर सैयद का विरोध उर्दू साहित्य में महाकवि अकबर ने बड़े ज़ोर से किया था। किन्तु हिन्दी कविता में यह विरोध, शायद, गुप्त जी की ही कविता में ध्वनित हुआ है।

अकबर से गुप्त जी की समता और भी कई बातों को लेकर है। दोनों ही अंगरेज़ों के ख़िलाफ़ और उनके आलोचक थे। दोनों ही यूरोप से आनेवाली रोशनी को नापसन्द करते थे और दोनों ही सुधारों के नारों से घबराते थे तथा दोनों ही ने अपने मतामत के प्रकाशनार्थ कटूक्तिपूर्ण पद्यों का माध्यम चुना था। किचनर और कर्जन के झगड़े में जब कर्जन की हार हुई, तब अकबर ने चार पंक्तियों का एक बन्द लिखा था, जिसकी 'देख लो, यह जन पै नर ग़ालिब हुआ' नामक पंक्ति बहुत ही प्रसिद्ध है। उन्हीं दिनों गुप्त जी भी कितनी ही पंक्तियों में कर्जन की पूरी ख़बर ले रहे थे। किचनर सेनापति था और कर्जन वायसराय। अतएव वायसराय के हारने पर उन्होंने आनन-फानन लिख दिया :

"कलम करे कितनी ही चर-चर।
भाले के वह नहीं बराबर।"

एक बार कर्जन ने हिन्दुस्तानियों को झूठा कह दिया था, जिस पर अकबर साहब ने लिखा था :

"हम झूठे हैं तो आप हैं झूठों के बादशाह।"

अकबर साहब की पंक्ति बड़ी ही सटीक बैठी है। किन्तु इसी घटना पर गुप्त जी ने भी कर्जन की काफ़ी ख़बर ली थी :

"मन में कुछ मुँह में कुछ और, यही सत्य है कर लो गौर।
झूठ को जो सच कर दिखलावे, सोही सच्चा साधु कहावे।
मुँह जिसका हो सके न बन्द, समझो उसे सच्चिदानन्द।"

सुधारों के प्रति जिस अनास्था का परिचय अकबर ने दिया है, उसी से गुप्त जी भी आक्रान्त थे। प्राचीन परम्परा के प्रतिनिधि होने के कारण वे सुधार के प्रत्येक आन्दोलन को शंका की दृष्टि से देखते थे। कहीं-कहीं तो ऐसा मालूम होता है, मानो सुधारों के नारों के बीच उन्हें वास्तविकता ही लुप्त होती दिखाई दे रही हो :

हाथी यह सुधार का लोगो, पूँछ उधर भई, पूँछ इधर।
आओ, आओ, पता लगाओ, सूँड किधर भई, मूँड किधर।
इधर को देखो, उधर को देखो, जिधर को देखो, दुम ही दुम।
बोल रहा हूँ, चाल रहा हूँ सूँड भी गुम, भई, मूँड भी गुम।

गुप्त जी ने प्रकृति-वर्णन और भक्ति के भी पद्य लिखे हैं। किन्तु साहित्य के इतिहास में उनका वैसा महत्त्व नहीं जैसा उनकी हास्य-मिश्रित कटूक्तियों का हो सकता है। ये कटूक्तियाँ ही उनका वह शस्त्र थीं, जिनके माध्यम से वे तत्कालीन सामाजिक व्यवस्था पर वार करते थे। आगे चलकर रूप तो इनका भी बदल गया; किन्तु यह धारा बहती ही गयी और गुप्त जी से बाद वाला साहित्य इस धारा को अब तक भी पुष्ट ही करता आया है।

गुप्त जी ने काव्य की प्रेरणा पं. प्रतापनारायण जी मिश्र से ली थी और मिश्र जी के दृष्टिकोण का उन पर गहरा प्रभाव भी पड़ा था। इन महापुरुषों की कविताएँ आज उतनी गम्भीर भले ही न दीख पड़ें, पर उस समय समाज में जागरूकता तथा निर्भयता उत्पन्न करने में उन्होंने बड़ा काम किया था।

रेती के फूल

चालीस की उम्र

कहते हैं, जवानी शरीर में नहीं, शरीर के भीतर कहीं दिल में रहती है। भीतर से फूटनेवाला उमंगों का फ़व्वारा जिनका ताज़ा और जवान है, वे उम्र के उतार के मौसम में भी जवान ही रहते हैं। फिर भी, जो लोग उम्र की चोटी पर से उमंगों के साथ उतर रहे हैं, वे भी अगर अपने-आपसे तटस्थ होकर सोचें, तो उन्हें पता चलेगा कि यह जवानी केवल मन की जवानी है।

आदमी सब दिन जवान रहे, यह उसके मन पर निर्भर करता है। मगर दुनिया मन के जवानों को ठीक उसी दृष्टि से तो नहीं देखती, जिस दृष्टि से वह तन के जवानों को देखा करती है। और मन से आप कितने भी जवान क्यों न हों, चालीस के बाद आपको दुनिया के हाथों वही प्यार, प्रोत्साहन और दुलार नहीं मिल सकता, जो चालीस के पहले मिला करता था।

बाग़ में जाइए। जो पौधे बनने के क्रम में हैं, उन पर माली की ख़ास नज़र रहती है। वह रोज़ उनकी क्यारियों को साफ़ करके उनमें पानी पटाता है और छुरी तथा कैंची के प्रयोग से उनके रूप को सँवारने की कोशिश करता है। पौधे ज़रा अल्हड़ होते हैं। वे कभी इस बाँह को फैलाकर इधर के पड़ोसी को छेड़ते हैं और कभी उस बाँह को फैलाकर उधर के पड़ोसी को। मगर माली उनके सभी नाजों को मुहब्बत की नज़र से देखता है और झिड़कने के बदले वह उन्हें पुचकारकर ही ठीक करता है।

लेकिन क्या बने हुए वृक्ष भी इस मुहब्बत और पुचकार की आशा कर सकते हैं? देखिए न उनकी सरपट बनी हुई क्यारियों को मालूम होता है, वर्षों से यहाँ न तो खुरपी के होंठ से सुधा छलकी है और न घड़ों के मुख से संजीवनी।

बेचारे बने हुए वृक्ष! पहले ये जो कुछ पा चुके हैं, अब उसकी क़ीमत अदा करना इनका काम रह गया है। ये आम के पेड़ हैं। पानी अब इन्हें उतना ही मिलता है, जो वर्षा के दिन में आन गिरता है और अमृत भी ये उतना ही पी सकते हैं जो चाँदनी के कोष में इनके हिस्से का है। हर भोर और शाम को

माली इनकी ओर भी देखे, इतनी उसे फुरसत कहाँ? माली की नज़र से इनकी नज़र अब केवल माघ और फागुन के महीनों में मिलती है, जब यह देखने का समय आता है कि आमों में मंजर आये हैं या नहीं यानी इस साल यह मज़दूर फल देनेवाला है या नहीं।

जर्मन कवि गेटे ने कहा है कि दुनिया नौजवानों को इसलिए चाहती है कि वे होनहार होते हैं। मगर चालीस वर्ष का आदमी तो बहुत कुछ हो गया रहता है। फिर उसे कोई प्यार और प्रोत्साहन देनेवाली दृष्टि से क्यों देखे?

जो तन से जवान हैं, दुनिया उनका ज़ुल्म सहकर भी उन्हें प्रोत्साहन देती है; किन्तु चालीस के बाद के आदमी की, चाहे वह मन से जवान ही क्यों न हो, समाज में आलोचना शुरू हो जाती है। यह समय वह होता है जब प्रशंसा और प्रोत्साहन बदलकर उम्मीद बन जाते हैं। इसलिए संसार चालीस के बाद के मनुष्य को देता कम, उससे चाहता अधिक है। अब लोग हमारी टहनियाँ नहीं गिनते, हमारे पत्तों की हरियाली से तृप्त नहीं होते; अब तो वे हमारे फल ही गिनेंगे। और यही वह बिन्दु है, जहाँ चालीस के शिकार को जीवन में नयी दिशा की खोज करनी चाहिए। और वह नयी दिशा है, 'अब से माँगो कम, किन्तु दान अधिक दो।'

चालीस की उम्र वह रेखा है, जिसे पार कर हम उन लोगों के झुण्ड में जा मिलते हैं, जो लेने नहीं, देनेवाले हैं; जो खाते कम, कमाते अधिक हैं; जो खुद कन्धे पर नहीं बैठकर दूसरों को ही अपने कन्धों पर बिठाया करते हैं।

बीसी और तीसी वह समय है, जब आदमी नयी दोस्ती की मिठास और मुहब्बत की रंगीनी से छका रहता है। इस उम्र में आदमी फूलों के कपोलों पर टपकनेवाली शबनम की आवाज़ को सुन सकता है और ऊषा के प्रदेश में जो माधुरी और सौरभ है, उसे जी भरकर अपने भीतर खींच सकता है। मगर चालीसा लगते ही नाटक के परदे बदलने लगते हैं और यह परिवर्तन आदमी को अच्छा नहीं लगता।

इस समय किसी-किसी को यह भ्रम भी हो जाता है कि उसके स्वास्थ्य में कहीं कोई गड़बड़ी तो नहीं हो गयी है, उसका आमाशय कुछ ख़राब तो नहीं हो गया है। और वह डॉक्टर से पूछ-ताछ करने लगता है। मगर डॉक्टरों की प्रायः एक ही राय होती है कि "सब ठीक है, कोई ख़ास बात नहीं; ज़रा खाने-पीने पर ध्यान रखिए।" लेकिन खाने-पीने से क्या होता है? चाहे जितना खाओ, चाहे जितना पीयो, चालीस के बाद आनन्द की दिशा बदल जाती है।

मैंने उम्र की तलवार से कटे हुए कितने ही लोगों को झींखते देखा है। लेकिन

यह झींखना किस काम का? दोपहरी को ऊषा बनाना कठिन है और फ़िक्र करने से तो दोपहरी और भी तेज़ी से ढलने लगेगी। समय रुकने का नहीं। वह बढ़ता ही जायेगा। और यह भी ठीक है कि ऊषा के जो कर्तव्य और आनन्द हैं, वे दोपहरी के कर्तव्य और आनन्द से भिन्न होते हैं। लेकिन यह समझना भूल है कि भोर में आदमी को जैसा सन्तोष प्राप्त होता है, दोपहर में उसे वैसा आनन्द नहीं मिल सकता। ज़रूरत है समय के साथ बदलते रहने की।

पुराने ज़माने के बहुत-से लोग आज की दुनिया में झख मारकर जी रहे हैं; क्योंकि आज वे बहुत-सी ऐसी बातें देख रहे हैं जो उन्हें पसन्द नहीं हैं और जिन्हें वे बदल भी नहीं सकते। उनकी वेदना समय के गियर (Gear) से छूट जाने की वेदना है और इसका एकमात्र इलाज भी यही है कि वे किसी-न-किसी प्रकार ज़िन्दगी के गियर से अपना मेल बिठा लें। मेल बैठ जाने पर फिर कोई दिक़्क़त नहीं होती। इसीलिए, अपना तो यह विचार है कि घड़ी की सूई जब चालीस पर पहुँचे, तब आदमी को उदास नहीं होना चाहिए और न सूई को नकली तौर पर पीछे ही ले जाने की कोशिश करनी चाहिए।

जिसे हम मन की जवानी कहते हैं, वह उम्र को कोड़े मारकर हाँकने की, कला का नाम नहीं है। उम्र के साथ हमारे शरीर और मन में जो परिवर्तन होने लगते हैं, उनका प्रसन्नतापूर्वक साथ देने के लिए दिमाग़ को राज़ी करना ही मन की असली जवानी है। साथ तो देना ही पड़ता है। अब बात रह जाती है कि दिमाग़ तल्खी के साथ साथ देता है या मौज के साथ। जिसने मौज के साथ साथ दिया, उसे पछताने की ज़रूरत नहीं होती।

सच पूछिए तो चालीस की उम्र में आकर भी ज़िन्दगी नये ढंग से शुरू की जा सकती है; बल्कि यों कहना चाहिए कि ज़िन्दगी, असल में, यहीं से शुरू होती है, बशर्ते कि हम उसके लिए तैयार हों। कल तक हमने जो कुछ भी संचय किया है, आज से हमें उसे ख़र्च करना चाहिए। चालीस के पहले तक दुनिया हमारी पीठ पर इसलिए अपना हाथ दिये थी कि अपने समय में पहुँचकर हम भी आनेवाली पीढ़ियों की पीठ पर अपना हाथ रखें। पहले हमने जो आशीर्वाद अर्जित किया है, अब हमें उसे विसर्जित करना होगा। हम पुत्र थे, अब पिता हो गये हैं। पिता का धर्म माँगना नहीं, बल्कि अपने-आपको उत्सर्ग करना है। और उत्सर्ग में जो आनन्द है, वह याचना से क्या कम पड़ेगा?

जवानी में जब हम क़दम बदलते हैं अथवा एक रास्ते को छोड़कर दूसरे को अपनाना चाहते हैं, तब दुनिया कुछ बुरा नहीं मानती, बल्कि तब भी वह हमारे साथ हामी ही भरती है। किन्तु प्रौढ़ावस्था में पहुँचते ही हमें क़दम बदलने का

अधिकार नहीं रह जाता। हाँ, ज़रूरत पड़ने पर हम कन्धे बदल सकते हैं। और तब भी, जब-जब हम कन्धे बदलते हैं, किसी-न-किसी तरफ़ से आवाज़ आ ही जाती है कि 'आदमी हाँफ गया है; अच्छा, कन्धे बदलकर ही सही।'

लेकिन क्या चालीस के बाद क़दम बदलने की ज़रूरत रह जाती है? अर्थात् चालीस के बाद अगर हम एक ही राह पर चलते रहना चाहते हैं, तो क्या इसका कारण यह है कि हम संसार का भय मानते हैं? शायद नहीं। जिसे जो कुछ बनना होता है, वह चालीस के पहले ही बन चुका होता है। क्रान्ति के पहले वेग चालीस के बाद नहीं पैदा होते। कविता की पहली कोंपल चालीस के बाद नहीं फूटती और दर्शन का तेज चालीसवें आसमान पर चढ़कर ही जन्म नहीं लेता है। हाँ, क्रान्ति, कविता और दर्शन के जो रूप चालीस तक परिपक्व हो जाते हैं, आगे की ज़िन्दगी में उन्हीं का चमत्कार काम करता है।

जवानी तो अल्हड़ होती है और उसमें एक प्रकार का अभिमान भी होता है, जो ख़ूबसूरत है। मगर चालीसा में भी एक तरह का भाव है, जिसे हम अहंकार या अभिमान कह सकते हैं। एक बार चालीस वर्ष के एक आदमी ने अपनी सभी डिग्रियों को जला डाला। उसने सोचा 'अब इन प्रमाणपत्रों को कहाँ तक ढोता फिरूँ? क्या डिग्रियाँ अब भी मेरे रग-रेशे में नहीं पच सकी हैं? ये डिग्रियाँ जिस सौरभ का गूँगा प्रमाण हैं, क्या वह सौरभ मेरी साँसों में नहीं रम चुका है? क्या अभी भी मुझे चिल्ला-चिल्लाकर कहते रहना होगा कि मैं कॉलेजों में भी गया हूँ, स्कूलों में भी पढ़ चुका हूँ?'

एक तरह से समझिए तो चालीस की उम्र निराशा और उदासी की सूखी घड़ी न होकर आशा और उल्लास की ही नयी बरसात है। जो घटा अपनी रंगीनियों के साथ आकाश के कोने-कोने में आनन्द से मँडरा रही थी, अब वह बरसनेवाली है। यह वह मौसम है, जब आम में फल लगते और पककर तैयार होते हैं। यह ठीक है कि जब कोयल मंजरियों के कुंज में प्रवेश करती है, तब प्राणों को पागल कर देनेवाली सुगन्ध उसके कण्ठ से निकलनेवाली प्रत्येक पुकार को कविता का उच्छ्वास बना देती है। मगर रसाल जब पककर तैयार हो जाता है, तब उसे चूसनेवाले रसज्ञ की भी आँखें आनन्द की सिहरन से बन्द हो जाती हैं। पके हुए फल के भीतर भी एक कविता है, जो सिर्फ़ सूँघने की वस्तु नहीं, बल्कि रक्त में मिला लेने की चीज़ है।

वसन्त और शिशिर में कुछ भेद तो होते हैं, किन्तु ऐसे नहीं कि एक के सामने दूसरा कुछ हो ही नहीं। वसन्त की सुषमा और सौख्य शिशिर के बारीक आनन्द से भिन्न होते हैं, फिर भी शिशिर के भी अपने मूल्य हैं। जो इन मूल्यों

को समझता है, उसे निराशा नहीं होती। मगर जो उन्हें नहीं देख सकता, उसे तो वसन्त के नाम पर रोना ही पड़ेगा।

बीस की उम्र बड़ी ही अच्छी चीज़ है, मगर वह तो एक ही बार आ सकती है। और चालीस की उम्र भी बड़ी ही बेजोड़ हो अगर लोग उसे इस चिन्ता में बिगाड़ न दें कि हम बीस के ही क्यों नहीं बने रहे।

समय तो हमारा शत्रु नहीं हो सकता। अपनी प्रगति से वह हमें सम्पन्न ही बनाता है। गुलाब पर ऊषा की बूँदों को तो हम फिर से नहीं सजा सकते, मगर गुलाब तो हमारे हाथ में है।

ईर्ष्या, तू न गयी मेरे मन से

मेरे घर के दाहिने एक वकील रहते हैं, जो खाने-पीने से अच्छे हैं, दोस्तों को भी ख़ूब खिलाते हैं और सभा-सोसाइटियों में भी काफ़ी भाग लेते हैं। बाल-बच्चों से भरा-पूरा परिवार, नौकर भी सुख देनेवाले और पत्नी भी अत्यन्त मृदुभाषिणी। भला सुखी मनुष्य को और क्या चाहिए?

मगर, वे सुखी नहीं हैं। उनके भीतर कौन-सा दाह है, इसे मैं भली-भाँति जानता हूँ। दरअसल उनकी बग़ल में जो बीमा एजेंट हैं, उनके विभव की वृद्धि से वकील साहब का कलेजा जलता रहता है। वकील साहब को भगवान ने जो कुछ दे रखा है, वह उनके लिए काफ़ी नहीं दीखता। वे इस चिन्ता में भुने जा रहे हैं कि काश, एजेंट की मोटर, उसकी मासिक आय और उसकी तड़क-भड़क भी मेरी हुई होती!

ईर्ष्या का यही अनोखा वरदान है। जिस मनुष्य के हृदय में ईर्ष्या घर बना लेती है, वह उन चीज़ों से आनन्द नहीं उठाता जो उसके पास मौजूद हैं, बल्कि उन वस्तुओं से दुःख उठाता है जो दूसरों के पास हैं। वह अपनी तुलना दूसरों के साथ करता है और इस तुलना में अपने पक्ष के सभी अभाव उसके हृदय पर दंश मारते रहते हैं। दंश के इस दाह को भोगना कोई अच्छी बात नहीं है। मगर ईर्ष्यालु मनुष्य करे भी तो क्या? आदत से लाचार होकर उसे यह वेदना भोगनी पड़ती है।

एक उपवन को पाकर भगवान को धन्यवाद देते हुए उसका आनन्द नहीं लेना और बराबर इस चिन्ता में निमग्न रहना कि इससे भी बड़ा उपवन क्यों नहीं मिला, ऐसा दोष है जिससे ईर्ष्यालु व्यक्ति का चरित्र भी भयंकर हो उठता है। अपने अभाव पर दिन-रात सोचते-सोचते वह सृष्टि की प्रक्रिया को भूलकर विनाश में लग जाता है और अपनी उन्नति के लिए उद्यम करना छोड़कर वह दूसरों को हानि पहुँचाने को ही श्रेष्ठ कर्तव्य समझने लगता है।

ईर्ष्या की बड़ी बेटी का नाम निन्दा है। जो व्यक्ति ईर्ष्यालु होता है, वही व्यक्ति बुरी क़िस्म का निन्दक भी होता है। दूसरों की निन्दा वह इसलिए करता है कि इस प्रकार दूसरे लोग जनता अथवा मित्रों की आँखों से गिर जायेंगे और तब जो पद रिक्त होगा, उस पर अनायास मैं ही बिठा दिया जाऊँगा।

मगर ऐसा न आज तक हुआ है और न आगे होगा। दूसरों को गिराने की कोशिश तो अपने को बढ़ाने की कोशिश नहीं कही जा सकती। एक बात और है कि संसार में कोई भी मनुष्य निन्दा से नहीं गिरता। उसके पतन का कारण अपने ही भीतर के सद्‌गुणों का ह्रास होता है। इसी प्रकार कोई भी मनुष्य दूसरों की निन्दा करने से अपनी उन्नति नहीं कर सकता। उन्नति तो उसकी तभी होगी, जब वह अपने चरित्र को निर्मल बनाये तथा अपने गुणों का विकास करे।

ईर्ष्या का काम जलाना है, मगर सबसे पहले वह उसी को जलाती है जिसके हृदय में उसका जन्म होता है। आप भी ऐसे बहुत से लोगों को जानते होंगे जो ईर्ष्या और द्वेष की साकार मूर्ति हैं और जो बराबर इस फ़िक्र में डूबे रहते हैं कि कहाँ सुननेवाले मिलें कि अपने दिल का गुबार निकालने का मौक़ा मिले। श्रोता मिलते ही उनका ग्रामोफ़ोन बजने लगता है और वे बड़ी ही होशियारी के साथ एक-एक काण्ड इस ढब से सुनाते हैं, मानो विश्व-कल्याण को छोड़कर उनका और कोई ध्येय नहीं हो! मगर ज़रा उनके अपने इतिहास को भी देखिए और समझने की कोशिश कीजिए कि जब से उन्होंने इस सुकर्म का आरम्भ किया है, तब से वे अपने क्षेत्र में आगे बढ़े हैं या पीछे हटे हैं। यह भी कि अगर वे निन्दा करने में समय और शक्ति का अपव्यय नहीं करते, तो आज उनका स्थान कहाँ होता!

चिन्ता को लोग चिता कहते हैं। जिसे किसी प्रचण्ड चिन्ता ने पकड़ लिया है, उस बेचारे की ज़िन्दगी ही ख़राब हो जाती है। किन्तु ईर्ष्या, शायद, चिन्ता से भी बदतर चीज़ है, क्योंकि वह मनुष्य के मौलिक गुणों को ही कुण्ठित बना डालती है।

मृत्यु फिर भी श्रेष्ठ है बनिस्बत इसके कि हमें अपने गुणों को कुण्ठित बनाकर जीना पड़े। चिन्ता-दग्ध मनुष्य समाज की दया का पात्र है। किन्तु ईर्ष्या से जला-भुना आदमी ज़हर की चलती-फिरती गठरी के समान है, जो हर जगह वायु को दूषित करती फिरती है।

ईर्ष्या मनुष्य का चारित्रिक दोष ही नहीं है, प्रत्युत इससे मनुष्य के आनन्द में भी बाधा पड़ती है। जब भी मनुष्य के हृदय में ईर्ष्या का उदय होता है, सामने

का सूर्य उसे मद्धिम-सा दीखने लगता है, पक्षियों के गीत में जादू नहीं रह जाता और फूल तो ऐसे हो जाते हैं मानो वे देखने के योग्य ही न हों।

आप कहेंगे कि निन्दा के वाण से अपने प्रतिद्वन्द्वियों को बेधकर हँसने में भी आनन्द है और यह आनन्द ईर्ष्यालु व्यक्ति का सबसे बड़ा पुरस्कार है। मगर यह हँसी मनुष्य की नहीं, राक्षस की हँसी होती है, और यह आनन्द भी दैत्यों का आनन्द होता है।

ईर्ष्या का सम्बन्ध प्रतिद्वन्द्विता से होता है, क्योंकि भिखमंगा करोड़पति से ईर्ष्या नहीं करता। यह एक ऐसी बात है जो ईर्ष्या के पक्ष में भी पड़ सकती है, क्योंकि प्रतिद्वन्द्विता से भी मनुष्य का विकास होता है। किन्तु अगर आप संसार-व्यापी सुयश चाहते हैं तो आप शायद नेपोलियन से स्पर्धा करेंगे। मगर याद रखिए कि नेपोलियन भी सीजर से स्पर्धा करता था और सीजर सिकन्दर से तथा सिकन्दर हरक्यूलस से, जिस हरक्यूलस के बारे में इतिहासकारों का यह मत है कि वह कभी पैदा ही नहीं हुआ।

ईर्ष्या का एक पक्ष, सचमुच ही, लाभदायक हो सकता है जिसके अधीन हर आदमी, हर जाति और हर दल अपने को अपने प्रतिद्वन्द्वी का समकक्ष बनाना चाहता है। किन्तु यह तभी सम्भव है जब ईर्ष्या से जो प्रेरणा आती हो, वह रचनात्मक हो। अक्सर तो ऐसा ही होता है कि ईर्ष्यालु व्यक्ति यह महसूस करता है कि कोई चीज़ है, जो उसके भीतर नहीं है; कोई वस्तु है, जो दूसरों के पास है। किन्तु वह यह नहीं समझ पाता कि इस वस्तु को प्राप्त कैसे करना चाहिए और ग़ुस्से में आकर वह अपने किसी पड़ोसी, मित्र या समकालीन व्यक्ति को अपने से श्रेष्ठ मानकर उससे जलने लगता है, जब कि वे लोग भी अपने-आपसे, शायद, वैसे ही असन्तुष्ट हों।

आपने यह भी देखा होगा कि शरीफ़ लोग, अक्सर, यह सोचते हुए अपना सिर खुजलाया करते हैं कि अमुक आदमी मुझसे क्यों जलता है, मैंने तो उसका कुछ नहीं बिगाड़ा। और अमुक व्यक्ति इस क़दर, मेरी निन्दा में क्यों लगा हुआ है? सच तो यह है कि मैंने सबसे अधिक भलाई उसी की की है। वे सोचते हैं, मैं तो पाक-साफ़ हूँ; मुझमें किसी भी व्यक्ति के लिए दुर्भावना नहीं है, बल्कि अपने दुश्मनों की भी मैं भलाई ही सोचा करता हूँ। फिर ये लोग मेरे पीछे क्यों पड़े हुए हैं? मुझमें कौन-सा वह ऐब है, जिसे दूर करके मैं इन दोस्तों को चुप कर सकता हूँ?

ईश्वरचन्द्र विद्यासागर जब इस अनुभव से होकर गुज़रे, उन्होंने एक सूत्र कहा, "तुम्हारी निन्दा वही करेगा, जिसकी तुमने भलाई की है।"

और नीत्से जब इस कूचे से होकर निकला, तब उसने ज़ोरों का एक ठहाका लगाया और कहा कि "यार, ये तो बाज़ार की मक्खियाँ हैं, जो अकारण हमारे चारों ओर भिनभिनाया करती हैं। ये सामने हमारी प्रशंसा और पीठ-पीछे निन्दा किया करती हैं। हम इनके दिमाग़ पर बैठे हुए हैं। ये मक्खियाँ हमें भूल नहीं सकतीं और चूँकि ये हमारे बारे में बहुत सोचा करती हैं, इसलिए ये हमसे डरती हैं और हम पर शंका भी करती हैं। ये मक्खियाँ हमें सज़ा देती हैं हमारे गुणों के लिए। ऐब को तो ये माफ़ भी कर देंगी, क्योंकि बड़ों के ऐब माफ़ करने में भी एक शान है, जिस शान का स्वाद लेने को ये मक्खियाँ तरस रही हैं।"

जिनका चरित्र उन्नत है, जिनका हृदय निर्मल और विशाल है, वे कहते हैं, "इन बेचारों की बातों से क्या चिढ़ना? ये तो खुद ही छोटे हैं।"

मगर जिनका दिल छोटा और दृष्टि संकीर्ण है, वे मानते हैं कि "जितनी भी बड़ी हस्तियाँ हैं, उनकी निन्दा ही ठीक है।" और जब हम इनके प्रति उदारता और भलमनसाहत का बर्ताव करते हैं तब भी वे यही समझते हैं कि हम उनसे घृणा कर रहे हैं। और हम चाहे उनका जितना उपकार करें, बदले में हमें अपकार ही मिलेगा।

दरअसल, हम जो उनकी निन्दा का जवाब नहीं देकर चुप्पी साधे रहते हैं, इसे भी वे हमारा अहंकार समझते हैं। खुशी तो उन्हें तभी हो सकती है, जब हम उनके धरातल पर उतरकर उनके छोटेपन के भागीदार बन जायें।

सारे अनुभवों को निचोड़कर नीत्से ने एक दूसरा सूत्र कहा, "आदमी में जो गुण महान समझे जाते हैं, उन्हीं के चलते लोग उससे जलते भी हैं।"

तो ईर्ष्यालु लोगों से बचने का क्या उपाय है? नीत्से कहता है कि "बाज़ार की मक्खियों को छोड़कर एकान्त की ओर भागो। जो कुछ भी अमर तथा महान है, उसकी रचना और निर्माण बाज़ार तथा सुयश से दूर रहकर किया जाता है। जो लोग नये मूल्यों का निर्माण करने वाले हैं, वे बाज़ारों में नहीं बसते, वे शोहरत के पास भी नहीं रहते हैं।" जहाँ बाज़ार की मक्खियाँ नहीं भिनकतीं, वह जगह एकान्त है।

यह तो हुआ ईर्ष्यालु लोगों से बचने का उपाय; किन्तु ईर्ष्या से आदमी कैसे बच सकता है?

ईर्ष्या से बचने का उपाय मानसिक अनुशासन है। जो व्यक्ति ईर्ष्यालु स्वभाव का है, उसे फालतू बातों के बारे में सोचने की आदत छोड़ देनी चाहिए। उसे यह भी पता लगाना चाहिए कि जिस अभाव के कारण वह ईर्ष्यालु बन गया है, उसकी पूर्ति का रचनात्मक तरीक़ा क्या है। जिस दिन उसके भीतर यह जिज्ञासा जगेगी, उसी दिन से वह ईर्ष्या करना कम कर देगा।

खड्ग और वीणा

बहुत दिनों की बात है।

एक बार भूकम्प और अग्निकाण्ड–दोनों का धरती पर साथ ही आक्रमण हुआ। महल गिर गये; झोंपड़ियाँ जलकर खाक हो गयीं। कहीं नयी ज़मीन पानी में से निकल आयी, कहीं बसे-बसाये नगर समुद्र में समा गये। पशु-पक्षियों, कीड़ों-मकोड़ों के साथ आदमी भी बहुत बर्बाद हुए। कितने ही महावृक्षों का पता नहीं रहा और कितने ही पहाड़ों की छाती फट गयी।

जिस दिन यह विनाश हुआ, उस दिन सभी लोग चुप थे, सभी लोग ख़ामोश थे। चिड़ियाँ नहीं गाती थीं, पत्ते नहीं डोलते थे और दूब की फुनगी पर से शबनम भी ग़ायब थी।

मगर दूसरे ही दिन भोर में जब लोग जैसे-तैसे यामिनी के पार हुए, शबनम चमकने लगी, पत्ते डोलने लगे और वीणा गाने लगी।

बहुत दिनों की बात है।

एक बार लड़ाई छिड़ी। देश की सरहद पर धौंसे बजाकर दुश्मन ने जवानी को चुनौती भेजी–"है कोई मर्द इस देश में जो हमारा मुक़ाबला करे?"

चुनौती नौजवानों को आग-सी लगी। सभी जल उठे, सभी बेताब हो उठे। माताएँ बेटों का, बहनें भ्राताओं का और गृहदेवियाँ अपने पतियों का रण-शृंगार सजाने लगीं। म्यानों से तलवारें निकल पड़ीं। मर्दों ने शपथ ली–"अगर पीठ फेरकर लौटें तो हमें क्षत्रियों की गति नहीं मिले।"

ललनाओं ने प्रण किया–"अगर इज़्ज़त पर बनने को आयी तो हम चिताओं में कूद पड़ेंगी।"

शंख फूँका गया; रणभेरी बजने लगी; धौंसे धुधकारने लगे; देश की मर्दानगी उमड़कर रणभूमि की ओर चली।

चलने से पहले खड्ग ने वीणा से पूछा—"वीणे! क्या आज भी यही सुहाग? देश की जान पर बन आयी है और तुझे चाँदनी की रागिनी से फुरसत नहीं? हो जा आज डंके की चोट और समा जा मेरी तेज चमकती हुई इस धार में। चलकर ज़रा रणभूमि का भी तो नज़ारा देख कि कैसे रुंड से मुंड अलग होते हैं और धुँधुआती हुई तलवार कैसी लगती है। सच कहता हूँ बहन! आँखें निहाल हो जायेंगी और सपनों का तेज बढ़ जायेगा।"

वीणा गरदन झुकाकर मौन रही। खड्ग ने सोचा, यह मुर्दा है और वह वेग से बाहर निकल गया।

भूकम्प, युद्ध और अग्निकाण्ड दुनिया के लिए आम हो गये। अब इनका कोई निश्चित लग्न या काल नहीं रहा। वे जब चाहें, न जाने कहाँ से फट पड़ते हैं।

हैरान है संसार भूकम्प से। हैरान है संसार युद्ध से। मगर वे आते ही रहते हैं।

और जब कभी कोई त्रास आता है, खड्ग संसार के बचाव के लिए आगे बढ़ता है; क्योंकि यही है उसका काम, इसी की वह रोटी खाता है और इसी के लिए उसे फूल की मालाएँ भी मिलती हैं।

वीणा बहुत बार संकेत दे चुकी है कि वह समय-कुसमय छेड़ना पसन्द नहीं करती। वह जिस काम की रोटी खाती है, उसमें कोई विघ्न डाले, यह अच्छी बात नहीं है।

लेकिन खड्ग ठहरा ज़रा उद्धत। वह छेड़ बैठता है वीणा को—"पगली है! अगर मैं न रहूँ तो देखूँ, तू कैसे बजती है! दुश्मन के एक ही चपेटे में ये तार न जानें कहाँ-से-कहाँ पहुँच जायें। धन्यवाद कर मेरा कि देश में अमन और चैन है, जिससे लोग-बाग तुझे घेरकर बैठते हैं और रागिनियों का रस लेते हैं।"

वीणा रह जाती है मौन, उसे सूझता ही नहीं कि खड्ग के इस व्यंग्य का क्या उत्तर दे।

वह सोचती है : 'यह आकाश, यह जंगल, यह विस्तृत हरी भूमि, ये नदियाँ और ये पहाड़, यह अनन्त सागर और ये अनन्त दिशाएँ—क्या यह सब कुछ खड्ग के अधीन है?'

सृष्टि के कण-कण में जो एक सामंजस्यपूर्ण महासंगीत व्याप्त है, क्या खड्ग का उछलना-कूदना भी उसी की नियमित कड़ी है?

मगर बाघों और वृकों के सामने तो मैं सचमुच ही नहीं बज सकती, तो क्या खड्ग का कहना ठीक है?

लड़ाई फिर आयी और चली गयी।

खड्ग विजयी हुआ है। जयमालाओं से लिपटा हुआ वह ज़रा तनकर चलता है और ग़रीब वीणा से कह ही तो बैठता है : "कहा था न चलने को? उस दिन तो यह कहकर उड़ा दिया कि बाँसुरी बाँसुरी है और लाठी लाठी। अब देख मेरे विजयतिलक को, और रो अपने दुर्भाग्य पर!"

वीणा विजय-तिलक को नमन करती है और मन-ही-मन सोचती जाती है : 'फूल और शबनम बदनाम नहीं। बदनाम होती हूँ मैं, क्योंकि खड्ग की मैं कमाई खाती हूँ।'

खड्ग जिसका आरम्भ घृणा में और अन्त विनाश में होता है।

और वीणा, जो आदि से अन्त तक निरीहता में गाती है।

खड्ग तना हुआ है। वीणा पर वह अपना अहंकार उतारता है।

वीणा मूक है और मन-ही-मन वह सोचती जाती है वह कविता, जिसे वह आज निशीथ में गायेगी।

कविता उन फूलों की, जो शहीदों की समाधि पर बिखेरे जाते हैं।

कविता उन चाँदनियों की, जो समरभूमि की लाशों पर चादर बनकर फैलती हैं, मानो खड्ग की ग्लानि पर परदा डाल रही हों।

कविता उन दुष्ट आवेगों की, जो मनुष्य को तलवार पकड़ने के लिए विवश करते हैं।

और कविता उन आदर्शों की, जो खड्ग के अस्तित्व को भंग करने वाले हैं।

राष्ट्रीयता और अन्तरराष्ट्रीयता

सामान्य मनुष्य को हम जिस गज़ से मापते हैं, महापुरुषों की ऊँचाई और विस्तार उसी गज़ से मापे नहीं जा सकते। दूसरी बात यह है कि महापुरुषों का मस्तिष्क इतना विशाल होता है कि उसमें एक साथ दोनों ध्रुव निवास कर सकते हैं और बोलनेवाला ज़िन्दगी भर एक ही ध्रुव से नहीं बोलता; वह जब, जहाँ रहता है, तब उसी ध्रुव से अपना सन्देश सुनाता है।

मगर सुननेवाले तो छोटे ठहरे। वे कहते हैं, यह विरोधाभास है। वे कहते हैं, कल हमने जितना मापा था, आज उससे लम्बाई कम या अधिक पड़ती है। मगर कौन समझाये उन्हें यह बात कि एक शब्द का अर्थ सभी शब्दों में निहित है और सभी शब्द किसी एक ही अर्थ की ओर इंगित करते हैं?

गांधी जी और रवीन्द्रनाथ को लेकर जब तब यह विवाद उठाया जाता है कि उनमें एक राष्ट्रीय और दूसरा अन्तरराष्ट्रीय था; किन्तु ऐसा कहके गांधी जी को जहाँ हम सीमित करके छोड़ देते हैं, वहाँ रवीन्द्र के भी केन्द्र बिन्दु का हम लोप कर देते हैं, जिससे संलग्न रहे बिना परिधि की रेखा पर घूमना असम्भव नहीं तो निरवलम्ब कृत्य तो अवश्य है।

सच पूछिये तो गांधी जी वही पुरुष थे जिनको प्रतीक्षा रवीन्द्र के गीतों और नाटकों में की जा रही थी और जिसके स्वागत में कवि ने पहले से ही अपनी कल्पना को मिट्टी पर बिछा रखा था। और रवीन्द्र भारत की ठीक वही आत्मा थे, जिसके उद्गारों को मूर्त रूप देने के लिए गांधी का आविर्भाव हुआ था। सच पूछिए तो गांधी और रवीन्द्र एक-दूसरे के पूरक नहीं, बल्कि एक ही हीरे के दो पहलुओं के समान थे।

जब गांधी जी ने शरीर के अखाड़े में आत्मा का शस्त्र निकाला, तब सारी दुनिया एक बार अनुपम चमत्कार से भर गयी और स्वयं गुरुदेव ने भी अपने चिरपोषित आदर्श को अपनी ही जन्मभूमि में आकार ग्रहण करते देखकर लन्दन

से लिखा कि "हम तो गांधी जी के इसलिए कृतज्ञ हैं कि वे भारतवर्ष को यह प्रमाणित करने का अवसर दे रहे हैं कि मानवात्मा की दिव्यता में उसका अब भी अटूट विश्वास है।"

इस एक उक्ति से इस बात का संकेत मिलता है कि राष्ट्रीयता का कौन-सा रूप रवीन्द्रनाथ को प्रिय था। अगर ऊँचा उठकर देखा जाये तो गांधी जी और रवीन्द्रनाथ की राष्ट्रीयता तथा अन्तरराष्ट्रीयता-सम्बन्धी धारणाओं में बहुत बड़ा भेद नहीं मिलेगा। गांधी जी ने भी विश्व-वेदना से पीड़ित होकर एक बार कहा था कि हिन्दुस्तान की आज़ादी अगर पेरिस और लन्दन के भस्मावशेष पर पड़ी मिली भी, तो वह किस काम की होगी? गांधी जी रवीन्द्रनाथ की तरह ही विश्ववादी थे; किन्तु इतना होने पर भी अगर गांधी जी में हमें राष्ट्र की रेखाएँ विलीन होती नहीं दिखाई देती हैं, तो उसका सबसे प्रधान कारण यह है कि गांधी जी ने जीवन में राजनीति के माध्यम से प्रवेश किया था, और यद्यपि इस माध्यम को फैलाकर वे समस्त विश्व तक ले गये, फिर भी उसके आरम्भिक चिह्न अन्त तक बने रहे। इसके विपरीत, रवीन्द्रनाथ जीवन में कौतुक, विस्मय, श्रद्धा और धर्म के माध्यम से आये थे। ऐसा लगता है, मानो उन्होंने आसपास नज़र डालने के पहले दूर क्षितिज पर ही दृष्टिपात किया हो, जहाँ भूमि आकाश से मिली हुई मालूम होती है। निकट से देखने पर एक घर और दूसरे घर के बीच जो अन्तराल है, वही प्रमुख रहता है। किन्तु दूर से देखने पर सारा गाँव निरन्तराल पुंज के समान दीखता है। रवीन्द्रनाथ की प्रथम दृष्टि में ही विश्व की जो निरन्तरालता प्रमुख हो उठी थी, वह बराबर उनके साथ रही।

रवीन्द्रनाथ में राष्ट्रीयता और अन्तरराष्ट्रीयता एकाकार दीखती है। अपनी मान्यता की राष्ट्रीयता की व्याख्या करते हुए उन्होंने 'रिलीजन ऑव मैन' में कहा कि भारतवर्ष को मैं कोई भौगोलिक खण्ड नहीं, बल्कि एक भावना मानता हूँ। यह भावना आध्यात्मिक मनुष्य की सत्ता में विश्वास की भावना है, यह भावना उस मनुष्य की खोज में इस प्रकार लग जाने की भावना है, जिससे सम्भव है, हमारी सारी भौतिक समृद्धियाँ ही समाप्त हो जायें। भारत सब कुछ खोकर भी आज तक उस भावना से लिपटा हुआ है, एक यही गौरव उसके भविष्य की आशा के लिए काफ़ी है। उन्होंने कहा है कि विदेशों में भी जब किसी मनुष्य में उन्हें भारतीयता का यह लक्षण मिलता था, तब वे उसे आत्मीय जानकर उसका सत्कार करते थे। एक जाति के लोग, दूसरी जाति के लोगों से सर्वथा भिन्न हैं, इस चेतना से ही कवि घबरा जाते थे और भारतीय होने का अभिमान उन्हें इसलिए था कि वे मानते थे कि भारत की मूलात्मा इस भिन्नता के विरुद्ध है।

उनका विश्वास था कि मनुष्य के अनन्त एवं निरवच्छिन्न व्यक्तित्व को पूजनेवाली इस भावना की जिस दिन भी विजय होगी, उस दिन असल में भारत ही विजयी होगा।

यही राष्ट्रीयता उनकी अन्तरराष्ट्रीयता का भी प्रतीक थी। बहुत वर्ष पहले, 'प्रवासी' शीर्षक अपनी एक कविता में उन्होंने लिखा था :

सब ठाई मोर घर आछे आमि सेई घर मरि खूँजिया,
देशे-देशे मोर देश आछे आमि सेई देश लेबो जूझिया।

मेरा घर सभी जगहों पर है, मैं उसी को खोज रहा हूँ। मेरा देश सभी देशों में है, जिसे प्राप्त करने के लिए मैं संघर्ष करूँगा।

स्पष्ट ही यह मनुष्य का शारीरिक गृह नहीं है, जो अक्सर दीवारों से घिरा रहा करता है। यह तो आत्मा का गृह और आत्मा का ही देश है। शरीर की दीवार एक आत्मा को दूसरी आत्मा के साथ मिलने से रोक नहीं सकती। मनुष्य-मनुष्य में शरीर को लेकर जो भेद है, वही वर्ग, वर्ण, जाति, श्रेणी और राष्ट्र के घेरे उत्पन्न करता है। एक बार अगर इस भेद का बाँध टूट जाये, तो विश्वमानवता का समुद्र एक साथ लहरा उठेगा। रवीन्द्रनाथ योद्धा नहीं थे, इसलिए भिन्नता के बाँधों पर उन्होंने खुलकर प्रहार नहीं किया। किन्तु अपने समस्त साहित्य के द्वारा उन्होंने मनुष्य की आत्मा को यह पुकार भेजी है कि इन बाँधों के ऊपर होकर बह जाओ और अपने उस रूप के साथ एकाक़ार हो जाओ जो बन्धन के परे न जाने कब से तुमसे मिलने को बेचैन हो रहा है।

अपनी कल्पना की राष्ट्रीयता और अन्तरराष्ट्रीयता का पारस्परिक सम्बन्ध बताते हुए उन्होंने अपने एक दीक्षान्त भाषण में कहा था कि आज की अनन्त समस्याएँ अन्तरराष्ट्रीयता की समस्याएँ हैं। किन्तु इनके उपयुक्त सच्चे अन्तरराष्ट्रीय मस्तिष्क का अभी निर्माण ही नहीं हो पाया है। जिसे जनसाधारण अन्तरराष्ट्रीयता और विश्ववाद कहता है, रवीन्द्रनाथ को उससे प्रेम नहीं था। वे नाम और आन्दोलन नहीं, बल्कि मनुष्य की आत्मा का निबन्ध प्रसार चाहते थे। विश्ववाद की उपमा उन्होंने वाष्प से दी है। पानी जब भाप बन जाता है, तब वह विशाल और पूँजीभूत तो मालूम होता है, किन्तु उस भाप को लेकर कोई क्या करेगा? और भाप तो किसी पकड़ में भी नहीं आती। विश्ववाद का नारा भी ऐसा ही अस्पष्ट एवं धुँधला पदार्थ है। असल ज़रूरत तो यह है कि मनुष्य का हृदय उन्नत हो, उसकी सहानुभूति बढ़े और दूसरों की ओर देखनेवाली उसकी दृष्टि बदल जाये। गुरुदेव का कहना है, सच्चा विश्ववाद यह नहीं है कि

हम अपने घरों की दीवारों को तोड़ दें, बल्कि यह कि हम अपने पड़ोसियों और अतिथियों को वह प्रेमपूर्ण आतिथ्य अर्पित करने को तैयार रहें, जिस पर उनका जन्मसिद्ध अधिकार है।

धरती अपनी धुरी पर भी घूमती है और वह सूर्य के भी चारों ओर घूमती है। उसी प्रकार, प्रत्येक व्यक्ति की भी दो गतियाँ होनी चाहिए। एक तो अपनी निजी वैयक्तिकता की धुरी पर घूमने के लिए और दूसरी उस आदर्श के चारों ओर, जिसमें समस्त मानव समाज समाहित है।

नेता नहीं, नागरिक चाहिए

सन् उन्नीस सौ बीस-इक्कीस के ज़माने में एक विज्ञापन पढ़ा था : 'क्या आप स्वराज्य चाहते हैं? तो लेक्चर देना सीखिए।' इश्तहार छपवानेवाला कोई पुस्तक विक्रेता था जो इस विज्ञापन के ज़रिये अपनी किसी किताब की बिक्री बढ़ाना चाहता था और सम्भवतः किताब में नेताओं के भाषणों का ही संकलन भी था।

तब से इस देश में व्याख्यानों की ऐसी झड़ी रही है, जैसी झड़ी अब मेघों की भी नहीं लगती। पिछले तीस वर्षों से अपने देश में व्याख्यान लगातार बरसते रहे हैं और उनकी वृद्धि करने वाले नेताओं की तादाद भी बेशुमार रही है। आज़ादी की लड़ाई के दिनों में देश के सामने ले-देकर एक सवाल था कि विदेशी शासन कैसे हटाया जाय। मगर यह सवाल ज़रा टेढ़ा पड़ता था क्योंकि हुकूमत से लड़ने का अर्थ अपनी जान और माल पर से संकट को आमन्त्रित करना था। इसलिए जो लोग भी अपनी थोड़ी या बहुत कुरबानी देने के लिए आगे आये, उन्हें जनता ने नेता कहकर पुकार दिया। जनता के पास और था ही क्या जिसे लेकर वह कुरबानी की इज्ज़त करती?

लेकिन आज़ादी के बाद जब देश के सारे काम नेताओं के हाथ में आ गये, तब उन्हें पता चला कि अभी तक इस देश ने नेता ही पैदा किये हैं, नागरिक नहीं। व्याख्यान सुनते-सुनते इस देश ने व्याख्यान देने की आदत डाल ली है। जहाँ तक व्याख्यान के मजमून पर अमल करने का सवाल है, वह परिपाटी स्वतन्त्रता के आगमन के साथ ही समाप्त हो गयी। अब यहाँ के लोग कर्म को कम, वाणी को अधिक महत्त्व देते हैं। हर किसी की यही अभिलाषा है कि वह दूसरों को कुछ उपदेश दे, मगर खुद किसी भी उपदेश पर अमल करने को वह तैयार नहीं है। यों देश के नवनिर्माण के ज़्यादा काम ठप पड़े हुए हैं; क्योंकि जो सचमुच देश के नेता हैं, वे काम करना नहीं जानते और जो काम करना जानते हैं,

उन्हें हाथ-पाँव हिलाने की अपेक्षा जीभ की कैंची चलाने में ही अधिक आनन्द आता है। नेता बनने की धुन का यह पहला असर है जिसे हिन्दुस्तान आज बुरी तरह भोग रहा है।

फिर भी यह सच है कि देश के नेता, देश के शिक्षा विशेषज्ञ और बच्चों के माता-पिता सभी चाहते हैं कि स्कूलों, कॉलेजों में पढ़नेवाले हमारे सभी बच्चे और नौजवान किसी-न-किसी क्षेत्र में नेता बनने की तैयारी करें। लेकिन क्या किसी ने यह भी कभी सोचा है कि अगर सारा समाज नेता बनने की तैयारी में लग जाय तो नेताओं के पीछे चलनेवाले लोग कौन रह जायेंगे? और क्या नेताओं से भरा हुआ देश कोई अच्छा देश होता है?

कल्पना कीजिए कि देश का एक-एक आदमी जवाहरलाल हो गया, तो फिर यहाँ का एक-एक आदमी सोचेगा, योजना बनायेगा और बहस करेगा। लेकिन तब इन पैंतीस करोड़ जवाहरलालों को भोजन कौन देगा? उनके लिए कपड़े कौन बुनेगा? और मुश्किल तो यह है कि उनकी मोटरें कौन चलायेगा? जवाहरलाल बनने में और सब ठीक है; कठिनाई सिर्फ़ इतनी ही है कि जवाहरलाल कुदाल नहीं चला सकता, हथौड़े नहीं उठा सकता और ज़्यादातर वह अपनी मोटर भी आप नहीं हाँकता है।

'बड़ों की बात सुनो, उनकी नक़ल मत करो'—यह कहावत किसी भारी अक्लमन्द ने कही होगी। लेकिन अब तो बड़ा और छोटा, यह भेद सुनते ही लोगों को ग़ुस्सा आ जाता है। जिस ज़माने का एक ही नारा हो कि सब लोग समान हैं, उस ज़माने में एक या दस को बड़ा और बाक़ी को छोटा बताना तंगनज़री नहीं तो और क्या है? हर आदमी सिर्फ़ बराबरी के सिद्धान्त पर आगे बढ़ने को अधीर है। नतीजा यह है कि जो जहाँ है, यह वहीं कुढ़ रहा है। वह वहीं जल रहा है। हरएक को शिकायत है कि उसकी वाजिब जगह उसको नहीं मिली है। उसे जिस पद पर होना चाहिए, उस पर कोई और बैठ गया है जो निश्चित रूप से उससे छोटा और कमज़ोर है। अख़बारों के सहायक सम्पादक अपने प्रधान सम्पादक से जल रहे हैं। मिल का छोटा मैनेजर बड़े मैनेजर के ख़िलाफ़ है। और राजनीतिक दलों के भीतर जो द्वेष का धुआँ छूट रहा है, उसका भी कारण यही है कि आगे के नेता को पीछे ढकेलकर कोई दूसरा आदमी उसकी जगह ले लेना चाहता है।

सब लोग आपस में बराबर हैं, इस बात का लोगों ने ग़लत अर्थ लिया है। इसका मामूली अर्थ यह है कि सबको विकास का समान अवसर मिलना चाहिए, यह नहीं कि अवसर की प्रतीक्षा किये बिना जो जहाँ चाहे, वहाँ इच्छामात्र से पहुँच जाय। अवसर कोई ऐसी चीज़ नहीं है जो रोटी-दाल की तरह सबके सामने

परोसा जा सके। उसे पाने के लिए अपने गुणों का विकास करना होता है; तत्परता, मुस्तैदी और धीरता भी सीखनी होती है और उम्र तथा अनुभवों का भी इन्तज़ार करना पड़ता है। मगर नेतागीरी का चस्का लग जाने के कारण लोगों की इन्तज़ारी की लियाकत घट गयी है और जिस जगह पर आदमी धीरे-धीरे और बड़ी कोशिशों के बाद पहुँचता है, उस जगह पर अब लोग छलाँग मारकर पहुँच जाना चाहते हैं।

मगर जो लोग छलाँग मारकर आगे बढ़ना चाहते हैं, उसका कारण क्या है? कुछ तो यह कि कभी-कभी दूसरों को उन्होंने छलाँगें मारकर आगे बढ़ते देखा है और अधिकतर यह कि वे काम करना नहीं, हुक्म चलाना चाहते हैं। वे मानते हैं कि ज़िन्दगी का असली मज़ा मेहनत करने में नहीं, अपने मातहतों को हिदायत भेजने में है। वे इस बात को भूल जाते हैं कि हिदायत भेजने की योग्यता काम करने से ही आती है। और हिदायत भेजने का काम इतना आसान भी नहीं है कि उसे जो भी चाहे, पूरा कर दे। योजना बनाने और आदेश भेजने की सही ज़िम्मेदारी को वही निभा सकता है जो उन सभी कामों के अनुभव प्राप्त कर चुका है, जिनकी देखरेख का भार अब उसे सौंपा गया है। इसलिए जो आदमी अनुभव के दौर से होकर गुज़रने से इनकार करता है और मेहनत से भागकर आराम की जगह पर पहुँचने के लिए बेचैन है, उसकी यह बेचैनी ही इस बात का सबूत है कि वह अपने संगठन का अच्छा नेता नहीं बन सकता। जिसके चरित्र में धीरता नहीं, उससे बड़े दायित्व के योग्यतापूर्वक निर्वाह की आशा नहीं की जा सकती। चूँकि कुछ अधीर लोग भी संगठनों के नेता बन गये हैं, इससे अधीरता नेतृत्व का गुण नहीं बन जाती। उलटे इन तथाकथित नेताओं के आचरण से यही शिक्षा निकलती है कि जो समय से पूर्व नेता बन जाने को बेचैन है, उसे नेता की जगह पर कभी भी मत आने दो।

नेता का पद आराम की जगह है, इससे बढ़कर दूसरा भ्रम भी नहीं हो सकता। अंग्रेज़ी में एक कहावत है कि किरीट पहननेवाला मस्तक बराबर चक्कर में रहता है। तब जो आदमी मेहनत और धीरज से भागता है, उससे यह कैसे उम्मीद की जाय कि वह आठ पहर के इस चक्कर को बर्दाश्त करेगा और जिनमें धीरज नहीं, सबसे अधिक वे ही इस चक्कर को अपने माथे पर लेने को क्यों बेकरार हैं? दुनिया के सामने संगठनों से निकली हुई तैयार चीज़ें ही आती हैं, नेताओं के हस्ताक्षरों से भूषित काग़ज़ के पुर्जे नहीं। और काग़ज़ के इन निर्जीव पुर्जों को लेकर दुनिया करेगी भी क्या? लोग तो कपड़े पहनना चाहते हैं। उन्हें यह जानने की कब इच्छा है कि मिलों के पीछे हुक्म किसका काम करता है?

हम अख़बारों में लेख और संवाद पढ़ना चाहते हैं, जिस चीज़ पर क़लम उठाने को सहायक सम्पादक बेचैन हैं, उस सम्पादकीय को तो कोई पूछता भी नहीं।

जो अपने काम को प्यार करता है, वह कभी भी नाखुश नहीं होता और न उसे यही रोग सताता है कि घड़ी-घड़ी मेरा अपमान हो रहा है। जहाँ तक ताक़त और अधिकार का सवाल है, नेता चाहे कोई भी हो, अधिकार बराबर उसकी मेज़ पर विराजता है जो मेहनती और ईमानदार है। सारी दुनिया मेहनती और ईमानदार व्यक्ति की खोज में है, क्योंकि हर नेता चाहता है कि वह अपनी थोड़ी-बहुत ज़िम्मेदारी किसी ईमानदार आदमी पर डाल दे। अधिकार भोगने का जो असली सुख है, वह नेताओं नहीं, मेहनती सहायकों के हाथ में है। जो भी परिश्रमी और ईमानदार है, दफ़्तर के अधिकार उसकी कुर्सी के इर्द-गिर्द घूमा करते हैं। और जब अधिकार भोगने का यह सीधा रास्ता मौजूद है, तब लोग नेता बनने के फेर में क्यों पड़ते हैं? यह भी है कि नेता कोई एक ही व्यक्ति हो सकता है, लेकिन ईमानदारी और मेहनत के ज़रिये बहुत-से लोग अधिकार का स्वाद ले सकते हैं। इस प्रकार अधिकार भी विकेन्द्रित होता है और संगठन की भी तत्परता बढ़ती है।

एक तस्वीर यह है कि कारख़ाने के मैनेजर को अपदस्थ करके कई लोग उसकी कुर्सी पर अधिकार जमाना चाहते हैं। दूसरी तस्वीर यह है कि बहुत-से कार्यकर्ता घोर परिश्रम करके अधिक-से-अधिक अधिकारों को अपने क़ब्ज़े में रखना चाहते हैं। अब यह चुनाव करना आसान हो जाता है कि देश की जनता और विश्व की मानवता का कल्याण किसमें है? उस तस्वीर में, जिसमें छल-छद्म और साज़िश का बोलबाला है या उस तस्वीर में, जिसमें हर आदमी सचाई और परिश्रम के बल पर आदर और अधिकार पाना चाहता है?

नेतागीरी का लोभ एक दूसरी दृष्टि से भी मनुष्य को पतित बनाता है। जीवन की विशाल कर्मभूमि की ओर ज़रा नज़र दौड़ाइए। सारा संसार नेतृत्व की अभिलाषा का शिकार हो रहा है। जो व्यापार में हैं, वे मुनाफ़ाख़ोरी और चोरबाज़ारी करके धन में सबसे आगे निकल जाना चाहते हैं। जो नौकरी में हैं, वे अपने ऊपरवाले अफ़सर को ढकेलकर आगे आने को बेचैन हैं। और जो सामाजिक या राजनीतिक क्षेत्र में काम कर रहे हैं, वे भी ऊपर के नेताओं को हटाकर खुद उनकी जगह ले लेना चाहते हैं। भाषण, गर्जन, तिकड़म और छद्म झूठे वायदों और धोखे की क़समों से सारा सार्वजनिक जीवन कोलाहलपूर्ण है। ये सब-के-सब नेतृत्व की अभिलाषा के दोष हैं। जब मनुष्य यह ठान लेता है कि अपने क्षेत्र में मुझे सबसे आगे बढ़ना है, तब साध्य का आकर्षण उसके भीतर

प्रबल हो उठता है और साधन की महत्ता गौण हो जाती है। साधन की महिमा समझनेवाला आदमी ग़लत राह से चलकर आगे आना नहीं चाहेगा। और नेतृत्व का लोभ साधन की महिमा को कम करता है, इसमें सन्देह नहीं।

अपनी रेखा को बड़ी करने के बदले, दूसरे की रेखा को छोटी बनाने का कुत्सित भाव भी नेतृत्व की आकांक्षा से जन्म लेता है और इस कोशिश में वे सभी लोग आसानी से लग जाते हैं, अपनी योग्यता के बारे में जिनकी भावना अतिरंजित होती है अथवा जो यह सोचकर जलते रहते हैं कि मैदान जिनके हाथ में है, असल में उन्हीं लोगों के चलते हमारी बढ़ती नहीं हो रही है।

आये दिन विद्वानों, चिन्तकों और नेताओं से हम यह सुनते ही रहते हैं कि समाज बहुत ही कुरूप हो गया है और इसके सुधार में अब विलम्ब नहीं किया जाना चाहिए। मगर दुनिया क्यों कुरूप है और उसे सुन्दर बनाने का सही तरीक़ा क्या है? प्रतिद्वन्द्विता की भावना मनुष्य के स्वभाव में दाख़िल है, क्योंकि यह हमारी जीवधारी-प्रवृत्ति से निकलती है। लेकिन पशुओं के समान मनुष्य में केवल जीने की ही प्रवृत्ति नहीं होती। दिमाग़ का मालिक होने के कारण वह सोच भी सकता है और हृदय तथा आत्मा रखने के कारण वह अपने विचार को निर्मल भी बना सकता है। क्या उसे इसका ज्ञान नहीं हो सकता कि केवल पशु-प्रवृत्ति को लेकर चलने से वह मानवता से दूर और पशुता के समीप पहुँच जायेगा? जो भी मनुष्य मानवीय आनन्द में वृद्धि करना चाहता है, उसे चाहिए कि वह, मनुष्य में जो गुण हैं, उनकी प्रशंसा में वृद्धि करे और जहाँ भी ईर्ष्या और द्वेष की लपटें उठ रही हैं, उन लपटों को नीचे लाये। व्यक्ति आगे बढ़ना चाहता है, यह न तो अस्वाभाविक है और न निन्दनीय ही। सिर्फ़ उसे यह देखते चलना है कि ख़ुद को आगे बढ़ाने की कोशिश में कहीं वह उन मूल्यों को तो नहीं कुचल रहा है, जो एक मनुष्य के वैयक्तिक विकास से कई गुणा अधिक मूल्यवान हैं?

लोगों के भीतर दिन-रात नेतृत्व की आकांक्षा जगाते फिरना ख़तरनाक काम है। और नेता बनने की कोशिश में लगे रहने से हर आदमी नेता बन भी नहीं सकता। बात कड़वी हो या मीठी, लेकिन आदमी वहीं तक जाता है जहाँ तक जाने की उसमें मौलिक शक्ति होती है। ऐसा भी हुआ है कि इस नियम को तोड़कर लोग नेता के पद पर जा पहुँचे हैं। लेकिन ऐसे अपवादों के नतीजे अच्छे नहीं हुए, क्योंकि या तो वे जल्दी लुढ़ककर नीचे आ गये अथवा उनका नेता बना रहना इन्सानियत के लिए हानिकारक साबित हुआ है।

समाज का असली सुधार उसमें रहनेवाले व्यक्ति का सुधार है। व्यक्तियों के ही बुरे या भले होने से हम समाज को बुरा या भला कहते हैं। मुख्य बात यह

नहीं है कि हम दूसरों को सुधरने का उपदेश दें, बल्कि यह कि सुधार की जो भी बातें हमारे मन में उठती हों, पहले हम उन्हें अपने चरित्र और स्वभाव पर लागू करें। समाज की सुन्दरता दो-चार नेताओं पर नहीं, बल्कि लाखों-लाख व्यक्तियों के सुधार पर निर्भर करती है।

और नेता होता कौन है? अक्सर वह मनुष्य जो उन मूल्यों को अपने चरित्र और व्यक्तित्व में व्यावहारिक रूप देता है जिन मूल्यों की समाज को ज़रूरत होती है। सभ्यता के मूल्य में परिवर्तन करने वाले लोग पहले उन मूल्यों को स्वयं बरतते हैं। और जो ऐसा नहीं करते, उन्हें समाज का हार्दिक सम्मान भी प्राप्त नहीं होता है। इसलिए उचित यही है कि समाज की जिन कुरीतियों से हमारी नाराज़ी है, उन्हें सबसे पहले हम स्वयं छोड़ दें और जिन मूल्यों को हम समाज में लाना चाहते हैं, उन्हें भी अपने वैयक्तिक जीवन में सबसे पहले हमीं बरतना शुरू करें। समाज को योग्य नागरिकों की ज़रूरत है, नेताओं की नहीं।

हमारी सांस्कृतिक एकता

बुद्ध से पहले का हिन्दुत्व

पिछले अध्याय में आर्य-आर्येतर संस्कृतियों के समन्वय की जो कहानी कही गयी है, वह किसी-किसी को सनसनीखेज भी मालूम हो सकती है, क्योंकि यह दृष्टिकोण हमारे अब तक के लिखे इतिहासों में प्रमुखता प्राप्त नहीं कर सका है। ऐसे शंकालु पाठकों के समाधान के लिए हम सिर्फ़ यह निवेदन करेंगे कि अत्यन्त प्राचीन भारत के इतिहास की रचना में कल्पना और अनुमान का बहुत बड़ा हाथ रहा है और हमने भी जो कथा गढ़ी है, वह अनुमान के बल पर ही गढ़ी है। लेकिन जिन तथ्यों को जोड़कर यह कथा गढ़ी गयी है, वे मनगढ़न्त नहीं हैं; बल्कि वे उन शोधकों की खोज के परिणाम हैं, जिनके परिश्रम से हमारा इतिहास निर्मित हो रहा है। अगर कोई यह पूछे कि यह समन्वय कब हुआ तो इसका भी सही-सही उत्तर देने का हमारे पास कोई आधार नहीं है। हम सिर्फ़ यही कह सकते हैं कि आर्यों और आर्येतर जातियों की संस्कृतियों के बीच कोई बहुत बड़ा समन्वय अवश्य हुआ है। अन्यथा हिन्दू-संस्कृति में हम द्रविड़ और औष्ट्रिक संस्कृतियों का इतना गहरा पुट नहीं पाते। एक मत यह भी है कि आर्य-आर्येतर-संस्कृतियों के बीच समन्वय का काम वेदों की रचना के पहले ही समाप्त हो गया था। इस मत के माननेवाले कहते हैं कि वेदों में हम आर्य-आर्येतर संघर्ष के प्रमाण नहीं पाते। काला रंग द्रविड़ों और औष्ट्रिक लोगों का था और घुँघराले बाल औष्ट्रिक एवं नीग्रो लोगों के रहे होंगे। लेकिन राम और कृष्ण की प्रशंसा में अपने यहाँ जो वर्णन मिलते हैं, उनमें उनका रंग काला और बाल घुँघराले कहे गये हैं। सम्भव है, काले रंग की प्रशंसा द्रविड़ों के यहाँ शुरू हुई हो, लेकिन द्रविड़ और आर्य इतने एकाकार हो गये कि काले रंग की प्रशंसा में भी दोनों को एक समान उत्साह मिलने लगा।

कब आर्य आये, कब उनका द्रविड़ों से संघर्ष हुआ, कितने दिनों के संघर्ष के बाद वे मित्र बन गये और कितने काल तक मित्र रहने पर उनका स्वभाव,

उनका दृष्टिकोण, उनका धर्म, उनकी संस्कृति और उनकी सभ्यता एक हो गयी—इन सवालों के जवाब नहीं दिये जा सकते। असल में ये बातें बहुत-बहुत पुरानी हैं और इनका काल निर्णय करने में बड़े-बड़े विद्वानों का दिमाग़ फटने लगता है। यूरोप वालों ने हमारे इतिहास का एक हद तक उद्धार भी किया, मगर एक दूसरी दृष्टि से उन्होंने हम पर एक बौद्धिक अत्याचार भी किया है। वह बौद्धिक अत्याचार यह है कि उन्होंने हमारे इतिहास को तीन-साढ़े तीन हज़ार वर्षों के भीतर समेट देने का अन्यायपूर्ण प्रयास किया है। बुद्धदेव को हुए लगभग 2600 वर्ष हुए हैं। उनके पहले उपनिषदों की रचना हुई और उनसे भी पूर्व वेद बने थे। वेद लिखे चाहे जब भी गये हों, मगर उनकी मौखिक रचना लिखे जाने के बहुत पूर्व ही हुई होगी; क्योंकि बाप के मुख से बेटे के कान में और बेटे के मुख से पोते के कान में पड़ते रहने के कारण ही वेदों का परम्परागत नारा 'श्रुति' चला आता है। अब यहाँ यह बात ध्यान देने योग्य है कि महंजोदड़ो और हड़प्पा में जिस सभ्यता के निशान मिले हैं, वह सभ्यता वेदों से भी पुरानी थी और उसका काल आज से लगभग पाँच हज़ार वर्ष पुराना समझा जाता है। महंजोदड़ो में शिव की जो मूर्तियाँ मिली हैं और शक्ति-पूजा के जो प्रमाण मिले हैं, उससे विद्वानों ने यह अनुमान लगाया है कि ये द्रविड़ सभ्यता के निशान हैं और इनका प्रभाव आर्यों पर बाद को पड़ा। लेकिन यह क्यों नहीं कहा जा सकता है कि महंजोदड़ो की सभ्यता पर भी आर्य-आर्येतर-संस्कृतियों के समन्वय का प्रभाव है? और अगर हम यह बात मानें तो आर्यों और आर्येतर के मिलन का इतिहास कितना पुराना हो जा सकता है?

इतिहास के साथ अन्याय

असल में, यूरोप के लोग यह मानना नहीं चाहते थे कि संसार की कोई भी सभ्यता चार हज़ार वर्ष से अधिक पुरानी हो सकती है। यूरोप के सभी विद्वान ईसाई थे और बाइबल (Old Testament) ने इस बात का समर्थन किया है कि यह दुनिया ही अधिक-से-अधिक चार हज़ार साल की है। इसलिए भारत और चीन जैसे देशों का इतिहास ईसाई पण्डितों के धार्मिक विश्वास में बाधक होता था, क्योंकि इन देशों की सभ्यता चार हज़ार साल की सीमा के बहुत बाहर पहुँचती थी। कुछ यह बात भी थी कि वे हमारे इतिहास को छोटा बताकर हमारे मन पर यूरोप की गरिमा को लादना चाहते थे।

यूरोप का दोष यह रहा है कि वह भारत की बातों को भारत की भाषा में

और भारतीय दृष्टिकोण से नहीं समझ सकता। भारत के लोगों का विश्वास है कि उपनिषद् मनुष्य की सबसे बड़ी आध्यात्मिक उड़ान थे और किसी भी देश का मनुष्य उनसे आगे बढ़कर आज तक नहीं सोच सका है। किन्तु यूरोपवाले औपनिषदिक चिन्तन की प्रशंसा तो करते हैं, मगर उनमें से अनेक का यह भाव है कि उपनिषदों में महज़ प्राथमिक चिन्तन (Primitive thoughts) ही हैं, क्योंकि यूरोपवाले विकास के सिद्धान्त में विश्वास करते हैं और मानते हैं कि पहले का मनुष्य अनगढ़ और अन्धविश्वासी था तथा वह आरम्भ से ही थोड़ा-थोड़ा विकास करके अब उन्नत अवस्था में पहुँचा है। पश्चिमी जगत के लिए यह सिद्धान्त ठीक है, क्योंकि वहाँ के लोगों का विकास बहुत-कुछ विकासवादी सिद्धान्तों के ही अनुसार हुआ है। मगर भारत में तो बहुत अधिक अच्छी बातें वेदों के युग में अथवा ठीक उसके बाद ही सम्पन्न हो गयी थीं, बल्कि उसके बाद हम एक प्रकार के पतन में ही रहते आये हैं तथा हमारी नये ढंग की उन्नति उन्नीसवीं सदी में आकर यूरोपीय लोगों से मिलने के बाद ही शुरू हुई। यही कारण है कि वेदों और उपनिषदों के ज़माने को यहाँ की जनता एक ख़ास तरह की ममता से देखती रही है और बार-बार उसका यह भाव होता रहा है कि किसी प्रकार फिर उसी स्वर्णयुग की ओर लौट चलें। इसे भी हम प्रत्यावर्तन (Revivalism) की प्रवृत्ति कहके टाल दे सकते हैं, मगर तब भी यह बात अपनी जगह पर अटल रह जाती है कि प्राचीन आर्य-काल को यह देश उन्नति का आदर्श मानता रहा है।

यूरोपवालों की आदत है कि वे हमारे प्राचीनतम साहित्य को अनगढ़ और प्राथमिक कहते हैं तथा उसके बाद वाले साहित्य को कृत्रिम एवं पतनशील। उनके मत के एक ओर वेद जहाँ कोरी भावुकता का भण्डार और उपनिषद् प्राथमिक अध्यात्म के अनुमान तथा पुराण गद्यों के ग्रन्थ हैं, वहाँ वे भारवि, माघ और श्रीहर्ष को भी पतनशील युग का कवि कहते हैं, जिनमें जीवन की उद्यमता नहीं, बल्कि केवल कलाबाज़ी का चमत्कार है। यह बात अगर मैकडोनेल और कीथ (दोनों ने संस्कृत-साहित्य का इतिहास लिखा है) तक ही सीमित रहती, तो भी उतना दुःख नहीं होता, जितना यह देखकर होता है कि भारतीय विद्वान भी (दे. सुशील कुमार दे विरचित 'History of Sanskrit Literature') मौलिक प्रकाश के अभाव में इन्हीं पश्चिमी विद्वानों की बातों को दुहराते हैं और इस बात को एकदम भूल जाते हैं कि भारतवर्ष में माघ, भारवि और श्रीहर्ष का कितना ऊँचा स्थान है और जनता उन्हें कितने आदर से देखती है।

लेकिन ग़ुलाम देश का आदमी केवल शरीर ही नहीं, बुद्धि से भी ग़ुलाम हो जाता है। यूरोपवाले परिश्रमी थे, ज्ञान के प्रेमी थे, उन्होंने इस देश के साहित्य

का अनुवाद करके उसे नये संसार के सामने उपस्थित किया और उनसे हमारे इतिहास की भी सेवा हुई। लेकिन इन बातों के साथ हमें यह बात भी नहीं भूलनी चाहिए कि उनका एक उद्देश्य इस देश के लोगों पर अपनी ज्ञान-गरिमा का रोब जमाना था, इस देश के हृदय में यह भाव भर देना था कि तुम यूरोप के सामने हीन हो, तुम स्वयं जंगली और असभ्य थे तथा यूरोप ने ही तुम्हें पहले भी प्रकाश दिया था, जिसकी तुम्हें याद नहीं है। कालिदास ने इतने अच्छे नाटक कैसे लिखे, यह बात उनकी समझ में तब तक नहीं आयी, जब तक उन्होंने यह कहना शुरू नहीं किया कि कालिदास के नाटकों पर यूनानी नाटकों का प्रभाव है। इसी प्रकार, कृष्ण नाम का मेल उन्होंने क्राइस्ट के नाम से बिठाया (क्योंकि दोनों नामों के पहले ककार विद्यमान था) और कहने लगे कि यह नाम भारत में ईसामसीह के जन्म के बाद चला है। और ग़ुलाम देश के पण्डित का यह हाल देखिए कि डॉक्टर भण्डारकर ने इस शंका को सही मान लिया। पता नहीं, हमारे इस परम पूजित विद्वान का ध्यान इस बात की ओर क्यों नहीं गया कि कृष्ण नाम दो हज़ार वर्ष से कहीं अधिक प्राचीन है।

और ये बातें क्यों हुईं, इसका भी कारण है। अंग्रेज़ी राज्य के आरम्भ के साथ-साथ इस देश में ईसाइयत का प्रचार भी आरम्भ हो गया था तथा ईसाई धर्म-प्रचारकों का काम भारत की जनता के आत्मविश्वास को हिलाये बिना नहीं चल सकता था। इसलिए वे लोग हमारे पुराणों और तन्त्र-ग्रन्थों को गालियाँ देने लगे। भला यह कैसे हो सकता था कि ईसाई विद्वान और इतिहासकार अपने धर्म-प्रचारकों की सहायता नहीं करते और भारतीय साहित्य तथा सभ्यता को वही सम्मान देते, जिसका वह अधिकारी था? अकबर ने अपने दीने-इलाही के प्रचार के लिए संस्कृत में अल्लोपनिषद् लिखवाया था; पादरियों ने अपनी बाइबल के तीन-तीन संस्कृत अनुवाद प्रकाशित कराये और इन्हीं अनुवादों के काम के लिए पाश्चात्य विद्वानों ने संस्कृत-अंग्रेज़ी कोश भी तैयार किये। इस संस्कृत भक्ति का प्रेरक कारण क्या था, इसका रहस्य खोलते हुए मोनियर विलियम ने (जिसने संस्कृत नाटकों का अंग्रेज़ी में अनुवाद किया तथा संस्कृत-अंग्रेज़ी कोश की रचना की) अपने ग्रन्थ संस्कृत-इंग्लिश डिक्शनरी के सन् 1899 वाले संस्करण की भूमिका में लिखा है कि इस अत्यन्त श्रमसाध्य कार्य में वह इसलिए लगा कि इससे भारत में ईसाइयत के प्रचार में सहायता मिले।

भगवान बुद्ध का समय फिर भी इतिहास की सीमा के पास पड़ता है। किन्तु प्रागैतिहासिक काल के भारतीय इतिहास के बारे में पश्चिम के इतिहासकारों ने जो मतवाद चलाये, उनमें से अनेक ऐसे हैं, जो परस्पर एक-दूसरे का खण्डन

करते हैं और उनका मेल इस देश की जनता की भावना और विश्वास से नहीं बैठता। ऊपर जो यूरोपीय विद्वानों की कुछ भ्रान्तियों का उल्लेख किया गया है, वह इसलिए कि हम अपने प्राचीन साहित्य, इतिहास और परम्परा को समझने में ज़रा सावधानी से काम लें और आँख मूँदकर उन बातों को स्वीकार नहीं कर लें, जो बातें इतने दिनों के शोध के फलस्वरूप हमारे सामने रखी गयी हैं।

वैदिक साहित्य

वेदों की रचना मौखिक रूप से की गयी थी। पीछे जब लिखने की कला का आविष्कार हुआ, तब वेदों की ऋचाएँ लिपिबद्ध कर दी गयीं। इसलिए वेद अब हमें संहिताओं के ही रूप में मिलते हैं। संहिताएँ वेदों के लिखित रूप हैं, वे वेदों के संकलन या संग्रह हैं।

चारों वेदों की गिनती में ऋक् का नाम सदैव पहले आता है और प्रायः सभी विद्वान इस बात पर एकमत हैं कि ऋग्वेद ही सबसे पुराना वेद है। यही नहीं, बल्कि यजुर्वेद और सामवेद में भी ऋग्वेद के बहुत से अंश सम्मिलित मिलते हैं। अथर्ववेद बाद की रचना है। पण्डितों का कहना है कि आरम्भ में वेद तीन ही थे। अथर्ववेद की वेदों में गिनती बाद को हुई है। पाणिनि ने वेदों की तीन ही संख्या मानी है और वेदत्रयी से भी केवल ऋक्, यजुष और साम का ही बोध होता है, अथर्व का नहीं।

प्रत्येक वेद के कुछ ब्राह्मण भी मिलते हैं। ब्राह्मण-ग्रन्थ, यह नाम ही यह निर्देश करता है कि इन ग्रन्थों की रचना, ब्राह्मण, पुरोहित, यज्ञ आदि के कारण हुई होगी। आर्यों का प्रधान धार्मिक कृत्य यज्ञ था और यज्ञों की विधियाँ समझाने तथा यज्ञों में किये जानेवाले अनुष्ठानों का निर्धारण करने के लिए ही ब्राह्मण ग्रन्थों की आवश्यकता हुई। यज्ञ में प्रत्येक वेद के मन्त्र पढ़े जाते थे; इसलिए वेदी के पास प्रत्येक वेद के विशेषज्ञ बैठा करते थे। अतएव यज्ञ के सम्बन्ध में प्रत्येक वेद की कहाँ क्या उपयोगिता है, इसे समझाने के लिए प्रत्येक वेद के अलग-अलग ब्राह्मण बने। ब्राह्मण, मुख्यतः कर्मकाण्ड के ग्रन्थ हैं और स्मरण रखना चाहिए कि वैदिक काल में कर्म का अर्थ केवल यज्ञ समझा जाता था।

कहते हैं, सामवेद भी स्वतन्त्र वेद नहीं है। उसमें अन्य वेदों (प्रधानतः ऋग्वेद) के मन्त्र भरे हुए हैं। विशेषता यह है कि सामवेद में ये मन्त्र गेय बनाकर रखे गये हैं। साम का अर्थ ही 'गायी हुई ऋचा' माना जाता है। शब्द ऋग्वेद का और स्वर सामवेद का, यही परिपाटी सामवेद की विशेषता है।

प्रत्येक वेद के साथ एक और साहित्य मिलता है, जिसे कल्पसूत्र या कल्पसाहित्य कह सकते हैं। इसके तीन भेद हैं—(1) श्रौत-सूत्र, जिसमें यज्ञ की विधियों का वर्णन है। (2) गृह्य-सूत्र, जिसमें परिवार के भीतर होनेवाले अनुष्ठानों की विधियाँ हैं और (3) धर्म-सूत्र, जिसमें सामाजिक और नागरिक क़ानून हैं।

वैदिक साहित्य में, इनके बाद उपनिषदों का स्थान आता है। मुक्तिक उपनिषद् के अनुसार सभी उपनिषदों की संख्या 108 है, किन्तु पण्डित इनमें से सबको समान महत्त्व नहीं देते। ऐतिहासिक दृष्टि से वे ही उपनिषद् महत्त्वपूर्ण समझे जाते हैं, जिनकी रचना बुद्धदेव के आविर्भाव के पहले हो चुकी थी। उपनिषदों की रचना बहुत बाद तक होती रही है—यह असन्दिग्ध बात है और इसका सबसे बड़ा प्रमाण यह है कि अल्लोपनिषद् (अल्ला का उपनिषद्) की रचना अकबर के समय में हुई थी। इन 108 उपनिषदों में प्रमुख कौन-कौन माने जायें—इस विषय में लोग यह कहते हैं कि शंकराचार्य ने जिन उपनिषदों की टीका लिखी है, वे सबसे प्रमुख हैं। शंकराचार्य ने जिन उपनिषदों की टीका लिखी है, उनके नाम है—(1) ईश, (2) केन, (3) कठ, (4) प्रश्न, (5) मुंडक, (6) मांडूक्य, (7) तैत्तिरीय, (8) ऐतरेय, (9) छान्दोग्य, (10) बृहदारण्यक और (11) नृसिंहपूर्वतापनी। इनके सिवा, शंकराचार्य ने पाँच-छह अन्य उपनिषदों से भी उद्धरण दिये हैं। श्री रामानुजाचार्य ने उपनिषदों की टीका तो नहीं लिखी, किन्तु उन्होंने भी प्रायः इन्हीं उपनिषदों का हवाला दिया है।

उपनिषद् वेदों के बाद बने या उनके साथ ही, इस बात पर भी विवाद है। अनुमान यह है कि उपनिषदों की भी रचना पहले मौखिक ही की गयी थी और लिखे भी वे पीछे को गये हैं। इसलिए कभी-कभी वे वैदिक संहिताओं में भी सम्मिलित मिलते हैं। ईशोपनिषद् यजुर्वेद का अन्तिम अध्याय है; छान्दोग्य सामवेद के एक ब्राह्मण के अन्तर्गत मिलता है और बृहदारण्यक शतपथ ब्राह्मण का एक भाग है। उपनिषद् शब्द का अर्थ कोई-कोई पण्डित 'पास बैठना' लगाते हैं (उप=निकट; निषद्=बैठना)। इस पर से यह अनुमान लगाया गया है कि शिष्य गुरु के पास बैठकर वेद का तत्त्व समझा करते थे। इस शिक्षण के सिलसिले में जो ज्ञान निकला, वही उपनिषद् में संचित है।

वेदों और उपनिषदों की विचारधारा

अपने देश में एक परम्परा है कि जब भी हम किसी वस्तु के इतिहास की खोज करते हैं, तब उसके मूल, उत्स, जड़ या बीज की खोज वेदों में ज़रूर करते

हैं। भारत में नाटक का विकास हुआ, इसकी खोज करते-करते हम वेदों के संवाद-सूक्तों में नाटकों का बीज पाते हैं। वैष्णव धर्म का उत्स हम वेद में प्रयुक्त विष्णु (यद्यपि वह सूर्य के अर्थ में प्रयुक्त हुआ है) शब्द में देखते हैं तथा शैव धर्म की जड़ हमें वेदों की रुद्र-भावना में मिलती है। और यह ठीक भी है, क्योंकि वेदों में आरम्भिक चिन्तन है, जिनका सम्यक् विकास आगे के साहित्य में मिलता है।

इस प्रकार से देखने पर हम उपनिषदों को वेदों के विकास की कड़ी पायेंगे। यूरोपीय विद्वानों ने वेदों पर तो थोड़ी भी श्रद्धा नहीं दिखलायी, किन्तु उपनिषदों पर वे एक समय टूट पड़े थे। किन्तु उपनिषद् कोई आकस्मिक वस्तु नहीं थे। असल में वेदों में जो बातें थीं, उन्हीं पर विचार करते-करते ऋषियों ने उपनिषदों की रचना की।

वेदों में हम जिस धर्म का बखान पाते हैं, वह प्रकृति के तत्त्वों को सजीव माननेवाले भावुक मनुष्य का धर्म है। इन्द्र, वरुण, अग्नि और सविता—ये सभी वैदिक देवता ऐसे हैं, जिनका रूप और चमत्कार हम थोड़ा-बहुत चर्मचक्षु से भी देख सकते हैं। वेदकालीन मनुष्य का विश्वास था कि प्रकृति की प्रत्येक शक्ति एक देवता के अधीन काम करती है और उस देवता की पूजा करने से मनुष्य का कल्याण होता है। अतएव अधिकांश वैदिक आर्य देवताओं की स्तुति इसलिए करते हैं कि उनके (आर्यों के) बैल मोटे हों, घोड़े बलवान हों, फ़सल की उन्नति हो और शत्रुओं पर उन्हें विजय मिले। यही नहीं, बल्कि स्वर्ग की कामना भी वे इसी भाव से करते हैं कि स्वर्ग में भी उन्हें उसी प्रकार का उत्तम सुख मिले, जिस प्रकार के सुखों का भोग वे इस पृथ्वी पर करते हैं।

ऋग्वेद में जिस समाज का चित्र है, वह समाज अत्यन्त सुखी और सम्पन्न था तथा कहीं भी यह संकेत नहीं मिलता कि उस समाज से लोग तनिक भी असन्तुष्ट थे। यह संसार दुःख का आगार है अथवा जीवन नश्वर और क्लेशपूर्ण है, इस भावना पर ऋग्वेद ने कहीं भी ज़ोर नहीं दिया है। यह सच है कि मृत्यु के बाद प्राप्त होनेवाले जीवन की बड़ाई वैदिक ऋषि भी उत्साह से करते हैं, किन्तु उनका यह भाव नहीं है कि मनुष्य का वर्तमान जीवन दुःखी है, इसलिए भागकर उसे स्वर्ग में समा जाना चाहिए। उलटे वे इस जीवन को सुन्दर तथा सुखपूर्ण मानते थे और विश्वास करते थे कि देवता अगर अनुकूल रहें तो मनुष्य पुण्य के रास्ते पर चलकर अपनी ज़िन्दगी बहुत ही आनन्द के साथ बिता सकता है। मनुष्य में जो पाप हैं और जिनके कारण वह दुःख में पड़ता है, उनका वर्णन भी ऋग्वेद में नहीं मिलता। असल में हमारा वैदिक साहित्य (संहिता और ब्राह्मण) उद्दाम आशावाद से ओत-प्रोत है और निराशा की उसमें कहीं गन्ध भी

नहीं मिलती। उसका सबसे प्रधान स्वर यह है कि यह ज़िन्दगी आनन्द से जीने योग्य है और देवताओं को प्रसन्न रखकर हम मरकर भी एक ऐसा लोक प्राप्त कर सकते हैं, जहाँ आनन्द-ही-आनन्द होगा। वेद में इस लोक का वर्णन है, इस जीवन के बाद मिलने वाले स्वर्ग का वर्णन है, किन्तु वैदिक ऋषि नरक के बारे में मौन हैं। वे कोई ऐसी बात नहीं करते जिससे मनुष्य को भय हो, उसका उत्साह दबे अथवा जीवन में उसका आनन्द कम हो जाय। वेदों में मनुष्य के भविष्य और वर्तमान में कोई संघर्ष नहीं है; अर्थ, धर्म और काम में घटी-बढ़ी का झगड़ा नहीं है। वेद ऐसे जीवन का चित्र खींचते हैं, जिसमें सुख, शान्ति और आनन्द—तीनों आपस में मिले हुए हैं।

लेकिन यह नहीं समझ लेना चाहिए कि वैदिक भारतीय भोगवाद में बिल्कुल अन्धे हो रहे थे और इन्द्र, वरुण तथा अग्नि के जो दृश्य रूप हैं, उनसे ऊपर उठकर सूक्ष्म परम सत्ता को वे नहीं देख पाये थे। वे जानते थे कि सृष्टि का अध्यक्ष कोई एक ही शक्ति है और उसी का प्रकाश सूर्य, अग्नि, वरुण और इन्द्र में झलकता है। किन्तु वे जब जिस देवता की स्तुति करते थे, तब उसी को सृष्टि का अध्यक्ष मान लेते थे और उसकी प्रशंसा इस प्रकार करने लगते थे, मानो वही देवता सर्वशक्तिमान हो और यह भी नहीं कहा जा सकता कि मरने के बाद वे केवल उसी लोक की कामना करते थे, जिस लोक में उन्हें सांसारिक सुखों के समान सुख और दैहिक भोगों के समान भोग मिल सकें। शतपथ ब्राह्मण में यजुर्वेद का एक मन्त्र आता है, जिसमें ऋषि प्रार्थना करते हैं कि 'हे अग्नि! तुम व्रतपति हो; मैं व्रत करूँगा; ऐसी शक्ति दो कि यह व्रत सिद्ध हो; क्योंकि मैं अनृत (असत्य) को छोड़कर सत्य को प्राप्त करना चाहता हूँ।' स्पष्ट ही, यह इशारा स्वर्ग नहीं, स्वर्ग से किसी ऊँची स्थिति की ओर है।

ऐसा लगता है कि ऐसी ही सूक्ष्म स्थिति की कल्पना से मोक्ष की कल्पना निकली होगी और जब मोक्ष की धुँधली कल्पना ऋषियों के सामने आयी, तभी उन्होंने ज्ञान मार्ग पर सोचना आरम्भ किया। ज्ञान और कर्म, वेदों में ये दोनों ही मार्ग हैं। कर्मकाण्ड की प्रधानता संहिता और ब्राह्मण में है, जो यज्ञ को मनुष्य का प्रधान कर्म मानते थे और जिनका विश्वास था कि यज्ञ करने से ही देवता प्रसन्न होते हैं, जिनकी कृपा से मनुष्य को इस जीवन में विजय और मरने के बाद स्वर्ग मिलता है। किन्तु वेदों में जो ज्ञान मार्ग की स्फुट बातें जहाँ-तहाँ विकीर्ण थीं, उन्हीं को लेकर उपनिषदों का विकास हुआ। फिर भी वेदों के प्रभुत्व के समय ज्ञान और कर्म के बीच झगड़ा नहीं बढ़ा, क्योंकि उपनिषद् भी वेद के प्रमाण पर चलते हैं और यह कहते हैं कि यज्ञ से सुख और स्वर्ग ज़रूर मिलते हैं,

किन्तु दोनों नाशवान् हैं। अतएव मनुष्य को सच्चे सुख के लिए कुछ और करना चाहिए। उपनिषदों ने सच्चे सुख की जो कल्पना की, वह मोक्ष का सुख था, वह जीवन और मृत्यु से छुटकारा पाने का सुख था। इस सुख के सामने स्वर्ग-सुख को उपनिषदों ने हीन बताया और इसी प्रकार लोग स्वर्ग के सामने लौकिक जीवन को भी हीन मानने लगे। अतएव भारतीय दर्शन में निराशावाद की एक हल्की परम्परा का आरम्भ उपनिषदों में ही होता है और यही परम्परा उपनिषदों के पूर्ण विकास के युग में आकर पुष्ट एवं जैन तथा बौद्ध दर्शनों में जाकर प्रचण्ड हो उठी। संहिताओं और ब्राह्मणों में हम वैराग्य और संन्यास की बात नहीं पाते। लेकिन उपनिषदों में वैराग्य और संन्यास—दोनों हमारे सामने बार-बार आते हैं।

वैदिक भारतीय यज्ञों के बड़े प्रेमी थे। उनका सारा जीवन ही यज्ञमय था। वे वर्षा के लिए यज्ञ करते थे, महामारी से बचने के लिए यज्ञ करते थे, शत्रुओं पर विजय पाने के लिए यज्ञ करते थे, पशुओं की तन्दुरुस्ती के लिए यज्ञ करते थे और परलोक में सुख पाने के लिए यज्ञ करते थे। जीवन में यज्ञ की इसी व्यापकता के कारण उस समय के भारतीय समाज में पुरोहितों और ब्राह्मणों का महत्त्व अत्यधिक बढ़ गया और यज्ञों की विधियों को निर्धारित करने के लिए जो ग्रन्थ बने, उनका नाम ही ब्राह्मण पड़ गया। जैसाकि इस वर्णन से समझा जा सकता है, वैदिक भारतीयों के यज्ञ का उद्देश्य सांसारिक सुखों की वृद्धि था और ऐसे ही सुख वे स्वर्ग में भी पाना चाहते थे। इसके साथ ही, यज्ञों में पशुहिंसा भी बहुत होती थी। इन सारी बातों के कारण यज्ञ बहुत ही स्थूल समझे जाने लगे, कर्मकाण्ड ऋषियों को काफ़ी नहीं जँचने लगा और वे सोचने लगे कि धर्म का यह स्थूल रूप घटना चाहिए और मनुष्य को इससे ऊपर उठकर किसी सूक्ष्म धर्म की खोज करनी चाहिए।

समाज में जो बातें व्यापक रूप से प्रचलित रहती हैं, उनमें अगर दोष हो तो वे दोष पहले दो-चार या दस-बीस आदमियों को ही दिखाई देते हैं और पहले ये ही लोग उनके ख़िलाफ़ सोचने और बोलने भी लगते हैं। यह आलोचना धीरे-धीरे बढ़ती है और जब वह ख़ूब बढ़ जाती है, तब सारा समाज उसे मानने लगता है। यही धर्म या समाज में क्रान्ति है। मगर स्मरण रहे कि इस आलोचना के बीज समाज के हृदय में पहले से ही वर्तमान रहते हैं।

वेदों ने यज्ञ का प्रतिपादन किया था और लोगों को यह शिक्षा दी थी कि अगर हर तरह से सुखी, सम्पन्न और विजयी रहना चाहते हो तो देवताओं की प्रसन्नता के लिए यज्ञ करो। यही नहीं, बल्कि अगर मरने के बाद भी सुख भोगने की इच्छा हो, तो स्वर्ग प्राप्त करने के लिए यज्ञ करो। यह एक प्रकार

का भोगवादी उपदेश था, जिसे समाज ने बड़े ही उत्साह से ग्रहण किया था। लेकिन वेदों के ऋषि यहीं तक नहीं रुके थे; ऊँची-ऊँची बातें सोचते हुए उन्होंने जब-तब यह भी संकेत दिया था कि स्वर्ग से ऊपर भी कोई अवस्था हो सकती है। इसके सिवा, निरी सांसारिकता से ऊपर उठकर उन्होंने यह भी विचार किया था कि यह सृष्टि कहाँ से निकली है तथा इसका मालिक कौन है। जब ऋषियों में से कुछ लोगों को यज्ञ अयथेष्ठ मालूम होने लगे, तब उनका ध्यान वेद के उन अंशों पर गया, जिनमें स्वर्ग से ऊपर की स्थिति की ओर इशारा किया गया था, जिनमें यह प्रश्न उठाया गया था कि सृष्टि की रचना कैसे हुई और इसका अध्यक्ष कौन है। इसी चिन्ता से उपनिषदों का जन्म हुआ। असल में, उपनिषद् वेद के उन स्थलों की व्याख्या हैं, जिनमें यज्ञों से अलग हटकर ऋषियों ने जीवन के ऊँचे तत्त्वों पर विचार किया है।

उपनिषदों की विशेषताएँ

उपनिषद् वेद का अनादर नहीं करते, मगर वे मानते हैं कि वेदों ने यज्ञ के जो रास्ते बताये, उनसे मनुष्यों को केवल नश्वर सुख ही प्राप्त हो सकते हैं। स्वर्ग के विषय में भी उपनिषद् यह मानते हैं कि स्वर्ग-सुख का भोग जीव तभी तक कर सकता है, जब तक उसका पुण्य शेष हो। पुण्य के समाप्त होते ही उसे फिर से जन्म लेना पड़ता है और फिर उसकी मृत्यु होती है, जो दुःख है।

उपनिषदों के अनुसार मनुष्य का सच्चा ध्येय मोक्ष या मुक्ति प्राप्त करना है और मुक्ति है जन्म और मृत्यु के बन्धनों से छुटकारा। मनुष्य को ऐसा प्रयत्न करना चाहिए कि उसे फिर से जन्म लेना नहीं पड़े, क्योंकि जन्म लेने से ही जीव को अनेक क्लेश भोगने पड़ते हैं।

सृष्टि के विषय में उपनिषदों का यह मत है कि वह क्षिति, जल, पावक, गगन और वायु—इन पाँच तत्त्वों से बनी हुई है। इन पाँच तत्त्वों का स्वामी महत्तत्त्व है, जिसमें ये पाँचों तत्त्व विद्यमान रहते हैं। काल पाकर यह महत्तत्त्व (जिसे हम प्रकृति का मूलतत्त्व भी कह सकते हैं) फैलने लगता है। महत्तत्त्व के इसी फैलाव को हम सृष्टि का जन्म, रचना और विकास कहते हैं। फिर एक समय आता है जब यह फैलाव सिमटने लगता है और सिमटकर वह महत्तत्त्व में केन्द्रित हो जाता है। सिमटने की इसी प्रक्रिया को सृष्टि का विनष्ट होना या प्रलय कहते हैं। इस बात को समझाने के लिए उपनिषदों में मकड़े की जाली की उपमा दी गयी है। मकड़े के भीतर से जाली निकलकर चारों ओर छा जाती है।

यही सृष्टि का बनना है। फिर वह जाली सिमटकर मकड़े के भीतर चली जाती है, यही सृष्टि का विनष्ट होना है। अब प्रश्न यह उठता है कि यह मकड़ा प्रकृति है या ब्रह्म यानी सृष्टि की रचना ब्रह्म करता है या वह आप-से-आप होती है? इस प्रश्न का उत्तर उपनिषदों ने दो प्रकार से दिया है। एक तो यह कि यह मकड़ा ब्रह्म ही है और उसी के भीतर से सृष्टि प्रकट होती है। दूसरा यह कि मकड़ा, असल में, प्रकृति के मूलतत्त्व अथवा महत्तत्त्व की उपमा है। ब्रह्म सृष्टि की रचना नहीं करता। सृष्टि इस महत्तत्त्व से निकलती है और उसी में वापस भी चली जाती है।

इन्हीं दो प्रकार के उत्तरों से आगे चलकर अपने यहाँ द्वैतवाद और अद्वैतवाद के सिद्धान्त निकले। जिन्होंने यह माना कि महत्तत्त्व तो जड़ है, उससे चेतन सृष्टि कैसे निकल सकती है, इसलिए सृष्टि की रचना ब्रह्म ने की है, वे द्वैतवादी हुए। इसके विपरीत, जिनके सामने यह प्रश्न आया कि सृष्टि में अच्छे लोग भी हैं और बुरे लोग भी, पाप भी है और पुण्य भी, सुख भी है और दुःख भी, फिर यह कैसे माना जाय कि पाप, दुःख और दुराचारी लोग भी ब्रह्म से ही निकले हैं और ब्रह्म में भी दुःख और पाप का निवास है। उन्होंने अद्वैतवादी मार्ग पकड़ा और यह कहा कि ब्रह्म निराकार, निर्विकार और चेतन है। उसमें किसी प्रकार की भी इच्छा नहीं होती (क्योंकि इच्छा का होना भी विकार है), इसलिए न तो सृष्टि रचने की उसे इच्छा हुई, न उसने सृष्टि की रचना की। सृष्टि प्रकृति के मूलतत्त्वों से (महत्तत्त्व से) निकली है और वह उसी में समा भी जाती है। जब यह प्रश्न अद्वैतवादियों के सामने आया कि तब सृष्टि में हम चेतना क्यों देखते हैं, तब उन्होंने यह कहा कि चैतन्य स्वरूप केवल ब्रह्म है, किन्तु उस चेतना से व्याप्त रहने के कारण हमें जड़ प्रकृति भी चेतन दिखाई देती है।

यह ध्यान देने की बात है कि प्राचीन भारत में इसी अद्वैतवाद का ज़ोर था। द्वैतवाद का उत्थान तब हुआ जब भक्ति की लहर उठी और लोग यह मानने लगे कि भगवान हमारी प्रार्थना सुनकर हमारे पापों को क्षमा कर देते हैं तथा हमें मुक्ति भी देते हैं।

उपनिषद् या वेदान्त, यद्यपि द्वैतवाद के पक्ष की भी दलीलें उपस्थित करते हैं, लेकिन परम्परा से हम उन्हें अद्वैतवादी मानते आये हैं क्योंकि इन्द्र, वरुण, सूर्य, अग्नि आदि दृश्य देवताओं से हटाकर मनुष्यों का ध्यान निराकार ब्रह्म की ओर उपनिषद् ही ले गये और उपनिषदों ने ही इस बात को ज़ोर से घोषित किया कि मनुष्य का सर्वोच्च लक्ष्य स्वर्ग पाना नहीं (क्योंकि पुण्य के क्षीण होने पर जीव को स्वर्ग भी लौटना पड़ता है)। बल्कि जीवन और मृत्यु के बन्धन से

छूटकर मोक्ष पाना अथवा ब्रह्म में लीन हो जाना है। वेदों में प्रतिपादित मुख्य धर्म यज्ञ था; उपनिषदों में आकर वह गौण हो गया और मुख्यता आत्मविद्या तथा तप को दी जाने लगी।

उपनिषदों का विचार है कि जैसे आकाश सर्वत्र फैला हुआ है; आदमी, जानवर, पर्वत, नदी, वृक्ष, पत्थर, यहाँ तक कि एक-एक अणु के बाहर ही नहीं, बल्कि उसके भीतर भी आकाश है, उसी प्रकार ब्रह्म भी सृष्टि के कण-कण में व्याप्त है। आत्मा और परमात्मा को उपनिषद् एक मानते हैं। जब कुम्हार एक घड़ा बनाता है, तब आकाश का एक खण्ड उस घड़े में भी व्याप्त हो जाता है। घड़ा शरीर है और घड़े के भीतर व्याप्त आकाश ही आत्मा है। जब घड़ा फूट जाता है (यानी जब आदमी का शरीर छूट जाता है) तब उसमें बँधा हुआ आकाश फिर बड़े आकाश में मिल जाता है। जिस घड़े का आकाश कर्म की गन्ध से दूषित है, उस आकाश-खण्ड (आत्मा) को फिर किसी दूसरे घड़े में समाना पड़ेगा (यानी पुनर्जन्म लेना पड़ेगा)। मगर जिस घड़े का आकाश निर्मल है (अर्थात् जिस मनुष्य की आत्मा निर्मल है) उस घड़े के फूट जाने पर उसका आकाश फिर घड़े में वापस नहीं आता (अर्थात् निर्मल मनुष्य की आत्मा पुनर्जन्म के बन्धन में नहीं पड़ती)।

उपनिषद् कहते हैं कि कर्मफलवाद सिद्धान्त सही है। मनुष्य जैसा कर्म करता है, उसे वैसा फल अवश्य भोगना पड़ता है। इसलिए मनुष्य को चाहिए कि वह अपने कर्म को सुधारे। कर्म के सुधरने से मनुष्य का अगला जन्म अच्छा होगा और उस जन्म में भी जब वह अच्छे कर्म करेगा, तब उसका फिर अगला जन्म और भी अच्छा होगा। इस प्रकार जन्म-जन्मान्तर तक साधना करते-करते उसकी मुक्ति हो जायेगी अर्थात् वह जन्म-मरण के बन्धन से छूट जायगा।

ये सारी बातें उपनिषदों के निचोड़ के रूप में उपस्थित की जा रही हैं। असल में, उपनिषदों में बातें इतनी सुलझाकर रखी नहीं गयी हैं। उपनिषदों की बहुत-सी बातें परस्पर-विरोधी हैं। उपनिषद् कभी तो ब्रह्म को निर्विकार कहते हैं और कभी यह कहते हैं कि उसी ने सृष्टि की रचना की; वे कभी तो आत्मा और परमात्मा में अभेद मानते हैं और कभी यह कहते हैं कि परमात्मा सर्वशक्तिमान और आत्मा सीमित है। परमात्मा आनन्दस्वरूप और आत्मा दुःख से जर्जर है। आत्मा और परमात्मा एक हैं, आत्मा और परमात्मा अलग-अलग हैं तथा आत्मा और परमात्मा अलग भी हैं और एकाकार भी—ये तीन तरह के मत हैं और तीनों का समर्थन उपनिषदों में खोजा जा सकता है। आगे चलकर इन्हीं तीन प्रकार की बातों से तीन मतवाद चले, जिनमें से अद्वैतवाद के प्रबल समर्थक शंकराचार्य, द्वैतवाद के मध्वाचार्य और विशिष्टाद्वैतवाद के रामानुजाचार्य हुए।

मगर यह ध्यान रखना चाहिए कि दर्शन के इन विभिन्न वादों में से कोई भी ऐसा नहीं है, जो किसी एक ऋषि या दार्शनिक का आविष्कार हो। उपनिषदों में ऋषियों ने अपनी जो अनेक अनुभूतियाँ लिखी थीं, उन्हीं अनुभूतियों का विकास हिन्दू-दर्शन के अनेक वादों में हुआ है। हिन्दुओं के यहाँ फ़िलॉसफ़ी का नाम और कुछ न होकर 'दर्शन' है, वह स्वयं एक अर्थपूर्ण बात है। हम दर्शन उस विद्या को कहते हैं जो सोचकर नहीं, देखकर लिखी गयी थी। और हमारे सभी दर्शनों का मूल, सारा उपनिषत्साहित्य ही ऋषियों के देखकर ही लिखने का परिणाम है। ज्ञान के अनेक साधनों में से एक ज़बर्दस्त साधन 'सहज ज्ञान' (Intuition) भी है। सहज ज्ञान में प्रमाणों की ज़रूरत नहीं होती, तर्क और दलील देने की आवश्यकता नहीं होती। सहज ज्ञान से प्राप्त होनेवाला ज्ञान मनुष्य के मन की आँखों के आगे बिजली-सा कौंध उठता है। सहज ज्ञान से हम जो भी अनुभूति प्राप्त करते हैं, उसकी सचाई को हमारी सभी इन्द्रियाँ ग्रहण कर लेती हैं, मानो वह सचमुच ही आँखों देखी हुई बात हो। ऊँची कविता सहज ज्ञान से लिखी जाती है, ऊँची कला का निर्माण सहज ज्ञान से किया जाता है और दर्शनों में भी उच्चतम सत्य बराबर सहज ज्ञान से ही उपलब्ध होते हैं। बुद्धि और प्रयोगों से जो सत्य बहुत दिनों के बाद प्राप्त होता है, सहज ज्ञान से वही सत्य तुरन्त पकड़ में आ जाता है। भारत और यूरोप में यह भेद है कि जब यूरोप की पद्धति वैज्ञानिक थी और उसने प्रयोग तथा बौद्धिक छान-बीन के बिना किसी भी बात को स्वीकार नहीं किया, तब भारत के मनीषियों का मार्ग प्रधानतः सहज ज्ञान का मार्ग रहा। इसीलिए सभ्यता के बाहरी उपकरण बढ़ाने के बदले भारत में बराबर इस बात पर ज़ोर दिया जाता रहा है कि अपनी आत्मा को शुद्ध करो, अपनी दृष्टि को बाहर से फेरकर अन्तर्मुखी बनाओ तथा एकान्त और समाधि का सेवन अधिक करो, क्योंकि सहज ज्ञान के ये ही मार्ग हैं।

उपनिषदों में जो विरोधी बातें मिलती हैं, उनका भी कारण यही है कि ऋषि सहज ज्ञान के बल पर जब जो कुछ देखते तब उसी को लिख देते थे। उपनिषदों को हम हिन्दू धर्म का पद्धतिबद्ध दर्शन नहीं मान सकते, वे हिन्दू धर्म की अनुभूतियों के कोश हैं, जिनमें ऋषियों की अनुभूतियाँ ठीक उसी रूप में दर्ज मिलती हैं, जिस रूप में वे उन्हें प्राप्त हुई थीं।

एक दूसरी दृष्टि से देखने पर हम यह भी कह सकते हैं कि उपनिषत्कारों का उद्देश्य दर्शन की रचना करना नहीं, बल्कि अनेक उपायों से उस समाज का ध्यान धर्म के सूक्ष्म तत्त्वों की ओर ले जाना था, जिस समाज के लोग धर्म के बाहरी आचारों में उलझे हुए थे, पशुहिंसा और यज्ञवाद को अपना परम धर्म

मान रहे थे और पृथ्वी से लेकर स्वर्ग तक, जो केवल भोगों के लिए ही बेचैन थे। इस समाज के सामने उपनिषदों के द्वारा जो आदर्श उपस्थित किया जा रहा था, वह यह था कि जीवन का सच्चा सुख भोग में नहीं, त्याग में है कि सारी सृष्टि के ब्रह्ममय होने से किसी भी मनुष्य को यह अधिकार नहीं है कि वह किसी अन्य मनुष्य को दुःख दे या किसी भी जीव की हिंसा करे, कि मनुष्य की असली समस्या जन्म-मरण की समस्या है और इस समस्या का समाधान मोक्ष है।

उपनिषदों का प्रभाव

आत्मा-परमात्मा, पुनर्जन्म और कर्मफलवाद के विषय में वेद में जो हल्की महीन कल्पनाएँ थीं, उपनिषदों में आकर उनका विपुल विकास हो गया और भारतवासी यह मानने लगे कि धर्म का जो असली सूक्ष्म तत्त्व है, वह यज्ञवाद और पशुहिंसा से उपलब्ध नहीं हो सकता। सारी सृष्टि ब्रह्म से व्याप्त है और जड़-चेतन सबके भीतर एक ही सत्ता निवास करती है। इस मत के प्रचार से हिंसा की भावना ढीली होने लगी और लोग यह मानने की ओर चलने लगे कि मनुष्य के समान ही पशु-पक्षी और पेड़-पौधे भी हिंसा नहीं, प्रेम और आदर के अधिकारी हैं। चूँकि मोक्ष का सिद्धान्त निरूपित करने में बार-बार जीवन की दुःखपूर्णता की चर्चा की गयी, इसलिए समाज में एक प्रकार का निराशावाद फैलने लगा और लोग जीवन में उस उत्साह को खोने लगे जो उत्साह वेदकालीन भारतवासियों की विशेषता थी। उपनिषदों ने संन्यास और वैराग्य की भावना को भी प्रेरित किया। अतएव पहले जहाँ लोग सांसारिक सुखों के भोग के लिए डटकर परिश्रम करने में आनन्द मानते थे, वहाँ अब वे गृहस्थाश्रम को छोड़कर असमय ही वैराग्य और संन्यास लेने लगे। वैदिक सभ्यता कर्मठ मनुष्य की सभ्यता थी, जो सोचता कम, काम अधिक करता था, जिसे नरक की चिन्ता नहीं, हमेशा स्वर्ग का ही लोभ था; जो जीवन को दुःखों का आगार नहीं, सुख और आनन्द का साधन मानता था। मगर उपनिषदों ने दिमाग़ के अनेक दरवाज़े खोल दिये और आदमी अनेक सवालों के चक्कर में पड़ गया—यह सृष्टि क्या है? जीव सान्त है या अनन्त? जन्म के पहले क्या था? मरने के बाद क्या होगा? क्या ज़िन्दगी मरने के साथ ही ख़त्म हो जायेगी? या मरने के बाद भी हमें स्वर्ग मिलेगा? अगर हाँ, तो इसका प्रमाण क्या है? इन सवालों की हल्की-पतली झाँकी वेदों में भी प्रच्छन्न थी, लेकिन वेदकालीन मनुष्य इन प्रश्नों के चंगुल में नहीं पड़ा था। उपनिषदों ने आदमी को कुरेद-कुरेदकर उसे ऐसे सवालों के हवाले कर दिया, जिनका आख़िरी जवाब उसे आज तक नहीं मिला है।

प्राचीन भारत का बौद्धिक उत्कर्ष

पण्डित जयचन्द्र विद्यालंकार ने लिखा है कि भारत में चिन्तन, खोज, अनुसन्धान और बौद्धिक उन्नति की प्रक्रिया प्रायः ईसवी सन् की छठी शताब्दी तक चलती रही। उसके बाद उसका अवरोध हो गया और तब से लेकर उन्नीसवीं सदी के आरम्भ तक इस देश ने बुद्धि के क्षेत्र में कोई भी बड़ा काम नहीं किया। छठी शताब्दी से लेकर उन्नीसवीं शताब्दी तक का प्रायः बारह सौ वर्ष का समय इस देश ने व्यर्थ गँवाया। इस काल में हम गणित और विज्ञान की दिशा में कोई भी नयी बात नहीं सोच सके और अगर शंकराचार्य को बाद दे दें तो दर्शन और अध्यात्म के क्षेत्र में भी इस काल में हमने कोई नया अनुसन्धान नहीं किया। कुछ काम आयुर्वेद के क्षेत्र में अवश्य हुआ, मगर वह भी युग-प्रवर्तक नहीं था। हाँ, इन बारह सौ वर्षों में यहाँ के पण्डितों ने काव्यशास्त्र पर ख़ूब चिन्तन किया और शब्दों की शक्ति का पता लगाने में वे दुनिया के और देशों से कहीं आगे निकल गये। इलियट ने लिखा है कि जब आलोचना बढ़ती है, तब रचना का ह्रास होता है। यह बात भारत पर भी लागू होती है, क्योंकि भामह (छठी शताब्दी) से लेकर हिन्दी के रीतिकाल तक इस देश में संस्कृत में जो भी काव्य-रचना की गयी, वह वाल्मीकि और कालिदास की कोटि तक नहीं पहुँच सकी। उस साहित्य में हम अपने जातीय जीवन का स्पन्दन नहीं पाते। वह पच्चीकारी क़े सौन्दर्य से खचाखच भरा हुआ ज़रूर है, लेकिन उसमें जीवन को आलोड़ित करने की शक्ति का पूरा अभाव है। मध्यकालीन हिन्दी तथा अन्य देश-भाषाओं के सन्त-साहित्य में नवीनता और ताजगी ज़रूर है, क्योंकि वह सर्वथा नूतन प्रयोग था। मगर बाक़ी तो देश-भाषाओं में भी (विशेषतः हिन्दी में) रीति के नाम पर संस्कृत का अनुकरण ही मिलता है। जब जाति का हृदय-सरोवर सूख जाता है, वह रचना को छोड़कर आलोचना में जा फँसती है। जब नयी सूझें नहीं मिलतीं, तब कवि और कलाकार पुरानी चीज़ों पर ही पच्चीकारी और नक़्क़ाशी के चमत्कार

दिखाने लगते हैं। अगर साहित्य जाति के भीतरी जीवन का प्रतिबिम्ब है, तो यह निस्सन्देह कहा जा सकता है कि सातवीं सदी से अठारहवीं सदी तक का भारत एक निर्जीव देश था, उसमें परम्परा से आगे बढ़कर सोचने की शक्ति नहीं रह गयी थी और धर्म के मामले में भी वह बाहरी आडम्बरों तक ही देख सकता था। प्रायः हज़ार वर्षों के इस गलित काल में अगर भारत की सनातन आत्मा कहीं कुछ तेज दिखा सकी, तो वह सन्तों का साहित्य था। जब राजे उखड़ गये, पण्डितों की आँखें फूट गयीं और ब्राह्मण धर्म के दलाल मात्र रह गये, तब हमारे धर्म और साहित्य, दोनों ने सन्तों की शरण पकड़ी और वहीं वे अपने ढंग पर पलते और पुष्ट होते रहे।

मगर यह केवल भारत का ही हाल नहीं था। इस काल में भारत से बाहर भी कहीं कोई बड़ा चिन्तन नहीं हुआ। असल में छठी शताब्दी तक जो कुछ भारत में सोचा जा चुका था, वही ज्ञान विश्व भर की पूँजी हुआ और इस काल में भारत का चिन्तन जिन-जिन देशों में पहुँचा, उन-उन देशों में ज़िन्दगी की एक नयी लहर दौड़ गयी। खुद यूरोप में भी वैज्ञानिकता का आरम्भ सोलहवीं सदी में हुआ और अगर यह कहें कि यूरोप में रिनासां (बौद्धिक जागरण) का आरम्भ चौदहवीं सदी में होता है, तो भी इस अनुमान के लिए आधार रह जाता है कि अरबों ने भारत से जो कुछ लिया था, यूरोप के रिनासां के पीछे उस ज्ञान का भी हाथ था।

बाहरी दुनिया से सम्पर्क

अभी हाल तक हिन्दू-समाज में यह अन्धविश्वास ज़ारी था कि विदेश जाना पाप है। बल्कि अब भी गाँवों में ऐसे लोग मौजूद हैं जो समुद्र के पार जानेवाले हिन्दू को पतित समझते हैं। किन्तु अत्यन्त प्राचीन काल में समुद्र-यात्रा पाप नहीं समझी जाती थी। सिन्धु के मुहाने और ईरान की खाड़ी होकर भारत से यूरोप के बीच वाणिज्य व्यापार को लेकर बड़ा ही गहरा सम्पर्क था। उन दिनों हाथीदाँत, बन्दर, वस्त्र और मयूर इस देश के प्रधान निर्यात थे। ई.पू. 975 में राजा सोलमन ने अपने राजमहल को सजाने के लिए भारत से बहुत-सी चीज़ें मँगवायी थीं, इसका प्रमाण मिलता है। यूनान से भारत का सम्पर्क सिकन्दर के ज़माने से नहीं, बल्कि उसके बहुत पूर्व से था और दोनों देशों में दोनों देशों की भाषाओं के जानकार भी मौजूद थे। ग्रीस का यूनान नाम, असल में, उसके एक नगर आयोनिया के नाम पर चला था और आयोनिया से ही अरबों ने यूनान और भारतीयों ने यवन शब्द बना लिये। पाणिनि (ई.पू. सातवीं सदी) में यवनानी लिपि

का उल्लेख है, जिससे यह अनुमान होता है कि उससे बहुत पूर्व भारत और यूनान का सम्पर्क हो चुका था। इस काल में भारत और यूनान के सम्बन्ध की कड़ी फ़ारस या ईरान था। कहते हैं, ई.पू. 480 में यूनान पर होनेवाले ईरानी आक्रमण में भारत के भी योद्धा शामिल थे। और उस समय बहुत से यूनानी लोग भी ईरानी साम्राज्य में अफ़सर थे तथा उनमें से कितने ही भारत में भी नियुक्त थे।

ईरान के ज़रिये भारत के साथ होनेवाले इस गहरे सम्बन्ध का प्रभाव यूनान के दर्शन पर पड़ा। यूनानी दर्शन का जनक थेल्स समझा जाता है। मगर इस दर्शन की असली नींव एकजेनोफेन, परमेनिडिज और जीनो ने डाली थी और इन दार्शनिकों के चिन्तन में हम प्रकृति में छिपे हुए किसी एक परम तत्त्व की खोज को बहुत स्पष्ट पाते हैं, जो बहुत कुछ उपनिषदों की ब्रह्म-जिज्ञासा के ही समान है।

यूनान के प्रसिद्ध दार्शनिक पिथेगोरस का जन्म ई.पू. 580 में हुआ था। उसके चरित-लेखक ने लिखा है कि पिथेगोरस ने मिस्र और असीरिया जाने के अलावे ब्राह्मणों की भी संगति की थी। पिथेगोरस पुनर्जन्म के सिद्धान्त में विश्वास करता था और अनुमान यह है कि जन्मान्तरवाद की शिक्षा उसने हिन्दुओं से ही ली थी। पिथेगोरस ने यूनान को धर्म, दर्शन और गणित के सम्बन्ध में जो भी ज्ञान दिया, वह सब-का-सब भारत में छठी शताब्दी के पहले ही विकसित हो चुका था। यह भी ध्यान देने की बात है कि पिथेगोरस महावीर और बुद्ध के समान (जिनका वह समकालीन भी था) ही जीव-हिंसा का विरोध करता था। पिथेगोरस और इंपेडोकल्स—दोनों ने दावा किया है कि अपने पुनर्जन्म की बातें उन्हें याद है, जो भारत में बौद्ध साधकों का लक्षण माना जाता था। आगे चलकर अफलातून ने इस पुनर्जन्म के सिद्धान्त के साथ कर्मवाद के सिद्धान्त को मिलाकर यूनान के लिए एक नवीन दर्शन की रचना की जो दर्शन बिल्कुल भारतीय था। यही नहीं, अफलातून की 'रिपब्लिक' नामक पुस्तक से यह भी प्रकट होता है कि वह मानता था कि कर्मानुसार मनुष्य की आत्मा पशु-योनि में और पशु की आत्मा मनुष्य-योनि में जा सकती है। अफलातून के वार्तालाप में जो यह कल्पना की गयी है कि पृथ्वी परमात्मा का शरीर, स्वर्ग मस्तक, सूर्य और चन्द्रमा आँखें और आकाश मन है, वह भी उपनिषदों की विराट् कल्पना से अत्यन्त प्रभावित दीखती है।

ब्राह्मण, क्षत्रिय, वैश्य और शूद्र नाम से भारतवर्ष में मनुष्य का जो विभाजन हुआ, उसकी प्रतिध्वनि भी अफलातून की 'रिपब्लिक' में सुनाई देती है, जहाँ उसने समाज को तीन भागों (1.Guardians, 2. Auxiliaries और 3. Craftsman)

में बाँटने की बात कही है। यह भी एक आश्चर्य की बात है कि जैसे भारत में ये चार वर्ण ब्रह्मा के चार अंगों से उत्पन्न बताये गये हैं, वैसे ही सुकरात भी उन्हें परम-पुरुष से उत्पन्न बताता है।

सिकन्दर के भारत-आगमन के बाद भारत और यूनान के बीच का सम्बन्ध और भी गहरा हो गया। सीरिया में यूनानी दरबार था, जहाँ से राजदूत भारत को आते ही रहते थे। मेगस्थनीज पाटलिपुत्र कई बार आया था। उसके बाद पाटलिपुत्र में सीरिया का राजदूत डैमेक्स नियुक्त हुआ। बिन्दुसार ने राजा एंटियोकस प्रथम से शराब मँगवायी थी, यह कथा भी मिलती है। अशोक ने अपने पड़ोसी राजाओं को बौद्ध बनाने का मनसूबा बाँधा था और उसके प्रचारक एशियाई देशों में जाने के सिवा मैसिडोनिया भी पहुँचे थे।

मौर्य-साम्राज्य के टूटने के बाद बैक्ट्रियन यूनानियों का राज्य पंजाब तक आ पहुँचा और स्यालकोट (सागल) के राजा मिनेंडर ने बौद्ध धर्म क़बूल कर लिया, यह बात मिलिन्दप्रश्न से प्रत्यक्ष है।

ईसा की पहली सदी में यूनानियों का राज्य यूचि या कुशान जाति के हाथों आ पड़ा। कनिष्क इसी जाति का राजा था, जो बौद्ध हो गया था। कनिष्क के राज्यकाल में ही बुद्ध की पहली मूर्ति बनी। कहते हैं कनिष्क के मूर्तिकार यूनान, भारत, ईरान और चीन—सभी देशों से आये थे और उसके समय में गन्धार-कला का जो विकास हुआ, उसमें इन सभी देशों के कलाकारों का हाथ था।

कुशान राजाओं के समय रोम का साम्राज्य फुरात नदी के किनारे तक फैला हुआ था, अतएव भारत के राजाओं से रोम का निकट का सम्बन्ध था। भारत के राजाओं के दूत रोम के दरबार में जाते ही रहते थे, इसके अनेक प्रमाण मिलते हैं।

दक्षिण भारत में उपजनेवाली कुछ चीज़ों की रोम के बाज़ारों में अच्छी खपत थी। इसलिए मालावार से लेकर रोम तक का समुद्री रास्ता दोनों देशों के लिए आम हो गया था। ईसा की पहली सदी में यूरोप और भारत के बीच स्थल की राह जितनी छोटी थी, सन् 1838 ई. (जबकि नवीन स्थलमार्ग निर्धारित किया गया) के पूर्व तक वह उतनी छोटी कभी नहीं हो पायी थी। कहते हैं, पहली सदी में भारत के लोग इटली तक सिर्फ़ सोलह सप्ताहों में पहुँच जाते थे। तमिल की एक पुरानी कविता में यवन देश से आनेवाले जहाज़ों का उल्लेख है। ये यवन म्लेच्छ तो ज़रूर समझे जाते थे, लेकिन राज-दरबारों में उन्हें अच्छी-अच्छी नौकरियाँ भी दी जाती थीं। पेरिप्लस के एक लेख से पता चलता है कि किसी तमिल राजा के रनिवास के लिए कुछ यवनानियाँ यूनान से मँगायी गयी थीं।

ईसवी सन् के आरम्भ होते-होते भारत का दर्शन एशिया माइनर और मिस्र के इलाक़ों में बहुत प्रख्यात हो गया था और तक्षशिला के विद्यालय में केवल भारतीय ही नहीं, बहुत-से बाहरी देशों के छात्र भी विद्या अध्ययन करने आते थे। अफलातून के दर्शन की नयी व्याख्या (Neoplatonism) करने वाले प्लाटिनस को तो भारत के ब्राह्मण से मिलने की इतनी उत्सुकता थी कि वह ईरानी साम्राज्य पर होनेवाली चढ़ाई में इसीलिए साथ हो गया था कि कहीं उसे कोई ब्राह्मण मिल जाय। प्लाटिनस की मुलाक़ात किसी ब्राह्मण से हुई या नहीं, इसका कोई प्रमाण नहीं मिलता है, लेकिन अफलातून के दर्शन की उसने जो व्याख्या की है, उस पर भारत-धर्म की स्पष्ट छाप है। 'जो आत्माएँ शुद्ध हो चुकी हैं और शरीर पर जिनका तनिक भी मोह नहीं है, वे फिर से शरीर धारण नहीं करेंगी। पूर्णरूप से अनासक्त होने पर वे चैतन्य वास्तविकता में विलीन हो जायेंगी।' यह और कुछ नहीं, उपनिषदों के मोक्ष और बौद्ध मत के निर्वाण की प्रतिध्वनि है, जिसकी साधना भारत में की गयी थी और जिसके नाद से उस समय का सारा संसार गूँज रहा था।

क्लिमेंट (अलेक्जेंड्रिया 150-218 ई.) ने लिखा है कि 'अलेक्जेंड्रिया में बौद्धों की संख्या बहुत है और यूनानवालों ने इन्हीं बर्बरों से दर्शन चुराया है।' अलेक्जेंड्रिया में बसने वाले बौद्धों और हिन्दुओं की तायदाद बहुत काफ़ी थी, इसके और भी अनेक प्रमाण मिलते हैं।

बौद्ध जातकों और ईसाई धर्मग्रन्थों में बहुत-सी कथाएँ एक-सी लगती हैं। इस पर से मैक्समूलर ने यह अनुमान लगाया था कि ईसाई धर्मग्रन्थों पर बौद्ध जातकों का स्पष्ट प्रभाव है। अलेक्जेंड्रिया के ईसाइयों में माला फेरने और कृच्छ्र साधना का जो रिवाज था, वह भी उस नगर में बौद्धों के प्रभाव से ही प्रचलित हुआ था। तक्षशिला के ही समान अलेक्जेंड्रिया भी विद्या का प्रख्यात केन्द्र थी। इस नगर का पतन 642 ई. में (मोहम्मद साहब के मरने के दस साल बाद) हुआ, जब हजरत उमर मुसलमानों के ख़लीफ़ा थे। कहते हैं, 'अलेक्जेंड्रिया के पुस्तकालय में इतनी पाण्डुलिपियाँ थीं कि मुसलमान उन्हें छह महीनों तक जलाकर नहाने का पानी गर्म करते रहे।' (एच.जी. राबिल्सन)।

अरबी सभ्यता के प्रधान केन्द्र बगदाद, कैरो और कारडोवा में बने। बगदाद की स्थापना सन् 762 ई. में हुई और तभी से यह भारत और यूरोप के बीच व्यापार का प्रमुख अड्डा बन गया। इस नगर का विध्वंस सन् 1258 ई. में मंगोल लुटेरों ने किया। मगर जब तक यह शहर क़ायम था, इसके ज़रिये भारत का ज्ञान सारे यूरोप में पहुँचता रहा।

अरबों के पास अपनी संस्कृति कम थी। उन्होंने जो कुछ भी लिया, भारत या यूनान से लिया। अलबेरुनी, जो मुहम्मद गजनी के साथ भारत आया था, अरब देश का ही वासी था। उसे हिन्दू-सभ्यता से अनुरक्ति थी और यहाँ की सभ्यता की बहुत-सी बातें उसके मार्फत भी अरब और वहाँ से फिर यूरोप पहुँचीं।

यह भी ध्यान देने की बात है कि प्राचीन काल में भारत ने स्वयं अथवा यूनान का यत्किंचित् प्रभाव लेकर जिन विद्याओं का विकास किया था, वे विद्याएँ अरबों के द्वारा फिर यूरोप पहुँचीं और इस प्रकार, प्राचीन विश्व में ज्ञान का जो आदान-प्रदान हुआ, उसी की नींव पर आधुनिक जगत् की विद्याएँ बढ़ी हैं। एक यह भी विलक्षणता है कि भारतीय पण्डितों ने तो अक्सर यूनान का ऋण स्वीकार किया है, किन्तु अरब पण्डित ऐसी किसी स्वीकृति की सूचना नहीं देते। उदाहरण के लिए हमारे ज्योतिष-ग्रन्थों में एक ग्रन्थ रोमक सिद्धान्त भी है, जिससे रोमन नाम का संकेत मिलता है। एक दूसरे ग्रन्थ पौलिष सिद्धान्त के बारे में भी यह कहा जाता है कि वह अलेक्जेंड्रिया के विद्वान पौल के सिद्धान्तों पर लिखा गया था। इन ग्रन्थों के साथ भारत के अन्य ज्योतिष एवं गणित सम्बन्धी संस्कृत ग्रन्थों का अनुवाद पहले अरबी में हुआ और तब लैटिन में। इस प्रकार भारत का ज्ञान सारे संसार की पूँजी बन गया।

आयुर्वेद के प्रधान आचार्य चरक कनिष्क के दरबार में रहते थे। अतएव अनुमान यह किया जाता है कि उन्होंने अपनी संहिता की रचना में यूनानी आयुर्वेद में भी सहायता ली होगी। बाद को चरक-संहिता भी अरबी में अनूदित हुई और अरबी से यह ज्ञान भी लैटिन भाषा में पहुँचा।

अरब में भारतीय संस्कृति और ज्ञान का काफ़ी आदर था, इस विषय में सन्देह नहीं है। अरब जाति के लोग जिज्ञासु थे तथा इसी जिज्ञासा से प्रेरित होकर उन्होंने भारत के अनेक ग्रन्थों का अनुवाद अपनी भाषा में किया था। हिजरी सन् की दूसरी सदी में उन्होंने बौद्ध साहित्य का अरबी में अनुवाद किया, जो 'किताबुलबुद' और 'बिलावर वा बुदासिफ' के नाम से मशहूर है। इसी प्रकार, ज्योतिष और गणित की पुस्तकों का अनुवाद उन्होंने 'सिन्द हिन्द' (सिद्धान्त) के नाम से, सुश्रुत का अनुवाद 'सुश्रद' के नाम से, चरक का अनुवाद 'सिरक' के नाम से, पंचतन्त्र का अनुवाद 'कलिलादमना' (करटक-दमनक) के नाम से तथा चाणक्य-नीति का अनुवाद 'शानक' के नाम से और हितोपदेश का अनुवाद 'बिदपा' के नाम से किया। कहते हैं, किताब सिन्दबाद की रचना भी भारतीय कथाओं के आधार पर की गयी थी। इसके सिवा, भारतीय संस्कृति और धर्म के विषय पर अनेक अरबी यात्रियों ने (अलबेरुनी, अल-असारी, अल-नदीम आदि)

भी अपनी किताबों में अध्याय-के-अध्याय लिखे। अलकिन्दी ने भारतीय धर्म पर एक स्वतन्त्र ग्रन्थ ही लिख डाला। इसी प्रकार, सुलेमान और मसूदी ने भी यात्राओं के प्रसंग में भारत-विषयक जो ज्ञान संचित किया था, उसका उपयोग अपनी किताबों में ख़ूब किया। शतरंज का भारतीय खेल भी अरब होकर ही यूरोप पहुँचा। भारत में इस खेल (चतुरंग) का प्रथम उल्लेख बाण (625 ई.) की रचना में मिलता है।

और तो और, जिन अंकों को हम अन्तरराष्ट्रीय कहते हैं, वे भी भारत से ही अरब गये थे और अरबों से वे यूरोप को मिले, जिसका प्रमाण यह है कि अरबी में अभी तक अंकों का नाम 'हिन्दसा' है। इसी तरह, अरबी का नौबहार भारत के नवविहार का रूपान्तर मात्र है। अचरज यह है कि अरबों ने अपने चिकित्साशास्त्र को यूनानी क्यों कहा, जबकि भारत के आयुर्वेद से उसका इतना मेल है? यह भी सम्भव है कि उन्होंने चिकित्सा सम्बन्धी कुछ बातें यूनान से भी पायी हों और इस प्रकार इस विद्या का यूनानी नाम ही उन्हें पसन्द आ गया हो।

इसका भी प्रमाण मिला है कि भारत में प्रचलित कथाएँ (जातक, पंचतन्त्र, हितोपदेश, शुक-सप्तति आदि) बहुत प्राचीन काल से देश के बाहर पहुँचती रही हैं। सिंह की खाल ओढ़नेवाले गधे की कहानी अफलातून की किताब में मिली है। शुक-सप्तति भी ईरान में तूतीनामा के नाम से प्रचलित थी और वहीं से वह यूरोप पहुँची। अरेबियन नाइट्स की कहानियों की मूल रचना सन् 950 के आसपास हारूँ अल रशीद के राज्यकाल में बसरा में हुई थी। इसके लेखक ने स्वीकार किया है कि इन कहानियों का आधार ईरानी, यूनानी और भारतीय कहानियाँ हैं।

ऐसप्स फैबुल्स में जो जीव-जन्तु विषयक कहानियाँ हैं, वे भी पूरब से ही पश्चिम को गयी हैं। इसका सबसे बड़ा प्रमाण यह है कि उनमें आनेवाले जीव सिंह, शृगाल, हाथी और मयूर—ये सब-के-सब भारतीय हैं। भारत का शृगाल ही यूरोपीय साहित्य में बदलकर लोमड़ी हो गया है। राबिल्सन का यह भी ख़याल है कि शेक्सपियर के नाटक में एक पौंड मांस की जो कथा है, वह भी जन्म से भारतीय है, यद्यपि यह पता नहीं चलता कि यह कहानी शेक्सपियर को मिली कैसे।

गणित, ज्योतिष और विज्ञान

विज्ञान की उत्पत्ति के सम्बन्ध में विल डुरांट का मत है कि सभ्यता के समान यह भी कृषि से ही विकसित हुआ होगा। ज्योमेट्री (रेखागणित) का अर्थ ही ज़मीन नापना होता है। फ़सल और ऋतु के सम्बन्ध में सोचते-सोचते आदमी

का ध्यान नक्षत्रों की ओर गया होगा और उसे जन्त्री, पंचांग या कैलेंडर जैसी कोई चीज़ तैयार करने की बात सूझी होगी, जिससे अन्त में ज्योतिष का आविष्कार हुआ। गणितों में ज्योतिष, शायद प्राचीनतम विद्या है और ज्योतिष में भी फलित ज्योतिष ही पहले बना होगा। गणित ज्योतिष का विकास उन लोगों की आवश्यकता से हुआ होगा, जिन्हें नाव लेकर समुद्र पार करना पड़ता था। वाणिज्य-व्यापार में लगे रहनेवालों ने अंकगणित की आवश्यकता महसूस की होगी और आदिम उद्योग स्थापित करने के सिलसिले में ही पदार्थ-विज्ञान और रसायन-शास्त्र का आरम्भ हुआ होगा।

आरम्भ से ही धर्मप्राण होने के कारण भारत के विषय में यह अनुमान है कि यहाँ विज्ञान का भी जन्म धर्म की गोद में हुआ है। आर्य ग्रहों और नक्षत्रों की ओर पूजा के भाव से देखते थे। ग्रहों की चाल समझकर वे पर्व-त्योहार का दिन निश्चित करते थे। इसी प्रक्रिया से यहाँ ज्योतिष का विकास हुआ। इसी प्रकार मन्त्रों का पाठ शुद्ध-शुद्ध हो, इस आवश्यकता से यहाँ व्याकरण और निरुक्त विकसित हुए। रेखागणित भी यज्ञ की वेदी बनाने के सिलसिले में रेखाओं की माप-जोख से जनमा हो तो कोई आश्चर्य की बात नहीं।

अन्यत्र की भाँति यहाँ भी फलित ज्योतिष पहले और गणित ज्योतिष बाद को विकसित हुआ और इसका कारण लोग यूनान का प्रभाव मानते हैं, क्योंकि वराहमिहिर ने अपने ऊपर यूनान का ऋण स्वीकार किया है। ज्योतिष और गणित के प्राचीन आचार्यों में आर्यभट्ट का स्थान, भारत में ही नहीं, सारे विश्व में बहुत ऊँचा माना जाता है। उन्होंने ग्रहण की भविष्यवाणी करने की विधि निकाली थी और पहले-पहल संसार को यह ज्ञान उन्होंने ही दिया था कि सूर्य स्थिर है, ग्रहों के चारों ओर पृथ्वी ही घूमती है, जिससे दिन और रात होते हैं। आर्यभट्ट के बाद दूसरे आचार्य ब्रह्मगुप्त हुए, जिन्होंने भारत की ज्योतिष-विद्या को संगठित रूप दिया, किन्तु वे आर्यभट्ट की पृथ्वी के घूमनेवाली घोषणा से सहमत नहीं हो सके। ब्रह्मगुप्त के बाद होनेवाले आचार्यों ने ज्योतिष का और विकास किया तथा पण्डितों का अनुमान है कि इस काल में आकर हमारे ज्योतिष शास्त्र पर बैबिलोन के भी ज्योतिषियों का प्रभाव पड़ा। 'इस काल में भारतीय पण्डितों को यह पता चल गया था कि पृथ्वी में गुरुत्वाकर्षण शक्ति है, जिससे वह चीज़ों को अपनी ओर खींच लेती है।' (विल डुरांट, आवर ओरियंटल हेरिटेज)।

एक से नौ तक के अंक, शून्य का गणित सम्बन्धी महत्त्व और दशमलव की पद्धति—इन सारी बातों का आविष्कार भारत में ही हुआ था और यहीं से ये चीज़ें अरब होकर पहले यूरोप और पीछे सारे संसार में फैलीं। जिन्हें हम अन्तरराष्ट्रीय

अंक या 'अरेबिक न्यूमरल्स' कहते हैं; वे अरब में नहीं, भारत में उत्पन्न हुए थे। अरब में पाये जाने के कोई एक हज़ार वर्ष पूर्व इन अंकों का प्रयोग अशोक के शिलालेखों में (ई.पू. 256) हुआ था।

दशमलव-पद्धति का ज्ञान आर्यभट्ट और ब्रह्मगुप्त के समय इस देश में काफ़ी प्रचलित था। बौद्ध धर्म-प्रचारकों के ज़रिये यह ज्ञान चीन पहुँचा और बगदाद में इसका प्रचार सन् 850 ई. के लगभग हुआ।

बीजगणित का विकास भारत और यूनान, दोनों ही देशों में शायद, स्वतन्त्र रूप से हुआ था, यद्यपि कुछ पाश्चात्य पण्डितों का ही यह भी अनुमान है कि यह विद्या पहले भारत में जनमी और यहीं से वह यूनानवालों को मिली थी। अंग्रेज़ी में इस विद्या को अलजबरा कहते हैं, जो अरबी शब्द (अल-जबर) है। किन्तु इससे इतना ही सिद्ध होता है कि अन्य अनेक विद्याओं की तरह यह विद्या भी यूरोपवालों को अरब के मार्फत मिली है।

कहते हैं, रेखागणित (ज्योमेट्री) का स्वतन्त्र विकास भारत में नहीं हो पाया और इस विद्या के विकास की प्रक्रिया यहाँ यूनान के प्रभाव के कारण सम्भव हुई। किन्तु आर्यभट्ट और भास्कराचार्य रेखागणित के भी आचार्य थे, यह बात भुलायी नहीं जा सकती। सूर्य-सिद्धान्त के बारे में भी यह माना जाता है कि उसमें ट्रिगिनामेट्री का ऐसा उन्नत रूप मिलता है, जो तत्कालीन यूनान के अनुमान के भी बाहर था।

पदार्थ-विज्ञान की दिशा में पहला नाम कणाद का माना जाना चाहिए, जिनका मत था कि सृष्टि अणुओं से बनी हुई है। अणुवाद का समर्थन जैन-दर्शन भी करता है। उदयनाचार्य का मत था कि प्रकाश एवं उष्णता का एकमात्र कारण सूर्य है और वाचस्पति मिश्र प्रकाश को भी परमाणुओं से निर्मित मानते थे। कहा जाता है कि ईसवी सन् की दूसरी शताब्दी में हिन्दुओं के यहाँ एक प्रकार के दिग्दर्शन यन्त्र का भी प्रचार था, जो लोहे का होता था, तेल में रखा जाता था और जो बराबर उत्तर दिशा की ओर इंगित करता था।

रसायनशास्त्र का विकास यहाँ आयुर्वेद और उद्योग की वृद्धि के कारण हुआ। गुप्त काल में भारत का उद्योग बहुत बढ़ा-चढ़ा था और रोमवाले यह मानते थे कि कपड़ा रँगने, चमड़ा चढ़ाने, साबुन बनाने और शीशा तथा सीमेंट बनाने में भारत के कारीगर सभी देशों के कारीगरों से आगे हैं। स्वर्ण, लौह, मोती, ताँबे और पारे की रासायनिक क्रिया का ज्ञान यहाँ ख़ूब विकसित हो चुका था तथा छठी-सातवीं सदी में औद्योगिक रसायन के क्षेत्र में भारत सारे संसार का अग्रणी था। लोहा गलाने के काम में तो भारत अभी हाल तक यूरोप से आगे था।

चिकित्सा के क्षेत्र में तो प्राचीन विश्व में शायद भारत सबका गुरु था। सुश्रुत (ई.पू. पाँचवीं सदी), चरक (दूसरी सदी), वाग्भट्ट (छठी सदी) और भवमिश्र (1550 ई.)–ये आयुर्वेद के चार प्रधान आचार्यों के नाम हैं, जिन्होंने शरीर-विज्ञान और औषधि-विज्ञान की इस देश में बहुत उन्नति की। आयुर्वेद का विकास यहाँ बहुत दिनों तक होता रहा और जब भी कोई नयी बीमारी उत्पन्न हुई, आचार्यों ने उसकी चिकित्सा का उपाय ज़रूर सोचा। उपदंश का उल्लेख भवमिश्र की पुस्तक में मिलता है, यद्यपि यूरोप से यह रोग भारत में पुर्तगालवालों के ज़रिये अभी-अभी पहुँचा था। उन दिनों यहाँ के वैद्य केवल औषधियों का ही प्रयोग नहीं करते थे, बल्कि चीर-फाड़ से भी उन्हें कोई घृणा नहीं थी। शल्य-चिकित्सा के यहाँ कोई सवा सौ औज़ार प्रचलित थे और गैरिसन का कहना है कि 'ऐसा कोई भी बड़ा ऑपरेशन नहीं था, जिसे प्राचीन हिन्दू सफलतापूर्वक नहीं कर सकते थे।' जब भारत के पतन का दिन आया, हमारा धर्म जड़ हो गया और मिथ्या पवित्रता की रक्षा के लिए जैसे लोग समुद्र-यात्रा को पाप समझने लगे, वैसे ही उन्होंने शल्य-चिकित्सा को भी छोड़ दिया। आज तो आयुर्वेद में शल्य-चिकित्सा की बात ही कपोल-कल्पित-सी लगती है, मगर प्राचीन भारत में इसका व्यापक प्रचार था। बौद्ध ग्रन्थ में एक कथा आयी है कि जीवक नामक वैद्य ने एक सेठ के मस्तक का ऑपरेशन किया था। हैवेल ने लिखा है कि ख़लीफ़ा हरूँ-अल-रशीद भारत की चिकित्सा पद्धति का पूरा कायल था और अपने राज्य में अस्पतालों का संगठन करने के लिए उसने भारत से अनेक वैद्य बुलाये थे। लाला लाजपत राय ने अपने 'अनहैपी इंडिया' में लार्ड एम्पथिल का यह मत उद्धृत किया है कि 'मध्यकालीन तथा अर्वाचीन यूरोप को चिकित्सा सम्बन्धी सारा ज्ञान अरबों से मिला था और अरबों को भारत से।'

प्राचीन भारत और नवीन यूरोप

भारत का प्राचीन ज्ञान जब विदेशों में काफ़ी ज़ोर से फैलने लगा, तब तक भारत स्वयं पतन की राह पर आ गया था। किन्तु सांस्कृतिक विजय की गति तब भी धीमी नहीं होती, जब विजयी देश स्वयं थककर लेट जाता है। मध्य काल में भारतीय ज्ञान को लेकर सारी दुनिया जग रही थी। सिर्फ़ उस ज्ञान का दाता भारत धीरे-धीरे सोता जा रहा था। यह बहुत-कुछ वैसी ही बात है, जैसे कुछ ग्रहों की ज्योति कई सौ वर्षों के बाद धरती पर पहुँचती है। परिणाम यह होता है कि ऐसे ग्रहों का जो रूप हम देख पाते हैं, वह उनका आज का रूप नहीं होता, बल्कि यह वह रूप होता है, जो कई सौ वर्ष पूर्व था।

भारत ने विश्व को जो दान दिया था, उसे बाहरवाले भी भूल गये और इस देश के लोग भी। भारत का मन शास्त्रों के कपटजाल में उलझ गया और वह मानने लगा कि अस्पृश्यता ही धर्म है, समुद्र के पार नहीं जाना ही धर्म है तथा शास्त्रों की गूढ़ बातों को शूद्रों से छिपाये रखना ही धर्म है। उसे याद नहीं रहा कि किसी समय अस्पृश्यता का भय यहाँ के लोगों को बाहर जाने से रोक नहीं सकता था और वे जो कुछ सोचते थे, उसका नतीजा वे शूद्रों की कौन कहे, तथाकथित म्लेच्छों और यवनों को भी सुना आते थे।

बहुत दिनों की विस्मृति के बाद यूरोप के विद्वानों ने अठारहवीं-उन्नीसवीं सदी में हमारे प्राचीन रूप को पहचाना और वे हम पर विस्मय करने लगे। उनके विस्मित होने से हममें आत्मविश्वास की भावना जगी और तब हम भी अपने प्राचीन रूप को श्रद्धा और आश्चर्य से देखने लगे। तब तक यूरोपवालों को यह पता ही नहीं था कि यूनान को छोड़कर सभ्यता कहीं अन्यत्र भी पनपी थी। मगर संस्कृत-साहित्य के समुद्र में अलभ्य मोतियों का जो ख़ज़ाना उन्हें दिखाई पड़ा, उससे वे अचानक चौंक पड़े और पाश्चात्य जगत में सांस्कृतिक जागरण की लहर वैसे ही दौड़ गयी, जैसे वह पन्द्रहवीं सदी में रिनासां (सांस्कृतिक जागरण) के समय दौड़ी थी।

प्राचीन भारतीय ज्ञान ने केवल प्राचीन और मध्यकाल में ही नहीं, आधुनिक काल में भी यूरोप की संस्कृति को प्रभावित किया है। सन् 1808 ई. में जर्मन कवि और दार्शनिक श्लीगल की 'आन द लैंग्वेज एंड विजडम ऑफ़ द इंडियंस' विषय पर जर्मन भाषा में लिखित वह पुस्तक निकली, जिसमें उसने उपनिषदों की भूरि-भूरि प्रशंसा की थी। जर्मनी के विख्यात दार्शनिक शापनहार की दृष्टि जब उपनिषदों के अनुवाद पर पड़ी, उसे महसूस हुआ, मानो ईश्वरीय ज्ञान का उत्स उसकी आँखों के सामने आ गया हो। उपनिषदों की प्रशंसा में कहा गया उसका यह वाक्य अत्यन्त प्रसिद्ध है कि जो आनन्द, उच्चता और लाभ उपनिषदों के अध्ययन में है, वह विश्व के और किसी भी ग्रन्थ में नहीं है। तब से जर्मनी के दर्शन और साहित्य पर संस्कृत का प्रभाव पड़ना आरम्भ हो गया। शापनहार और हार्टमैन के द्वारा संस्कृत दर्शन ने जर्मनी के अतीन्द्रियतावादी दर्शनों पर व्यापक प्रभाव डाला। कांट के सिद्धान्तों पर उपनिषदों का असर है और कालिदास के मेघदूत के अनुकरण पर ही शीलर ने मेरिया स्टुअर्ट नाम्नी कविता में एक नये मेघदूत की कल्पना की है। कहते हैं, जर्मन कवि हाइने की भी कई कविताओं पर संस्कृत कविताओं का प्रभाव है। शकुन्तला का जर्मन भाषा में अनुवाद सन् 1791 ई. में फार्सटर ने किया था। इस अनुवाद को देखकर गेटे उसी प्रकार

आनन्दोन्मत्त हो गया था, जैसे उपनिषदों को देखकर शापनहार। जर्मनी का सर्वश्रेष्ठ कवि गेटे भारतीय संस्कृति का निन्दक था किन्तु शकुन्तला को देखकर वह भी भारतीयता से प्रेम करने लगा। गेटे ने अपने नाटक फास्ट का आमुख कालिदासीय नाटकों के आमुख को देखकर लिखा जो यूरोपीय नाटकों के गुणों में एक नया इज़ाफ़ा था।

उन्नीसवीं सदी में यूरोप को देखकर पहले तो भारत ही चमत्कृत हुआ किन्तु ज्यों-ज्यों संस्कृत साहित्य का रहस्य खुलता गया, त्यों-त्यों यूरोपवाले भी भारत को देखकर चमत्कृत होने लगे। फ़र्क़ यह था कि भारत का विस्मय यूरोप के नवीन रूप पर था और यूरोप का विस्मय भारत के प्राचीन रूप पर। आरम्भ में संस्कृत-विद्या का परिचय यूरोपवालों को इंग्लैंडवालों ने दिया, क्योंकि शकुन्तला भगवद्गीता और हितोपदेश के प्रथम अनुवादक तीनों-के-तीनों अंग्रेज़ थे। किन्तु भारत के लिए यूरोप में श्रद्धा की जो लहर उठी, उसे देखकर अंग्रेज़ विद्वानों का भारत विषयक उत्साह शिथिल हो गया और तब से भारतीय विद्या की मुख्य प्रशस्ति फ्रांस और जर्मनी में गायी जाने लगी। मैक्समूलर ने तीस वर्ष के अध्ययन और खोज के पश्चात् सायणाचार्य के प्राचीन वैदिक भाष्य का सुसम्पादित संस्करण निकाला। और संस्कृत को ही आधार मानकर फ्रांज बाप ने आधुनिक भाषा-विज्ञान की नींव डाली।

जर्मनी के माध्यम से भारतीय दर्शन ने कोलरिज और कारलाइल के विचारों तथा अंग्रेज़ी कविता के रोमांटिक आन्दोलन को कहाँ तक प्रभावित किया, इसका लेखा अभी तैयार नहीं किया गया है। यह ठीक है कि शेली और वर्ड्सवर्थ की प्रेरणा फ्रांस से आती थी, जर्मनी से नहीं। फिर भी जर्मनी की नयी चेतना से वे बिल्कुल अप्रभावित रहे होंगे, यह मानने की बात नहीं है। यों भी इन कवियों में सर्ववाद का जो रूप मिलता है, वह प्लेटो के सिद्धान्तों की नवीन व्याख्या से प्रभावित है और इस प्रकार प्रभावित होने के कारण भारतीय दर्शन से उसका दूर का सम्बन्ध अवश्य है, क्योंकि इस व्याख्या का क़र्ता प्लाटिनस भारत के धर्म से प्रभावित हो चुका था और नियोप्लेटोनिज़्म पर हिन्दुत्व एवं बौद्ध मत का स्पष्ट प्रभाव है। संस्कृतियों का प्रभाव कितनी दूरी से तथा कैसे-कैस मार्ग से चलकर आता है, यह एक विलक्षण बात है। हिन्दुओं के मायावाद का जो रूप शैली में मिलता है, उससे अधिक प्रखर रूप तो भारतीय साहित्य में भी नहीं मिलता।

1. The one remains, the many change and pass.
Heaven's light for ever shines. Earth's shadows fly. (एडोनेस)

1. केवल वही बचता है जो एक है; अनेकता का परिवर्तन भी होता है और विनाश भी। स्वर्ग की ज्योति सदा चमकती रहती है; मरनेवाली वस्तु तो पृथ्वी की छाया है।

और वर्ड्सवर्थ अगर भारतीय दर्शन से प्रभावित नहीं था, तो फिर उसने पुनर्जन्म में विश्वास बतानेवाली ये पंक्तियाँ क्यों लिखीं?

2. Our birth is but a sleep and a forgetting.
The soul that rises with us. our life's star
Hath had elsewhere its setting
And cometh from afar (ओड टू इमार्टिलिटी)

यही नहीं, वर्ड्सवर्थ की कविताओं में पेड़-पौधे के सजीव होने का जो सत्य सुनाई पड़ता है, उसके पीछे भी जैन दर्शन का प्रभाव है, ऐसा बहुत-से विद्वान मानते हैं।

अमेरिका में जो अतीन्द्रियतावादी आन्दोलन चला, उस पर भी भारतीय चिन्तन का पूरा प्रभाव था। एमर्सन ने संस्कृत और पालि साहित्य को केवल अनुवाद में पढ़ा था, लेकिन भारत के जो विचार उसके मस्तिष्क में बैठ गये, वे रह-रहकर उसके निबन्धों और कविताओं में अभिव्यक्ति पाते रहे। Born of the Infinite to the Infinite it returns (अनन्त से जन्म लेकर जीव फिर अनन्त में ही समा जाता है), इस पंक्ति में वेदान्त का निचोड़ आ गया है। यही नहीं, बल्कि 'ब्रह्म' शीर्षक धरकर उसने एक स्वतन्त्र कविता भी लिखी थी, जिसमें उपनिषद् और गीता का सत्य ज्यों-का-त्यों चित्रित मिलता है।

2. जिसे हम जन्म कहते हैं, वह हमारी निद्रा की अवस्था है, विस्मृति का काल है। जो आत्मा हमारे जीवन के नक्षत्र के समान हमारे साथ आयी है, वह (यहाँ उदय लेने के पूर्व) कहीं अन्यत्र डूब चुकी है। (और इस जीवन तक) वह कहीं बहुत दूर से आयी है।

3. If the red layer think, he slays.
Or if the slain thinks, he is slain.
They know not well the subtle ways.
I keep, and pass, and turn again.

They reckon ill who leave me out :
When me they fly, I am the wings :

I am the doubter and the doubt.

And I the hymn, the Brahmin sings.

3. अगर वधिक यह समझता है कि मारनेवाला मैं ही हूँ या मरा हुआ जीव यह समझता है कि मृत्यु मेरी ही हुई है, तो इन दोनों में से वास्तविक रहस्य का ज्ञान किसी को भी नहीं है। वस्तुतः जीवन, मृत्यु और पुनर्जन्म मेरे (ब्रह्म के) कारण होते हैं।

जो मुझे भूलकर तत्त्व जानना चाहते हैं, उनका ज्ञान ग़लत है। क्योंकि जब वे मुझे छोड़कर उड़ते हैं, तब भी उनके पंखों में मेरा ही वास होता है। शंका मैं हूँ और शंका करनेवाला भी मैं ही हूँ। और मैं ही वह प्रार्थना हूँ, जिसे ब्राह्मण (मेरी प्रसन्नता के लिए) गाया करता है।

यह कविता अंग्रेज़ी में होते हुए भी शुद्धतः भारतीय है। और आश्चर्य होता है कि एक अमरीकी कवि की क़लम से वह कैसे उतरी। लेकिन इसमें आश्चर्य की कोई बात नहीं क्योंकि विवेकानन्द के ब्रह्मवाद से एक समय सारा अमेरिका आन्दोलित हो उठा था और जब ब्रह्म-समाज के नेता केशवचन्द्र सेन ने इंग्लैंड में भारतीय ब्रह्मवाद पर भाषण दिया, तब दूसरे ही दिन उनके नाम की चर्चा वहाँ के घर-घर में सुनाई देने लगी। ब्रह्म-सम्बन्धी भारतीय कल्पना का प्रभाव केवल एमर्सन पर ही नहीं, खोज करने से उसका रंग अंग्रेज़ी कविता के रोमांटिक आन्दोलन में भी मिलेगा।

भारतीय संस्कृति का पश्चिम पर पड़नेवाला यह प्रभाव आज भी अवरुद्ध नहीं हुआ है, इसका प्रमाण कवि टी.एस. इलियट की वर्तमान कविताएँ हैं। इलियट की कविताओं को देखकर तो ऐसा लगता है कि जो कवि और चिन्तक वर्तमान जड़ता से ऊबकर कहीं और चल देना चाहते हैं, उनके लिए आज भी आश्रय का स्थल वही है, जिसका निर्माण प्राचीन भारत में हुआ था। इसी प्रकार जार्ज रसल (ए.ई.) और डब्ल्यू.बी. येट्स की कविताओं में जो नवीन सन्देश उतरा, वह मूलतः भारत की ही आत्मा का सन्देश था।

भारत की सांस्कृतिक कहानी

संस्कृति है क्या?

संस्कृति और सभ्यता—ये दोनों दो शब्द हैं और उनके मानी भी अलग-अलग होते हैं। सभ्यता मनुष्य का वह गुण है जिससे वह अपनी बाहरी तरक़्क़ी करता है। संस्कृति मनुष्य का वह गुण है जिससे वह अपनी भीतरी उन्नति करता है, दया, माया और परोपकार सीखता है, गीत-नाद, कविता, चित्र और मूर्ति से आनन्द लेने की योग्यता हासिल करता है। एक वह भी समय था जब आदमी को घर बनाना नहीं आता था, जब वह पेड़ की छाया या पहाड़ की खोह में वास करता था, जब उसे खेती करना भी नहीं आता था और वह कन्द-मूल या जंगली जीवों का गोश्त खाकर गुज़ारा करता था, जब उसे कपड़ा बुनना भी नहीं आता था और वह या तो नंगा रहता था या पेड़ों की छाल या जानवरों की खाल पहनकर अपनी लाज छिपाता था। इस हालत को मनुष्य की असभ्यता की हालत कहते हैं। लेकिन इस हालत से निकलकर आदमी ज्यों-ज्यों आगे बढ़ा, त्यों-त्यों वह सभ्य होता गया, यानी जब आदमी खेती करके अनाज उपजाने लगा, अनाज या गोश्त को आग से पकाकर खाने लगा, घर बनाकर रहने और कपड़े बुनकर उन्हें पहनने लगा, तब वह असभ्यता से निकलकर सभ्यता में आने लगा। आज भी रेलगाड़ी, मोटर और हवाई जहाज़, लम्बी-चौड़ी सड़कें और बड़े-बड़े मकान, अच्छा भोजन और अच्छी पोशाक—ये सभ्यता की पहचान हैं और जिस देश में इनकी जितनी ही अधिकता है, उस देश को हम उतना ही सभ्य मानते हैं। मगर संस्कृति इन सबसे कहीं बारीक चीज़ है। वह मोटर नहीं, मोटर बनाने की कला है, मकान नहीं, मकान बनाने की रुचि है। अच्छे भोजन का सामान हम सभ्यता के ज़रिये पैदा करते हैं, लेकिन जिस ढंग से हम भोजन तैयार करते हैं और जिस कला से हम उसे खाते हैं वह हमारी संस्कृति कहलाती है। हर सभ्य आदमी संस्कृत भी होता है, ऐसा नहीं कहा जा सकता, क्योंकि अच्छी-से-अच्छी पोशाक पहननेवाला आदमी भी तबीयत से नंगा हो सकता है और नंगा होना

संस्कृति के ख़िलाफ़ बात है। संस्कृति धन नहीं, गुण है। संस्कृति ठाट-बाट नहीं, विनय और विनम्रता है।

एक कहावत है कि सभ्यता वह चीज़ है जो हमारे पास है, लेकिन संस्कृति वह गुण है जो हममें छिपा हुआ है। हमारे पास घर होता है; कपड़े-लत्ते होते हैं; गाय, भैंस, बैल, घोड़े, हाथी, मोटर और हवाई जहाज़ भी होते हैं, मगर ये सारी चीज़ें हमारी सभ्यता के सबूत हैं जिनसे यह जाना जा सकता है कि ज़िन्दगी की मोटी और बाहरी सुविधाएँ हमने कहाँ तक हासिल की हैं। लेकिन संस्कृति इतने मोटे तौर से दिखलायी नहीं देती, वह बहुत ही सूक्ष्म और महीन चीज़ है और वह हमारी हर पसन्द, हर आदत में छिपी रहती है। मकान बनाना सभ्यता का काम है, लेकिन हम मकान का कौन-सा नक़्शा पसन्द करते हैं—यह हमारी संस्कृति बतलाती है; कपड़ा तैयार करना सभ्यता का काम है, लेकिन उसकी डिज़ाइन कैसी हो—यह हमारी संस्कृति बतलाती है; हथियार गढ़ना सभ्यता का काम है, लेकिन उस हथियार से किसी को मारना ठीक है या नहीं, यह बतलाना संस्कृति का काम है। आज दुनिया में बड़े-बड़े बम और दूसरे हथियार बन रहे हैं, क्योंकि सभ्यता के मामले में दुनिया बहुत आगे बढ़ गयी है, लेकिन संस्कृति पुकार-पुकारकर कह रही है कि इन बमों और हथियारों को काम में मत लाओ, क्योंकि इनसे दुनिया बर्बाद हो जायेगी।

एक बात और है कि आदमी के भीतर जो छह विकार (काम, क्रोध, लोभ, मद, मोह और मत्सर) हैं, वे प्रकृति के दिये हुए हैं। मगर ये विकार अगर बेरोक छोड़ दिये जायें तो आदमी इतना गिर जाय कि उसमें और जानवर में कोई भेद नहीं रह जाय। इसलिए आदमी इन विकारों पर रोक लगाता है और कोशिश करता है कि उसमें काम को बढ़ना नहीं, घटना चाहिए; ग़ुस्से को ज़्यादा नहीं, कम होना चाहिए और लोभ, मोह, मद, मत्सर को भी एक हद में रहना चाहिए। इन दुर्गुणों पर जो आदमी जितना ज़्यादा काबू कर पाता है, उसकी संस्कृति भी उतनी ही ऊँची समझी जाती है। संस्कृति का काम आदमी के दोष को कम, उसके गुण को अधिक बनाना है। आदमी भी एक तरह का जानवर ही है, लेकिन जानवर के गुण यानी पशुत्व को छोड़कर वह जितना ही आगे बढ़ता है, उसकी संस्कृति भी उतनी ही अच्छी होती जाती है।

संस्कृति का स्वभाव है कि वह आदान-प्रदान से बढ़ती है। जब दो देशों या जातियों के लोग आपस में मिलते हैं, तब उन दोनों की संस्कृतियाँ एक-दूसरे को

प्रभावित करती हैं। एक जाति का धार्मिक रिवाज दूसरी जाति का रिवाज बन जाता है और एक देश की आदत दूसरे देश के लोगों की आदत में समा जाती है। इसलिए संस्कृति की दृष्टि से वह जाति या वह देश बहुत ही धनी समझा जाता है जिसने ज़्यादा-से-ज़्यादा देशों या जातियों की संस्कृतियों से लाभ उठाकर अपनी संस्कृति का विकास किया हो। ऐसे देशों में भारत का नाम बहुत ही आदर के साथ लिया जाता है, क्योंकि यहाँ के लोग संस्कृति के मामले में बड़े उदार रहे हैं। यही नहीं, बल्कि हम जिसे अपनी संस्कृति कहते हैं, वह एक जाति या कुछ थोड़े-से लोगों की संस्कृति नहीं है, बल्कि बहुत पुराने समय से जो अनेक जातियाँ इस देश में आती रही हैं, उन सभी संस्कृतियों के प्रभाव हमारी भारतीय संस्कृति पर पड़ते रहे हैं और उन्हीं प्रभावों को ठीक से अपने भीतर पचाकर हमारी संस्कृति इतनी विशाल और उदार हो गयी है कि आज वह सारी दुनिया की संस्कृति का आईना बन सकती है।

यह भी ध्यान देने की बात है कि भारतीय संस्कृति का जब-जब किसी विदेशी संस्कृति से मिलन हुआ, तब-तब हमारी संस्कृति में एक नयी ताज़गी आ गयी। असल में, भारतीय संस्कृति में वसन्त ऋतु बड़े पैमाने पर चार बार आयी है, और इन चारों मौक़ों पर हमारी फुलवारी में जो लहलहाहट पैदा हुई, जो फूल खिले, वे हमारी संस्कृति को आज भी ताज़ा बनाये हुए हैं। इन चार अध्यायों में पहला अध्याय वह है जब आर्य इस देश में आये और द्रविड़ जाति से मिलकर उन्होंने उस संस्कृति की नींव डाली जिसे हम हिन्दू अथवा भारतीय संस्कृति कहते हैं। दूसरा अध्याय वह है जब कि यह संस्कृति कुछ पुरानी हो गयी और उसके ख़िलाफ़ महात्मा बुद्ध और महावीर ने विद्रोह किया जिसके फलस्वरूप बहुत-सी रूढ़ियाँ दूर हुईं और यह संस्कृति एक बार फिर से नवीन हो गयी। तीसरा अध्याय वह है जब इस देश में मुसलमान आये और हिन्दू धर्म का इस्लाम से सम्बन्ध हुआ। और चौथा अध्याय वह है जब भारत की मिट्टी पर हिन्दुत्व और इस्लाम, दोनों का सम्बन्ध ईसाई धर्म और यूरोप के विज्ञान और बुद्धिवाद से हुआ। आगे के पन्नों में इन्हीं चार अध्यायों की कहानी बहुत ही संक्षेप में कही जायेगी।

हिन्दू-संस्कृति कैसे जन्मी?

भारत दुनिया के सबसे पुराने देशों में से है यानी सभ्यता और संस्कृति इस देश में उस समय फैल चुकी थी जबकि दुनिया का बहुत अधिक भाग असभ्य था। लोगों का अन्दाज़ है कि आज से आठ हज़ार साल पहले भी भारत में सभ्यता थी जिसके निशान मोहंजोदरो और हड़प्पा की खुदाइयों में मिले हैं। लेकिन उस समय का इतिहास आसानी से नहीं मिलता। फिर भी जो सबूत मिलते हैं, उनके बल पर यह कहा जाता है कि बहुत पुराने समय में (शायद आठ हज़ार साल से भी पहले) इस देश में एक तरह के आदिम मनुष्य रहते थे जो हब्शियों की जाति के रहे होंगे। हिन्दमहासागर के टापुओं में जो हब्शी लोग हैं उनके पूर्वज भारत से ही इन टापुओं में गये होंगे। लेकिन भारत में हब्शी खानदान लगभग ख़त्म हो चुका है। अनुमान यह है कि या तो वे अपने पीछे आनेवाले आग्नेय लोगों के हाथों मार डाले गये या उनसे घुल-मिलकर एक हो गये। अब हब्शियों के थोड़े-से निशान दक्षिण भारत की कुछ आदिम जातियों में अथवा आसाम की नागा जाति में बचे हुए हैं। लेकिन उनके शब्दों, आदतों और रिवाजों में से कई आज तक भी शेष हैं। हब्शियों के बाद इस देश में आग्नेय जाति के लोग आये। इनका आग्नेय नाम इसलिए पड़ा कि ये भारत और यूरोप के अग्निकोण में अधिक पाये जाते हैं। भारतवर्ष के कोल और मुण्डा जाति के लोग आसाम, बर्मा और हिन्द-चीन की मोन-खमेर जाति, निकोबर टापू के निकोबरी और इंडोनेशिया वग़ैरह के बहुत से काले लोग इसी आग्नेय जाति के माने जाते हैं। भारतवर्ष में इस जाति की सन्तान आजकल ख़ास तौर से जंगलों में रहती है और आदिम जातियों के झुण्ड में विलीन है। लेकिन एक समय इस देश में इस जाति का ख़ूब दबदबा था और सच पूछिए तो इस देश में सभ्यता का आरम्भ इसी जाति ने किया था। शुरू में इस जाति ने हब्शी और मंगोल जातियों से शादी-विवाह किये और बाद में इनका शादी-सरोकार

द्रविड़ और आर्य जातियों के साथ भी हुआ। इसलिए समझना चाहिए कि आर्यों और द्रविड़ों ने मिलकर जिस धर्म या संस्कृति की नींव डाली, उस पर केवल आग्नेय जाति का ही प्रभाव नहीं पड़ा, बल्कि आग्नेय लोगों के ज़रिये कुछ प्रभाव हब्शी और मंगोल जातियों का भी आया।

राष्ट्रभाषा और राष्ट्रीय एकता

भारत की सभी भाषाओं की जय हो

गुजरात और बंगाल भारत के दो अन्यतम अग्रणी प्रान्त हैं और नवीन भारत के निर्माण का बहुत अधिक श्रेय, सच पूछिए, तो इन्हीं दो प्रान्तों को है। गुजरात और बंगाल ने मध्यकालीन इतिहास में भी अपने-अपने स्वभाव का बहुत अच्छा परिचय दिया था, किन्तु उन्नीसवीं सदी में भारत में सांस्कृतिक महाजागरण की जो लहर उठी, उसके नेता तो विशेष रूप से इन्हीं दो प्रान्तों में उत्पन्न हुए। बंगाल ने हमें राममोहन राय, रामकृष्ण और रवीन्द्र दिये, तो गुजरात ने स्वामी दयानन्द और महात्मा गांधी को उत्पन्न किया। बंगाल भारत के वाम भाग में है, इसलिए वह राष्ट्र के हृदय का काम करता है। गुजरात उसके दक्षिणांग में पड़ता है, इसलिए उसके ज़िम्मे राष्ट्र के फेफड़े का काम है। बंगाल का दान उज्ज्वल, कोमल और सुकुमार था; गुजरात के दान में तेजस्विता और कर्मठता की मात्रा प्रधान रही। बंगाल ने एक स्वप्न देखा था, एक कल्पना पायी थी; गुजरात ने पसीना बहा-बहाकर उस सपने को मूर्त रूप दे दिया। हमारे राष्ट्र-देवता के बायें हाथ में क़लम है जो कल्पना और अनुभूति को कविता का रूप देती है; किन्तु उसके दाहिने हाथ में कर्मठता का चक्र भी है जो ज्ञान और कर्म में समन्वय लाता है, जो प्रत्येक सुविचार को किसी कुकर्म में बदलकर देखना चाहता है। सौन्दर्य देश को चाहे जहाँ से भी मिल जाय, किन्तु उसे स्वास्थ्य देने की जवाबदेही गुजरात ने उठायी है। हमें पूरा विश्वास है कि गुजरात के नौजवान अपने इस अमूल्य उत्तराधिकार को गौरव के साथ आगे ले चलेंगे। यह कोई आकस्मिक बात नहीं है कि महात्मा गांधी की कला में सोद्देश्यता और मेघाणी के काव्य में लोक-कल्याण की भावना प्रधान रही। यह संयम के प्रहरी लोगों की भूमि है। यहाँ वे लोग जनमते आये हैं जो कला के जीवन से अधिक जीवन की कला के उपासक थे। हाँ, महाकवि नानालाल-जैसे कलाकार इस नियम के अपवाद समझे जा सकते हैं। किन्तु अपवादों का एक महत्त्व यह भी है कि उनसे साधारण नियम की पुष्टि होती है।

किन्तु इस चर्चा को आप मनोरंजन का ही विषय मानिए, क्योंकि देश की आत्मा का ऐसा भौगोलिक विभाजन चल नहीं सकता। असल में विविध होता हुआ भी अपना सारा भारतवर्ष एक है और देश में भाषाएँ चाहे जितनी भी हों, लेकिन उन सबके भीतर भारत की एक ही आत्मा अपने को अभिव्यक्त करती है। एक ही गंगोत्री का जल है, जो अनेक नदियों में बह रहा है, एक ही सूर्य का बिम्ब है जो अनेक पात्रों में जगमगा रहा है और एक ही भाव है जो अनेक छन्दों में फूट रहा है। वेद, उपनिषद्, रामायण और महाभारत—ये ही वे घाट हैं जहाँ पर हमारी सभी भाषाएँ पानी पीती हैं। भाषा मूक भी होती है। भाषा संकेत को भी कहते हैं। और भाषा के इन रूपों को सभी लोग एक समान समझ भी लेते हैं। अतएव मुख्य वस्तु भाषा नहीं, भाव है। भारतेन्दु हरिश्चन्द्र ने कहा है—"भाव अनूठो चाहिए, भाषा कोऊ होय।" सो भाव की एकता को लेकर ही यह सारा देश एक रहा है और विभिन्न भाषाओं के भीतर से हम भावों की इसी एकता की अनुभूति करते रहे हैं। भारत की भारती एक है। उसकी वीणा में जितने भी तार हैं उनसे एक ही गान मुखरित होता है। असल में ज्ञान की गाय हमारी एक ही है, ये सारी भाषाएँ उसके अलग-अलग थन हैं जिनसे मुँह लगाकर भारत की समस्त जनता एक ही क्षीर का पान कर रही है। भारत की संस्कृति एक है। विभिन्न भाषाएँ उसी संस्कृति से प्रेरणा लेकर अपने-अपने क्षेत्र में साहित्य रचती हैं और इन सभी साहित्यों से, अन्ततः उसी संस्कृति की सेवा होती है, उसी संस्कृति का रूप निखरता है जो सभी भारतवासियों का सम्मिलित उत्तराधिकार है।"

रोटी के बाद मनुष्य की सबसे बड़ी क़ीमती चीज़ उसकी संस्कृति होती है। एक जाति की अधीनता से दूसरी जाति सिर्फ़ इसीलिए निकलना नहीं चाहती कि पराधीनता में उसे रोटियाँ कम मिलती हैं, बल्कि मुख्यतः इसलिए कि पराधीनता में रहनेवाली जाति का धीरे-धीरे सांस्कृतिक पतन हो जाता है। जब गांधी जी ने वायसराय को यह लिखा था कि कांग्रेस अंग्रेज़ी राज के विरुद्ध आन्दोलन छेड़ने को क्यों विवश है, तब इसके अनेक कारणों में से एक प्रमुख कारण उन्होंने यह भी बतलाया था कि विदेशी शासन की अधीनता में रहते-रहते इस देश का सांस्कृतिक विनाश हो गया है।

जातियों का सांस्कृतिक विनाश तब होता है, जब वे अपनी परम्पराओं को भूलकर दूसरों की परम्पराओं का अनुकरण करने लगती हैं, जब वे अपने रस्म-रिवाजों को छोड़कर दूसरों के रस्म-रिवाज अपनाने लगती हैं, जब उन्हें अपने पूर्वजों पर ग्लानि और दूसरों के पूर्वजों पर श्रद्धा होने लगती है तथा जब

वे मन-ही-मन अपने को हीन और दूसरों को श्रेष्ठ मानकर मानसिक दासता को स्वेच्छया स्वीकार कर लेती हैं। पारस्परिक आदान-प्रदान तो संस्कृतियों का स्वाभाविक धर्म है, किन्तु जहाँ प्रवाह एकतरफ़ा हो, वहाँ यही कहा जायेगा कि एक जाति दूसरी जाति की सांस्कृतिक दासी हो रही है।

किन्तु सांस्कृतिक ग़ुलामी का इन सबसे भयानक रूप वह होता है, जब कोई जाति अपनी भाषा को छोड़कर दूसरों की भाषा को अपना लेती है और उसी में तुतलाने को अपना परम गौरव मानने लगती है। यह ग़ुलामी की पराकाष्ठा है, क्योंकि जो जाति अपनी भाषा में नहीं सोचती, अपनी भाषा में अपना साहित्य नहीं लिखती, अपनी भाषा में अपना दैनिक कार्य सम्पादित नहीं करती, वह अपनी परम्परा से छूट जाती है, अपने व्यक्तित्व को खो बैठती है और उसके स्वाभिमान का प्रचण्ड विनाश हो जाता है। यह ध्यान देने की बात है कि भारत में कोई भी क्रान्तिकारी कार्य करने के पूर्व गांधी जी ने यही भाषा की क्रान्ति की थी और काशी में यह कहकर विद्वानों की एक बड़ी सभा में उन्होंने खलबली मचा दी थी कि जब वे अंग्रेज़ी बोलनेवालों की वक्तृताएँ सुन रहे थे, तब उन्हें ऐसा भासित हो रहा था, मानो वे भारत में नहीं बल्कि इंग्लैंड में बैठे हों। और गांधी जी ने भाषा-विषयक इस क्रान्ति के झण्डे को कहीं भी रंच मात्र झुकने नहीं दिया और वे जब तक जीवित रहे, अंग्रेज़ी के ख़िलाफ़ देश-भाषाओं को भरपूर उत्तेजना देते रहे।

किन्तु भारत के स्वतन्त्र होते ही जैसे अन्य क्रान्तियाँ शिथिल हो गयीं, वैसे ही भाषाविषयक इस महाक्रान्ति की आग भी ठण्डी पड़ रही है और जहाँ लोग आज पचास वर्षों से यह सुनते आ रहे थे कि ग़ुलामी के कलंक से छूटने के लिए यह आवश्यक है कि हम अंग्रेज़ी पर निर्भर रहना छोड़ दें, वहाँ अब उनके कानों में यह आवाज़ डाली जा रही है कि अंग्रेज़ी छूटी तो इस देश की एकता टूट जायेगी कि अंग्रेज़ी छूटी तो हम सारे संसार से छूट जायेंगे और अंग्रेज़ी छूटी तो हमारा शैक्षिक एवं सांस्कृतिक स्तर अचानक पतन के गर्त में चला जायेगा। मानो राममोहन राय, बंकिमचन्द्र तथा दयानन्द से लेकर महात्मा गांधी तक देश के महानेताओं ने जो बात कही थी, वह मिथ्या थी, मानो अंग्रेज़ी का विरोध अंग्रेज़ों का विरोध करने की एक चाल रही हो; मानो देश-भाषाएँ एकता और आज़ादी की दुश्मन हों; मानो यह देश छह हज़ार वर्षों के ज्ञान का अधिकारी नहीं, बल्कि हज़ार पाँच सौ साल का कोई बच्चा राष्ट्र हो; मानो दुनिया की सारी रोशनी केवल अंग्रेज़ी के तेल से ही फैली हो और, मानो सौ साल की संगति से अंग्रेज़ी इस देश के बच्चे-बच्चे की मातृभाषा बन गयी हो जिसका त्याग अब असम्भव कृत्य हो।

दुःख की बात यह है कि अंग्रेज़ी को प्रभुता के पद पर अधिष्ठित रखने की कोशिश उनके द्वारा की जा रही है, जिनमें से अधिक लोगों ने अपनी मातृभाषा की सेवा तो वाजिबी ही वाजिबी की है, किन्तु अंग्रेज़ी में कमाल हासिल करने के कारण जिन्हें देश को समय-कुसमय परामर्श देने का अधिकार प्राप्त है। सम्भव है, इन विद्वानों को सचमुच ही यह भासित होता हो कि अगर अंग्रेज़ी में पढ़ाई बन्द हुई तो इस देश का सांस्कृतिक पतन हो जायेगा और भारतवासी उस बारीकी से विचारों को व्यक्त नहीं कर सकेंगे जिस बारीकी से वे अंग्रेज़ी में अपनी बात कहते हैं। मैं इन विद्वानों की सचाई पर सन्देह नहीं करता और न यही कहता हूँ कि अंग्रेज़ी की सारी बारीकियाँ इस देश की भाषाओं में अभी मौजूद हैं। किन्तु देश-भाषाओं का एक विनम्र सेवक होने के नाते मेरा यह दावा है कि केवल हिन्दी ही नहीं, इस देश में ऐसी सात-आठ भाषाएँ विद्यमान हैं जो गुण और शक्ति की दृष्टि से इतनी विकसित हो चुकी हैं कि उनमें से कोई भी राष्ट्र भाषा का पद अभी, इसी दम सँभाल सकती हैं और अंग्रेज़ी की सारी बारीकियों तक पहुँचे बिना भी वे शासन, न्याय और साहित्य का सारा कार्य सुचारु रूप से सम्पादित कर सकती हैं। और कौन कहता है कि देश-भाषाओं में वे बारीकियाँ नहीं आ सकतीं जो अंग्रेज़ी की ख़ासियत समझी जाती हैं? देश-भाषाओं में शक्ति की कमी नहीं है, दुर्भाग्य की असली बात तो यह है कि जो सपूत उनका दूध पीकर बड़े होते हैं, वे अंग्रेज़ी पर रीझकर मन से परदेशी हो जाते हैं और उनकी विचार-शक्ति से रगड़ खाने का मौक़ा हमारी भाषाओं को मिलता ही नहीं। राजनीति और अर्थशास्त्र, समाज-विज्ञान और क़ानून, इनसे उलझने का मौक़ा पाते ही देश-भाषाओं के भीतर भी वे ही भंगिमाएँ और संकेत उत्पन्न हो जायेंगे जिनके अभाव के कारण हमारे अपने विद्वान हमारी भाषाओं का अविश्वास करते हैं। किन्तु इसके लिए आवश्यक है कि अविलम्ब देश-भाषाओं को उन कामों पर जाने का अवसर दिया जाय जो काम अभी अंग्रेज़ी में हो रहे हैं। बारीकियाँ उत्पन्न करने का अवसर दिये बिना इन भाषाओं से बारीकियों की माँग करना उतना ही हास्यास्पद है जितना किसी युवक से यह कहना कि तुम पहले सूखे में तैरना सीख लो तब हम तुम्हें नदी में उतरने देंगे।

अंग्रेज़ी जितनी भी विकसित भाषा हो, किन्तु वह हमारी संस्कृति को उसी ख़ूबी से अभिव्यक्त नहीं कर सकती, जिस ख़ूबी से वह उन लोगों की संस्कृति को अभिव्यक्त करती है जो उसे अपनी मातृभाषा मानते हैं। एक यही दलील उन सभी दलीलों को काटने के लिए काफ़ी है जो अनेक दिशाओं से अंग्रेज़ी के पक्ष में दी जा रही हैं। किन्तु बहस के लिए अगर हम यह मान भी लें कि अंग्रेज़ी के

द्वारा इस देश में शिक्षा और ज्ञान का प्रसार किया जाय तो एक दूसरी कठिनाई सामने आती है जिसका समाधान नहीं है। असल में अंग्रेज़ी में दक्षता प्राप्त करने का समय इस देश से निकल गया। अंग्रेज़ी के पक्ष में जो एक मनोवैज्ञानिक अनुकूलता थी, वह इस देश से विदा हो चुकी है और उसकी अनुपस्थिति में अब अंग्रेज़ी उस ज़ोर से चल नहीं सकती, जिस ज़ोर से लोग उसे चलाना चाहते हैं। जब अंग्रेज़ों का प्रताप यहाँ मध्याह्न सूर्य की तरह चमक रहा था, तभी इस देश में अंग्रेज़ी भी चमकी थी। जब से राष्ट्रीयता जगी और देशभाषा का प्रेम बढ़ने लगा, तभी से अंग्रेज़ी हमारे छात्रों के लिए भारी पड़ती गयी है। आज जो भी ज्योतिष्मान् नक्षत्र भारत में अंग्रेज़ी के भीतर से चमक रहे हैं, उनमें से अधिकांश वे ही हैं जिनका जन्म 19वीं सदी में हुआ था और जो उन दिनों स्कूलों और कॉलेजों में पढ़ रहे थे, जब इस देश के प्रत्येक विद्यार्थी का यह सुदृढ़ विश्वास था कि अंग्रेज़ी को छोड़कर उसके सामने और गति नहीं है और अंग्रेज़ी में वह जितनी दक्षता प्राप्त करेगा, गोरे प्रभुओं के दरबार में उसे इज़्ज़त की उतनी ही बड़ी जगह हासिल होगी। स्वतन्त्रता की जय हो कि यह भाव नवयुवकों के हृदय से बिल्कुल निकलता जा रहा है और वे अपने व्यक्तित्व के विकास के लिए देशभाषा का माध्यम खोज रहे हैं। इस पर भी अगर कोई यह कहे कि नवयुवकों के हृदय में अंग्रेज़ी के लिए फिर वही इज़्ज़त पैदा की जानी चाहिए जो अंग्रेज़ी राज के समय थी, तो स्पष्ट ही यह परामर्श राष्ट्रीयता का विरोधी और देश के स्वाभिमान का घातक होगा। अंग्रेज़ी इस देश में रखी जा सकती है; क्योंकि एक सीमा तक वह हमारे लिए आवश्यक है। किन्तु अब वह इस देश में शिक्षा का माध्यम बनाकर रखी नहीं जा सकती। फिर भी जो लोग दुराग्रह पर डटे हुए हैं, वे पहले ढूँढ़कर यह देख लें कि देश के किस कोने में, काफ़ी संख्या में, ऐसे शिक्षक मौजूद हैं जो अंग्रेज़ी के माध्यम से शिक्षा दे सकने के योग्य समझे जा सकें और कहाँ वे छात्र हैं जो दस-दस वर्षों तक अंग्रेज़ी रटने के बाद भी इतनी योग्यता प्राप्त कर लेंगे कि और नहीं, तो एक पत्र ही वे शुद्ध अंग्रेज़ी में लिख सकें। अभिभावकों और माता-पिताओं के आर्त्त कोलाहल से ऊबकर यूनिवर्सिटियों ने अपनी परीक्षाओं के स्टैंडर्ड गिरा दिये। फिर भी तीस-पैंतीस प्रतिशत से अधिक छात्र उत्तीर्ण नहीं हो पाते। परीक्षाओं में हर साल देश की जवानी का कलेजा दला जाता है। हर साल अनुत्तीर्णता के शोक से लाखों नौजवानों का रक्त सूख जाता है, फिर भी लोग यह नहीं सोच पाते कि अंग्रेज़ी के कृत्रिम माध्यम को छोड़कर हम अब शीघ्र-से-शीघ्र, देशभाषाओं द्वारा शिक्षा देना आरम्भ कर दें। यह बड़े लोगों का जादू है जो छोटों का विनाश कर रहा है। यह बूढ़ों की बुढ़भस है जो नौजवानों

का गला दबा रही है। यह पुष्ट-वेतन-भोगी पण्डितों का व्यामोह है जिसके जाल में सारा देश छटपटा रहा है। समय आ गया है कि देश के नौजवान बुज़ुर्गों के ऐसे परामर्श को मानने से इनकार कर दें और उस बची-खुची ग़ुलामी को भी तोड़ फेंकें जो अंग्रेज़ी के भीतर से हमें दबा रही है।

और सरकारी क्षेत्रों में जब अंग्रेज़ी की पलाइस की जाती है, तब तो यह और भी स्पष्ट हो जाता है कि लोग जनता की सुविधा-असुविधा की तनिक भी परवाह नहीं करते। जिस देश ने बुनियादी तालीम को सिर-आँखों पर बिठा लिया हो, उस देश की सरकार को यह अधिकार कहाँ रह जाता है कि वह शिक्षा अथवा शासन का कोई भी काम अंग्रेज़ी में चलने दे? जब तक शासन के काम अंग्रेज़ी में चलते रहेंगे, तब तक शासक तैयार करने के लिए शिक्षा का माध्यम भी अंग्रेज़ी बनी रहेगी और बुनियादी पद्धति से पढ़ने वाले छात्र इस योग्य नहीं हो सकेंगे कि वे किसी दिन मन्त्री अथवा सेक्रेटरी के पद पर नियुक्त किये जा सकें। और तब तक जनता भी यह बोली कसती रहेगी कि बुनियादी तालीम भैंसों की तालीम है, जिनसे सरकार खेत जोतने का काम लेने वाली है; बाकी जो लोग शासन का काम सँभालने वाले हैं उनकी शिक्षा के लिए अलग इन्तजाम रहेगा। शिक्षा में क्रान्ति का नारा एक ऐसा नारा है जिसे उठाने से, शायद ही, कोई विद्वान बचा हो, किन्तु हमारे विद्वान केवल विद्वान ठहरे। उन्होंने ज़िन्दगी नहीं, किताबों का दूध पिया है और शिक्षा में क्रान्ति के नारे चाहे वे जितने भी लगायें, वास्तविक क्रान्ति का आलिंगन वे नहीं करेंगे। क्योंकि शिक्षा में क्रान्ति हुई तो उसका माध्यम देश-भाषाएँ हो जायेंगी और शासन के अधिकार विकेन्द्रित होकर सर्वत्र फैल जायेंगे।

इस देश के कुछ बड़े-बड़े कारोबार महाजनी भाषा में चल रहे हैं। अभी कल तक देशी राजवाड़ों के सारे काम देश-भाषाओं में किये जा रहे थे। फिर क्या है कि देश-भाषाओं में काम करने से देश का शासन डूब जायेगा? असल में अंग्रेज़ी का पल्ला इसलिए नहीं पकड़ा जा रहा है कि उसके बिना इस देश का काम नहीं चल सकता, बल्कि इसलिए कि हमारे शासनाधिकारी काम करना कम, अच्छे नोट लिखना अधिक जानते हैं और उन्हें भय है कि अंग्रेज़ी छूटी तो उनके हाथ से वह अस्त्र भी जाता रहेगा जिससे देश का काम चाहे हो या नहीं, किन्तु अधिकारियों की इज़्ज़त की धाक ख़ूब बैठती है। जिसके दिमाग़ में अक्ल है, जिसके दिल में सचाई है और जिसे काम करने की धुन है, वह लम्बे-लम्बे नोट लिखे बिना भी देश के काम को आगे बढ़ा सकता है। हाँ, जिसे कुछ किये बिना ही इज़्ज़त की रोटी और आडम्बर की कुर्सी की चाह है उसके लिए रास्ता

यही है कि वह देशवासियों पर रोब जमाता रहे कि हमारे चिन्तन की सूक्ष्मता इतनी सूक्ष्म है कि वह महारानी एलिजाबेथ की भाषा के सिवा और किसी भाषा में लिखी ही नहीं जा सकती।

शिक्षा का सार अच्छी भाषा नहीं, अच्छा ज्ञान है और ज्ञान तो बिना साक्षरता के भी दिया जाता है। अपने देश में विद्यालयों और पाठशालाओं से अधिक महत्त्व हमेशा सत्संगति को दिया जाता रहा है, क्योंकि सत्संगति वह स्कूल है जहाँ काग़ज़ हुए बिना भी आदमी ज्ञानी और विद्वान हो जाता है। अकबर निरक्षर था, मगर उसकी योग्यता उन लोगों से कहीं बड़ी थी जो अच्छी भाषा और ख़ूबसूरत नोट पर नाज करते हैं। शिवाजी, महाराणा प्रताप और शेरशाह कुछ बहुत बड़े विद्वान नहीं थे, किन्तु शासन के कामों में उनकी योग्यता पर कभी सन्देह नहीं किया गया। नानक, कबीर और दादूदयाल भी पण्डित नहीं थे; किन्तु सत्संगति के प्रताप से सारा ज्ञान उनमें प्रकट हो गया। भारत में साक्षरता का बहुत अधिक प्रसार कभी नहीं था, फिर भी यहाँ की जनता अज्ञानी नहीं थी और न शिक्षितों और अशिक्षितों के बीच यहाँ वह दरार थी जो आज देखने में आती है। कारण स्पष्ट है कि जब तक इस देश में शिक्षा का माध्यम देशभाषा थी, तब तक थोड़े लोगों को जो ज्ञान पुस्तकों से प्राप्त होता था, वह संगति के द्वारा फैलकर बहुतों तक पहुँच जाता था। किन्तु जब से शिक्षा अंग्रेज़ी के माध्यम से होने लगी, ज्ञान के प्रसार का यह क्रम अवरुद्ध हो गया, क्योंकि अंग्रेज़ी पढ़े-लिखे लोग भाषा के उस प्रवाह से कटकर अलग हो गये जो इस देश के शिक्षितों और अशिक्षितों को एक रखे हुए था। पिछले डेढ़ सौ साल इस देश में शिक्षितों की प्रगति और अशिक्षितों की अधोगति के साल रहे हैं। इस काल में जनता जितनी भावशून्य हो गयी, उतनी वह पहले कभी नहीं थी। कारण यह कि इस काल में हमारा शिक्षित वर्ग जनता के बीच अपने ज्ञान की सुगन्ध को नहीं बिखेर सका, क्योंकि सुगन्ध बिखेरने की राह ही उसके पास नहीं रही, क्योंकि जिस मार्ग से उसने अपना ज्ञान अर्जित किया था वह इस देश के लिए अप्राकृतिक और अपरिचित मार्ग था। विदेशी भाषा के द्वारा जनता को शिक्षित करने का काम सभी देशों में अप्राकृतिक समझा जाता है और भारत में वह इसलिए प्राकृतिक नहीं हो जायेगा कि यहाँ के अंग्रेज़ी के विद्वान उसे प्राकृतिक बनाना चाहते हैं। प्राकृतिक तो वह तभी होगा जब कि अंग्रेज़ी इस देश की मातृभाषा बना दी जाय और बच्चे उसे माँ के दूध के साथ पीने लगें।

और जो कुछ मैं कह रहा हूँ वह केवल साहित्य या ह्यूमेनिटिज पर ही लागू नहीं है, प्रत्युत उसे मैं विज्ञान और शिल्प पर भी लागू मानता हूँ। अगर आपका

उद्देश्य केवल कुछ ऐसे विशेषज्ञों को उत्पन्न करना है जो जन-जीवन से दूर रहकर प्रयोगशालाओं में काम किया करें, तो सम्भव है, अंग्रेज़ी से आपका काम चल जायेगा। किन्तु यदि आप विज्ञान को सर्वसाधारण की वस्तु बनाना चाहते हैं, यदि आप वैज्ञानिक दृष्टि को समाज के भीतर पचाना चाहते हैं; संक्षेप में यदि आप विज्ञान को जनता की अस्थि और मज्जा में ले जाना चाहते हैं, तो आपको शीघ्र-से-शीघ्र वह उपाय सोचना होगा जिससे विज्ञान और शिल्प की भी शिक्षा देश-भाषाओं में दी जा सके। अंग्रेज़ी के द्वारा पढ़ाया गया विज्ञान हमेशा विदेशी रहेगा, वह हमेशा थोड़े लोगों की चीज़ होगा। जनता का हृदयहार वह तभी हो सकेगा जब कि शिक्षा देश-भाषाओं में दी जाय और उसके पारिभाषिक शब्द भी यथासम्भव इसी देश के शब्द हों।

कभी-कभी हमें यह भय भी दिखलाया जाता है कि अगर हमने अंग्रेज़ी को छोड़ दिया तो फिर हम जवाहरलाल और राधाकृष्णन् को उत्पन्न नहीं कर सकेंगे। जवाहरलाल और राधाकृष्णन् जीनियस हैं और जीनियस किसी भी योजना के अधीन जन्म नहीं लेते। वे नियमों और स्वाभाविक प्रक्रियाओं के अपवाद होते हैं। वे अचानक उसी प्रकार निकल पड़ते हैं जैसे शरीर के किसी भाग पर ट्यूमर या मांसवृद्धि निकल पड़ती है और इसमें कोई सन्देह नहीं कि मानवता चाहती है कि उसके अंग पर ये ट्यूमर अधिकाधिक संख्या में बराबर निकलते रहें। मगर वाजे रहे कि राधाकृष्णन् और जवाहरलाल इस बात के प्रमाण नहीं हैं कि अंग्रेज़ी ने भारतीय प्रतिभा की उर्वरता में वृद्धि की है, बल्कि इस बात के कि भारत की उर्वरता इतनी प्रखर है कि वह अंग्रेज़ी में भी जवाहरलाल और राधाकृष्णन् को जन्म दे सकती है। किन्तु कहीं हमने अपनी भाषा के द्वारा ज्ञान की साधना की होती, तो इन सौ-डेढ़ सौ वर्षों में हमने राधाकृष्णन् और जवाहरलाल के एक नहीं, अनेक जोड़े उत्पन्न किये होते। फिर भी विदेशी भाषा में जवाहरलाल और राधाकृष्णन् हम चाहे उत्पन्न भी कर लें, किन्तु रवीन्द्र और इक़बाल, भारती और वल्लाथोल, नानालाल और मेघाणी तथा प्रसाद और प्रेमचन्द अंग्रेज़ी में नहीं, भारतीय भाषाओं में ही जन्म ले सकते हैं। प्रत्येक देश की अपनी जीनियस होती है और इस जीनियस की सम्यक् अभिव्यक्ति उसी देश की भाषा में की जा सकती है। ज्ञान और तर्क के परे, भावना और सहजानुभूति की जो कोमल भूमि है, उसकी पगडण्डी मातृभाषा में बनती है, अजनबी भाषाओं में नहीं। यही कारण है कि ज्ञान और तर्क की ज़मीन पर काम करने वाले भारतीय विद्वानों को विदेश वालों ने यत्किंचित् स्वीकृति तो दे दी, किन्तु अंग्रेज़ी भाषा में लिखने वाले भारतीय कवि और कलाकार यूरोप के दरवाज़े पर सुयश की भीख माँगते

खड़े-के-खड़े रह गये और यूरोप ने उनका सत्कार नहीं किया। अंग्रेज़ी कविता का कोई भी प्रतिनिधि-संग्रह उठाकर देख लीजिए, उसमें रवीन्द्र और सरोजिनी, तोरूदत्त और माइकेल तथा भारती साराभाई और हरीन्द्रनाथ चट्टोपाध्याय की एक भी रचना देखने को नहीं मिलेगी। और यह ठीक भी है क्योंकि इन कवियों की काव्य-सामर्थ्य चाहे जितनी बड़ी हो, किन्तु अंग्रेज़ी भाषा के साथ इनकी आत्मा एकाकार नहीं हो सकी और इसी कारण इनके भावों की सूक्ष्म झलकियों को अंग्रेज़ी में ठीक से उतरने का मार्ग नहीं मिला। गुरुदेव से जब हम पहली बार मिले तब उन्होंने बातों के सिलसिले में यह कहकर हम सबको अचम्भे में डाल दिया कि बंगाल को छोड़कर वे किसी भी अन्य भाषा के शब्दों के साथ लिपटे हुए वातावरण-विशेष को ग्रहण नहीं कर पाते और अपनी यह सीमा उन्होंने अंग्रेज़ी के विषय में भी स्वीकार की। अभी-अभी श्रीयुत चार्ल्स नेपियर ने, जो हिन्दी के बहुत अच्छे अंग्रेज़ लेखक हैं, 'नागरी प्रचारिणी पत्रिका' में एक लेख लिखा है जिसमें उन्होंने हिन्दीवालों को यह सलाह दी है कि आप दो भाषाओं पर स्वामित्व प्राप्त करने की लालसा छोड़कर केवल अपनी ही भाषा की गहराई में उतरने की चेष्टा कीजिए। तभी आपको अपनी भाषा की बारीकियों और विलक्षणताओं का पता चलेगा और तभी आप हिन्दी में शुद्ध भारतीय साहित्य की सृष्टि कर सकेंगे। उन्होंने कहा है, "अंग्रेज़ी नये युग का जनेऊ है, जिसके बिना आदमी का कोई आदर नहीं होता। जब तक भारतीय इस मोह से न छूटेंगे, जब तक वे अपनी सांस्कृतिक स्वतन्त्रता पर उतना गर्व न करेंगे जितना कि अपने राजनीतिक स्वराज्य पर, तब तक हिन्दी का पूर्ण विकास नहीं हो सकेगा।" आगे वे लिखते हैं कि "मेरी समझ में, यदि कई प्रतिभाशाली साहित्यिक भारतवासी, और सब कुछ छोड़कर हिन्दी में ही तन्मय हो जायें, ऐसे लोग जो हिन्दी पढ़कर नये विचार प्राप्त कर सकें और हिन्दी में लिखकर नये विचारों का प्रचार कर सकें, ऐसे लोग जो हिन्दी में ही बोलें, सोचें, पढ़ें, लिखें और स्वप्न देखें; तभी हिन्दी साहित्य स्वतन्त्र, प्रभावपूर्ण और ओजस्वी हो सकेगा।"

स्पष्ट ही, चार्ल्स नेपियर महोदय ने हिन्दी के बारे में जो बात कही है वह सभी भारतीय भाषाओं पर एक समान लागू होती है। जो लोग अंग्रेज़ों को हटाकर निश्चिन्त हो गये हैं और इस भ्रम में भूले हुए हैं कि अंग्रेज़ी भाषा के साथ ग़ुलामी की कोई ज़ंजीर बँधी हुई नहीं है, उन्हें नेपियर महोदय जैसे अंग्रेज़ों की सलाह से होश में आना चाहिए। जिस पराधीनता की ज़ंजीर को हमने सन् 1947 ई. के अगस्त में काट गिराया, वह हमारी शारीरिक ग़ुलामी की ज़ंजीर थी। मानसिक ग़ुलामी की कड़ियाँ तो अब भी अंग्रेज़ी के साथ बँधी हुई हैं और जब

तक अंग्रेज़ी इस देश में प्रभुता के पद पर आसीन है, तब तक हम मानसिक और आध्यात्मिक स्वराज्य से वंचित रहेंगे।

यह सत्य है कि अंग्रेज़ी भाषा के प्रचार से ही इस देश की अपनी भाषाओं में नया जीवन और नयी गति आयी है। यह भी सत्य है कि अंग्रेज़ी के साहचर्य से ही भारतीय भाषाओं में नयी दिशाएँ प्रकट हुईं, नूतन अभिव्यंजनाएँ उतरीं और नया आलोक विकीर्ण हुआ। किन्तु साथ-साथ यह भी मानना पड़ेगा कि भारतीय भाषाओं में जो नया साहित्य लिखा जा रहा है उसका देश की जनता के साथ वही सीधा सम्पर्क नहीं है जो अंग्रेज़ी के पहले वाले साहित्य का था। हमारा नया साहित्य, मुख्यतः अंग्रेज़ी पढ़े-लिखे लोगों का साहित्य है। बाक़ी जनता उसे उसी दृष्टि से देखती है जिस दृष्टि से वह बी.ए. पास नवयुवकों को देखती है। जब से देश में राष्ट्रीय और सामाजिक आन्दोलन छिड़े, तब से साहित्य का एक अंश ऐसा भी अवश्य प्रस्तुत हुआ जो जनता तक पहुँच सका है। किन्तु प्रचार के इस धरातल से ऊपर जो संस्कृति का सुरभिपूर्ण निर्लिप्त शिखर है, उस पर बैठकर हम देश की जनता से बात नहीं कर सकते। ऐसा लगता है कि अंग्रेज़ी लिख-पढ़कर हम जो साहित्य तैयार कर रहे हैं, उसका मुख्य श्रोता भारत नहीं, यूरोप हो। और यह सीमा हम पर इसलिए आयी है कि हम अपनी भाषाओं की विलक्षणताओं से अधिकांश में अपरिचित रह गये। कविता की आलोचना, अन्ततः, उसकी भाषा की आलोचना होती है। अगर अनुकूल भाषा न मिले तो बड़े-से-बड़े कवि के भाव लिखित होकर भी अलिखित रह जाते हैं। कविता में साधारणीकरण के सिद्धान्त को हम सभी लोग मानते हैं; किन्तु भाषा का जो रूप जनता के अवचेतन मन में बसता है, उसे पूर्ण रूप से आत्मसात् किये बिना कोई भी कवि साधारणीकरण की प्रक्रिया में सफलता प्राप्त नहीं कर सकता। साधारणीकरण की सफलता के लिए यह आवश्यक है कि कवि के व्यक्तित्व में जनता का पूरा व्यक्तित्व समाहित रहे और कवि इस प्रकार खड़ा हो, मानो वह जनता की भाषा और भाव, दोनों का सोलह आना प्रतिनिधि बनकर आया हो। किन्तु यही वह बिन्दु है जहाँ भारत का आधुनिक कवि फीका पड़ जाता है। वह जनता के भावों का प्रतिनिधित्व तो कर लेता है, किन्तु उसकी भाषा का प्रतिनिधित्व वह नहीं कर पाता। असल में उसका व्यक्तित्व फटा हुआ है। उसका मन कहीं और, और तन कहीं और है। इतने दिनों के प्रयोग से जो शिक्षा निकलती है वह यह है कि भारतीय साहित्यिकों का वही दल भारतीय जनता के हृदय-द्वार तक पहुँचेगा जिसकी सारी शिक्षा मातृभाषा अथवा भारत की किसी भाषा में पूरी होगी। आज तो हम जो कुछ लिखते हैं वह एक ऐसे क्षितिज से

उतरता दीखता है जिस क्षितिज से इस देश की जनता का कोई परिचय ही नहीं है। उसे वे ही लोग पहचानते हैं जिनकी अंग्रेज़ी से ख़ासी जान-पहचान है। देश के लेखक और कवि जनता की भावनाओं को आलोड़ित नहीं कर सकें, वे उसकी चेतना के समुद्र में तरंगें उठाने में असमर्थ हों, यह एक ऐसा आध्यात्मिक विनाश है जो हमारी कला को पंगु बनाये जा रहा है। उस पर भी देश के चिन्तक और बड़े लोग देश-भाषाओं को अंग्रेज़ी से ऊपर उठने देने का विरोध करें, यह एक ऐसा दृश्य है जिसे ईश्वर ही देख सकता है।

संस्कृति की रचना और अभिव्यक्ति कला के माध्यम से होती है और भारतीय कला का यह स्वभाव है कि वह यूरोप की कलात्मक भंगिमाओं से सामंजस्य नहीं बिठा सकती। बहुत प्राचीन काल में, यूनानी कला का सम्मिश्रण भारतीय कला से हुआ था। परिणामस्वरूप, गान्धार कला का जन्म हुआ। किन्तु वह भारत में टिक नहीं सकी, क्योंकि वह अभारतीय थी, क्योंकि भारत की आत्मा अपने को इस मिश्रित कला के भीतर से व्यक्त नहीं कर सकती थी। इसी प्रकार, जब अंग्रेज़ आये तब बिहार में चित्रकारी का एक स्कूल पटना में चल पड़ा, किन्तु वह स्कूल भी ख़त्म हो गया, क्योंकि उसकी विशेषता वर्णसंकरता को लेकर थी और इस वर्णसंकरता को देखकर भारतीय कला को उबकाई आती है। इसके विपरीत, भारत के एक क्षेत्र की कला उसके दूसरे क्षेत्र की कला से घुल-मिलकर बड़े आनन्द से फूलती-फलती रही है। यही नहीं, प्रत्युत् मुग़लों के समय में ईरानी कला का भारतीय कला से जो गठबन्धन हुआ, उसके परिणाम बहुत अच्छे रहे और मुग़लक़लम के द्वारा भारतीयता ने अपनी बहुत कुछ अभिव्यक्ति की। इससे एक बार फिर यह स्पष्ट हो जाता है कि एशिया की आत्मा का भारत की आत्मा से अच्छा मेल हो सकता है, किन्तु यूरोपीय कलाएँ हमारी कलाओं में पच नहीं सकतीं। अतः जैसे यूरोप की कलाएँ भारतीय कलाओं से एकाकार नहीं हो सकतीं, उसी प्रकार यूरोपीय साहित्य भारतीय साहित्य से घुल-मिलकर एक नहीं हो सकता। इतने पर भी जो लोग अंग्रेज़ी के वृक्ष पर भारतीयता की क़लम लगाने को बेकरार हैं, उनके सम्बन्ध में यही कहा जा सकता है कि वे भारत की आत्मा को ठीक से नहीं पहचानते। यूरोपीय भाषाओं में जो तेज है, उनके साहित्य में जो ज्ञान है, यूरोपीय सभ्यता में जो उद्दामता और प्रबलता है, उसे हम अवश्य लेंगे। किन्तु अपनी भाषाओं का दलन करके नहीं, प्रत्युत् अनुकरण, अनुवाद अथवा निचोड़ के रूप में उन्हें अपने ढाँचे में ढालकर।

अंग्रेज़ी को सत्तारूढ़ रखने के पक्ष में एक और तर्क दिया जाता है जो अन्य तर्कों से कहीं ख़तरनाक है। और वह यह है कि अगर अंग्रेज़ी अभी तुरन्त हटायी

गयी तो उसकी जगह पर हिन्दी नहीं, कोई क्षेत्रीय भाषा आसीन हो जायेगी। यह भय भी एक विचित्र प्रकार का भय है, क्योंकि अंग्रेज़ी को तो हम ठीक इसीलिए हटाना चाहते हैं कि उसकी जगह पर क्षेत्रीय भाषाएँ आसीन हो सकें। अंग्रेज़ी अपनी प्रभुता की सारी जगह केवल हिन्दी के लिए ख़ाली नहीं करेगी और न हिन्दी उस पर क्षेत्रीय भाषाओं की सहमति के बिना आसीन ही हो सकती है। सच तो यह है कि विभिन्न भाषा क्षेत्रों में अंग्रेज़ी को प्रभुता के पद से हटाने का काम वहाँ की मातृभाषाएँ कर सकती हैं, राष्ट्रभाषा नहीं, क्योंकि जनता में जो उत्साह मातृभाषा के लिए जगाया जा सकता है, वह राष्ट्रभाषा के पक्ष में जगाया नहीं जा सकता। मैं यह नहीं मानता कि प्रान्तों के जो-जो कार्य अंग्रेज़ी में चल रहे हैं वे एक दिन हिन्दी में चलने लगेंगे। यह कल्पना ग़लत है और इसका विरोध उन सभी लोगों को करना चाहिए, जो प्रजातन्त्र के सच्चे अनुरागी हैं। स्वतन्त्रता केवल हिन्दी को बढ़ाने के लिए नहीं आयी है। उसे तो सभी भाषाओं की उन्नति और विकास करना है। हिन्दी को तो हम सार्वदेशिक सम्बन्धों की भाषा के रूप में स्वीकार कर रहे हैं। परन्तु प्रान्तों के अधिक कार्य तो ऐसे ही हैं जिनके लिए वहाँ की मातृभाषाएँ यथेष्ट होंगी। जब तक राष्ट्रभाषा की उपयोगिता की इस सीमा को हम नहीं समझ लेते, तब तक क्षेत्रीय भाषा-क्षेत्रों में राष्ट्रभाषा का प्रसार शंकाओं से त्रासित रहेगा, इसमें सन्देह नहीं।

असल में, राष्ट्रभाषा के आन्दोलन को हमें सभी भाषाओं के आन्दोलन के साथ-साथ आगे ले चलना है। राष्ट्रभाषा की क़िस्मत मातृभाषाओं की क़िस्मत से एक साथ बँधी हुई है, इस तथ्य को देश जितना शीघ्र समझ ले, हमारा भाषा-विषयक विवाद उतना ही शीघ्र शान्त हो जायेगा। आज भारतवर्ष में भाषा विषयक जो जागृति दिखाई देती है, उसके मूल में स्वतन्त्रता और आत्माभिव्यक्ति की भावना काम कर रही है। और इस भावना से डरने के बदले हमें उसका आदर करना चाहिए। प्रत्येक भाषा के सिर पर एक चट्टान पड़ी हुई है और इस चट्टान को तोड़कर वह ऊपर आना चाहती है। और यह चट्टान राष्ट्रभाषा की नहीं, अंग्रेज़ी और अंग्रेज़ियत की चट्टान है।

राष्ट्रभाषा ने किसी भी क्षेत्रीय भाषा का कोई अहित नहीं किया है। वस्तुस्थिति यह है कि देश की सभी भाषाएँ अंग्रेज़ी के दबाव के कारण अकुला रही हैं और जब तक अंग्रेज़ी का यह दबाव नहीं हटता, तब तक देश की यह आकुलता भी मौजूद रहेगी। आज जो भाषा-विषयक युद्ध चल रहा है उसमें एक ओर तो हिन्दी-समेत भारत की सारी राष्ट्रीय भाषाएँ हैं और दूसरी ओर क़िले पर क़ब्ज़ा किये हुए अंग्रेज़ी लड़ रही है। जब तक इस क़िले पर अंग्रेज़ी

का आधिपत्य है, हिन्दी और हिन्दीतर भाषाओं को अपने विकास का मार्ग नहीं मिलेगा, और सम्भव है, अंग्रेज़ी कूटनीति से काम लेकर इन भाषाओं में मनमुटाव भी पैदा कर दे। इसलिए राष्ट्रीय एकता के हित में यह अत्यन्त आवश्यक है कि हम अंग्रेज़ी को प्रभुता के पद से शीघ्र-से-शीघ्र हटाकर उसकी जगह पर देशी भाषाओं को प्रतिष्ठित कर दें। यह पहला काम है जो अविलम्ब पूरा किया जाना चाहिए। इसके बाद के कार्य अर्थात् अंग्रेज़ी के द्वारा रिक्त स्थानों की पूर्ति कहाँ पर राष्ट्रभाषा और कहाँ पर भतृभाषाएँ करेंगी, इस योजना का विचार देश की सुविधा पर छोड़ देना चाहिए। हमारे देश के आगे मंगलमय भविष्य का विस्तार है और हम सभी भारतवासी हर हालत में एक रहना चाहते हैं। हमारा प्रत्येक प्रान्त एक सुन्दर पुष्प, एक आबदार मोती है; किन्तु ये सभी पुष्प, ये सभी मोती एक ही हार में गुँथे हुए हैं और सारे देश का यह संकल्प है कि यह हार नगाधिराज हिमालय के कण्ठ से लगा रहेगा।

अन्त में, मैं उन सभी भाइयों और बहनों को प्रणाम करता हूँ जो हिन्दी को अपनी राष्ट्रभाषा समझकर उसे उत्साह और प्रेम से सीख रहे हैं। भाषा के क्षेत्र में भारत का जो राष्ट्रीय महल तैयार हो रहा है, संयोग की बात कि उस तैयारी का सारा बोझ अहिन्दी प्रान्तों के लोगों पर जा पड़ा है। एक भाई कड़ी धूप में चलकर गारा और चूना ढो रहा है और दूसरा छाया में निश्चेष्ट बैठा है। छाया में आराम करनेवाला निकम्मा भाई मैं हूँ और जो परिश्रमपूर्वक गारा और चूना ढो रहा है, वह कर्मठ भाई आप हैं। आपकी परेशानी और कठिनाई को देखकर हमारा मस्तक नत हो जाता है। किन्तु यह प्रसंग ही ऐसा है जिसे आपको सँभालना है। हम तो सिर्फ़ यही आश्वासन दे सकते हैं कि हिन्दी के राष्ट्रभाषा हो जाने से जो स्थिति उत्पन्न हुई है, उसका कोई भी अनुचित लाभ हम हिन्दीवाले नहीं उठायेंगे।*

---

* भावनगर में 23 मई, 1954 ई. को हुए गुजरात सौराष्ट्र-कच्छ-प्रान्तीय राष्ट्रभाषा प्रचार सम्मेलन में दिया गया अध्यक्षीय भाषण।

दिल या दिमाग़?

अहमदाबाद से लेकर बम्बई और पूना तक तथा उधर सौराष्ट्र तक गुजराती तथा मराठी बोलनेवाली जनता में राष्ट्रभाषा के प्रति जो प्रेम जगा है, वह भारत के उज्ज्वल भविष्य की सूचना देता है और यह प्रेम केवल पूना तक ही सीमित नहीं है, बल्कि उससे भी आगे कन्याकुमारी तक उसकी लहर बढ़ती ही चली गयी है। यही नहीं, प्रत्युत् आसाम, बंगाल और उड़ीसा—ये सभी भूभाग उस प्रेम से प्लावित हो रहे हैं। दक्षिण भारत हिन्दी प्रचार सभा और वर्धा की राष्ट्रभाषा प्रचार समिति, विशेषतः इन दो संस्थाओं ने राष्ट्रीय एकता की वृद्धि के लिए जो मूल्यवान प्रयास किये हैं, उनका विवरण भविष्य आदर के साथ लिखेगा और आनेवाली सन्ततियाँ उन अनेक लोगों के प्रति सम्मानपूर्वक मस्तक झुकायेंगी जो आज सब कुछ छोड़कर केवल राष्ट्रभाषा के प्रचार में लगे हुए हैं, जो एक ऐसे समय में अपनी निष्ठा अटल हैं जब हज़ारों तपस्वी और बलिदानी लोगों को माया ने अपनी ओर खींच लिया है। सच पूछिए तो कुछ अपवादों को छोड़कर बापू के सपनों के सच्चे वारिस आज वे ही लोग रह गये हैं, जो राष्ट्रभाषा के प्रचार में लगे हुए हैं अथवा जो गाँवों में बैठकर कोई-न-कोई रचनात्मक काम कर रहे हैं और ये ही वे लोग हैं जिनकी कोशिश से भारत के उज्ज्वल भविष्य का दरवाज़ा खुलनेवाला है। चाक-चिक्य और शान-शौकत बड़ी ही क्षणस्थायी वस्तु है। संसार का कोई भी बड़ा काम रोशनी की हलचल में नहीं किया जाता। बड़े काम तो वे ही कर पाते हैं जो रोशनी से ज़रा अलग गोधूलि में छिपकर बैठते हैं, जो शान-शौकत की दुनिया से दूर हैं और जो अपने कार्य के ध्यान में इस तन्मयता से लगे हुए हैं कि धन और मान की उन्हें याद ही नहीं आती। राष्ट्रभाषा-प्रचारकों का सारा समुदाय गोधूलि की इसी एकान्तता में निवास करता है और इस समुदाय के कार्य उन कार्यों से कहीं मूल्यवान हैं जिनके पीछे विधानसभाओं में इतनी भीड़ लगी हुई है। क्योंकि क़ानूनों के ज़रिये हमने देश

की एकता की जो प्रतिमा तैयार की है, वह अभी गूँगी है, वह अभी पंगु है, वह अभी बहुत-कुछ बेजान भी है। बोलने, चलने और हँसने-रोने की शक्ति उसे आपसे मिलेगी; आप जिस काम में लगे हैं उसकी कामयाबी से मिलेगी। दिल्ली के भरोसे सब कुछ छोड़ देने से काम नहीं चलेगा। दिल्ली तो खुद एक मशीन है और मशीनें मूर्तियाँ गढ़ना जानती हैं, उनके भीतर जान नहीं डाल सकतीं। जान डालने का ज़िम्मा तो उन लोगों का है, जो गीत-कवित्त, नाटक और उपन्यास लिखकर या नृत्य और कला के द्वारा जनता के हृदय को आन्दोलित करते हैं अथवा जो लोग देश की अनेक जिह्वाओं को एक वाणी में बोलना सिखा रहे हैं।

राष्ट्रभाषा की शिक्षा देश की एकता के लिए है; राष्ट्रभाषा की शिक्षा राष्ट्रीय गौरव के उत्थान के लिए है। बहुत दिन हुए, अकबर इलाहाबादी ने राष्ट्रीय शिक्षा का महत्त्व बतलाते हुए एक पंक्ति कही थी–"उर्दू में नज्मे-मिल्लत, बी.ए. में सिर्फ़ रोटी।" वह बात आज भी सत्य है। आज भी अंग्रेज़ी हम इसलिए नहीं पढ़ते कि वह हमारी कौमी ज़बान है या उसके भीतर हमारे राष्ट्र का हृदय धड़कता है, बल्कि इसलिए कि देश में शासन का जो ढाँचा काम कर रहा है, उसके भीतर प्रवेश पाने के लिए अंग्रेज़ी हमें मजबूरन सीखनी पड़ती है। जिनका उद्देश्य बड़ा नहीं है जो किसी भी तरह केवल अपना और अपने परिवार का सुख खोजते हैं, अंग्रेज़ी की ओर दौड़नेवालों में उन्हीं की संख्या विशाल है। इसके विपरीत, जिन्होंने अपने सामने कोई बड़ा लक्ष्य रखा है, जो अपने शरीर और परिवार से पहले अपने समाज और देश को सुखी देखना चाहते हैं, वे उस विद्या की ओर जा रहे हैं, जो अर्थकरी नहीं, परमार्थ सिखानेवाली है, जिससे शारीरिक सुखों की प्राप्ति तो वैसी नहीं होती किन्तु आत्मा का आनन्द ख़ूब मिलता है।

बापू की प्रेरणा से जब राष्ट्रभाषा का प्रचार पहले-पहल आरम्भ हुआ था, तब से लेकर आज तक बहुत वर्ष बीत गये। इस बीच ज़िन्दगी ने बहुत बड़ी करवट ली और देश स्वाधीन हो गया। फिर भी प्रचारकों का काम सिमटा नहीं, वह और विस्तार पाता गया है। लोग यह आशा करते थे कि देश के स्वाधीन होने पर प्रचारकों का कुछ बोझ सरकार भी सँभाल लेगी, लेकिन जैसे जनता के अन्य बहुतेरे काम उन हाथों की प्रतीक्षा में हैं जो उन्हें पूरा करेंगे, वैसे ही राष्ट्रभाषा की समस्याएँ भी उन सरकारों की राह देख रही हैं, जिन्हें उनका वाजिब हल निकालना आता होगा।

फिर भी प्रचारकों को धन्यवाद है कि उन्होंने अपने काम को सरकार के भरोसे नहीं छोड़ा और वे तमाम कठिनाइयों को चीरते हुए आगे ही बढ़ते जा रहे हैं। गांधी जी की मशाल आज केवल रचनात्मक कार्य करने वालों के हाथ में शोभा

दे रही है और इन कार्यकर्ताओं में राष्ट्रभाषा प्रचारकों का स्थान बड़ा ही श्लाघ्य है, इसमें सन्देह नहीं।

कठिनाइयाँ बहुत हैं और हमारी उपेक्षा भी कम नहीं है। फिर भी हमें इस आशा में धैर्य के साथ आगे बढ़ते जाना है कि गांधी जी ने हमारे लिए जिस काम की विरासत छोड़ी है, असल में वह इस देश की कोटि-कोटि जनता का काम है और हमारे काम से जनता की तथा जनता की उन्नति से हमारे कार्य की प्रगति होनेवाली है। हमें यह सोचकर भी साहस रखना है कि राष्ट्रभाषा का सारा इतिहास ही संघर्षों का इतिहास रहा है। अंग्रेज़ों को सबसे अधिक दुश्मनी हिन्दी से थी क्योंकि 19वीं सदी से ही वे हमारे पूज्य नेताओं के मुख से सुनते आये थे कि हम एक-न-एक दिन हिन्दी के ज़रिये अंग्रेज़ी को अपदस्थ कर देंगे। इस देश में अंग्रेज़ों का राज्य वैर-फूट पर क़ायम था, मगर वे जानते थे कि जिस दिन देश में हिन्दी का प्रचार बढ़ेगा, उसी दिन से वैर-फूट का भाव घटने लगेगा और देश के भीतर एकता की वह शक्ति उत्पन्न हो जायेगी जो स्वाधीनता प्राप्त किये बिना नहीं रहेगी। और अंग्रेज़ जिन कारणों से हिन्दी के विरोधी थे, भारत के राष्ट्रीय विचारवाले सभी लोग ठीक उन्हीं कारणों से हिन्दी की ओर उन्मुख हो रहे थे। जनभाषा जनशक्ति का प्रतीक होती है, इसलिए अंग्रेज़ हिन्दी को जनभाषा के पद तक जाने देना नहीं चाहते थे। और ध्यान से देखने पर आपको पता चलेगा कि हिन्दी के लिए आज भी जिनमें उत्साह का अभाव है अथवा जो सिर्फ़ ऊपरी मन से इसका समर्थन करते हैं, उनमें बहुमत ऐसे ही लोगों का है, जिनका स्वार्थ अंग्रेज़ी पर निर्भर करता है या जो लोग भेदनीति एवं प्रान्तीयता की राह से अपने वैयक्तिक पद को ऊँचा उठाना चाहते हैं। यह हिन्दी पर नयी मुसीबत है और इसका सामना हमें काफ़ी सावधानता से करना होगा। असली कठिनाई यह है कि जिन लोगों ने आज़ादी की लड़ाई जीती, आज़ादी का फल केवल उन्हीं के हाथ में नहीं रहा। वह कुछ ऐसे लोगों के क़ब्ज़े में भी चला गया है जो जनता की इच्छाओं से अपरिचित हैं, जिन्हें धूप और वर्षा में चलने का मौक़ा नहीं मिला, जिन्होंने पंखों के नीचे शिक्षा पायी तथा जिनकी जीविका भी पंखों के ही नीचे चल रही है।

मगर याद रहे कि अंग्रेज़ी में देश की क़िस्मत का लेखा लिखने का अप्राकृतिक कार्य अधिक दिनों तक नहीं चल सकता। और जब तक लिखावट का यह ग़लत ढंग इस देश में चलता रहेगा, तब तक देश की जनता अपने सेवकों और शासकों की बातों को सीधे नहीं समझ सकेगी। जो लोग जनभाषा की राह को रोकना चाहते हैं, उन्हें चाहिए कि वे केवल राजधानियों को ही देखकर नहीं रह

जायें, बल्कि दक्षिण से उत्तर तक के पूरे ग्रामीण भारत का भी निरीक्षण कर लें। हिन्दी इस देश की जनशक्ति का प्रतीक बनती जा रही है। और जनजागरण की बढ़ती के साथ जनभाषा की उन्नति निश्चित रूप से बँधी होती है। एक दिन ऐसा भी आनेवाला है जब कि जनता अपनी क़िस्मत का मसविदा अपनी ही बोली में लिखना आरम्भ कर देगी। जिस देश में राष्ट्रभाषा के जो भी प्रचारक जिस अवस्था में, जहाँ भी, हिन्दी का कोई काम कर रहे हैं, वे इसी जनता की फ़ौज के सिपाही हैं। इन प्रचारकों का आत्मत्याग एकता के उस बड़े महल की नींव है, जिसमें सारा भारतवर्ष सुख से निवास करनेवाला है। इन प्रचारकों का पसीना उस मकान में गारे का काम दे रहा है, जिसमें हमारी सारी सन्ततियाँ एक-दूसरे से गले मिलकर विहार करेंगी।

राष्ट्रभाषा का प्रेम मात्र भावना पर ही अवलम्बित नहीं है। गांधी जी केवल भावना से हिलनेवाले जीव नहीं थे, और न केवल भावना-शमन के लिए उन्होंने हिन्दी प्रचार को अपने कार्यक्रम में इतना ऊँचा स्थान दिया था। असली बात यह है कि जब तक हुकूमत का फरमान लिखनेवाली क़लम अंग्रेज़ी पर ही रीझे हुए भूरे साहबों के हाथ में रहेगी, तब तक जनता को भी अपना पूरा हक़ हासिल नहीं होगा। जनता और सरकार के बीच जो दीवारें खड़ी हैं उनमें से एक बड़ी दीवार अंग्रेज़ी का सहारा लिये हुए है। जब तक यह दीवार नहीं टूटती और देश के शासक जनता की बोली अर्थात् राष्ट्रभाषा या प्रान्तीय भाषाओं में सोचना, लिखना और बात करना शुरू नहीं कर देते, तब तक हम प्रजासत्ता को वह सजीव रूप नहीं दे सकेंगे, जिसमें जनता की प्रत्येक इच्छा सरकार के हृदय में धड़कन देती है और सरकार की प्रत्येक कठिनाई जनता की शिराओं में ध्वनित होती है। देश की जनभाषा के विरुद्ध चलनेवाला षड्यन्त्र असल में जनता के ही विरुद्ध षड्यन्त्र है। शासन-यन्त्र के चालकों ने जनभाषा के विरुद्ध उदासीनता की जो नीति अपनायी है, उसका मुख्य कारण यह नहीं है कि जनभाषा में राज-काज का काम शुरू कर देने से यह देश डूब जायेगा, बल्कि यह कि अंग्रेज़ी के हटाने से शासन के केन्द्रों में वे लोग कमज़ोर पड़ जायेंगे, जिनकी वर्तमान सुखपूर्ण स्थिति अंग्रेज़ी के ज्ञान पर निर्भर करती है।

दुर्भाग्यवश जहाँ-तहाँ से अब यह आवाज़ भी आने लगी है कि उत्तर भारत से जो हिन्दी आ रही है, वह प्रान्तीय है, अतएव शेष भारतवर्ष में उसकी जगह पर राष्ट्रीय हिन्दी का प्रचार किया जाना चाहिए। मैं स्वयं नहीं चाहता कि उत्तर भारत के लोग देश की राष्ट्रभाषा का अभिभावकत्व करें; राष्ट्रभाषा का अभिभावक तो अब सारा भारतवर्ष है और भारतवर्ष अगर किसी ख़ास तरह

की हिन्दी की ज़रूरत महसूस करता है और अगर वह हिन्दी सचमुच तैयार की जा सकती है, तो वह ज़रूर तैयार की जाय। हम उत्तरवासी लोग उसे अपनी राष्ट्रभाषा के रूप में सहर्ष स्वीकार कर लेंगे। मगर जो लोग प्रान्तीय तथा राष्ट्रीय हिन्दी का नया प्रश्न लेकर उठे हैं, उनकी सेवा में मैं बड़े ही अदब के साथ यह निवेदन करना चाहता हूँ कि आप जो बात कर रहे हैं उसका अभी अस्तित्व नहीं है। हिन्दी जहाँ-जहाँ गयी है, वहाँ-वहाँ उसने अपने लिए कुछ लेखक भी उत्पन्न कर लिये हैं और उत्तर से लेकर दक्षिण तक ये लेखक आज जिस हिन्दी में अपने निबन्ध या ग्रन्थ लिख रहे हैं, भाषा और व्याकरण की दृष्टि से वह हिन्दी एक और अविभाज्य है। अभी वह स्थिति नहीं है कि हम रेखा खींचकर एक तरह की हिन्दी को दूसरी तरह की हिन्दी से अलग कर सकें।

किन्तु इसका यह अर्थ नहीं है कि हिन्दी अन्य भाषाओं से प्रभावित नहीं होगी। ज्यों-ज्यों वह अन्य प्रान्तीय भाषाओं की शक्तियों के सम्पर्क में आती जायेगी, उसकी आत्मा और शरीर पर इन शक्तियों का प्रभाव पड़ता जायेगा और वह तदनुसार कुछ-कुछ रूपान्तरित भी होती जायेगी। किन्तु रूपान्तरण की इस प्रक्रिया को हम हर क़दम पर देख सकेंगे या नहीं, यह बताना आसान नहीं है।

हिन्दी बहुत दिनों तक केवल दिल्ली और आगरे के आसपास महदूद थी। जब मुग़ल-साम्राज्य का पतन होने लगा और देश की बची-खुची सिद्धियाँ पूरब की ओर भागने लगीं, तब उन्हीं के साथ गुजराती, मारवाड़ी और खत्री व्यापारियों तथा रोज़ी खोजनेवाले दूसरे लोगों की जीभ पर बैठकर वह पूर्वी भारत की ओर चल पड़ी। पीछे जब अंग्रेज़ों की सल्तनत कलकत्ते में आरम्भ हुई, तब दिल्ली की जगह कलकत्ता ही देश का केन्द्र हो गया और इस प्रकार जो भाषा पहले पश्चिम में सीमित थी, उसका प्रसार पूरब की ओर और ज़ोर से बढ़ने लगा। इस फैलाव में हिन्दी ने ब्रजभाषा, अवधी, बैसवारी, बुन्देलखण्डी, भोजपुरी और मैथिली के क्षेत्रों में प्रवेश किया और उन सबके साथ पच-खपकर उसने अपना एक ऐसा स्वरूप तैयार कर लिया कि उसे स्वीकार करते समय पूरब के वासियों को कभी यह बात सूझी भी नहीं कि वे किसी दूसरी भाषा को स्वीकार कर रहे हैं और मज़े की बात तो यह है कि हिन्दी के इस रूपान्तरण की प्रक्रिया इतनी स्वाभाविक और महीन रही कि कभी हमें यह भी पता नहीं चला कि भाषा के क्षेत्र में कोई नवीन घटना घटित हो रही है।

आज हालत इतनी नाज़ुक बना दी गयी है कि अगर उत्तर भारत का कोई विवेचक हिन्दी के सम्बन्ध में कुछ कहना चाहे तो हम पहले से ही कुछ चौंक उठते हैं। किन्तु यह जोखिम उठाकर भी राष्ट्र की जानकारी के लिए इस बात

को दुहराने की आवश्यकता है कि जनभाषा की धारा को ज़बर्दस्ती मोड़ने का प्रयास अच्छा नहीं है। हिन्दी काफ़ी ठोक-बजाकर स्वीकार की गयी है और देश के पण्डितों ने यह भली-भाँति परख लिया है कि इस भाषा में केवल फैलने की ही शक्ति नहीं, प्रत्युत् वह अन्य भाषाओं से प्रभाव ग्रहण करके बड़े ही स्वाभाविक ढंग से रूपान्तरित भी हो सकती है। मेरे विचार से उचित मार्ग यही होगा कि हम नागरी लिपि में लिखी जानेवाली सब प्रकार की हिन्दी को निर्बन्ध होकर देश में प्रसार पाने दें। हिन्दी जीवित और शक्तिशालिनी भाषा है। देश के विभिन्न भाषा-भाषियों के बीच घूमकर वह अपना राष्ट्रीय रूप स्वयं तैयार कर लेगी और इस सहज समागम से उसका जो रूप निखरेगा, वही हमारी राष्ट्रीय एकता का सच्चा दर्पण होगा। भाषा का विकास खेतों-खलिहानों, बाज़ारों और कवियों एवं वक्ताओं की वाणी में होता है। क़ानूनों और प्रस्तावों, यहाँ तक कि पुस्तकालयों में बैठकर रचे गये कोशों से भी भाषा की असली ताक़त नहीं बढ़ती। जनता के बीच, भाषा को फेंक दीजिए। वहाँ एक अच्छा स्वरूप वह स्वयं पकड़ लेगी। और कोई भी दस या बीस आदमी किस बिरते पर यह दावा करते हैं कि भाषा का जो रूप वे निश्चित कर देंगे, उसे सारे देश की जनता ख़ुशी-ख़ुशी क़बूल कर लेगी? समस्या इतनी आसान नहीं है; क्योंकि भाषा के जिस रूप को शेष भारतवर्ष आसानी से ग्रहण कर लेगा, उस रूप को अपनाने में कश्मीर और पंजाब तथा देश के काफ़ी ऐसे लोगों को कठिनाई होगी जो फ़ारसी और अरबी शब्दों से अधिक परिचय रखते हैं। इस स्थिति से जो निष्कर्ष निकलता है, उससे इस दलील की ताक़त बढ़ती है कि राष्ट्रभाषा का स्वरूप, जहाँ तक सम्भव हो, आसान रखा जाय और जिस तरह हम जनता के विभिन्न अंगों को आपस में एक करना चाहते हैं, उसी प्रकार जनता की भाषा में भी हम किसी भी शब्द को अस्पृश्य न समझें। और यह उपदेश केवल उन्हीं के लिए नहीं है जो चिकने, गोल-मटोल और सुकोमल देशज अथवा तद्‌भव शब्दों पर संस्कृत के भारी-भारी तत्सम शब्दों को तरजीह देते हैं, बल्कि उनके लिए भी जो यह भ्रम फैला रहे हैं कि संस्कृत के सभी शब्द भारी ही होते हैं अथवा यह कि गाँवों की जनता में उनका चलन ही नहीं है। यह फिर गाँव की जनता के ज्ञान पर अनुचित अविश्वास है। अगर उन्हें अपने भ्रम के निवारण का और कोई उपाय नहीं मिलता, तो वे कम-से-कम यह देखने की तो कोशिश करें कि हिन्दी के जो उतने अख़बार गाँवों में पहुँच रहे हैं, उन्हें पढ़ने और समझने के लिए गाँव वालों को कोशों की ज़रूरत पड़ती है या नहीं।

राष्ट्रभाषा के स्नातक-स्नातिकाओ! जिस प्रकार आपने अर्थकरी के स्थान

पर परमार्थकरी विद्या अर्जित की है और जिस प्रकार आप आत्मसेवा से अधिक राष्ट्रसेवा का व्रत लेकर जीवन में प्रवेश करने वाले हैं, उसी प्रकार आपके लिए एक और महान लक्ष्य है जिसकी ओर से मानवता का मुख फिरा जा रहा है और जिसकी उपेक्षा के कारण भी सारे संसार का भविष्य ख़तरे में जा पड़ा है। जब तक ज्ञान और भावना के दोनों पक्ष सन्तुलित और मज़बूत थे, मानव-समाज आज की अपेक्षा कम सम्पन्न होने पर भी सुखी और सन्तुष्ट था। लड़ाइयाँ तब भी होती थीं, लेकिन उस समय कोई यह कल्पना नहीं कर सकता था कि बहके हुए मनुष्यों के पारस्परिक कलह से विश्व का सम्पूर्ण विनाश भी हो सकता है। किन्तु आज वह सम्भावना बड़ी ही प्रचण्ड हो उठी है और सारा संसार गत और अनागत युद्धों के आतंक से भरा हुआ है। भावना का अनादर करके मनुष्य पूरी शक्ति से ज्ञान की ओर चला था, लेकिन ज्ञान से अब जो ज्वाला उठी है उसमें वह आप ही जल रहा है। कसूर संसार के दो-चार आक्रमणकारियों का नहीं प्रत्युत् उस व्यापक दर्शन का है जिसने मनुष्य को इस बात की शिक्षा दी है कि ज़िन्दगी इसी दुनिया तक ख़त्म हो जाती है, इसलिए अगर तुम सबको दबाकर सुख से जीने की कला में पूर्णरूप से दक्ष हो तो तुम्हें और किसी का भय नहीं होना चाहिए।

इस शिक्षा का भयंकर परिणाम यह हुआ है कि अब मनुष्य का सारा ध्यान शक्ति-संचय सफलता और जीत पर चला गया है, आज वह जब अपने लक्ष्य की ओर चलता है, तब उसे यह देखने की ज़रूरत महसूस नहीं होती कि उसके जूतों के नाल किसकी छाती को मसल रहे हैं। जब तक मनुष्य के भीतर भावना का ज़ोर था, वह अपने को सुखी और दूसरों को दुःखी देखकर लज्जित होता था और इसलिए न तो वह ऐसे आविष्कार में लगता था जिसका एकमात्र लक्ष्य मनुष्यों का अन्धाधुन्ध विनाश हो और न वह साध्य के सामने साधन को ही गौण मानता था। सोचने की बात है कि जब कि पहले के वैज्ञानिक मनुष्य के आनन्द और सुविधा में वृद्धि लाने के लिए केवल ग्रामोफ़ोन और टेलीग्राफ़ जैसी निर्दोष वस्तुओं का आविष्कार करते थे, तब आज के धुरन्धर वैज्ञानिक घातक शस्त्रों के आविष्कार में क्यों लगे हुए हैं? क्या कारण है कि आज विद्या भी विनाश की बाँदी और यमराज की चेरी हो रही है? क्या कारण है कि आज के पण्डितों में यह हिम्मत नहीं रही कि वे अनैतिकता के सामने मस्तक झुकाने से इनकार कर दें? क्या कारण है कि मनुष्य की बर्बादी को आसान बना देने वाले लोग भी मनुष्य ही समझे जा रहे हैं? इन सारे सवालों का एक ही जवाब है और वह यह कि मनुष्य की भावनावाली नाड़ी बहुत कमज़ोर पड़ गयी है। उसके भीतर का सरोवर सूख गया है। उसके प्राणों में वह आर्द्रता नहीं रही जिससे हृदय में दया

की दूब पनपा करती है। भावना की अतिशयता जिस प्रकार अन्धविश्वास को उत्पन्न करती है, बुद्धि की अतिशयता ठीक उसी प्रकार मनुष्य को दानव बना देती है और आज हम जिस युग में जी रहे हैं, वह सचमुच ही बौद्धिक बर्बरता का युग है। जीवन के सारे मूल्य उलट-पुलट गये हैं और मनुष्य यह भूल गया है कि उसका धर्म केवल अपने-आपको ही जिलाना नहीं बल्कि समस्त मानव-समाज को जीवित रखने में सहायक होना है। आज का मनुष्य या तो दल के लिए है अथवा राष्ट्र के लिए; सम्पूर्ण मानवता पर से उसकी दृष्टि हट गयी है, क्योंकि मानवतावाद की उपासना से उनके संकीर्ण स्वार्थ को धक्का पहुँच सकता है।

एक तरह से मनुष्य अब विद्या के उन सभी अंगों से बचना चाह रहा है, जिनका लक्ष्य आदिभौतिक सुखों में वृद्धि लाना तो नहीं है, किन्तु जिनसे मानवात्मा प्रसार और विस्तार पाती है तथा जिनके प्रचार से मनुष्य-मनुष्य के बीच की दूरी सिमटकर छोटी होती है। आदमी के दिल के भीतरवाली दुनिया में यह पतझर का मौसम बीत रहा है और इस पतझर से उसका पाताल-मन इतना डरा हुआ है कि मनुष्य कभी भी अन्तर्मुख होना नहीं चाहता। आज अगर आदमी को किसी एक चीज़ से सर्वाधिक विरक्ति है तो वह चीज़ एकान्त है। चूँकि मनुष्य का हृदय मूर्च्छित और मुमूर्ष हो रहा है, इसलिए वह एकान्त से भागने लगा है और उसकी सारी वृत्तियाँ बहिर्मुखी हो रही हैं क्योंकि बाहर के चाक-चिक्य में फँसा रहकर वह अपने आपको भूल सकता है।

साहित्य और कला मनुष्य का ध्यान भीतर की ओर ले जानेवाली विद्याएँ हैं, जहाँ हमारे प्राणों का देवता निवास करता है और जो एकान्त में बुलाकर हमसे पूछना चाहता है कि आज दिनभर तूने क्या अर्जन किया है। मगर आदमी के पास इस एकान्तवाले देवता के प्रश्न का कोई उत्तर मौजूद नहीं है। इसलिए आदमी साहित्य और कला से भी भाग रहा है अथवा उन पर अपनी इस पसन्द का बोझ लादना चाहता है कि तुम भी बहिर्मुखी रहो कि तुम भी रंगों की उस आतिशबाज़ी का चित्र बनाकर अपना काम ख़त्म कर दो जो आतिशबाज़ी विज्ञान के आविष्कारों से छूट रही है।

विज्ञान के रथ पर चढ़ा हुआ संसार भटककर किस रास्ते जा पड़ा है, इसका कुछ अन्दाज़ इस बात से लगाया जा सकता है कि विज्ञान के प्रेमी जैसे धर्म को अन्धविश्वास समझते हैं, वैसे ही अब वे काव्य को अर्ध सभ्यों की वाणी कहने लगे हैं। सारे रेगिस्तान में दया-माया और रूहानियत की जो थोड़ी-बहुत हरियाली बची है, उसका एक छोटा नखलिस्तान भी उनकी बर्दाश्त के बाहर है और वे सच्चे हृदय से दुःखी हो रहे हैं कि इस बौद्धिक युग में भी मनुष्य

उषा और सितारों की ओर देखता हुआ अपने क़ीमती वक़्त को क्यों बर्बाद कर रहा है।

गांधी जी ने जब यान्त्रिक सभ्यता के विरुद्ध आवाज़ उठायी थी, तब वे मनुष्य को इसी बौद्धिक बर्बरता से बचाना चाहते थे। असल में उनकी लड़ाई उस यान्त्रिक मनुष्य के विरुद्ध थी, जो सजीव मनुष्य को निगल जाने की चेष्टा में लगा हुआ है। आप महात्मा गांधी की आध्यात्मिक सन्तान हैं; अतएव आपका कर्तव्य है कि जहाँ भी यान्त्रिक मनुष्य सजीव मनुष्य को दबा रहा हो, वहाँ आप वीरता के साथ सजीव मनुष्य का पक्ष लेकर खड़े हों। साहित्य और कला सजीव मनुष्य की सेना के असली सिपाही हैं। इस गये-बीते ज़माने में भी कुछ साहित्यकार और भावप्रवण लोग ही हैं जो सत्य का पक्ष लेकर चिल्ला रहे हैं; जो उस बर्बादी से दुनिया को आगाह कर रहे हैं, जिसकी ओर विज्ञान उसे घसीटे लिये जा रहा है।

विज्ञान की सारी ख़ूबियों को मानते हुए भी मेरा विनम्र निवेदन है कि जीवन का सारा नेतृत्व विज्ञान के हाथ में सौंप देने की योजना मानवता के कल्याण की योजना नहीं हो सकती। मनुष्य के केवल दिमाग़ ही नहीं, एक दिल नाम की भी चीज़ होती है। मनुष्य प्रत्येक वस्तु को केवल उपयोग के लिए ही ग्रहण नहीं करता, बहुत-सी चीज़ें वह इसलिए भी इकट्ठी करता है कि उनसे उसे वह आनन्द मिल सके जो अन्य जीवधारियों की पहुँच से परे है। कला और विज्ञान, मनुष्य के लिए ये दोनों ही वस्तुएँ एक समान अनिवार्य हैं, क्योंकि विज्ञान के अभाव में जैसे हम अन्धविश्वासी और असभ्य बन जाते हैं, वैसे ही कलाविहीन होने पर हम सिर्फ़ विज्ञान के पुर्जे रह जाते हैं। दिल और दिमाग़ में से हम किसी की भी उपेक्षा नहीं कर सकते, क्योंकि ज़िन्दगी केवल सोचने का ही काम नहीं करती, वह भावों का अनुभव भी करती है जो चिन्तन की अपेक्षा अधिक चेतन होते हैं। यह भी समझने की बात है कि दिमाग़ से निकली हुई चीज़ पहले बेजान होती है; ज़िन्दगी का अहसास उसमें तभी पैदा होता है, जब दिल उसे क़बूल कर ले। दिमाग़ जो सपने देखता है, उसे मुट्ठी से पकड़ने का उत्साह मनुष्य में तब तक पैदा नहीं होता, जब तक उसका हृदय इस सपने पर रीझ न जाय। दिमाग़ मनुष्य के लिए सुख के साधन बटोर सकता है, मगर सन्तोष और शान्ति मनुष्य के हृदय से उत्पन्न होती है। तलवारों की ईजाद आदमी का दिमाग़ किया करता है, मगर वे तलवारें किस पर गिरायी जायें और किस पर नहीं, इसका फ़ैसला हमेशा दिल दिया करता है। लेकिन मनुष्यता के लिए यह घोर संकट की बात है कि आज आदमी के पास दिल नाम की चीज़ नहीं रह गयी, उसकी सारी पूँजी उसका दिमाग़ हो गया है। और दिमाग़ से तलवार तो वह बहुत तीखी निकाल

रहा है, लेकिन दिल की ग़ैर-हाज़िरी में वह यह समझ ही नहीं पा रहा है कि यह तलवार कहाँ गिरायी जानी चाहिए। परिणामतः वह इस तलवार से अपना ही गला काट रहा है। अगर विज्ञान का अर्थ यही आत्मदाह है, तो हम विज्ञान से दूर ही अच्छे थे। अगर कविता और कला अर्धसभ्यों की वाणी है, तो हम असभ्य ही ठीक थे। क्योंकि विज्ञानविहीन विश्व के कला-प्रेमी मनुष्यों में फिर भी दया-माया, प्रेम और सौहार्द तथा मैत्री एवं करुणा का अभाव नहीं था, जबकि हृदयहीन वैज्ञानिक हमारी दुनिया का सबसे बड़ा अभिशाप हो गया है।

जैसे ज्ञान का संशोधन और परिष्कार विज्ञान के प्रयोगों द्वारा होता है, उसी प्रकार मनुष्य के स्वभाव का परिष्कार कलाओं के द्वारा किया जाता है। केवल ज्ञान की उन्नति और परिष्कार को अपना ध्येय बना लेने के कारण मनुष्य की मानसिक शक्तियाँ बढ़ तो बहुत गयी हैं, लेकिन कलाओं की उपेक्षा कर देने से हमें उनकी केवल दाहकता ही नसीब हो रही है। कलाहीनता मनुष्य को जड़ बना देती है और सचमुच ही आज का मनुष्य चारों ओर से अपनी ही जड़ता का शिकार हो रहा है। ऐसी अवस्था में यह आवश्यक हो जाता है कि मानव समाज में अब भी जो मुट्ठीभर चेतन व्यक्ति मौजूद हैं, वे जड़ता के इस भयंकर अभियान का मुक़ाबला करें। सच पूछिए तो भारत में जड़ और चेतन के बीच का यह संग्राम गांधी जी के साथ ही आरम्भ हो गया है और आज वह संसार के अनेक देशों में वीरता के साथ लड़ा जा रहा है। यान्त्रिक और सजीव मनुष्यों के बीच का यह संग्राम राजनीति नहीं बल्कि संस्कृति का संग्राम है तथा उसकी विजय और पराजय का प्रभाव भविष्य पर काफ़ी दूर तक पड़नेवाला है। इसलिए आज तटस्थता नाम की कोई स्थिति नहीं रह गयी है, क्योंकि जो मनुष्य इस भ्रम में है कि वह तटस्थ है, वह भी उन ताक़तों को बढ़ावा दे रहा है जिन्हें वह ग़लत समझता है और जिनकी बढ़ती को वह अपने विरोध से किसी-न-किसी हद तक रोक सकता था।

सजीव और यान्त्रिक मनुष्यों के बीच संसार में जो संघर्ष चल रहा है, मेरी एकान्त कामना है कि उसमें आप सजीव मानवता की क़तार में खड़े हों और संसार को उस विनाश से बचाने में अपना पूरा अंशदान देने की कोशिश करें जो काले बादल की तरह हमारे मस्तक पर मँडरा रहा है।*

बम्बई

31 अगस्त, 1952

---

* बम्बई प्रान्तीय राष्ट्रभाषा-सभा के छठे पदवीदान समारोह के अवसर पर दिया गया भाषण।

राष्ट्रभाषा : हमारी सांस्कृतिक राष्ट्रीयता की देन

आज के प्रचलित अर्थ में राष्ट्र और राष्ट्रीयता—ये दोनों शब्द भारत के लिए नये हैं अर्थात् इनका चलन हमारे यहाँ तब आरम्भ हुआ जब अंग्रेज़ी शासन के विरुद्ध भारत में प्रतिक्रिया जागने लगी। भारतीय और यूरोपीय संस्कृतियों के संघर्ष से पिछली शताब्दी में भारत में जो महान सांस्कृतिक जागरण हुआ, उसी के परिणामस्वरूप नवीन भारत का जन्म हुआ है। यूरोप के सांस्कृतिक आक्रमणों से भारतीयता की रक्षा करने के क्रम में भारत में पहले सांस्कृतिक राष्ट्रीयता जन्मी, पीछे वही राष्ट्रीयता राजनीतिक राष्ट्रीयता में परिणत हो गयी। हिन्दी भारत की राष्ट्रभाषा बनायी जाये, इस प्रस्ताव को हम सामान्यतः भारत की राजनीतिक राष्ट्रीयता की देन मानते हैं, किन्तु वस्तुतः वह हमारी सांस्कृतिक राष्ट्रीयता की देन है। उन्नीसवीं शताब्दी के सांस्कृतिक महाजागरण के नेताओं का ध्येय केवल भारत को स्वतन्त्र कराना नहीं था, प्रत्युत वे एक ऐसे भारत का निर्माण करना चाहते थे जो विज्ञान और बुद्धिवाद की विशिष्टताओं को ग्रहण करता हुआ अपनी आध्यात्मिक परम्पराओं के मार्ग पर आरूढ़ रहे, जो यूरोप का अन्धानुकरण नहीं करके संसार के सामने कोई ऐसा आदर्श रख सके जिससे धर्म में हिलती हुई आस्था को स्थिरता प्राप्त हो, जिससे विश्व में फैली हुई विभिन्न जातियों, भाषाओं और संस्कृतियों के बीच एकता बिठाई जा सके तथा विश्व-मानवता की असम्भव कल्पना सम्भव बनायी जा सके। बड़े आधार पर विश्व में जितनी विविधताएँ देखने में आती हैं, छोटे आधार पर बहुत कुछ वैसी ही विविधताएँ भारत में विद्यमान हैं। अतएव भारतीय एकता को सम्भव बनाकर हमारे सन्तों और सांस्कृतिक सुधारकों ने विश्व से यह कहना चाहा कि विविधताओं में एकता लाने का मार्ग वह है जिस पर भारतवासी चल रहे हैं।

किन्तु विविधता में एकता लाने का जो मार्ग भारतवासियों ने ग्रहण किया, वह कौन-सा मार्ग है? मेरे जानते वह मार्ग इस अनुभूति से निकलता है कि

भारत में जितनी जातियाँ बसती हैं, वे एक ही महाजाति की अंग हैं जिसका नाम भारतीय जाति है; भारत में जितनी संस्कृतियाँ हैं, वे एक ही सामासिक संस्कृति की विभिन्न झाँकियाँ हैं जिसका नाम भारतीय संस्कृति है; भारत में जितने धर्म हैं, वे एक ही महाधर्म के विभिन्न अंग हैं जिसका नाम मानव-धर्म है और जो धर्म आगामी विश्व-धर्म की पृष्ठभूमि बनकर आया है तथा भारत में जितनी भाषाएँ हैं, उन सबका सांस्कृतिक ध्येय एक है; विभिन्न शब्दों में वे एक ही स्वप्न की व्याख्या कर रही हैं, एक ही भावना को रूप दे रही हैं तथा वे एक ही घाट पर पानी पीकर जी रही हैं जो वेदों और उपनिषदों का घाट है; जो वाल्मीकि, व्यास, महावीर और बुद्ध का घाट है।

किन्तु भाषा के क्षेत्र में इतना ही यथेष्ट नहीं था। जब भारत में राष्ट्रीयता का आधुनिक अर्थ प्रचलित नहीं हुआ था, तब भी सभी क्षेत्रीय भाषाओं के साथ भारत में एक राष्ट्रभाषा भी प्रचलित थी, क्योंकि जो भी विद्वान अपने भावों या विचारों को सारे देश के सामने रखना चाहता था, वह क्षेत्रीय भाषा अथवा अपनी मातृभाषा में नहीं लिखकर ग्रन्थों की रचना संस्कृत में किया करता था। भारत में भाषागत भेद पहले भी थे, किन्तु संस्कृत के राष्ट्रव्यापिनी होने के कारण इन भेदों से देश की वैचारिक एकता में बाधा नहीं पहुँचती थी। अतएव 19वीं शताब्दी के सुधारकों के सामने जब यह प्रश्न उठा कि जो नवीन भारत जन्म ले रहा है उसकी राष्ट्रभाषा क्या हो, तब अनायास ही वे इस निर्णय पर आ गये कि नवीन भारत की राष्ट्रभाषा केवल हिन्दी ही हो सकती है।

हिन्दी और संस्कृत में साम्य के जहाँ अनेक लक्षण विद्यमान हैं वहाँ यह लक्षण भी है कि जैसे संस्कृत किसी की भी मातृभाषा न होकर समग्र देश की भाषा रही, वैसे ही दिल्ली और उसके अत्यन्त समीपवर्ती स्थानों को छोड़ दें तो हिन्दी भी किसी प्रान्त-विशेष की मातृभाषा नहीं है, अतएव संस्कृत के समान ही वह सारे देश की भाषा बनने के योग्य है।

राममोहन राय, केशवचन्द्र, बंकिम बाबू, विवेकानन्द, स्वामी दयानन्द, सुब्रह्मण्य ऐयर, कस्तूरी रंगायंगर, के.टी. तेलंग, राणाडे, गोखले, तिलक और अरविन्द—सांस्कृतिक नवोत्थान के इन नेताओं में से कोई भी व्यक्ति जन्म से हिन्दी भाषी नहीं था, किन्तु उन्होंने देशभाषाओं में से हिन्दी को ही इस योग्य समझा कि राष्ट्रभाषा के रूप में उसका प्रचार किया जाय। भारत की राष्ट्रभाषा हिन्दी और सभी भारतीय भाषाओं की समान लिपि देवनागरी हो—इस मत के व्याख्याताओं में भी जिन दो महापुरुषों के नाम हमें स्मरण हैं, उनमें से जस्टिस श्री कृष्णस्वामी ऐयर तमिलभाषी और जस्टिस शारदाचरण मित्र बंगाली थे।

अंग्रेज़ी उस समय भी देश में प्रचलित थी, प्रत्युत् भारत में अंग्रेज़ी के जैसे निष्णात विद्वान 19वीं शताब्दी में उत्पन्न हुए, वैसे उसके उपरान्त नहीं हुए हैं। फिर भी हमारे सन्तों और सुधारकों ने अंग्रेज़ी को अन्तःप्रान्तीय सम्बन्धों के लिए स्वीकार नहीं किया क्योंकि अपनी भाषाएँ छोड़कर विदेशी भाषा में बोलने वाले देश का अपना व्यक्तित्व शेष नहीं रह सकता, वह अपनी परम्पराओं से टूट जाता है एवं संसार में उसका स्थान उतना ही हास्यास्पद हो जाता है जितना उस व्यक्ति का जो दूसरों के अनुकरण करने को ही जीवन का श्रेष्ठ सुकर्म समझता है।

प्रत्येक राष्ट्र का कोई-न-कोई सन्देश होता है जिसे वह राजनीतिक पराधीनता की स्थिति में व्यक्त नहीं कर सकता, जिसे वह ऐसी किसी भाषा में भी नहीं कह सकता जिसमें उस सन्देश की साधना न की गयी, जिसमें शताब्दियों तक उसका चिन्तन और मनन नहीं हुआ हो। जाति की अपनी भाषा कौन है, यह जानने की सच्ची कसौटी यह होती है कि उसका दर्शन और काव्य किस भाषा में लिखा जा रहा है। भारत के अनेक कवियों ने अंग्रेज़ी भाषा में अपनी कविताएँ लिखने की चेष्टा की। किन्तु उनके सारे प्रयास व्यर्थ सिद्ध हुए। न तो अंग्रेज़ी ने उनकी कविताओं को कविता माना, न भारतवासियों ने उनमें अपनी राष्ट्रीय अनुभूति देखी। इसके विपरीत रवीन्द्रनाथ और इक़बाल, मैथिलीशरण और सुब्रह्मण्य भारती, नान्हा लाल और मेघाणी ने जो कुछ लिखा, वह देश के हृदय तक पहुँच गया है। दर्शन के क्षेत्र में भी जो कार्य गीतारहस्य ने किया, वह अंग्रेज़ी में विरचित किसी भी दार्शनिक ग्रन्थ से पूरा नहीं किया जा सकता था। जाति की अपनी भाषा वह हो सकती है जिसका सम्बन्ध उसकी इतिहासव्यापिनी चिन्ताधारा से रहा हो। अंग्रेज़ी की तुलना में इस देश की कोई भाषा यहाँ की राष्ट्रभाषा हो सकती थी, किन्तु प्रचार और प्रसार की सुगमता के लिए उन्नीसवीं शताब्दी के नेताओं ने हिन्दी को चुना, क्योंकि यही एक भाषा थी जिसके बोलने वाले सबसे अधिक थे और जिसे सीखने का परिश्रम कम-से-कम लोगों को करना पड़ता।

19वीं शताब्दी के चिन्तकों का यह समाधान बीसवीं शताब्दी तक आते-आते और भी आदरणीय हो गया एवं गांधी जी में आकर उसने अपनी पूरी मूर्तिमत्ता प्रकट कर दी। सांस्कृतिक नवोत्थान की अनेक कल्पनाओं को आकार देने का काम महात्मा गांधी ने किया है और उन्हीं से हिन्दी को राष्ट्रभाषा बनाने के आन्दोलन को भी सक्रिय रूप मिला। संविधान सभा ने हिन्दी को जब भारत की राजभाषा घोषित किया, उसके पूर्व ही अहिन्दी-भाषी क्षेत्रों की जनता ने उसे राष्ट्रभाषा के रूप में स्वीकार कर लिया था।

संविधान के निर्णयानुसार 15 वर्षों के भीतर अर्थात् सन् 1965 ई. तक हिन्दी का राजभाषा विषयक रूप विकसित हो जाना चाहिए अर्थात् उस समय तक क़ानून की सभी पुस्तकों का हिन्दी में अनुवाद हो जाना चाहिए, सेवा आयोग तथा सरकारी कार्यालयों में उसका चलन हो जाना चाहिए, साहित्य एवं विज्ञान की इतनी पुस्तकें उसमें प्रकाशित हो जानी चाहिए कि हिन्दी के माध्यम से विश्वविद्यालयों में ऊँची-से-ऊँची शिक्षा दी जा सके तथा न्यायालयों एवं महान्यायालय में हिन्दी के माध्यम से विवाद और विचार-विमर्श किया जा सके। साथ ही अहिन्दी प्रान्तों में तब तक हिन्दी का इतना प्रचार कर देना है कि उन प्रान्तों के साथ केन्द्रीय अथवा अन्य प्रान्तीय शासनों का पत्राचार हिन्दी में चल सके तथा जो व्यक्ति सार्वदेशीय धरातल से सारे देश के साथ हिन्दी में बोलना चाहे, उसे शिक्षा-साधनों के सीमित होने के कारण कोई कठिनाई नहीं हो।

प्रायः लोग इस भ्रम में पड़ जाते हैं कि अंग्रेज़ी के हटने पर जो स्थान रिक्त होगा, वह सब-का-सब हिन्दी को मिल जायेगा। यह हिन्दी के पक्ष में अनुचित उत्साह है। अंग्रेज़ी केवल हिन्दी का अधिकार दबाकर नहीं बैठी है। वह अधिक स्थान तो क्षेत्रीय भाषाओं के ही दबाये हुए है। अंग्रेज़ी के हटने पर भी प्रान्तीय शासन और जनता चाहे तो, शिक्षा के भी काम वहाँ की प्रान्तीय भाषाओं में ही चलेंगे। अतएव आवश्यक है कि प्रत्येक क्षेत्र की जनता में अपनी मातृभाषा के लिए अनुराग उत्पन्न किया जाय। इसी अनुराग को जगाकर हम अंग्रेज़ी को वर्तमान पद से हटा सकते हैं। जब तक जनता में मातृभाषा के लिए प्रेम नहीं जगता, तब तक प्रान्तीय भाषाओं के क्षेत्रों में राष्ट्रभाषा का मार्ग भी बाधित रहेगा। प्रसन्नता की बात है कि हिन्दी प्रान्तों में शासन के कार्य में हिन्दी का प्रयोग बढ़ने लगा है। इसका अनुकरण अन्य भाषा-भाषी क्षेत्रों में भी होना चाहिए जिससे वहाँ का भी शासन-सम्बन्धी कार्य क्षेत्रीय भाषाओं में किया जा सके। प्रान्तों में जब क्षेत्रीय भाषाओं का प्रयोग होना आरम्भ हो जायेगा, तभी वहाँ की जनता अंग्रेज़ी के स्थान पर अपनी राष्ट्रभाषा सीखने के महत्त्व को सरलता से समझेगी और तभी वह आशंका भी दूर हो जायेगी जिससे ग्रसित होने के कारण कहीं-कहीं लोग यह समझ रहे हैं कि राष्ट्रभाषा के प्रचार से क्षेत्रीय भाषाओं का दलन होने वाला है।

वर्तमान अवस्था यह है कि अंडमान और निकोबार द्वीप, आसाम, बम्बई, कुर्ग, दिल्ली, हैदराबाद, उड़ीसा, पंजाब, सौराष्ट्र, त्रावणकोर, कोचीन, त्रिपुरा और आन्ध्र के माध्यमिक स्कूलों में हिन्दी का प्रवेश अनिवार्य रूप में हो गया है तथा अन्य राज्यों में हिन्दी की अनिवार्यता का प्रश्न अभी विचाराधीन है। भारत

सरकार के शिक्षा मन्त्रालय ने वैज्ञानिक पारिभाषिक शब्दों के निर्माण की जो योजना बनायी है उसके अन्तर्गत कोई 19 समितियाँ और उपसमितियाँ काम कर रही हैं। इस मन्त्रालय ने कोई चौंतीस हज़ार शब्द बनाये या संगृहीत किये हैं जिनमें कुछ तो स्वीकृति पा चुके हैं और कुछ अभी विचाराधीन हैं। अहिन्दी प्रान्तों में हिन्दी प्रचार का वास्तविक कार्य आज भी वे ही संस्थाएँ कर रही हैं, जिनकी स्थापना पूज्यवर गांधी जी ने की थी अथवा जो उनकी प्रेरणा से उत्पन्न हुई थी। संस्थाओं में वर्धा की राष्ट्रभाषा-प्रचार-समिति और हिन्दुस्तानी प्रचार सभा, मद्रास की दक्षिण भारत हिन्दी-प्रचार-सभा, पुणे की महाराष्ट्र राष्ट्रभाषा सभा, अहमदाबाद का गुजरात विद्यापीठ, मैसूर की मैसूर हिन्दी-प्रचार-सभा तथा हैदराबाद की हैदराबाद हिन्दी-सभा महत्त्वपूर्ण संस्थाएँ हैं। विशेषतः राष्ट्रभाषा प्रचार समिति, वर्धा तथा दक्षिण भारत हिन्दी-प्रचार-सभा, मद्रास का कार्यक्षेत्र यथेष्ट रूप से व्यापक और विशाल रहा है। राष्ट्रभाषा के विकास की दिशा में सबसे नया और महत्त्वपूर्ण कार्य भारत सरकार द्वारा नियुक्त भाषा-आयोग है। इस आयोग ने अपना कार्य आरम्भ कर दिया है तथा स्पष्ट ही इसके प्रयत्नों से राष्ट्रभाषा के मार्ग की कठिनाइयों को दूर करने में देश को अपरिमित सहायता प्राप्त होगी। अतएव प्रत्येक राष्ट्रभाषा-प्रेमी का कर्तव्य है कि वह भाषा-आयोग को अपना पूरा सहयोग अर्पित करे एवं देश में सद्‌भावनापूर्ण वातावरण बनाये रखने की चेष्टा करे जिससे आयोग अपने ध्येय की सिद्धि में सफल हो।

वेणुवन

कबीर साहब से भेंट

इस प्रसंग के आरम्भ में ही कल्पना का गहरा पुट चाहिए। इसलिए कहता हूँ कि कल्पना में एक दिन मेरी मुलाक़ात महात्मा कबीरदास से हुई और मैंने उनसे पूछा कि महाराज! आप तो भक्त भी थे और समाज सुधारक भी। किन्तु आज संसार में भक्ति का स्वर मद्धिम पड़ गया है और सर्वत्र समाज-सुधार की भावना प्रबल दिखाई देती है। लोग परलोक को छोड़कर लोक की समाराधना में लीन हैं। यह संसार के लिए अच्छा हुआ या बुरा, कुछ ठीक से समझ में नहीं आता। बड़ी कृपा हो यदि इस विषय में आप अपने विचार हमें जानने दें।

कबीरदास बोले, 'भक्ति-साधना और समाज-सुधारक', ये परस्पर विरोधी काम नहीं हैं। दादू की यह साखी तुमने कहीं पढ़ी है?

उद्यम अवगुन को नहीं, जो करि जानइ कोइ,
उद्यम में आनन्द है, साईं सेती होइ।

और रज्जब ने भी यही बात दुहरायी है :

एक जोग में भोग है, एक भोग में जोग,
एक बुड़हिं वैराग्य में, इक तरहिं सो गिरही लोग।

और मैंने भी तो संकेत किया था कि :

नर-नारी सब नरक हैं जब लगि देह सकाम,
कह कबीर ते राम के जे सुमिरें निहकाम।

मुख्य बात यह नहीं है कि तुम समाजसेवी हो या भक्त। देखने की बात तो यही हो सकती है कि तुम समाज-सेवा या भक्ति किस भाव से करते हो। यदि तुम्हारी सेवा-भावना निष्काम है तो तुम समाजसेवी होते हुए भी भक्त हो।

इसके विपरीत, भक्त होने पर भी यदि वासना तुम्हारा पीछा नहीं छोड़ती तो तुम साधारण संसारी जीव हो।

जब लगि भक्त सकाम है तब लगि निष्फल सेव,
कह कबीर वह क्यों मिले निहकामी निज देव।

मैंने कहा, 'महाराज, यह उत्तर तो अत्यन्त संक्षिप्त हो गया। और सकाम-निष्काम वाली बात लाकर तो आपने और भी कठिनाई उत्पन्न कर दी। उदाहरण के लिए जो लोग आर्थिक विषमता मिटाकर समाज में समता लाना चाहते हैं, उनका कार्य निष्काम कैसे हो सकता है? वे तो स्पष्ट ही किसी उद्देश्य से प्रेरित होकर कार्य करते हैं।'

महात्मा बोले, 'सभी उद्देश्य सकाम नहीं होते। सकामता तो वहीं देखी जा सकती है जहाँ मनुष्य अपने स्वार्थ से प्रेरित होकर काम करता है। जिसका उद्देश्य स्वार्थ नहीं, परमार्थ अथवा परोपकार है, उस पर तुम सकाम होने का दोष नहीं दे सकते। और विषमताएँ क्या मात्र आर्थिक हैं? उनसे कहीं विकराल विषमताएँ तो वे हैं जो निरे जन्म के आधार पर एक मनुष्य को उत्तम और दूसरे को अधम बताती हैं, एक को पूज्य और दूसरे को अस्पृश्य बताती हैं। विषमताओं का असली दुर्ग तो मनुष्य के मन में अवस्थित है। जब तक यह दुर्ग नहीं टूटता, जब तक मनुष्य यह नहीं समझ पाता कि जन्मना सभी मनुष्य समान हैं और सबको श्रेष्ठ एवं सुखी बनने का समान अधिकार है, तब तक समाज में फैली हुई विषमताओं का अन्त नहीं होगा।'

मैंने निवेदन किया, 'विषमता के मानसिक दुर्ग से आपका क्या तात्पर्य है महाराज?'

कबीर साहब बोले, 'बहुत कुछ वही भाव जिसे तुम आज की भाषा में वर्ग-भावना कहते हो। धनी और निर्धन, ये दो वर्ग तुम्हें दिखाई देते हैं, किन्तु कितने आश्चर्य की बात है कि निर्धन होने पर भी ब्राह्मण और हरिजन परस्पर एकात्मता का अनुभव नहीं कर पाते। ब्राह्मण आज भी यह सोचकर अपने को अन्त्यजों से पृथक् रखता है कि वह जन्मना उनसे श्रेष्ठ है। समाज में समता लाने के पहले उस रूढ़ि को समूल विनष्ट करना है, उस परम्परा को निर्मूल बनाना है जो यह भाव जगाती है कि कर्म नहीं, केवल जन्म के आधार पर कोई व्यक्ति किसी अन्य व्यक्ति से श्रेष्ठ हो सकता है।'

मैंने दबी ज़बान से पूछा, 'महाराज! क्या मैं यह समझूँ कि आप गांधी और मार्क्स के क़रीब से बोल रहे हैं?'

महात्मा बोले, 'राजनीति मेरा क्षेत्र नहीं है। किन्तु जहाँ तक संस्कारों की बात है, मैं गांधी और मार्क्स की कई बातों को ठीक समझता हूँ। सामाजिक विषमताओं के मूल में मनुष्य का अहंकार निवास करता है। जाति का अहंकार, वंश का अहंकार, धन और शक्ति का अहंकार, सिद्धि और सफलता का अहंकार। ये सभी अहंकार विभाजक रेखाएँ हैं, जो मनुष्य को मनुष्य से अलग करती हैं। गांधी ने इसी अहंकार को शमित करने के लिए यह परिपाटी चलायी थी कि सेवा का अधिकार उसी को मिल सकता है जो भंगी का भी काम उत्साह और प्रसन्नता के साथ कर सके। और इसी अहंकार को मारने के लिए मार्क्स ने कहा कि सेवा के पथ पर अग्रसर होने के पूर्व अपने मन को समझा दो कि तुम किसी भी व्यक्ति से किंचित् भी श्रेष्ठ नहीं हो। जो काम मज़दूर करता है, वह पण्डितों के भी करने योग्य है। और इसी अहंकार-विसर्जन के लिए वैष्णव कवि ने 'मो सम कौन कुटिल खल कामी' की अनुभूति प्राप्त की थी। जिसमें विनयशीलता नहीं, वह मनुष्य का कोई काम नहीं कर सकता। जिसमें सबका दास बनने की विनम्रता नहीं, वह किसी का भी स्वामी नहीं हो सकता।

कबिरा कुल तो सो भला, जेहि कुल उपजै दास,
जेहि कुल दास न ऊपजै, सो कुल आक पलास।

कबीर साहब की बातें सुनकर क्षण भर में विचार-मग्न हो गया। मुझे लगा कि समाजवाद नया शब्द ज़रूर है, किन्तु उसकी तैयारी सदियों से होती आयी है। कबीर ने जाति-प्रथा और वर्णाश्रम पर प्रहार किया। मार्क्स धनतन्त्र को ललकारने के जोश में धर्म के भी विरुद्ध हो गये। गांधी की व्यथा यह है कि धनतन्त्र तो अवश्य टूटे, किन्तु धर्म फिर से अचल हो जाय। किन्तु इस काम में कठिनाइयाँ कितनी हैं? अतएव, मैंने आतुर होकर प्रश्न किया, 'किन्तु महाराज! आप जिस समाज की कल्पना करते हैं, वह तो संन्यासियों के समाज-जैसा लगता है। तो क्या संन्यासी भी समाज चला सकते हैं?'

महात्मा बोले, 'चलाना ही होगा। और कोई उपाय नहीं है। मैं जिस समाज की कल्पना करता हूँ उसके गृहस्थ संन्यासी और संन्यासी गृहस्थ होंगे; अर्थात् संन्यास और गार्हस्थ्य के बीच वह दूरी नहीं रहेगी जो परम्परा से चलती आ रही है। मैं स्वयं गृहस्थ था, नानक गृहस्थ थे, बहुत प्राचीन काल में वशिष्ठादि अनेक ऋषि गृहस्थ हुए हैं। संन्यासी उत्तम कोटि का मनुष्य होता है, क्योंकि उसमें संचय की वृत्ति नहीं होती, लोभ और स्वार्थ नहीं होता। यही गुण गृहस्थ में भी होना चाहिए। और संन्यासी भी वही श्रेष्ठ है जो समाज के लिए कुछ

काम करे, शक्ति भर फावड़ा, चरखा या करघा चलाये अथवा विपन्न मनुष्य की सेवा करे, जैसे एक गृहस्थ दूसरे गृहस्थ की सेवा करता है। ज्ञान और कर्म को भिन्न करोगे तो समाज में विषमता उत्पन्न होगी ही। मुख में कविता और करघे पर हाथ, यह आदर्श मुझे बहुत पसन्द था और इसी की शिक्षा मैं दूसरों को भी देता हूँ। और तुमने सुना है या नहीं कि नानक ने एक अमीर लड़के के हाथ से पानी पीना अस्वीकार कर दिया था? लोगों ने कहा—गुरु जी, यह लड़का तो अत्यन्त सम्भ्रान्त वंश का है, इसके हाथ का पानी पीने में क्या दोष है?—नानक बोले—इसकी तलहत्थी में मेहनत और मज़दूरी के निशान नहीं हैं। जिसके हाथ में मेहनत के ठेले नहीं होते, उसके हाथ का पानी पीने में मैं दोष मानता हूँ—नानक ठीक थे। श्रेष्ठ समाज वही है जिसके सदस्य ज्ञान और कर्म में से एक को श्रेष्ठ और दूसरे को अधम नहीं मानते। श्रेष्ठ समाज वह है जिसके सदस्य जी खोलकर श्रम करते हैं और तब भी ज़रूरत से अधिक धन पर अधिकार जमाने की उनकी इच्छा नहीं होती।

उदर समाता अन्न लै, तनहिं समाता चीर,
अधिकहिं संग्रह ना करै, ताकौ नाम फकीर।
साधू सच्चा वही है, पेट समाता लेह।
आगे पीछे हरि खड़े, जब माँगे तब देइ।
साईं इतना दीजिए, जामें कुटुम समाय,
मैं भी भूखा ना रहूँ, अतिथि न भूखा जाय।

मैंने कहा, 'बाबा, ये बातें तो बहुत दिनों से कही जा रही हैं, किन्तु संचय की ओर से मनुष्य की वृत्ति फिरती तो नहीं दिखाई देती। वह तो तभी फिरती है जब कुछ दबाव डाला जाता है।'

कबीर साहब बोले, 'तो कौन कहता है कि दबाव मत डालो? दबाव केवल तलवार का ही नहीं, जनमत का भी होता है। तलवार के भय से साधुता धारण करनेवाला व्यक्ति समाज का आदर्श सदस्य नहीं हो सकता। आदर्श मनुष्य तो वही हो सकता है जिसने स्वेच्छया साधुत्व का वरण किया हो, स्वेच्छया संचय का त्याग किया हो। किन्तु एक बात याद रखो कि प्रवृत्ति की ज्वाला भड़काये रखने से मनुष्य संचय का त्याग नहीं करेगा। इसके लिए थोड़ी शिक्षा उसे निवृत्ति की भी मिलनी चाहिए। प्रवृत्ति इसलिए कि मनुष्य डटकर काम करे। निवृत्ति इसलिए कि अपनी कमाई पर वह अपना एकाधिकार न जमाये। प्रवृत्ति इसलिए कि कर्मठता जीवन का एकमात्र अवलम्ब है और निवृत्ति इसलिए कि एक दिन मनुष्य

को सब कुछ छोड़कर अकेले जाना पड़ता है और उसकी चिता में रुपये-पैसे नहीं, कुछ थोड़ी-सी सूखी लकड़ी ही जलती है।

चार जनै मिलि खाट उठाये रोवत ले चले डगर-डगरिया,
कहें कबीर सुनो भाई साधो! संग चली वह सूखी लकरिया।

इसलिए पहली आवश्यकता यह है कि लोग ज़रूरत से अधिक जमा करने की व्यर्थता को समझें। और त्याग में क्या संचय से कम सुख है? केवल दृष्टि का भेद है।

जो काटौं तो डहडही, सींचौं तो कुम्हिलाय,
या गुणवन्ती बेल का कुछ गुण कहा न जाय।
सिर राखै सिर जात है, सिर काटे सिर होय,
जैसे बाती दीप की कटि उजियारा होय।
घर जारौं घर ऊबरै, घर राखौं, घर जाय,
एक अचम्भा देखिए, मरा काल को खाय।

यहाँ आकर मैंने निवेदन किया, 'अच्छा बाबा! ये बातें तो हो गयीं। अब धर्म के विषय में कुछ कहिए।'

कबीर साहब बोले, 'तो इतनी देर क्या मैं धर्म छोड़कर किसी अन्य विषय की बातें कर रहा था? ऐसा क्यों समझते हो कि धर्म केवल मन्दिर और मस्जिद में बसता है तथा जुलाहे के करघा-घर या मोची के मोचीख़ाने अथवा राजनीति के दफ़्तर में वह नहीं रह सकता? जीवन के दो टुकड़े नहीं हैं कि एक में धर्म का आसन हो और दूसरे में छल और प्रपंच के लिए छूट रहे। जीवन का ऐसा विभाजन नहीं चल सकता। यह तो धर्म और अधर्म के बीच समझौते का उदाहरण होगा। धर्म सम्पूर्ण जीवन की पद्धति है। धर्म जीवन का स्वभाव है। ऐसा नहीं हो सकता कि हम कुछ कार्य तो धर्म की मौजूदगी में करें और बाक़ी कामों के समय उसे भूल जायें। धर्म ज्ञान और विश्वास में नहीं, कर्म और आचरण में बसता है। यदि हम ईश्वर के अस्तित्व में विश्वास करते हैं तो इस विश्वास का सबूत हमारे आचरणों में मिलना ही चाहिए। पूजा और अनुष्ठान की विधियाँ धर्म के बाहरी रूप हैं। मन्दिर, मस्जिद, तीर्थ-व्रत और पण्डे तथा पुरोहित की प्रथा—ये धर्म के ढकोसले हैं। सच पूछो तो सभी धर्म एक हैं। केवल पूजा-विधियों के कारण वे अनेक दिखाई देते हैं। इसलिए कहता हूँ कि पूजा-विधियों को छोड़ दो और सभी धर्मों को एक हो जाने दो। सभी धर्म एक हैं। एक से अधिक वे हो ही नहीं

सकते। तुम्हारे नये कवि रवीन्द्रनाथ ने तुमसे ठीक ही कहा था—धर्म को पकड़े रहो। धर्मों को छोड़ दो।—और धर्म केवल जुमे या मंगलवार को ही नहीं जगता, वह सातों दिन जगा रहता है। उसकी साधना का स्थान मन्दिर और मस्जिद ही नहीं, बल्कि वे सारी जगहें हैं, जहाँ मनुष्य कोई काम करता है।

साधो, सहज समाधि भली।
गुरुप्रताप जा दिन ते उपजी, दिन-दिन अधिक चली।
जहँ-जहँ डोलूँ सोइ परिकरमा, जो-जो करूँ सो सेवा,
जब सोवौं तब करों दण्डवत, पूजों आन न देवा।
कहौं सो नाम, सुनौं सो सुमिरन, खाऊँ पिऊँ सो पूजा।
गिरह-उजाड़ एक सम लेखों, भाव न राखों दूजा।'

(1958 ई.)

मैथिल कोकिल विद्यापति

हिन्दी के बृहत्रयी कवि कौन हैं? तुलसी, सूर और विद्यापति अथवा तुलसी, सूर और कबीर? निर्णय आसानी से नहीं दिया जा सकता, यद्यपि मेरा निजी मत है कि बृहत्रयी की पंक्ति में तीसरे स्थान का अधिकारी विद्यापति को ही होना चाहिए।

विद्यापति का जन्मवर्ष अभी तक निश्चित नहीं किया जा सका है। जो सामग्रियाँ उपलब्ध हैं, उनके आधार पर इतना ही कहा जा सकता है कि उनका जन्म 1350 ई. के आसपास हुआ होगा। और, सम्भवतः कबीर के वे लगभग पचास वर्ष के पूर्ववर्ती रहे होंगे। हाँ, यह निश्चित है कि उनका जन्म बिहार प्रान्त के मिथिला नामक जनपद में हुआ था।

वे ऐसे समय में हुए जब चिन्तन की भाषा संस्कृत और साहित्य की भाषा अपभ्रंश थी। विद्यापति ने भी अपभ्रंश में अपनी 'कीर्तिलता' नामक पुस्तक की रचना की जिसकी भाषा को उन्होंने अवहट्ट कहा है और जिस भाषा के अनुसार उन्होंने अपना नाम विद्यापति नहीं बताकर, विज्जाबइ बताया है।

बालचन्द बिज्जावइ भाषा दुहु नहि लग्गइ दुज्जन हासा।

अर्थात् बाल चन्द्रमा और विद्यापति की भाषा, ये दुर्जनों के हँसने से कलंकित नहीं हो सकते।

'कीर्तिलता' विद्यापति की आरम्भिक रचना है जिसे उन्होंने कदाचित, सोलह वर्ष की उम्र में लिखा था। प्रौढ़ होने पर उन्होंने अपभ्रंश को छोड़ दिया तथा कविताएँ वे मैथिली में तथा शास्त्रीय निबन्ध संस्कृत में लिखने लगे। इस प्रकार विद्यापति का लिखा हुआ साहित्य परिमाण में भी बहुत है।

हिन्दी साहित्य के इतिहास में विद्यापति वीरगाथा-काल के कवि माने जाते हैं, यद्यपि युद्ध का कुछ थोड़ा वर्णन उनकी 'कीर्तिलता' में ही मिलता है और

'कीर्तिलता' विद्यापति की प्रतिनिधि रचना तो मानी ही नहीं जा सकती। उनकी असली प्रतिभा तो उनके पदों में निखरी है और विद्यापति के पद किसी प्रकार चन्दबरदाई एवं आल्हखण्ड के रचयिताओं की कविताओं में मिश्रित नहीं किये जा सकते। लोग विद्यापति को भक्ति काल के कवियों में गिनने से भी हिचकते हैं, क्योंकि विद्यापति का प्रधान स्वर आनन्द का स्वर है, दैहिक आनन्द का स्वर है एवं राधा-कृष्ण के नाम उन्होंने नायक-नायिका के रूप में ही लिये हैं। उनका नाम रीतिकाल के भीतर भी खपाया नहीं जा सकता, क्योंकि, यद्यपि, उनके पद स्पष्ट गवाही देते हैं कि उन्हें रीतियों का भरपूर ज्ञान था, फिर भी रीति, रस या अलंकारों के उदाहरण उपस्थित करने के लिए उन्होंने पदों की रचना नहीं की थी। इस प्रकार विद्यापति किसी भी वर्ग में समा नहीं सकते। उनके सत्कार के लिए ऐसा सिंहासन चाहिए जिस पर केवल वही बैठ सकते हैं। वे केवल कवि थे और कविता में सौन्दर्य और आनन्द को छोड़कर वे और किसी बात को स्थान नहीं देते थे। कविताएँ रचते समय उन्हें इस बात का ध्यान नहीं रहता था कि वे वैष्णव हैं या शैव अथवा शाक्त, न इस बात का कि वे साहित्य और धर्म-शास्त्रों के उद्‌भट विद्वान भी हैं। उन्होंने जो कुछ लिखा, सहज, सुन्दर और आनन्दमय भाव से लिखा, सौन्दर्य से छककर लिखा, मस्ती के तूफ़ान में लिखा। कविताएँ उनका आत्म-निवेदन नहीं, आत्माभिव्यक्ति हैं। मानव-शरीर की सुन्दरता एवं नर-नारी के प्रणय-व्यापार पर उनकी इतनी श्रद्धा है कि इनका वर्णन करने में उन्हें कहीं भी हिचकिचाहट नहीं होती।

शृंगारिक कवि तो हमारे साहित्य में एक से बढ़कर एक हुए हैं, किन्तु शृंगार की जो सहजता विद्यापति में है वह अन्यत्र नहीं दिखाई देती। प्राचीन कवियों से आधुनिक पाठकों की एक शिकायत यह रहती है कि शृंगार-वर्णन करते हुए ये कवि अपनी वासना अथवा अपनी उमंग को सीधे न कहकर किसी राजा अथवा लोकोत्तर नायक के मुख से व्यक्त करते हैं। ऐसा होने से प्रेमानुभूति की स्वाभाविकता कुछ मद्धिम पड़ जाती है। किन्तु विद्यापति इसके अपवाद हैं। नारी को देखकर नर और नर को देखकर नारी में जो सहज स्वाभाविक आकर्षण जगता है उसका रहस्य सबको ज्ञात है। किन्तु विद्यापति ने इस अनुभूति को जिस निश्छलता से व्यक्त किया है, वह सफ़ाई, वह सचाई और वह निश्छलता और कहीं नहीं मिलती :

ततष्ठि धाओल दुहुँ लोचन रे
जतए गेलि वर नारि,

आशा लुबुध न तेजइ रे
कृपनक पाछु भिखारि।

अर्थात् जहाँ-जहाँ वह श्रेष्ठ सुन्दरी जाती है, मेरे दोनों लोचन वहीं-वहीं दौड़ रहे हैं, मानो आशा के लोभ में पड़ा हुआ भिखारी कृपण का पीछा न छोड़ रहा हो।

यह प्राकृतिक पुरुष का निश्छल उद्‍गार है और इसका प्रभाव इसीलिए पड़ता है कि यह निश्छलता से कहा गया है, बिना हिचक के कहा गया है, कृष्ण या आश्रयदाता राजा की ओर से नहीं, सीधे कवि की ओर से कहा गया है।

विद्यापति की कविता उनके जीवन-काल में इतनी प्रसिद्ध हो गयी थी कि लोग उन्हें कविशेखर, अभिनव जयदेव और मैथिल कोकिल के नाम से पुकारने लगे थे। और आज भी तुलसीदास के बाद वे शायद, एक मात्र कवि हैं, जिनके अधिक-से-अधिक पद जन-जीवन में घुले हुए हैं, जिनकी कविताएँ पण्डितों से अधिक अपढ़ जनता को याद हैं तथा जिनके पदों का गान मिथिला की गृहलक्ष्मियों का प्रधान आनन्द है।

किन्तु ये बातें कैसे हुईं? विद्यापति ने क्या किया कि उनकी कविताएँ जनता में इस ज़ोर से फैल गयीं? कारण अनेक होंगे, किन्तु सबसे बड़ा कारण यह है कि कवि विद्यापति पर पण्डित विद्यापति का आतंक नहीं था। विद्यापति का कवि-हृदय मिथिला के जन-हृदय से एकाकार था। साहित्य की दृष्टि से तो विद्यापति के पद अतुलनीय हैं ही, उनकी सबसे बड़ी विशेषता यह है कि वे लोक-साहित्य की भी अतुल कृतियाँ हैं। विद्यापति के भाव मन से नहीं, जीवन से आते थे। उन्होंने ताल और भुर्जपत्रों पर लिखी पोथियाँ ही नहीं पढ़ी थीं, प्रत्युत् सबसे अधिक वे उन पोथियों के प्रेमी थे जो खेत-खलिहान, कुंज-वीथी, पनघट और जनता के घर-आँगन में खुली हुई हैं।

विद्यापति के पदों में प्रसारित देश ग्राम-देश है, उनके गीतों में चित्रित सुन्दरियाँ ग्रामीण सुन्दरियाँ हैं जिन्हें अलंकरण और प्रसाधन की सुविधा नहीं, जिनके सारे अलंकार उनके हाव-भाव हैं, जिनके बोल सभ्यता के सधे हुए कृत्रिम बोल नहीं, हृदय की निष्कपटता से निकले हुए सहज उद्‍गार हैं और किसी भी बनावट के बिना दमकनेवाला यह सौन्दर्य कितना सीधा-सादा, मगर कितना आकर्षक और पवित्र है :

सहजहिं आनन सुन्दर रे
भौंह सुरेखलि आँखि,

पंकज मधु पिबि मधुकर रे
उरये पसारल पाँखि।

उसका मुखमण्डल बिना किसी प्रसाधन के ही सुन्दर है। उसकी भौं सुरम्य काली रेखा-सी प्रतीत होती है, मानो कमल का मधु पीकर मधुकरों की पाँती उड़ी जा रही हो। और यह सरल ग्राम-युवती अपने पति के विदेश-गमन के समय जो कुछ कहती है वह भी ग्राम-युवती का ही सरल भाव है, उसमें नागरिक चातुरी या परदा नहीं है। नायिका जिस बात से डरती है, उसे ही वह सहज भाव से कह देती है :

माधव, तोहें जनु जाह विदेस।
हमरो रंग रमस लए जएवह लएवह कोन सन्देस।
वनहिं गमन करू होएत दोसर मति बिसरि जाएव पति मोरा।
हीरा-मानिक एको नहि माँगब फेरि माँगब पहु तोरा।

हे माधव! तुम विदेश मत जाओ। विदेश जाने से मेरा आमोद-प्रमोद तुम अपने साथ ले जाओगे, लेकिन बदले में ऐसी कौन-सी चीज़ लाओगे जो मेरे रंग-रभस के बराबर हो? घर से बाहर होते ही तुम्हारी मति बदल जायेगी और तुम मुझे भूल जाओगे। इसी से कहती हूँ कि मुझे हीरा-मोती नहीं चाहिए। मैं तो बार-बार तुम्हें ही माँगती हूँ।

विद्यापति सौन्दर्य, जवानी, दाम्पत्य प्रेम और मस्ती के कवि हैं। उन्होंने एक पद भी कहा है जो उनकी समस्त काव्य-रचना की कुंजी के समान लगता है :

सरसिज बिनु सर, सर बिनु सरसिज
की सरसिज बिनु सूरे,
यौवन बिनु तनु, तनु बिनु यौवन
की यौवन पिय दूरे।

कमल के बिना सरोवर या सरोवर के बिना कमल अथवा वह कमल जिसे सूर्य नहीं मिला हो, ये बातें ऐसी ही हैं जैसे शरीर में जवानी न हो या जवानी को शरीर सम्पदा न मिली हो अथवा वह जवानी जब प्रियतम पास नहीं, कहीं दूर हो।

विद्यापति ने शिव की स्तुति में भी बहुत से पद कहे हैं जो मिथिला में नचारी के नाम से विख्यात हैं। बुढ़ापा आने पर श्रृंगार और यौवन के इस महागायक को कुछ थोड़ा-सा पश्चात्ताप भी हुआ जिसकी अभिव्यक्ति उनके पदों में बड़े ही

वेधक ढंग से हुई है :

तातल सैकत वारि बिन्दु-सम
सुत मित रमनि-समाज
तोहे बिसरि मन ताहि समर्पिनु
अब मझु हब कोन काज।
माधव, हम परिनाम निराशा।

अर्थात् पुत्र, मित्र और प्रेमिकाओं से मिलने वाला सुख तप्त बालू पर गिरने वाले जलबिन्दु के समान क्षणस्थायी और नश्वर हैं। हे प्रभो! मैंने आपको भूलकर अपना मन इन्हें समर्पित कर दिया था, किन्तु अब मेरा क्या हाल होगा? हे माधव! लगता है, जैसे यह निराशा हमारे सारे जीवन का एक मात्र परिणाम है।

यह पश्चात्ताप भी निष्कपट कवि का ही पश्चात्ताप है। वैराग्य की अवस्था आने पर उपदेश बहुतों ने दिये हैं, किन्तु उनके उपदेश ऐसे लगते हैं, मानो सारे संसार की दशा देखकर कहने वाले ने कुछ नियम कह दिये हों। किन्तु विद्यापति का यह पश्चात्ताप उनके अपने हृदय से निकला है। वह नियम नहीं, कविता की कड़ी है। जिस प्रकार उन्होंने नारी पर अपनी आसक्ति निष्कपट भाषा में कही थी, बुढ़ापे में आकर उसी निष्कपटता से उन्होंने यह भी कह दिया कि पुत्र और मित्र ही नहीं, प्रत्युत प्रेमिकाएँ भी व्यर्थ हैं। अन्त में, ये सब-के-सब तुच्छ हो जाते हैं। यह निष्कपटता विद्यापति की कविताओं की सबसे बड़ी शोभा है।

(1956 ई.)

महादेवी जी की वेदना

महादेवी जी की वेदना हिन्दी में आलोचना की वस्तु बनी हुई है। सबसे पहले, शायद पं. रामचन्द्र जी शुक्ल ने यह शंका उठायी थी कि महादेवी जी अनुभूति के बल पर नहीं, अनुमान के आधार पर लिखती हैं और तब से प्रायः प्रत्येक समर्थ आलोचक को शुक्ल जी की शंका की पुष्टि का प्रमाण मिलता गया है। अधिकांश आलोचकों की राय यह है कि महादेवी जी की कविताओं में हम जो पीड़ा और अतृप्ति पाते हैं वह इस कारण कि जगत के अशोभन और स्थूल सत्य के साथ उनके आदर्शवादी स्वभाव का पूरा सामंजस्य नहीं बैठ सका और इस संघर्ष से उनकी तबीयत को जो ठेस पहुँची, उसी ने उन्हें निराशावादी और वेदनाप्रिय बना दिया है। कुछ ऐसे लोग भी हैं जो उनकी वेदना का काममूलक निदान देते हैं। सम्भव है, ये दोनों बातें (जो, अन्ततः, असल में, एक ही बात है) कुछ दूर तक ठीक हों। किन्तु इतना ही कहकर हम महादेवी जी के काव्य से छुट्टी नहीं ले सकते। असल में, महादेवी जी की कविताएँ इससे कहीं बड़ी गहराई से उठकर ऊपर आयी हैं और उनकी शाखा-प्रशाखाएँ भी अनेक हैं। अगर कवि के जीवन से उसकी कविताओं के सम्बन्ध में कोई निष्कर्ष निकालने की प्रथा ग़लत नहीं है तो महादेवी जी को निराशावादी और उनके काव्य को मृत्युवादी का काव्य मानना भी सत्य के प्रतिकूल जान पड़ता है। क्योंकि जिस प्रकार महादेवी जी का सारा जीवन कर्मठता और आशावाद से ओत-प्रोत रहा है, उसी प्रकार उनकी वेदना के भीतर भी स्वाभिमान की चिनगारी और शूरता की आग चमकती है। उनकी कविताओं के भीतर रहस्यवाद का भी जो रूप निखरा है वह कबीर और मीरा के रहस्यवाद (यद्यपि शुक्ल जी की कसौटी पर मीरा रहस्यवादी नहीं उतरती हैं) से ईषत् भिन्न है और उसके भीतर हम नवीन युग का आलोक पाते हैं।

महादेवी जी की वेदना के जिस पक्ष के सामने आलोचना थकने लगती है, वह यह है कि उन्होंने वेदना को ही अपना ध्येय मान लिया है तथा विरह की आग से निकलकर शीतलता की छाया में विश्राम करने की इच्छा उन्हें नहीं

होती। वेदना के प्रति इस विलक्षण रुझान को आलोचक अस्वाभाविक मानते हैं। और वे सीधे इस निष्कर्ष पर जा पहुँचते हैं कि हो-न-हो, यह दर्द ख़याली दर्द है। "महादेवी प्यास को ही चाहती मालूम होती हैं, इसलिए अनुमान होता है कि प्यास को उन्होंने जाना ही नहीं है। घायल घाव नहीं चाहता। जो अभी घाव चाहता है, मालूम होता है, उसकी गति अभी घायल की है नहीं।" जैनेन्द्र जी की इस उक्ति में उन सभी आलोचकों के मतों का निचोड़ आ गया है जो महादेवी जी की वेदना पर विश्वास नहीं करते अथवा जिन्हें इस बात का निदान नहीं मिला है कि आदमी दर्द के घेरे और विरह की आँच से निकलकर बाहर आना क्यों नहीं चाहता।

'मुझे पीड़ा में तपने दो, मेरे विरह का अन्त मत करो तथा मेरे आँसू मत पोंछो', ऐसे भाव भारतीय साहित्य में नहीं लिखे जाते थे। कालिदास, भारवि, भवभूति, माघ और दण्डी तथा श्रीहर्ष में ऐसे भाव नहीं मिलते, न गीतगोविन्द में ही ऐसा कोई गीत है जिससे यह ध्वनि निकलती हो कि गोपियाँ विरह को चिरायु बनाये रखना चाहती हैं। ऐसी भावना का जन्म पहले-पहल ईरान में, सूफ़ी कवियों में हुआ। वहीं से यह पद्धति भारत पहुँची और हिन्दी में भी उसकी अभिव्यक्ति पहले पहल कबीर की कविता में मिलती है :

हँसि हँसि कन्त न पाइयाँ, जिन पाया तिन रोइ।
हाँसी खेले पिउ मिले, कौन दुहागिन होइ?
मैं अबला पिउ-पिउ करूँ, निर्गुन मेरा पीव,
सून्य सनेही राम बिन देखूँ और न जीव।

ऐसे दोहे कबीर ने दो ही नहीं, और भी कहे हैं। उनमें इस बात का स्पष्ट संकेत तो नहीं मिलता कि कबीर अपने विरह का अन्त नहीं चाहते हैं, किन्तु विरह में एक स्वाद है, दर्द में एक मज़ा है, यह अनुभूति उनके दोहों में बार-बार झलक मारती है :

सब रंग ताँत, रबाब तन बिरह बजावै नित्त,
और न कोई सुनि सकै, कै साईं, कै चित्त।
कबिरा बादल प्रेम का हम पर बरिखा आय,
अन्तरि भींजी आत्मा, हरी भई बनराय।

संस्कृत और हिन्दी काव्य में विरह का जो वर्णन हुआ है उसे देखकर यह भासित होता है कि विरह का अन्त हो जाये तो विरही को शान्ति मिलेगी। इसके

विपरीत, कबीर के विरह-वर्णन से कहीं-कहीं यह ध्वनि भी निकलती है कि विरह की पीड़ा आनन्द की वस्तु है; वह ऐसी ही बनी रहे तो ठीक है। कबीर में यह प्रभाव सूफ़ियों से आया और मीरा में भी यह चीज़ कबीर और अन्य सूफ़ी कवियों से पहुँची होगी। सूफ़ियों की तरह मीरा भी विरह में घुलने, तिल-तिल जलने और प्रियतम के सामने विनष्ट हो जाने में परम सुख मानती हैं।

काटि करेजो मैं धरूँ रे, कागा तू ले जाइ।
ज्याँ देसाँ मेरा पिउ बसे रे, वे देखे तू खाइ।
या तन को दिवला करौं रे, मनसा करौं बाती,
तेल भरावौं प्रेम का बारौं दिन राती।

कबीर में ही हम एक और नवीनता का आरम्भ देखते हैं। भारत निवृत्ति-प्रधान देश था। यहाँ के लोग यह मानते थे कि संसार माया और हमारा जीवन स्वप्न है। साथ ही, उनका यह भी विश्वास था कि जब से आत्मा परमात्मा से वियुक्त हुई तभी से जीव दुःख में है। इस दुःख से निवृत्ति का उपाय निर्वाण है, जीवन-प्रदीप को बुझा देना है, यह सिद्धान्त भी इस देश में बौद्ध-दर्शन के कारण ख़ूब प्रचलित हुआ था। किन्तु भारत के किसी भी कवि ने कभी यह नहीं कहा था कि जीवन चूँकि ब्रह्म और जीव के बीच व्यवधान बनकर खड़ा है, अतएव हमें मर जाना चाहिए। उलटे, यहाँ के भक्त, यदि बहुत विह्वल हो उठे तब भी उन्होंने मृत्यु नहीं माँगी, वरन यह याचना की कि “हमें मुक्ति नहीं चाहिए। हमें तो अनन्त जीवन दो कि हम दिन-रात तुम्हारा गुण गा सकें।”

देवा, तेरो भक्ति न छाड़ौं, मुक्ति न माँगों,
तब जस सुनौं, सुनावौं।

तथा

कहा करौं बैकुण्ठहि जाय?
जहँ नहिं नन्द, जहाँ न जसोदा, नहिं जहँ गोपी, ग्वाल, न गाय।
जहँ नहिं जल जमुना को निरमल और नहीं कदमन के छाय।
‘परमानन्द’ प्रभु चतुर ग्वालिनी, ब्रज-रज सजि मेरी जाय बलाय।

किन्तु कबीर ने पहले-पहल यह घोषणा की कि जीवन चूँकि प्रियतम से हमें दूर रखे हुए है, इसलिए मर जाना ही काम्य है।

जिन मरने थैं जग डरै, सो मेरो आनन्द,
कब मरिहूँ कब देखिहूँ पूरन परमानन्द।
मैं तोहि पूछौं हे सखी, जीवत क्यों न मराइ?
मूवा पीछे सत करे, जीवन क्यों न कराइ?

मृत्यु काम्य है, यह अभारतीय भाव था। कबीर में यह भाव ईरानी सूफ़ियों की संगति से आया। इसका एक प्रमाण यह है कि कबीर से पहले यह भाव किसी भी संस्कृत अथवा हिन्दी कवि में नहीं मिलता। दूसरा यह कि उर्दू कवियों में यह भाव बराबर अभिव्यक्ति पाता रहा है :

मर्ग इक माँदगी का वक्फा है,
यानी आगे चलेंगे दम लेकर।

—मीर

क़ैदे-हयात, बन्दे-ग़म, अस्ल में, दोनों एक हैं।
मौत से पहले आदमी ग़म से नज़ात पाये क्यों?

—ग़ालिब

कहा पतंग ने यह दारे-शमआ पर चढ़कर,
अजब मज़ा है जो मर ले किसी के सर चढ़कर।

—ज़ौक़

हिज्र की ज़िन्दगी से मौत भली,
कि जिससे सब कहें, विसाल हुआ।

—हातिम

भारतीय दर्शन की शिक्षा यह है कि जब तक कर्म-संस्कार शेष है तब तक मुक्ति नहीं मिल सकती। इसलिए इस दर्शन का ज़ोर मुक्ति पर कम, कर्म पर अधिक है, क्योंकि कर्म-संस्कार के निःशेष होने पर मनुष्य इसी जीवन में मुक्त हो जाता है। फिर वह मृत्यु की कामना क्यों करे? किन्तु सूफ़ियों का दर्शन यह था कि जीव ब्रह्म से बिछुड़ा हुआ है एवं ब्रह्म-मिलन का सुख वह मरने के बाद ही पा सकता है। इस विश्वास से एक दूसरा सिद्धान्त यह निकल पड़ा कि तब शीघ्र-से-शीघ्र मरकर ब्रह्म को प्राप्त करना चाहिए। काव्य में सूफ़ियों के इस विश्वास के दो परिणाम दिखाई दिये। पहला यह कि चूँकि जीव विरह की स्थिति में है, इसलिए दिन-रात रोना-तड़पना उसके लिए स्वाभाविक है। दूसरा यह कि विरही के लिए मृत्यु त्याज्य नहीं, काम्य है।

मृत्यु को काम्य एवं मोहक बनाने की भावना इस देश में सूफ़ियों के प्रभाव से फैली। हिन्दी में पहले वह कबीर में प्रकट हुई और तब मीरा में। कबीर और मीरा, दोनों ही रहस्यवादी थे। घनानन्द के दो-एक पद रहस्यवादी संकेतों से युक्त हैं, किन्तु बोधा में ऐसे संकेत नहीं मिलते। फिर भी, ये दोनों कवि रोने और तड़पने में सूफ़ियों से कम नहीं हैं। सूफ़ियों की तड़प और बेचैनी उर्दू कविताओं में अधिक चली। हिन्दी में वह कबीर, मीरा, घनानन्द और बोधा में झलक मारती रही। हाँ, छायावाद-काल में आकर यह बेचैनी हिन्दी में भी अपने उभार पर आ गयी।

सूफ़ियों की जिस परम्परा से हिन्दी कवि प्रभावित हुए, उसका कुछ असर हम रवीन्द्रनाथ में भी देखते हैं। 'मरिते चाइना आमि सुन्दर भुवने', यह कहकर रवीन्द्रनाथ ने जीवन के प्रति आस्था प्रकट की है। किन्तु उन पर जवानी की भावुकता सवार थी, तब उन्हें भी मृत्यु मोहक दिखाई पड़ी थी। रवीन्द्रनाथ की राधा कहती है :

मरण रे, तुहुँ मम श्याम समान।
मेघ वरण तुझ, मेघ जटाजुट,
रक्तकमल कर, रक्त-अधर-पुट,
तापविमोचन करुण कोर तव
मृत्यु अमृत करे दान।

रवि बाबू की 'खेया' में भी एक कविता है जिससे मृत्यु के प्रति उनका उत्कट अनुराग प्रकट होता है, यद्यपि मृत्यु के रूप में भगवान ही आते हैं, इस आरोप के कारण, यह मृत्यु-प्रेम सार्थक हो गया है। फिर भी इसका सम्बन्ध सूफ़ियों के मृत्यु-प्रेम से आसानी से बिठाया जा सकता है :

आँधारे मुख ढाकिले स्वामी,
तोमारे तबू चिनिबो आमी।
मरण रूपे आसिले प्रभु,
चरण धरि मरिबो हे!

रवीन्द्रनाथ पर यह प्रभाव सूफ़ी कविताओं से पड़ा होगा। ब्रह्मसमाज में सूफ़ी कविताओं का काफ़ी चलन था। राजा राममोहन राय और देवेन्द्रनाथ ठाकुर (रवीन्द्रनाथ के पिता) पर रूमी, हाफ़िज़ आदि फ़ारसी कवियों का पूरा प्रभाव था। ये लोग पूजा-स्नान के समय मन्त्रों के साथ फ़ारसी ग़ज़लें भी गाया करते थे।

जब हिन्दी में छायावादी आन्दोलन पहुँचा, तब यह मृत्यु-प्रेम आधुनिक हिन्दी कविता में भी व्यक्त होने लगा, किन्तु इस भाव की स्पष्ट अभिव्यक्ति हिन्दी में केवल महादेवी जी ने की है। मृत्यु काम्य है, मृत्यु विकास है, यह भाव उनकी पंक्तियों में बार-बार आता है :

इस असीम तम में मिलकर मुझको पलभर सो जाने दो,
बुझ जाने दो देव! आज मेरा दीपक बुझ जाने दो।

(नीहार)

विसर्जन ही है कर्णाधार, वही पहुँचा देगा उस पार।

(आधुनिक कवि)

अमरता है जीवन का ह्रास, मृत्यु जीवन का चरम विकास,
सृष्टि का है यह अमिट विधान, एक मिटने में सौ वरदान।

(आधुनिक कवि)

रहने दो हे देव! अरे, यह मेरा मिटने का अधिकार।

(आधुनिक कवि)

जहाँ तक महादेवी जी के मृत्यु प्रेम का सम्बन्ध है, मुझे इसमें कोई सन्देह नहीं कि उसका बीज सूफ़ी काव्य में था। इसी प्रकार, मेरा यह भी विचार है कि महादेवी जी में वदेना का जो आधिक्य दिखाई देता है वह भी उसी धारा का चरम विकास है जो कबीर, मीरा, रसखान, घनानन्द और बोधा होकर छायावाद-युग तक पहुँची थी, यद्यपि छायावाद-काल तक आते-आते शेली, कीट्स, रवीन्द्रनाथ और उर्दू के अनेक कवियों की वेदना-मूलक अनुभूतियाँ भी उस धारा में मिल गयीं।

छायावाद-काल में जो क्रन्दनवाद की लहर उठी, उसका एक कारण तो यह था कि साहित्य में जब भी रोमांटिक आन्दोलन आता है तब उसके साथ भावुकता की घटा ज़रूर आती है और भावुकता की चरम परिणति अश्रु और विलाप में होती है। रोमांटिक कवि शेली ने 'करुण-से-करुण भावों को मधुर-से-मधुर गीत कहा था' और भवभूति का कहना है कि रस, वास्तव में, एक ही है और वह करुण रस है। निमित्त-भेद से उसी रस से अन्य सभी रस उत्पन्न होते हैं। छायावाद-काल में प्रायः सभी आलोचक इन दो कवियों का उद्धरण देते थे। स्पष्ट ही, उनका उद्देश्य साहित्य में आँसू की परम्परा को सिद्ध करना था। किन्तु

विचारणीय विषय तो यह है कि यह भावधारा हिन्दी में कहाँ पर पोषित हो रही थी और क्यों वह छायावाद-काल में ही आकर प्रकट हुई।

साहित्य को सतही दृष्टि से देखनेवाले लोग यह कह देते हैं कि यह प्रथम विश्वयुद्ध से जन्मी हुई निराशा का परिणाम था अथवा यह कि असहयोग आन्दोलन के विफल हो जाने से देश में जो निराशा उत्पन्न हुई उसकी अभिव्यक्ति छायावाद के रुदन-पक्ष में हुई। ये दोनों मत इसलिए खण्डित हो जाते हैं कि विश्वयुद्ध से जन्मी हुई निराशा का ज्ञान भारत को तत्क्षण नहीं, प्रत्युत बहुत बाद को हुआ और वह भी मुख्यतः, इलियट की कविताओं के द्वारा। जहाँ तक असहयोग-आन्दोलन का सम्बन्ध है, उसकी विफलता से देश में पस्ती नहीं आयी थी। और अगर आयी भी थी तो उसकी अभिव्यक्ति नवीन जी की उस कविता में हुई जिसकी पहली पंक्ति थी, 'विजय पताका झुकी हुई है, लक्ष्य-भ्रष्ट यह तीर हुआ।' इस काल की बाक़ी राष्ट्रीय कविताओं में उमंग-ही-उमंग है, उनमें पस्ती या शिथिलता के भाव नहीं हैं।

असल में, छायावाद-कालीन वेदना-प्रियता एक तो रोमांटिक मुद्रा का परिणाम थी; दूसरे, उसके मूल में, बहुत दूर पर, सूफ़ियों की वेदना-प्रियता काम कर रही थी जिसका परिमार्जन, हिन्दी के ढंग पर, पहले कबीर और मीरा ने तथा बाद को घनानन्द और बोधा ने किया था। बोधा और घनानन्द छायावाद के समीपवर्ती पूर्वपुरुष हुए हैं। सूफ़ियों की वेदना-विवृति का प्रभाव हिन्दी पर भी पड़ा और उर्दू पर भी। हिन्दी में यह प्रभाव कबीर, मीरा, घनानन्द और बोधा में पोषित हुआ और उर्दू की सम्पूर्ण सरणी में ही। घनानन्द के समकालीन मीर वग़ैरह रहे होंगे। कितने संयोग की बात है कि जब मीर यह लिख रहे थे कि :

वसीयत मीर ने मुझको यही की,
कि सब कुछ होना तो, आशिक न होना।

तब धनानन्द के मुख से यह पंक्ति निकल रही थी :

देह दहै, न रहै सुधि गेह की
भूलिहूँ नेह को नाम न लीजै।

और उन्हीं दिनों बोधा यह कहकर तड़प रहे थे कि :

यह प्रेम को पन्थ कराल महा,
तरवारि की धार पै धावनो है।

हम कौन सों पीर कहें अपनी,
दिलदार तो कोऊ दिखा तो नहीं।

तथा

सहते ही बनै, कहते न बनै,
मन ही मन पीर पिरैबो करै।

इसी प्रकार, जब घनानन्द यह कह रहे थे कि मेरे कवित्त कविकौशल के परिणाम नहीं, वरन मेरे हृदय की पुकार हैं :

लोग हैं लागि कबित्त बनावत,
मोहि तो मेरे कबित्त बनावत।

तब मीर साहब भी, मानो इसी अनुभूति की चोट खाकर लिख रहे थे :

मुझको शायर न कहो 'मीर' कि साहब मैंने
दर्दोगम कितने किये जमा तो दीवान किया।

सूफ़ी अनुभूति से बोधा, घनानन्द और मीर की ये अनुभूतियाँ बहुत दूर पड़ती हैं, किन्तु कविता में यह नयी अदा सूफ़ियों की वेदना-प्रियता से निकली है, यह माने बिना नहीं चल सकता।

छायावादी कवियों की वेदना-प्रियता और कुछ उर्दू कवियों की रुदनशीलता में यत्किंचित साम्य है और इसका कारण यह है कि दोनों भाषाओं में यह प्रेरणा सूफ़ी परम्परा से आयी है। शब्द अलग हैं, भाव अलग हैं, अनुभूतियाँ भी अलग-अलग है, किन्तु ज़मीन दोनों की एक-सी दिखाई देती है। यथा :

चिर ध्येय यही जलने का, ठण्ढी विभूति बन जाना,
है पीड़ा की सीमा यह, दुःख का चिर सुख हो जाना।

—महादेवी

इशरते-कतरा है दरिया में फना ही जाना,
दर्द का हद से गुज़रना है दवा हो जाना।

—ग़ालिब

जो घनीभूत पीड़ा थी मस्तक में स्मृति बन छायी,
दुर्दिन में आँसू बनकर वह आज बरसने आयी।

—प्रसाद

पीड़ा मेरे मानस में भीगे पट-सी लिपटी है।
डूबी-सी ये निःश्वासें ओठों में आ सिमटी हैं।

—महादेवी

उमड़ी आती हैं आज यूँ आँखें,
जैसे दरिया कहीं उबलते हैं।

—मीर

बेकसी मुद्दत तलक बरसा की अपनी गोर पर,
जो हमारी ख़ाक पर से हो के गुज़रा, रो गया।

—मीर

मुत्तसिल रोते ही रहिए तो बुझे आतिशे-दिल
एक-दो आँसू तो और आग लगा देते हैं।

—मीर

उर्दू कवियों के जो रोने-रुलानेवाले शेर हैं, उनमें से कुछ तो इसलिए लिखे गये होंगे कि कवियों को अर्थाभाव रहा होगा अथवा प्रेम से उन्हें निराशा हुई होगी। किन्तु बहुत से ऐसे भी हैं जो दर्द की बेचैनी दिखाने को लिखे गये हैं। सूफ़ियों ने वेदना का अनुभव ब्रह्म से कल्पित विरह के कारण किया था। पीछे चलकर वेदना कला की वस्तु बन गयी और कविगण उसका चित्रण इसलिए करने लगे कि इससे उनकी भावुकता को सन्तोष होता था। कला के लिए कला के समान, वेदना को भी वेदना के लिए पूजने की प्रथा हिन्दी और उर्दू कविताओं में सूफ़ी परम्परा से बढ़ी है।

ऊपर जो कुछ कहा गया है उससे यह निष्कर्ष निकाला जा सकता है कि कबीर और मीरा के संकेत अथवा उर्दू कवियों की वेदनाप्रियता के आधार पर ही महादेवी जी ने वेदना को अपना लिया। सच तो यह है कि महादेवी जी में हम वेदना का जो रूप देखते हैं वह छायावाद-कालीन पीड़ावाद का परिपाक है। छायावाद अपने पूर्व के इतिवृत्तात्मक काव्य के विरुद्ध विद्रोह करता आया था तथा वह उपदेश और उपयोग से बहुत दूर जाकर एक ऐसा संसार बसा रहा था जिसकी ज़मीन और आसमान, दोनों ही कल्पना से बने थे, जिसके सरोवर में हंस का वही रूप दिखाई देता था जो तैरनेवाले असली हंस के नीचे-नीचे चला करता है और जिसमें फूलों के भी वे ही रूप प्रधान थे जो दर्पण में दिखलायी

पड़ते हैं। बाँसुरी की वह तान जो कहीं दूर से सुनाई देती हो, गन्ध की वह झकोर जो तलहटियों के पार से आती हो तथा प्रेम की वह पुकार जो सनातन विरह के हृदय से फूट रही हो, ऐसी ही अनुभूतियाँ छायावाद की पूँजी थीं। इन्हीं अनुभूतियों के भण्डार में से महादेवी जी ने अपने योग्य उपकरणों का चुनाव किया अथवा चुनाव क्यों कहें? कवि विषयों का चुनाव नहीं करता। वे उसके संस्कार में से आप-से-आप निकल आते हैं। महादेवी जी ने जो हृदय पाया, वह विरही का हृदय था। उनकी रुझान रुदनशीलता पर थी और जब वे साहित्य में पहुँचीं तब तक क्रन्दन का स्वर छायावाद का सबसे प्रधान स्वर बन चुका था।

जो कुछ भी जीवन से दूर है, जो कुछ भी मनुष्य को सूक्ष्मता में लीन करनेवाला है, जो कुछ भी कोमल है, जो कुछ भी पतला और महीन है, उसी को लेकर महादेवी जी ने काव्य-क्षेत्र में प्रवेश किया और इन सारे वायवीय उपकरणों को लेकर उन्होंने उस आराध्य की उपासना आरम्भ की जो स्वयं वायवीय और अदृश्य है। कोई आश्चर्य नहीं कि उनकी भावना का आकार आसानी से हमारी पकड़ में नहीं आ पाता है; कोई आश्चर्य नहीं कि उनकी वेदना को मुट्ठी में बन्द करके उसकी गर्मी को पहचाननेवाले लोग निराश हो जाते हैं। मीरा के समय जन्म लेने पर महादेवी की भावना भी मीरा की तरह ही साकार हो सकती थी और तब, शायद, महादेवी की कराह में भी वही बेधकता होती जो मीरा की कराहों में है। किन्तु मीरा से महादेवी तक की दूरी बहुत बड़ी है। मनुष्य का ज्यों-ज्यों बौद्धिक विकास होता गया है, त्यों-त्यों उसकी भावनाएँ सूक्ष्म होती गयी हैं। और ये सूक्ष्म भावनाएँ अपनी अभिव्यक्ति के लिए कला में भी सूक्ष्मता और नवीनता उत्पन्न करती हैं। आज का कलाकार पहले से अधिक सावधान है। वह भावना की तीव्रता से अधिक कला की पूर्णता को महत्त्व देता है। इसीलिए वह पहले से आज अधिक सावधान रहता है कि कहीं उसकी भाषा के किनारे टूट न जायें। आज वह समय नहीं जब 'भाषा के किनारों का टूटना' कोई गौरव की बात समझी जाये। भाषा के किनारों का टूटना मीरा और कबीर में भी दोष ही है।

विषय का चुनाव कवि शिक्षा-दीक्षा और संस्कार के कारण करता है, अतएव महादेवी जी ने अदृश्य और अज्ञात को अपना प्रियतम क्यों चुना, इसका निदान उनके संस्कार म ही ढूँढ़ना चाहिए। 'क्रोसे' की कोई बात अगर मुझे अकाट्य दीखती है तो वह यह है कि कला में विषयों का चुनाव नहीं होता। जिस तरह, प्रत्येक कविता लिखने के समय कवि किसी अनिर्वचनीय प्रेरणा के अधीन होता है, उसी प्रकार उसके समस्त जीवन-व्यापी भाव अथवा सन्देश पूर्व से ही निश्चित

रहते हैं और उन्हें छोड़कर वह अन्यत्र नहीं जा सकता। अतएव जो लोग यह समझते हैं कि महादेवी जी ने केवल ख़याली पुलाव पकाने के लिए नक़ली तौर पर अदृश्य और अज्ञात को अपने काव्य का आलम्बन बनाया, वे साहित्य के इस सिद्धान्त के विरुद्ध बोलते हैं कि सत्कवि विषयों की खोज नहीं करते, विषय ही उनकी तलाश में रहते हैं। प्रत्येक युग अपनी भावना की अभिव्यक्ति के लिए विशिष्ट प्रकार के कवि की प्रतीक्षा किया करता है। छायावाद ने एक तो सर्ववादी दृष्टिकोण का व्यापक प्रचार करके उस कवि के अवतार को अवश्यम्भावी बना दिया था जो अव्यक्त और व्यक्त के बीच की शून्यता में उच्छ्वासों का सेतु बनाये। दूसरे, उसने रुदनशीलता के प्रति जो अनोखी रुझान दिखवायी, वह भी व्यर्थ जानेवाली न थी। उसके चलते एक ऐसे कवि की आवश्यकता आन पड़ी थी जो अश्रु की सम्भावनाओं का चरम विकास करे, जो रुदनशीलता को अध्यात्म के धरातल पर प्रतिष्ठित करे। मगर इन दोनों आवश्यकताओं की पूर्ति महादेवी जी ने ही क्यों की, इसका सही उत्तर यह नहीं है कि रोने का उन्हें शौक हुआ, बल्कि यह कि इस काम के लिए उन्हें ज़िन्दगी ने ही तैयार किया था। संस्कारों ने उन्हें जिस दिशा की ओर प्रेरित किया, वह दिशा अध्यात्म की थी तथा घटनाओं और परिस्थितियों ने उन्हें जो अनुभव दिये, वे करुणा के महत्त्व के परिचायक थे।

छायावाद ने महादेवी के आगमन के पूर्व साहित्य में जिस वेदना को प्रतिष्ठित किया था वही महादेवी जी की वेदना की पृष्ठभूमि बन गयी और मेरा निष्कर्ष है कि इसी कारण महादेवी जी में हम जो वेदना देखते हैं वह सन्त की कम, कलाकार की अधिक है। यह कोई आश्चर्य की बात नहीं है। क्योंकि आज की दुनिया में प्रायः सभी रहस्यवादी सन्त कम, कलाकार अधिक हैं। सन्तों की परम्परा रूपान्तरित हो गयी है। हठयोग और यतीवृत्ति की महत्ता के समाप्त हो जाने के कारण अध्यात्म का सबसे अच्छा आश्रय आज कला ही रह गयी है। यह कोई आकस्मिक बात नहीं है कि श्री अरविन्द ने अपनी अनुभूतियों का निचोड़ 'सावित्री' काव्य में रखा और मनुष्य के समस्त आध्यात्मिक अभियान का रोर आज केवल साहित्य में शेष है।

लेकिन सन्त और कलाकार में से किसकी वेदना असली और किसकी अनुमानजनित होती है, इस प्रश्न का समाधान सरलतापूर्वक नहीं किया जा सकता। यह विश्लेषण घुमा-फिराकर हमें इस उलझन में डाल देगा कि रहस्यवादी-काव्य मात्र सच्चा होता है या नहीं। एक ओर तो हम रूमी और कबीर के सामने श्रद्धा से मस्तक झुकाते हैं; दूसरी ओर, हमारी श्रद्धा के बहुत-से ऐसे उम्मीदवार भी खड़े हैं जिन्होंने रहस्य काव्य के सारे उपकरण एकत्र कर लिए हैं और उनके चारों ओर

एक नयी अदा से भाँवरी भर रहे हैं। इस युग की अधिकांश दलीलें रहस्यवाद के ख़िलाफ़ पड़ी हैं। फ्रायड ने रहस्यवादियों को बौद्धिक विक्षिप्त (इंटेलेक्चुअल क्रिटिन) कहा है। एक अन्य चिन्तक की राय में रहस्यवाद यौन-भावनाओं की कुण्ठा का परिणाम और एक प्रकार का पवित्र उन्माद है। किन्तु हक्सले के समान कुछ लोग यह भी स्वीकार करते हैं कि रहस्यवाद के द्वारा मनुष्य उन तत्त्वों का आभास पाता है, जो सामान्यतः उसे दिखाई नहीं देते, अतएव, जिस दुनिया में रहस्यवादी नहीं होते, उसे अन्धी और पगली समझना चाहिए। और कोलाहल के होते हुए भी रहस्यवादियों की परम्परा क़ायम है तथा इस बौद्धिक युग के महाकवि भी, किसी-न-किसी अंश तक, रहस्य की ओर संकेत कर रहे हैं। रहस्यवाद, शायद, लिरिक कविता का सबसे विकसित रूप है और जब तक व्यक्ति अपने भीतर फैलने की उमंग रखता है तब तक वह गोचर और दृश्य की सीमा के परे झाँकने की कोशिश करता ही जायेगा।

लेकिन, मुख्य प्रश्न यह है कि हम असली और नकली रहस्यवाद का भेद कैसे समझ सकते हैं। अभिनेता भी बहुतों को दुष्यन्त दिखाई पड़ने लगता है, यह ठीक है, मगर, दोनों दो व्यक्ति हैं यह भी सब लोग जानते हैं। इस झंझट से निकलने का एक ही रास्ता है कि हम रहस्य कविता की जाँच भी उसी कसौटी पर करें जिस पर अन्य प्रकार की कविताएँ कसी जाती हैं। वह कसौटी यह है कि कवि में अभिव्यक्ति की खुजलाहट है या नहीं तथा जिस मनःस्थिति का वह वर्णन कर रहा है, वह ठीक-ठीक शब्दों में उतरती है या नहीं। कला भी अनुकरण के कर्म में ख़ूब पटु होती है, लेकिन मात्र अनुकरण तो लकड़ियों को एकत्र करने के समान निर्जीव कार्य है। आग तो तभी जलती है जब कलाकार के हृदय में हलचल और व्यग्रता हो।

अभिव्यक्ति की सचाई की जाँच करने के लिए जितने भी प्रश्न पूछे जा सकते हैं, मेरा ख़याल है, महादेवी जी की कविताओं में से उनके अनुकूल उत्तर निकलते हैं। उनकी कविताओं में जो स्वाभाविक प्रवाह है वह इस बात का प्रमाण है कि ये कविताएँ प्रेरणा से आती हैं, वे मात्र कवि-कौशल का प्रमाण नहीं हैं। उनकी पंक्तियाँ जिस सहजता से हमारे कण्ठ में बस जाती हैं, उससे मालूम होता है कि महादेवी जी जिस मनोदशा में घुल रही हैं वह मनोदशा कभी-कभी हमारी भी होती है। जैसा ऊपर कहा गया है, रहस्य-कविता लिरिक का चरम विकास होती है और उसके भीतर बसनेवाली वैयक्तिकता, प्रायः सबकी वैयक्तिकता से एकाकार रहती है। महादेवी जी छायावादियों के बीच सबसे अधिक वैयक्तिक रही है, किन्तु उनकी वैयक्तिक अनुभूतियों का साधारणीकरण कुछ इतनी दूर तक

हुआ है कि उनकी अनेक पंक्तियाँ रसिकों की जिह्वा पर चढ़ जाती हैं।

'रसवन्ती' की एक कविता में निम्नलिखित पंक्ति आयी है :

जल कर चीख़ उठा, वह कवि था, साधक जो नीरद तपने में।

साधक और कलाकार में यही भेद है। कवि और योगी की मनोदशा एक होती है, किन्तु योगी जिस सन्त को पाकर वहीं बैठ जाता है, कवि उसका संवाद अपने समय और उसके माध्यम से सम्पूर्ण काल को सुनाता है। आग को जिसने पचा डाला, वह साधक है; जिसने उसके ताप की कथा आरम्भ की वह कवि हो गया। महादेवी जी साधिका नहीं, कवयित्री और कलाकार हैं। अतएव दर्द को पीकर चुप रहना वे क़बूल नहीं कर सकतीं। अभिव्यक्ति की बेचैनी, सम्प्रेषणीयता की उमंग और कला से मिलनेवाला आनन्द उन्हें बार-बार बोलने को लाचार करता है। और मीरा तथा कबीर को भी मैं इससे बहुत भिन्न कोटि का नहीं मानता, यद्यपि यह प्रत्यक्ष है कि इन कवियों का आनन्द केवल कला से मिलनेवाला आनन्द नहीं था, बल्कि वे उस आनन्द को भी पाना चाहते थे, जो साधकों और सन्तों का आनन्द है।

(1952 ई.)

लोकदेव नेहरू

पण्डित जी का जीवन-दर्शन

धर्म

धर्म के दृष्टिकोण से देखने पर जवाहरलाल वह मनुष्य हैं, जो परम्परा और विज्ञान के संगम पर खड़ा होकर यह सोचने में गर्क है कि सत्य कहाँ है यानी वह आँख मूँदकर विश्वास करने में है अथवा बुद्धिपूर्वक परीक्षा करने में? परम्परा और विज्ञान में से जवाहरलाल विज्ञान के आदमी थे। ईश्वर उनकी समझ में नहीं आता था। किन्तु वे यह भी नहीं मानते थे कि सत्य उतना ही है, जितना वह दिखाई देता है अथवा विज्ञान की छड़ी से छुआ जा सकता है। सत्य को वे निस्सीम समझते थे और उनका विश्वास था कि विज्ञान भी यह दावा नहीं कर सकता कि उसने सम्पूर्ण सत्य पर अधिकार पा लिया है। पूरे सत्य का हृदयंगम न तो कोई व्यक्ति कर सकता है, न वह किसी एक ग्रन्थ में समा सकता है।

किन्तु धर्म के आचार-पक्ष में उनका पूरा विश्वास था। अतएव ज्ञान के उतने ही अंश को वे मूल्यवान समझते थे, जितने का आदमी आचरण कर सके। इसीलिए विश्वास से जवाहरलाल धार्मिक रहे हों या नहीं; किन्तु कर्म से वे धार्मिक अवश्य थे। गांधी जी कहते थे कि ईश्वर को नहीं मानने पर भी जवाहरलाल ईश्वर के क़रीब हैं। मौलाना मोहम्मद अली तो जवाहरलाल को मजहबी भी मानते थे। इस पर पण्डित जी को आश्चर्य होता था और वे कहा करते थे कि अवश्य ही मौलाना साहब का यहाँ धर्म से कुछ और अभिप्राय होगा।

सत्य के मार्ग पर कौन है और कौन नहीं है, इसका फ़ैसला आसान नहीं है। मगर यह देखा गया है कि सत्य के मार्ग पर आया हुआ आदमी हठी नहीं होता, ज़िद्दी नहीं होता, दुराग्रही नहीं होता। उसके भीतर यह शंका बनी रहती है कि सम्भव है, विरोधी की ही बात ठीक हो। यह धर्म का असली भाव है। पण्डित जी में यह भाव काफ़ी प्रबल था। वे खुद भी शंका करते थे और दूसरों

की शंकाओं को भी आदर से देखते थे। उनका अपना प्यारा मार्ग विज्ञान का मार्ग था; किन्तु आणविक युग में आकर उन्हें विज्ञान भी दर्शन के समीप होता दिखाई देने लगा था। दिल्ली विश्वविद्यालय के दीक्षान्त भाषण में उन्होंने कहा था कि भौतिकी के नवीन अनुसन्धानों से जो स्थिति उत्पन्न हुई है, उससे ऐसा लगता है कि हम फिर शंकर के मायावाद के समीप पहुँच रहे हैं।

वैसे हिन्दी के एक मासिक पत्र 'कल्याण' ने इधर उनके दो-एक ऐसे फ़ोटो भी छापे हैं, जिनमें जवाहरलाल जी आनन्दमयी माँ के पास समाधिमग्न बैठे हैं। किन्तु, इसे मैं अपवाद कहूँगा। उनके विषय में जो बात ख़ास ज़ोर देकर कही जा सकती है, वह यह है कि जवाहरलाल जी ईश्वर की सत्ता को समझ नहीं पाते थे, न वे धर्म के बाहरी अनुष्ठानों को महत्त्व देते थे। किन्तु कर्म उनके सारे-के-सारे धार्मिक मनुष्य के थे। वे धर्म की व्याख्या में न फँसकर उसे जीने के अभ्यासी थे। इसीलिए भारतीय जनता ने उनका उतना सम्मान किया। भारत के सारे इतिहास में जनता ने सबसे अधिक पूजा उन व्यक्तियों की की है, जो धर्म के मनुष्य थे। केवल 'सेक्युलर' गुणों के कारण इस देश में सम्मान के अधिकारी केवल जवाहरलाल जी हुए। यह अपने-आपमें इस बात का प्रमाण है कि जनता ने उन्हें यह सम्मान उनकी चारित्रिक विशिष्टताओं के कारण दिया। और धर्म पर उनकी शंका को जनता ने एक अत्यन्त सच्चे और ईमानदार आदमी की सात्त्विक जिज्ञासा समझा।

भगवान राम और भगवान कृष्ण पर जवाहरलाल जी की श्रद्धा थी या नहीं, यह मुझे मालूम नहीं है; किन्तु भगवान बुद्ध पर उनकी श्रद्धा अटूट थी। भगवान बुद्ध अपने समय से बहुत पूर्व जनमे थे अथवा यह कहना चाहिए कि उनका समय अब आया है। बुद्ध अगर बीसवीं सदी में जनमे होते, तो उनके सबसे निकटवर्ती आत्म-बन्धु गांधी जी और जवाहरलाल जी हुए होते। बुद्ध का ईश्वर के विषय में क्या मत था?—ऐसे सभी प्रश्नों को बुद्ध ने अव्याकृत कोटि में डाल रखा था। किन्तु वे अगर आज मौजूद होते और हम उनसे यह पूछते कि ईश्वर है या नहीं, तो उनका जवाब होता, तुम्हें प्रश्न करना नहीं आया। और हमारा सवाल-जवाब कुछ इस प्रकार से चलता—

"मान लो कि ईश्वर है और तुम्हारे कर्म अच्छे हैं, तो परिणाम क्या होगा?"

"अच्छा होगा।"

"और मान लो कि ईश्वर है और तुम्हारे कर्म अच्छे नहीं हैं, तो परिणाम क्या होगा?"

"परिणाम बुरा होगा।"

"अब मान लो कि ईश्वर नहीं है और तुम्हारे कर्म अच्छे हैं, तो परिणाम क्या होगा?"

"परिणाम को तो अच्छा ही होना चाहिए।"

"और मान लो कि ईश्वर नहीं है और तुम्हारे कर्म बुरे हैं, तो परिणाम क्या होगा?"

"परिणाम बुरा होगा।"

"तो फिर पूछना यह चाहिए कि तुम हो या नहीं तथा तुम्हारे कर्म कैसे हैं?"

वैसे जवाहरलाल जी गीता के प्रेमी थे और गांधी जी को देखकर उन्हें यह विश्वास हो गया था कि स्थितप्रज्ञ की कल्पना हवाई कल्पना नहीं है। साधना करने से स्थित प्रज्ञता प्राप्त की जा सकती है। निरी भौतिकता में उनका विश्वास नहीं था। उनके भीतर यह शंका दिनोंदिन प्रबल होती जा रही थी कि दृश्य के परे कोई और सत्य है, जो अदृश्य है तथा जिसे हम तर्कों से नहीं जान सकते। विनोबा जी ने जब यह सूक्ति कही कि अगला युग विज्ञान और धर्म का नहीं, बल्कि विज्ञान और अध्यात्म का है, तब यह सूक्ति पण्डित जी को बहुत पसन्द आयी थी।

हिंसा-अहिंसा

गांधी जी अहिंसा को धर्म समझते थे, किन्तु जवाहरलाल जी ने अहिंसा को धर्म कभी भी नहीं माना। वे उसे नीति मानते थे। चूँकि जवाहरलाल गांधी जी के अनुयायी थे, इसलिए अहिंसा का पालन वे भी करते थे, किन्तु अहिंसा के समर्थन में गांधी जी जो दलीलें देते थे, वे दलीलें पण्डित जी की समझ में नहीं आती थीं। पण्डित जी मानते थे कि व्यक्ति अगर चाहे तो अहिंसा को अपना वैयक्तिक धर्म समझ सकता है, जैसे कोई-कोई आदमी उपवास और आत्मपीड़न को भी अपना धर्म मान लेता है। किन्तु समूह अथवा राजनैतिक दल का धर्म अहिंसा नहीं हो सकती। जब गांधी जी ने चौरीचौरा में हिंसा होने के कारण असहयोग आन्दोलन को रोक दिया था, तब गांधी जी के इस कृत्य से जवाहरलाल जी को ठेस पहुँची थी। उनका ख़याल था कि छिटपुट हिंसा के होने पर भी राष्ट्रीय आन्दोलन को रोकना नहीं चाहिए। हिंसा सन् 1942 ई. की महाक्रान्ति में भी हुई थी और सन् '45 में जब देश के नेता जेलों से बाहर आये, उन्हें यह सूझता ही नहीं था कि हिंसक घटनाओं के प्रसंग में वे क्या कहें। किन्तु पण्डित जी ने जनता की ओर से किये गये सभी हिंसक कृत्यों को अपने ऊपर ओढ़ लिया और उन्होंने खुली घोषणा की कि सन् '42 की क्रान्ति की सारी ज़िम्मेवारी मेरे ऊपर है।

यह भी ध्यान देने की बात है कि द्वितीय महायुद्ध में गांधी जी का मत यह था कि सरकार के युद्धोद्योग में अगर सहायता देनी है, तो वह सहायता बिना शर्त दी जानी चाहिए और उसका रूप अहिंसक होना चाहिए। किन्तु जवाहरलाल जी की स्पष्ट राय थी कि युद्धोद्योग में सहायता तभी दी जा सकती है, जब इंग्लैंड भारत को स्वाधीन कर दे और यह सहायता भारत युद्ध में हथियार उठाकर देगा।

सन् 1962 ई. में दिल्ली में जो आणविक अस्त्र विरोधी अन्तरराष्ट्रीय सम्मेलन हुआ था, उसमें संसार के नेताओं ने हिंसा-अहिंसा की विचिकित्सा बड़ी ही बारीकी के साथ की थी। किन्तु उस सम्मेलन में पण्डित जी का जो भाषण हुआ, उससे हिंसा-अहिंसा विषयक उनका मत बिल्कुल स्पष्ट हो गया। उस दिन पण्डित जी ने बताया था कि अहिंसा व्यक्ति के लिए शक्य किन्तु समूह के लिए अशक्य कृत्य है। जनता जैसे हिंसक कार्रवाइयों के लिए तैयार की जाती है, वैसे ही वह अहिंसक कार्रवाई के लिए भी तैयार की जा सकती है। किन्तु विशाल धरातल पर यह तैयारी करना आसान काम नहीं है और उसमें अवतारी पुरुषों को भी सफलता कठिनाई से मिलती है। क्योंकि व्यक्ति को संयम सिखलाना जितना आसान है, समूह को संयमी बनाना उतना आसान नहीं है। इसलिए व्यक्ति के धर्म को अगर हम समूह पर लाद दें, तो इससे लाभ की अपेक्षा हानि अधिक होगी। समूह के धरातल पर अहिंसा के प्रयोग में यही कठिनाई है। और मुसीबत यह है कि जनता अगर अहिंसा चलाने में असफल हो गयी, तो अहिंसा और कायरता में कोई भेद नहीं रह जायेगा और समूह की पराजय टाली नहीं जा सकेगी।

पण्डित जी अहिंसा को सत्य से भी अभिन्न नहीं मानते थे। उनकी दृष्टि में सत्य और चीज़ तथा अहिंसा और चीज़ थी। पण्डित जी अहिंसा की महिमा को भली-भाँति समझते थे और मानते थे कि अहिंसा का सर्वत्र पालन वही व्यक्ति कर सकता है, जिसके भीतर की मानवता अत्यन्त विकसित और सजीव हो, जो भारी-से-भारी कष्ट सहकर भी उत्तेजना में न आये। किन्तु अहिंसा की भी सूक्ष्म छाँहें और भंगिमाएँ हैं, जिनके कारण कभी वह ग्राह्य और कभी अग्राह्य हो सकती है। पण्डित जी गांधी जी का उद्धरण देकर बतलाते थे कि हिंसा गरचे बुरी चीज़ है, मगर चुनाव जहाँ कायरता और हिंसा के बीच हो, वहाँ मनुष्य को हिंसा का ही साथ देना चाहिए। लेकिन भय के भाव और कायरता, ये ख़ुद बुरी चीज़ें हैं। अतएव पण्डित जी चाहते थे कि जनता निर्भय और वीर हो तथा उसके भीतर उच्च मानवता को विकास करने के लिए वे अहिंसा का उपदेश देते थे।

राष्ट्रीयता और अन्तरराष्ट्रीयता

राष्ट्रीयता के दो लक्षण अत्यन्त प्रमुख हैं। एक तो यह कि वह ग़ुलाम देशों में अत्यन्त प्रखर होती है, क्योंकि ग़ुलाम देश अपने मालिकों से घृणा करते हैं और यही घृणा उनकी राष्ट्रीय एकता को मज़बूत बना देती है। दूसरा यह कि जब भी किसी देश या जाति के भीतर राष्ट्रीय भावना की जागृति होती है, तब उस देश या जाति के लोग अपने अतीत का स्मरण करने लगते हैं। इससे दो ख़तरे पैदा हो सकते हैं। एक तो यह कि घृणा के भाव पर पलती हुई राष्ट्रीयता फासिस्ट बन जा सकती है। दूसरा यह कि अतीत को ज़िन्दा करने की कोशिश में जातियाँ रिवाइवलिस्ट बन जा सकती हैं।

पण्डित जी का ध्यान इन दोनों ख़तरों पर था। जहाँ तक अतीत के ध्यान से जाति में एकता और आत्मविश्वास का भाव पैदा होता है, वहाँ तक पण्डित जी अतीत का मूल्य समझते थे। किन्तु अतीत के अनुकरण को वे राष्ट्रीयता का दोष समझते थे। इसी प्रकार राष्ट्रीयता के घृणा-पक्ष को वे बढ़ावा नहीं देते थे। संघर्ष के दिनों में भी उनका कहना यह था कि लड़ाई हमारी अंग्रेज़ों के साम्राज्यवाद के ख़िलाफ़ है, अंग्रेज़ जाति से हम घृणा नहीं करते हैं।

ऐतिहासिक कारणों से भारत में राष्ट्रीयता छिपे-छिपे हिन्दू-धारा और मुस्लिम-धारा में बहने लगी थी। पण्डित जी इसे संकीर्णता समझते थे और ज़िन्दगी भर वे इन संकीर्ण प्रवृत्तियों के ख़िलाफ़ युद्ध करते रहे। उनकी दृष्टि में भारत की राष्ट्रीयता केवल भारतीय है। उसे हिन्दू और मुस्लिम धाराओं में अलग-अलग बहाने की कोशिश राष्ट्रीयता का पालन नहीं, उसका विरोधी रूप है। भारत में जो भी लोग बसते हैं, वे एक हैं; क्योंकि उनका इतिहास एक है, उनका तौर-तरीक़ा एक है, उनका रहन-सहन और मिज़ाज एक है। एक के हिन्दू, दूसरे के मुसलमान और तीसरे के सिक्ख या क्रिस्तान होने से किसी की राष्ट्रीयता नहीं बदलती। इस देश के अल्पसंख्यक राष्ट्रीय अल्पसंख्यक नहीं हैं, वे

धार्मिक अल्पसंख्यक हैं और अल्पसंख्यकों के धर्म-भेद से पूरे समूह की राष्ट्रीयता में कोई फ़र्क़ नहीं आता है।

पण्डित जी चाहते थे कि हिन्दू, मुस्लिम, सिक्ख, पारसी और क्रिस्तान—ये भारत के इतिहास के प्रति समान रूप से गौरव का भाव रखें और पूरे इतिहास को अपना ही इतिहास समझें। हिन्दू अगर अपने अतीत की याद करे और मुसलमान अपने माजी की, तो इससे हमारी राष्ट्रीयता में दरार पड़ जायेगी। पण्डित जी चाहते थे कि हिन्दू और मुसलमान पीछे की ओर देखना छोड़कर उस राह पर एक साथ चलें, जो सीधे भविष्य को जाती है।

जैसे पण्डित जी धार्मिक विभेद को राष्ट्रीयता की बाधा नहीं मानते थे, वैसे ही उनका विश्वास था कि भाषाओं की भिन्नता से इस देश की एकता नहीं टूटेगी। कई देश हैं, जिनमें अनेक भाषाएँ बोली जाती हैं। तो फिर भारत ही अनेक भाषाएँ बोलकर एक क्यों नहीं रह सकता? वे सरल हिन्दी के पक्षपाती थे और हिन्दी के उसी रूप को भारत भर में फैलाना चाहते थे।

किन्तु पण्डित जी के भीतर राष्ट्रीयता और अन्तरराष्ट्रीयता के बीच संघर्ष नहीं था। भारत की राष्ट्रीयता जन्म से ही अन्तरराष्ट्रीय रही थी। राजा राममोहन राय ने संसार में पहले पहल यह आवाज़ उठायी थी कि पासपोर्ट की पद्धति उन्मूलित कर दी जाये और संसार-भर के देशों का कोई संघ हो, जो सभी देशों की सुख-सुविधा का विचार करे। स्वामी विवेकानन्द ने इस बात पर ज़ोर दिया था कि भारत को अपना सम्पर्क अन्य देशों के साथ स्थापित करना चाहिए। अन्य देशों से कटकर अलग जीने की कोशिश से भारत की अवनति हुई है। रवीन्द्रनाथ ने पश्चिम और पूर्व के आदर्शों के बीच समन्वय लाकर भारतीय राष्ट्रीयता की बुनियाद को विस्तार दिया था। खुद गांधी जी ने राष्ट्रीयता को घृणा के दलदल से निकाल लिया था। गांधी जी कहते थे कि भारतीय राष्ट्रीयता का ध्येय भारत को स्वाधीन बनाना है। किन्तु बृहत् मानवता के कल्याण के लिए अगर भारत को मृत्यु का वरण करना पड़े, तो उसे इस कुर्बानी के लिए भी तैयार रहना चाहिए।

पण्डित जी ने इन आदर्शों के उत्तराधिकार का सफलतापूर्वक वहन किया। संसार के अन्य ग़ुलाम और शोषित देशों में मुक्ति के जो आन्दोलन चल रहे थे, भारत के स्वतन्त्रता-आन्दोलन को पण्डित जी उन सभी आन्दोलनों से एकाकार मानते थे। वे बार-बार इस बात पर ज़ोर देते थे कि भारतीय राष्ट्रीयता को अन्तरराष्ट्रीयता की प्रगतिशील प्रवृत्तियों के साथ एक होकर चलना चाहिए। पण्डित जी समाजवादी थे, अतएव यह स्वाभाविक था कि अन्तरराष्ट्रीयता के प्रति उनकी अकृत्रिम रुझान हो।

किन्तु अन्तरराष्ट्रीयता के मोह में वे राष्ट्रीयता की उपेक्षा नहीं करते थे। उनका निश्चित मत था कि अगर राष्ट्रीयता और अन्तरराष्ट्रीयता के बीच कोई द्वन्द्व छिड़ गया, तो जीत राष्ट्रीयता की होगी। क्योंकि राष्ट्रीयता मनुष्य की स्वाभाविक प्रवृत्ति है और अन्तरराष्ट्रीयता को वह बुद्धि की प्रेरणा से ग्रहण करता है। वे यह भी मानते थे कि अन्तरराष्ट्रीयता के प्रति प्रेम केवल व्यक्ति दिखा सकता है और वही अन्तरराष्ट्रीय ध्येयों के लिए थोड़ी कुर्बानी भी कर सकता है। किन्तु राष्ट्र अन्तरराष्ट्रीय ध्येयों को वहीं तक स्वीकार करते हैं, जहाँ तक वे ध्येय राष्ट्रों के अपने हितों के अनुकूल हैं। अन्तरराष्ट्रीयता के लिए त्याग अभी व्यक्ति करता है। राष्ट्रों के भीतर इस त्याग का भाव नहीं है।

पण्डित जी का विचार था कि अन्तरराष्ट्रीयता का सम्यक् विकास स्वतन्त्र देशों में हो सकता है। जो देश ग़ुलाम हैं, वे अपने राष्ट्रीय भावों को शिथिल होने देना नहीं चाहते।

किन्तु पण्डित जी के सामने संसार के भविष्य की जो कल्पना थी, वह उत्तरोत्तर अन्तरराष्ट्रीयता के विकास की कल्पना थी। अपनी पुत्री को लिखे गये एक पत्र में उन्होंने कहा है कि संसार दिनोंदिन छोटा होता जा रहा है और सभी देश एक-दूसरे के क़रीब होते जा रहे हैं और उनके पारस्परिक दान-प्रतिदान और प्रभाव की मात्रा बढ़ती जा रही है। अब वह समय आ गया है, जब देशों के अलग-अलग इतिहासों का विशेष महत्त्व नहीं रहेगा। इतिहास अब पूरे संसार का, पूरी मानवता का एक साथ लिखा जाना चाहिए।

ग़ुलाम देशों के लिए राष्ट्रीयता का जो अपरिमित महत्त्व है, उसे पण्डित जी भली-भाँति समझते थे और उसका आदर भी करते थे। किन्तु उनका ध्यान इस पर भी था कि अगर राष्ट्रीयता की प्रवृत्ति बेरोक बढ़ती गयी, तो उससे विश्व की एकता में बाधा पड़ सकती है। अतएव वे चाहते थे कि राष्ट्रीयता आरम्भ से ही अपना तालमेल अन्तरराष्ट्रीयता के साथ बिठाकर चले, तो इससे राष्ट्र और सम्पूर्ण विश्व, दोनों का कल्याण होगा।

भारत के मन को अन्तरराष्ट्रीय बनाने को पण्डित जी अत्यन्त बेचैन थे। राष्ट्रीय पताका पर अशोक-चक्र का रखना उन्होंने इसलिए पसन्द किया था, चूँकि अशोक की दृष्टि अन्तरराष्ट्रीय थी। संविधान सभा में झण्डे पर भाषण देते हुए उन्होंने कहा था, हमारी राष्ट्रीय पताका केवल हमारी ही स्वाधीनता का चिह्न नहीं है। जिन लोगों की भी दृष्टि इस झण्डे पर पड़ेगी, उन्हें यह झण्डा यह सन्देश देगा कि भारत सभी राष्ट्रों के साथ प्रेम का सम्बन्ध रखना चाहता है और जो भी लोग अपनी स्वाधीनता के लिए संघर्ष कर रहे हैं, उन्हें भारत मदद पहुँचाना चाहता है।

अन्तरराष्ट्रीयता का ध्येय पण्डित जी विश्व-संघ की स्थापना मानते थे। उनका दृढ़ विश्वास था कि संसार में एक विश्व-शासन की स्थापना अनिवार्य है, क्योंकि संसार के रोगों का इसके सिवा कोई और इलाज नहीं है। युद्ध और संघर्ष की स्मृतियाँ अगर भुलाई नहीं जातीं, तो अन्तरराष्ट्रीय सद्भावना कमज़ोर हो जाती है।

प्रजातन्त्र

नात्सीवाद और फासिस्टवाद ने यह सिद्धान्त चलाया था कि राष्ट्र, देश और राज्य के प्रति गौरव की भावना ही प्रधान है और जीवित मनुष्य जो उस राज्य में बसते हैं, इस भावना के सामने बिल्कुल गौण हैं। फासिस्टवाद और नात्सीवाद प्रजातन्त्र तथा उदारता की भावना को स्वीकार नहीं करते। उनके लिए राज्य प्रमुख और नागरिक गौण थे।

पण्डित जी व्यक्ति के व्यक्तित्व का आदर करते थे और यह मानते थे कि असली प्रजातन्त्र वह है, जहाँ सारी जनता मतदान के द्वारा अपनी राय ज़ाहिर करती है और राज्य का शासन उसी राय के अनुसार चलता है।

राजनैतिक स्वतन्त्रता, सामाजिक समानता और शान्तिमय उपायों से प्रगति करना, इसे पण्डित जी प्रजातन्त्र का ध्येय समझते थे। लेकिन फासिस्टवाद और साम्यवाद के बीच अगर चुनाव की विवशता आती, तो पण्डित जी साम्यवाद ही चुनते।

एक हद तक शिक्षा और समृद्धि लाये बिना प्रजातन्त्र ठीक से काम नहीं करता है। अगर इस भाव की अवज्ञा नहीं की जा सकती, तो प्रजातन्त्र का सम्पूर्ण रूप भारत में चलाया नहीं जा सकता था। किन्तु पण्डित जी प्रजातन्त्र के प्रयोक्ता थे। प्रजातन्त्र के तरीक़ों में उनका ऐसा अटल विश्वास था कि उन्होंने भारत में प्रचलित घोर अशिक्षा और दरिद्रता की बाधा को स्वीकार नहीं किया और सीधे इस निर्णय पर आ गये कि हम जनता को पहले प्रजातन्त्र का सम्पूर्ण अधिकार दे देंगे और बाद में शिक्षा तथा समृद्धि का प्रचार करेंगे।

युद्ध को पण्डित जी प्रजातन्त्र का घोर शत्रु समझते थे, क्योंकि जब युद्ध आता है, तब उदार देश भी कुछ थोड़े धर्म अधिनायकवाद को ग्रहण कर लेते हैं।

पण्डित जी जनमत का आदर करते थे। एक बार सवाल यह उठा कि विधि मन्त्री को एटर्नी जनरल भी होना चाहिए। किन्तु जनमत को इस प्रस्ताव के विरुद्ध देखकर उन्होंने अपना पाँव पीछे हटा लिया। इसी प्रकार संविधान में जब 18वाँ संशोधन होने लगा, पण्डित जी जनमत को विरुद्ध देखकर सतर्क हो गये

और सरकार ने विधेयक वापस ले लिया। अनिवार्य बचत-योजना के प्रसंग में वित्त मन्त्री श्री मोरारजी देसाई की एक बार संसत्सदस्यों से इस बात पर झड़प हो गयी कि एटर्नी जनरल लोकसभा में बुलाये जायें या नहीं। मोरारजी भाई इस पक्ष में नहीं थे कि एटर्नी जनरल सभा में बुलाये जायें। लेकिन एटर्नी जनरल सभा में बुलाये गये और उन्होंने वित्तमन्त्री के प्रस्ताव का समर्थन भी किया। किन्तु इन सारे नाटकों के बाद पण्डित जी ने मोरारजी भाई को यह सलाह दी कि अब बात विरोधी दल की ही मान जाइए।

दुष्टों की दुष्टता की बात कान में पड़ने पर वे मौन हो जाते थे और असहनशील व्यक्ति की बातें भी वे पूरी सहनशीलता के साथ सुनते थे।

उनका विचार था कि प्रजातन्त्र केवल मतदान की प्रक्रिया नहीं है। वह समाज की एक मनोदशा भी है, लोगों के आचरण की एक पद्धति भी है। भारतीय प्रजातन्त्र का जन्म केवल राजनैतिक प्रभावों के कारण नहीं हुआ, उसका जन्म कुछ नैतिक मूल्यों के प्रभावों की छाया में भी हुआ है, जिनके जन्मदाता गांधी जी थे। पण्डित जी मानते थे कि जैसे कुछ नैतिक सिद्धान्तों की अवहेलना करने से व्यक्ति का ह्रास होता है, उसी प्रकार नैतिक मूल्यों की अवज्ञा से राष्ट्र का भी पतन हो जाता है।

समाजवाद

सन् 1929 ई. में पण्डित जी ने लाहौर कांग्रेस के सभापति पद से ऐलान किया था कि मैं समाजवादी हूँ और राजाओं के राज्य तथा उद्योगपतियों के साम्राज्य के मैं ख़िलाफ़ हूँ।

फिर सन् 1933 ई. में उन्होंने कहा था, फासिस्टवाद और साम्यवाद के बीच कोई मध्यमार्ग नहीं है। दोनों में से किसी एक का चुनाव हमें करना ही चाहिए और अपने लिए मैं साम्यवाद पसन्द करता हूँ।

गांधी जी हृदय-परिवर्तन में विश्वास करते थे। जवाहरलाल इस नीति को समाजवादी नीति के ख़िलाफ़ समझते थे।

पण्डित जी की इतिहास-विषयक दृष्टि मार्क्सीय थी। समाजवादी मार्ग को वे मार्क्सवादी मार्ग समझते थे। सामाजिक विकास का जो विश्लेषण मार्क्स ने दिया है, उससे पण्डित जी सोलहों आने सहमत थे। किन्तु उनका ख़याल था कि मार्क्स के बाद संसार में जो अनेक घटनाएँ घटी हैं, उनसे मार्क्सवादी सिद्धान्तों में से अनेक अप्रासंगिक हो गये हैं।

सन् 1955 ई. में उन्होंने कहा था, समाजवाद अथवा साम्यवाद से हमें इस काम में मदद मिल सकती है कि भारत में जो सम्पत्ति है, उसका हम बँटवारा कर दें। मगर सब मिलाकर भारत एक निर्धन देश है और इसकी सम्पत्ति का बँटवारा, असल में, इसकी ग़रीबी का ही बँटवारा होगा। भारत को अभी ज़रूरत ग़रीबी के बँटवारे की नहीं, धन के उत्पादन की है। ग़रीबी पर आधारित अर्थनीति भारत के अनुकूल नहीं है।

गांधी जी धनियों को समाज का ट्रस्टी बनाना चाहते थे। जवाहरलाल की समझ में यह नीति नहीं आती थी।

अपनी आत्मकथा में पण्डित जी ने लिखा था कि समाजवाद के मार्ग में जो बाधाएँ हैं, उन्हें हम नरमी से दूर करेंगे, मगर यदि आवश्यक हुआ तो उन्हें हटाने को हम बल का भी प्रयोग कर सकते हैं। किन्तु सत्तासीन होने पर उनका बलप्रयोग और दमन का भाव प्रजातन्त्र से बहुत ही प्रभावित हो गया और मत-परिवर्तन के काम को वे अधिक महत्त्व देने लगे।

सन् 1955 ई. में ही उन्होंने यह भी कहा था कि वर्गों के बीच द्वन्द्व है, तो इस द्वन्द्व को शान्तिमय उपायों से हटाना चाहिए, वर्ग-संघर्ष के द्वारा नहीं। मार्क्स महापुरुष थे और उनसे हम सब लोग कुछ-न-कुछ सीख सकते हैं। किन्तु 19वीं सदी के मध्य में उत्पन्न होनेवाले मार्क्स से यह पूछना अन्याय है कि 20वीं सदी के मध्य में हम क्या करें?

प्रजातन्त्र और समाजवाद को वे एक ही सिक्के के दो पहलू समझते थे। समाजवाद के समान प्रजातन्त्र को भी वे सामाजिक विषमताओं के अपनोदन का साधन समझते थे। अतएव उनका विचार था कि समाजवाद का भी असली रूप प्रजातन्त्रीय ही हो सकता है, अधिनायकवादी नहीं। किन्तु उनका यह भी ख़याल था कि उत्पादन के यन्त्रों पर अगर स्वामित्व व्यक्तियों का रहा, तो विषमता दूर नहीं होगी। वैयक्तिक सम्पत्ति की अधिकता को वे प्रजातन्त्रीय मार्ग की बाधा मानते थे।

समाजवाद को वे वैयक्तिक स्वतन्त्रता की बाधा नहीं मानते थे। उनका ख़याल था कि समाजवाद के अधीन व्यक्ति की स्वाधीनता आज की अपेक्षा कुछ अधिक ही होगी, कम नहीं। विवेक की स्वाधीनता, सोचने को स्वाधीनता, काम करने की स्वाधीनता, इन पर समाजवाद अंकुश नहीं लगायेगा। रह गयी सम्पत्ति, तो एक सीमा के अन्दर सम्पत्ति का वैयक्तिक स्वामित्व भी समाजवाद के अन्दर चल सकता है। किन्तु सबसे बड़ी स्वाधीनता तो यह है कि समाजवाद के अन्दर आर्थिक सुरक्षा का भाव सबको प्राप्त होगा, जो आज थोड़े ही लोगों को प्राप्त है।

पण्डित जी मिज़ाज से व्यक्तिवादी और बुद्धि से सोशलिस्ट थे।

राष्ट्रीयकरण

सन् 1954 ई. में उन्होंने कहा था, समाजवाद-विषयक हमारी आम धारणा यह है कि उससे उद्योगों का राष्ट्रीयकरण होता है। इसलिए यह सोचा जा सकता है कि हम भी तुरन्त उद्योगों का राष्ट्रीयकरण कर दें। यह ठीक है कि जैसे-जैसे समाजवाद की प्रगति होगी, अधिक-से-अधिक उद्योग राष्ट्रीय सेक्टर में होंगे। किन्तु अभी हमारा उद्देश्य धन के उत्पादन और रोज़गार में वृद्धि होनी चाहिए। अतएव हमें कोई भी ऐसा क़दम नहीं उठाना चाहिए, जिससे धनोत्पादन की प्रगति शिथिल हो जाये अथवा बेकारी और भी बढ़ जाये।

राज्य और व्यक्ति

पण्डित जी मानते थे कि आज तक राज्य का उद्देश्य वैदेशिक आक्रमण और आन्तरिक उत्पात से समाज की रक्षा करना रहा है। लेकिन अब कल्याणकारी राज्य का ध्येय जनता की शिक्षा, स्वास्थ्य, रोज़ी आदि समस्याओं का भी समाधान निकालना हो गया है।

आधुनिक राज्यों की प्रवृत्ति केन्द्रीकरण की ओर है। केन्द्रीकरण की प्रगति से व्यक्ति की आज़ादी में खलल पहुँचती है। किन्तु केन्द्रीकरण की प्रक्रिया ही ऐसी है कि उसे रोकना दुश्वार है। केन्द्रीकरण समाजवाद की शिक्षा है। व्यक्ति की स्वतन्त्रता का सम्मान गांधी-धर्म है। जवाहरलाल इन दोनों के बीच तालमेल बिठाना चाहते थे।

व्यक्ति की स्वाधीनता की रक्षा के लिए वे संविधान का सहारा लेते थे। किन्तु उनका यह भी भाव था कि अपार जनता के अधिकारों की रक्षा के लिए गिने-चुने लोगों के अधिकारों का अपहरण कोई अन्याय नहीं है।

शुद्ध कविता की खोज

कविता और शुद्ध कविता

जिसे हम शुद्ध कविता कहते हैं, वह साहित्य की कोई सर्वथा नवीन विधा नहीं है। जब से मनुष्य ने काव्यकला का आविष्कार किया, शुद्ध कविता की रचना वह तभी से करता आ रहा है। किन्तु, पहले उसे यह पता नहीं था कि जो कुछ वह लिखता है, उसमें दो प्रकार की कविताएँ होती हैं। एक वे, जिनका उद्देश्य केवल आनन्द-दान होता है और दूसरी वे, जिनमें आनन्द के साथ कुछ ज्ञान भी रहता है। प्रत्यक्ष या अप्रत्यक्ष कुछ उपदेश भी रहते हैं तथा दूर पर कहीं, किसी कर्तव्य की प्रेरणा भी रहती है। शुद्ध कविता को अब शुद्ध कविता कहने का रिवाज़ है, किन्तु, जो कविताएँ परिभाषा के अनुसार ठीक-ठीक शुद्ध नहीं हैं, उन्हें क्या कहा जाना चाहिए? उनका एक ढील-ढाला सामान्य नाम सोद्देश्य काव्य चलता है।

जब कविता का आविष्कार हुआ था, तब विद्या का विभाजन शाखाओं में नहीं हो पाया था, न आदमी को यही मालूम था कि ज्ञान और भाव के बीच भी भेद है। किन्तु, कुछ समय बीतने पर साहित्य-शास्त्र के आचार्यों का आविर्भाव हुआ और उन्होंने यह अनुभव किया कि कविता का काम ज्ञान का कथन नहीं, केवल भावों का आख्यान है। इसलिए उन्होंने भावों की छानबीन की, उनका नौ जातियों में वर्गीकरण किया (जो साहित्य के नौ मूल भावों के रूप में प्रसिद्ध हैं) और कितने ही ऐसे क्षणस्थायी भावों को भी स्वीकार किया, जो साहित्य के संचारी भाव कहलाते हैं।

यदि आचार्यों का बस चलता तो साहित्य में केवल भाव-ही-भाव होते, उसमें उपदेश अथवा ज्ञान की बातें कभी आती ही नहीं। किन्तु यह सम्भव नहीं हुआ। कुछ कवि तो मुख्यतः भावों तक ही सीमित रहे (जैसे हाल, गोवर्धन, अमरुक, जयदेव, बिहारीलाल, ग़ालिब आदि), किन्तु, बाक़ी कवियों ने भावों के साथ ज्ञान को भी मिला दिया और आचार्यों के बनाये हुए नियमों के विरुद्ध ही अधिक शक्तिशाली भी निकले। फिर आचार्यों ने उनकी महिमा को भी स्वीकार किया

और साहित्य में एक मान्यता चल पड़ी कि कविता का प्रयोजन सद्यःआनन्द-दान भी है और वह उपदेश भी देती है।

कविता का ध्येय ज्ञान है या आनन्द, इस विषय में प्राचीन आचार्यों का मत एकांगी नहीं था। चूँकि शिवत्व पर उनका बहुत ज़ोर था, इसलिए, ज्ञान और नैतिकता का काव्य में प्रवेश वे स्वाभाविक मानते थे। किन्तु, सब मिलाकर भारत में भी काव्य में ज्ञान की अपेक्षा आनन्द का पलड़ा भारी रहा था। कविता का एक ध्येय, अप्रत्यक्ष रूप से, ज्ञान का भी दान है, इस मत का काफ़ी ज़ोर से प्रतिपादन भामह और मम्मट ने किया है। भामह ने लिखा है कि साहित्य में "स्वादु काव्य के रस से युक्त शास्त्र का भी उपयोग किया जाता है। पहले लोग शहद चाट कर पीछे कड़वी दवाई पीते हैं।" और मम्मट ने शहद से लिपटे शास्त्रीय ज्ञान को कान्ता-सम्मित उपदेश कहा है। किन्तु, वामन ने ऐसी कोई बात नहीं कही। वे काव्य का प्रयोजन प्रीति और कीर्ति को मानते हैं। किन्तु, अभिनव गुप्त ने कीर्ति को भी कवि का अतिरिक्त प्रयोजन माना है। उनका विश्वास है कि काव्य का सर्वप्रधान प्रयोजन आनन्द की साधना है। "आनन्द एव पार्यन्तिकं मुख्यं फलम्।" और हमारा ख़याल है कि पण्डितराज जगन्नाथ भी आनन्दवादी ही हैं। रमणीयार्थ प्रतिपादकः शब्दः काव्यम्, इस परिभाषा में रमणीयता से तात्पर्य उस विषय से है जो (शास्त्रीय नहीं) अलौकिक ज्ञान से सम्पृक्त है। पण्डितराज के मत में अलौकिकत्व चमत्कारत्व का ही पर्याय है। "वह एक विशेष प्रकार की आनन्ददायिनी अनुभूति है।"

प्राचीन और मध्यकालीन युगों में सोद्देश्यता काव्य का दोष नहीं मानी जाती थी, किन्तु, आधुनिकता की निगूढ़ व्याप्तियाँ जैसे-जैसे खुलती जाती हैं, सोद्देश्यता काव्य का दुर्गुण बनती जाती है। सन्देशवाही कवि पहले के समाज में आदरणीय व्यक्ति था और लोग चर्चा के दौर में उसके विचारों का हवाला देते थे, उसकी पंक्तियों को उद्धृत करते थे। किन्तु, अब जो कविताएँ जितनी ही अधिक आधुनिक होती हैं, वे उतनी ही जीवन और कर्म से अधिक दूर होती हैं। उनका उद्देश्य मनुष्य को ज्ञान देना नहीं, उसकी चेतना को चौंकाना होता है। अतएव, कर्मरत समाज उनके भीतर अपने लिए कोई प्रेरणा नहीं पा सकता, न वह इन कविताओं के प्रति कोई श्रद्धा रखता है।

जैसे पहले के साहित्य में शुद्ध और सोद्देश्य के बीच भेद नहीं था, उसी प्रकार पुरानी कविताओं में भाव और विचार के बीच भी विभाजन नहीं चलता था। साहित्य विचारों नहीं, भावों से उत्पन्न होता है, यह मान्यता पहले भी चलती थी, किन्तु जो विचार भावों को सहायता करने को अथवा उनकी लपेट में आते हैं,

उनका वर्जन या बहिष्कार पहले नहीं किया जाता था। कविता का प्रतिलोम गद्य नहीं, विज्ञान है और जो बातें वैज्ञानिक तर्कों के साथ कही जाती हैं, वे छन्दयुक्त होने पर भी काव्य नहीं हो सकतीं, इस सिद्धान्त में लोग दृढ़ता के साथ विश्वास करते थे। इसका प्रमाण यह है कि छन्दोबद्ध होने पर भी आयुर्वेद और ज्योतिष भारत में काव्य नहीं, विज्ञान ही माने जाते थे।

आधुनिक काव्यशास्त्र में भाव और विचार का द्वन्द्व अत्यन्त प्रखर हो उठा है। किन्तु, सिद्धान्त के स्तर पर आज तक भी उस फारमूले का पता नहीं लगाया जा सका, जिसके आधार पर हम यह कह सकें कि यह भाव है और यह विचार, अतएव, इसे कविता में रहना चाहिए और इसे नहीं रहना चाहिए। इलियट ने इस समस्या का समाधान यह कहकर किया है कि कविता विचार के भाव-पक्ष (एमोशनल इक्विवेलेंट आव् थाट) को लेकर काम करती है। किन्तु, मनोविज्ञान कहता है कि दुनिया में जितने भी विचार हैं, वे आरम्भ में, भावों के रूप में ही उत्पन्न हुए थे और वे, शनैः-शनैः, स्वच्छ होकर विचारों के स्तर पर पहुँचे हैं। विचार और कुछ नहीं, भाव का स्फटिक रूप है।

लेकिन सिद्धान्त के स्तर पर भाव और विचार का विभाजन चाहे जितना कठिन हो, व्यवहार में वह उतना कठिन नहीं है।

सुन्दरता कहँ सुन्दर करई,
छबिगृह दीपसिखा जनु बरई!

यह कविता केवल भाव की कविता हैं, क्योंकि उसमें ज्ञान-दान का प्रयास नहीं है, उपदेश की महक और सोद्देश्यता की गन्ध नहीं है। वह केवल सौन्दर्य की अनुभूति से उत्पन्न हुई है और सौन्दर्य का दर्शन कराने के बाद ये पंक्तियाँ और कुछ कहना नहीं चाहतीं।

किन्तु,

ज्ञान को पन्थ कृपान को धारा,
परत खगेस न लावइ बारा।
जो निर्विघ्न पन्थ निरबहई,
सो कैवल्य परम पद लहई।

यह कविता भाव नहीं, विचार की कविता है। वह सोद्देश्य है। वह एक नैतिकता का प्रचार करती है, एक प्रकार के कर्तव्य की प्रेरणा देती है।

इसी प्रकार,

अलक मुबारक तिय वदन लटकि परी यों साफ़,
ख़ुशनवीस मुंशी मदन लिख्यौ काँच पर काफ़।

मुबारक के इस दोहे में कोई भी विचार नहीं है। वह केवल सौन्दर्यानुभूति की कविता है। यह दोहा शुद्ध कविता का उदाहरण है, क्योंकि कवि यहाँ कोई ज्ञान-कथन न करके केवल एक चित्र दिखाना चाहता है।

किन्तु,

रहिमन अँसुआ नयन ढरि, जिय दुःख प्रगट करेइ।
जाहि निकारो गेह ते कस न भेद कहि देई?

रहीम का यह दोहा शुद्ध कवित्व का उदाहरण नहीं हो सकता, क्योंकि आँसुओं के वर्णन के साथ-साथ कवि ने यहाँ मनुष्यों को उपदेश दिया है। और इस उपदेश का लक्ष्य एक कर्तव्य है अर्थात् जो व्यक्ति तुम्हारे रहस्य को जानता है, उसे घर से मत निकालो। यह कविता भाव नहीं, विचार की कविता मानी जायेगी।

कविता में ज्ञान जहाँ भी प्रवेश करता है, वह किसी-न-किसी कर्म की प्रेरणा से सम्पृक्त होता है। किन्तु, तब भी ऐसे कवि हुए हैं, जो यह मानते थे कि कविता चाहे सोद्देश्य ही हो, किन्तु, रचना उसकी स्वान्तःसुखाय ही की जाती है। ऐसे कवि गोस्वामी तुलसीदास थे, जिनके यहाँ विचारों का बहिष्कार नहीं है, यद्यपि गान वे अपने ही अन्तःसुख के लिए करते हैं। और यही लक्षण उन सभी महाकवियों पर घटता है, जिन्हें हम शताब्दियों से पूजते आये हैं।

जो कवि स्वातःसुखाय रचना करता है, उसकी कविताओं में यदि विचारों का प्राचुर्य दिखाई पड़े, तब भी यह कहने का कोई आधार नहीं है कि यह कवि स्वान्तःसुख की बात व्यर्थ करता है, असल में, वह जीवन पर अपना प्रभाव डालने को बेचैन है। क्योंकि जीवन को प्रभावित करने की उमंग भी यद्यपि अन्तःसुख देनेवाली उमंग हो सकती है, लेकिन, कवि के आत्मानन्द का कारण यह कभी नहीं होता कि संसार को वह अपनी कल्पना से प्रभावित होते देखता है, बल्कि उसका आनन्द रचना की प्रक्रिया से आता है, अपने भावों को ठीक से समझने और उन्हें मूर्त रूप देने से उत्पन्न होता है। 'कला के लिए कला' का सिद्धान्त बार-बार खण्डित किये जाने पर भी सत्य है। कवि को यदि रचना की प्रक्रिया से अलौकिक आनन्द की प्राप्ति नहीं हो, तो उसकी कविता से पाठकों को भी

आनन्द नहीं मिलेगा। कला की सारी कृतियाँ पहले अपने-आप के लिए रची जाती हैं। अगर क़दम-क़दम पर वे कलाकार को आनन्दमग्न करके उसे अपने ऊपर आसक्त न रख सकें, तो उन कृतियों का निर्माण ही असम्भव हो जाये। अतएव, इस सत्य से इनकार सम्भव नहीं है कि जिन सत्कवियों में विचारों का आधिक्य रहता है, वे भी अपने काव्य की रचना, सबसे पहले, आनन्द के लिए ही करते हैं। समाज पर उनकी कविताओं का जो प्रभाव पड़ता है, वह रचना की प्रेरणा नहीं, उसका परिणाम है।

जो कवि ज्ञान का उपयोग करता है, उसकी कविताएँ कहीं-न-कहीं जाकर, कर्तव्य को प्रेरित करती हैं। किन्तु, जो केवल भावनाओं को लेकर चलता है, वह सौन्दर्य दिखाने के बाद और कोई काम नहीं करता। तुलसीदास में भावना और ज्ञान, दोनों का प्राचुर्य है, किन्तु गोस्वामी जी इस बात से लज्जित नहीं थे कि उन्होंने अपने को भावनाओं तक ही सीमित क्यों नहीं रखा। लेकिन, रवीन्द्रनाथ में हम इस संकोच का किंचित् आभास पाते हैं। 'जब मैं कर्म करता हूँ, भगवान मेरा आदर करते हैं। जब मैं गान करता हूँ, वे मुझे प्यार करते हैं।' इस उक्ति में कर्म से तात्पर्य कर्तव्य की कविता से भी है, जिसे हम सोद्देश्य काव्य कहते हैं।

इस दृष्टि से विचार करने पर सभी कवि हमें दो श्रेणियों में विभक्त दिखाई देते हैं। एक श्रेणी उन कवियों की बनती है, जो अपनी आनन्ददायिनी कला का उपयोग मुख्यतः जीवन को प्रभावित करने के लिए करते हैं, सभ्यता को परिवर्तित करने अथवा उसके मूल्यों की रक्षा करने को कहते हैं। और दूसरी श्रेणी में वे कवि आते हैं, जिनका ध्येय मुख्यतः भावों का निरूपण, सौन्दर्य का चित्रण और अनुभूतियों का आख्यान है। वाल्मीकि, व्यास, तुलसीदास, टाल्स्टॉय, इक़बाल और काज़ी नज़रुल इस्लाम को हम पहली श्रेणी में रखेंगे और दूसरी श्रेणी में कालिदास, बाणभट्ट, अमरुक, हाल, जयदेव, रहस्यवादी कबीर, सूरदास, विद्यापति, बिहारीलाल, ग़ालिब और महादेवी आदि का स्थान होगा। यदि हम चाहें तो यह भी कह सकते हैं कि पहली श्रेणी के कवि कवि हैं, और दूसरी श्रेणी के कवि कलाकार हैं। काव्यकला का विलक्षण उपयोग तो दोनों श्रेणियों के मनीषी करते हैं, किन्तु, जिसके भीतर कर्तव्य की चेतना होती है, उसकी रचना में प्रत्यक्ष या अप्रत्यक्ष कोई उद्देश्य भी होता है। किन्तु, जो कवि केवल सौन्दर्य का प्रेमी है, वह शुद्ध कलाकार बन जाता है।

कवि और कलाकार का यह विभाजन वैध नहीं है, फिर भी, इस काल्पनिक विभाजन से समस्या पर थोड़ा प्रकाश पड़ता है। कवि और कलाकार में से किसका काम बड़ा है? दोनों में से कौन है जो कविता के लिए अधिक अनिवार्य

है? हमारा ख़याल है, सिद्धान्त के धरातल पर इस प्रश्न का जो उत्तर निकलेगा, वह कवियों के ख़िलाफ़ जायेगा, क्योंकि कवि शब्द के भीतर यहाँ हमने जो अर्थ रखा है, उसे देखते हुए कहा यही जा सकता है कि कवि की सहायता के बिना कलाकार का काम तो चल सकता है। किन्तु, कलाकार का गुण अपनाये बिना कोई भी कवि कवि नहीं रह सकता। कलाकार कवि पर अवलम्बित नहीं है, किन्तु, कवि की निर्भरता कलाकार पर है। कविता जिन विशिष्ट गुणों के कारण शास्त्र से भिन्न समझी जाती है, वे गुण कलाकार के गुण हैं। अगर कवि इन गुणों को नहीं अपनाये तो फिर उसके उपदेशों का भी वही हाल होगा जो हाल धर्माचार्यों, दार्शनिकों और राजनीतिज्ञों के उपदेशों का होता है। अतएव कवि की भी प्रभविष्णुता का उत्स उसके ज्ञान और अनुभव में नहीं, बल्कि उसकी कलाकारिता में होता है। आनन्द उत्पन्न करने की शक्ति कला की शक्ति है। ज्ञान आनन्ददायी इसलिए बन जाता है कि कला उसका साथ देती है। अतएव, कवि की महत्ता उसके ज्ञान नहीं, कला के कारण होती है।

अब तक के साहित्य में महिमा उनकी रही थी, जो ज्ञान को उचित मात्रा में आनन्द से मिलाकर अपने काव्य की रचना करते थे। किन्तु, अब कविता चाहती है कि प्रभविष्णु होने के लिए वह ज्ञान से मैत्री नहीं करेगी। जैसे प्रत्येक विद्या केवल अपनी शक्ति से जीती है, उसी प्रकार कविता भी केवल अपनी ही शक्ति से जियेगी। इसीलिए, वह सम्पूर्ण शुद्धता की तलाश में है और शुद्धता से तात्पर्य इस बात से है कि कविता की पूजा इसलिए नहीं होनी चाहिए कि वह समाज के लिए किसी स्थूल उपयोग की वस्तु है, बल्कि, इसलिए कि वह मनुष्य की एक शक्ति है, चीज़ों को देखने की एक दृष्टि है, वह एक ऐसा यन्त्र है जिससे मनुष्य का वह रूप पकड़ा जाता है, जिस रूप को ग्रहण करने अथवा समझने में अन्य सभी विद्याएँ असमर्थ हैं।

यह भी ध्यान देने की बात है कि साहित्य के इतिहास में जो भी लोग कवि के पक्षपाती रहे हैं (टाल्स्टाय, इक़बाल, रामचन्द्र शुक्ल), वे मानते थे कि साहित्य समाज के उपयोग में आनेवाली वस्तु है, अतएव, उसे नैतिकता का बन्धन मानकर चलना चाहिए। किन्तु, जिनका (रेम्बू, मलार्मे, आस्कर वाइल्ड क्रोसे और रवीन्द्रनाथ) पक्षपात कलाकार के साथ था, वे उपयोगिता में विश्वास नहीं करते थे। क्रोसे का कहना था कि कला उपयोग का यन्त्र नहीं, केवल आनन्द जगानेवाली वस्तु है। यदि कला की कृतियों से समाज में कदाचार फैलता हो, तो भी कलाकार पर प्रतिबन्ध लगाना ग़लत काम है। वैसी हालत में सरकार को चाहिए कि वह पुलिस की संख्या में वृद्धि कर दे।

और रवीन्द्रनाथ ने लिखा है कि कला व्यक्तित्व की अभिव्यक्ति को कहते हैं। किन्तु, मनुष्य जब तक उपयोगिता के घेरे में है, तब तक उसे व्यक्तित्व नहीं है। व्यक्तित्व हमारा तब आरम्भ होता है, जब हम उपयोगिता के घेरों को लाँघने लगते हैं, जब हम ऐसे कार्य आरम्भ करते हैं, जिनका हमारी जैविक आवश्यकताओं से कोई सम्बन्ध नहीं है। माता, बहन, सखी और देश-सेविका के रूप में नारियों का अपरिमित उपयोग है, किन्तु यह उनका व्यक्तित्व नहीं है। नारी का व्यक्तित्व उसकी भंगिमा में है, चलने-फिरने की अदाओं और नाना प्रकार के हाव-भाव में है। सिपाही का उपयोग युद्ध भूमि में जाकर मारने और मरने में है। किन्तु यह उसका व्यक्तित्व नहीं है। व्यक्तित्व उसका तब उभरता है, जब वह वर्दी पहनकर बाजों के ताल पर क़वायद की चाल में चलता है।

उपयोगिता का धरातल वह धरातल है, जिस पर मनुष्य और पशु, दोनों समान हैं। आहार, निद्रा, भय और मैथुन पशुओं का भी धर्म है और मनुष्यं का भी। मनुष्य और पशु में मुख्य भेद यह है कि मनुष्य ज्यों-ज्यों सुसंस्कृत होता है, त्यों-त्यों वह अनुपयोगी कार्य अधिक करता जाता है। महलों में उसे खिड़कियाँ चाहिए और खिड़कियों में ख़ूब महीन पर्दे जो स्वप्न के समान झूलते हों। इनका शायद कुछ उपयोग माना भी जा सके, किन्तु, दीवार पर चित्र टाँगने का क्या उपयोग है? नाचने, गाने, मूर्त्ति बनाने और शरीर को प्रसाधन से सज्जित करने का क्या उपयोग है? यह भी ध्यान देने की बात है कि प्रेम की निराशा से आहत होकर पशु आत्महत्या नहीं करते। आत्महत्या केवल मनुष्य करता है। पशु केवल इतने ही कर्म करते हैं, जितने से उनकी जैविक आवश्यकता की पूर्ति हो जाये। किन्तु, मनुष्य की मनुष्यता तो तब तक आरम्भ ही नहीं होती, जब तक वह केवल अपनी जैविक आवश्यकता की पूर्ति में संलग्न है।

अर्थात् श्रेष्ठ साहित्य वह नहीं है, जिसका जीवन में कोई प्रत्यक्ष उपयोग है। श्रेष्ठ साहित्य हम उसे कहेंगे, जो सभी उपयोगों की सीमा के पार जन्म लेता है, जिसकी आवाज़ हम शिखर की उस ऊँचाई से सुनते हैं, जो कर्म की तलहटी से दूर है, जो उपयोग की सभी सीमाओं से परे है और जहाँ पहुँचने के लिए तर्कों के सोपान नहीं बनाये जा सकते।

इसीलिए रहस्यवाद की सारी कविताएँ शुद्ध कवित्व की कोटि में आती हैं।

हम बासी उस देश के जहँ पार ब्रह्म का खेल,
दीपक जरै अगम्य का बिन बाती, बिन तेल।

हद्द छाड़ि बेहद गया, रहा निरन्तर होय,
बेहद के मैदान में रहा कबीरा सोय।

ये कविताएँ शुद्ध इसलिए हैं कि उनके भीतर कोई उपदेश नहीं है, कर्म की कोई प्रेरणा नहीं है, न मनुष्य के सुधार अथवा समाज की रक्षा की कोई चिन्ता है।

लेकिन, जब कबीर साहब कहते हैं कि :

हद में रहै सो मानवी, बेहद रहै सो साध,
हद-बेहद दोनों तजै ताके मता अगाध।

तब इस दोहे को हम शुद्ध कवित्व की कोटि में नहीं रख सकते, क्योंकि यहाँ एक स्पष्ट उपदेश है कि निर्गुण और सगुण के पचड़े से ऊपर उठे बिना मनुष्य को इष्ट की प्राप्ति नहीं हो सकती।

किन्तु,

जिन मरने थैं जग डरै, सो मेरो आनन्द,
कब मरिहूँ कब देखिहूँ पूरन परमानन्द।

यह दोहा शुद्ध कवित्व का दोहा है, क्योंकि कबीर साहब यहाँ कोई उपदेश नहीं देकर अपनी एक निजी भावना की अभिव्यक्ति कर रहे हैं। अगर यह कहा जाय कि कबीर साहब यहाँ भी उपदेशक हैं और वे इस ज्ञान का प्रचार कर रहे हैं कि जब तक मृत्यु नहीं आती, तब तक परमात्मा का साक्षात्कार नहीं हो सकता, तो वह खींच-तान की बात होगी। ऐसे प्रचार को हम उपदेश नहीं, मूल्य का प्रचार कह सकते हैं किन्तु, वह कबीर साहब का उद्देश्य नहीं, उनकी कविता का परिणाम है। यह सत्य है कि शुद्धता के अतिवादी कवि अब मूल्यों के प्रचार से भी भागते हैं। किन्तु, वह आज की बात है। आज से पूर्व की कविता में भावों और अनुभूतियों का वर्णन शुद्धता की कोटि में ही समझा जाता था। और मूल्य की बात कहें तो सामान्य नियम यही हो सकता है कि प्रत्येक कविता से किसी-न-किसी मूल्य का प्रचार होता है।

कबीरदास जी धर्म के नेता थे, अतएव, समाज को बदलने के लिए उन्होंने बहुत-सी ऐसी कविताएँ भी लिखी हैं, जो सोद्देश्य हैं। और वे शुद्धता की कोटि में न आने पर भी ऊँची कविताएँ हैं। लेकिन, आधुनिक युग की रहस्यवादिनी श्रीमती महादेवी वर्मा ने, शायद ही ऐसी कोई कविता लिखी हो, जो शुद्ध कवित्व

की कोटि में न रखी जा सके। इसी प्रकार पन्त जी और निराला जी की ऐसी अनेक कविताएँ हैं, जो सौन्दर्य तथा आनन्द की अभिव्यक्ति के बाद और कुछ भी कहना नहीं चाहतीं। निराला जी की 'जुही की कली' और 'शेफालिका' शुद्ध कवित्व के उदाहरण हैं। पल्लव की सारी-की-सारी कविताएँ शुद्ध हैं। हाँ, परिवर्तन में से उद्देश्य की कुछ गन्ध अवश्य आती है।

रहस्यवाद के बाद शुद्ध काव्य की सर्वाधिक रचना प्रकृति को लेकर की गयी है, यद्यपि इसके अपवाद भी हैं। सबसे बड़े अपवाद गोस्वामी तुलसीदास हैं, जिन्होंने प्रकृति के रूपों का वर्णन मनुष्य को उपदेश सुनाने के लिए किया है।

पुरइन सघन ओट जल, वेग न पाइअ मर्म,
मायाछन्न न देखिए जैसे निर्गुन ब्रह्म।
फल भारन नमि विटप सब रहैं भूमि नियराइ,
पर उपकारी पुरुष जिमि नवहिं सुसम्पति पाइ।
हरित भूमि तृनसंकुल सूझि परइ नहि पन्थ,
जिमि पाषण्ड विवाद ते लुप्त भये सद्ग्रन्थ।

इन दोहों में प्रकृति के रूपों का वर्णन बहुत ही सुन्दर हुआ है, किन्तु वह शुद्धता की कोटि में इसलिए नहीं माना जायेगा क्योंकि प्रकृति के रूपों का उपयोग यहाँ ज्ञान-दान के निमित्त किया गया है।

और दूसरे अपवाद वे श्रृंगाराचार्य हैं, जिन्हें प्रकृति का वर्णन उद्दीपन विभाव रूप में करना पड़ा है।

दूरि जदुराई, सेनापति सुखदायी देखो,
आयी ऋतु पावस, न पायी प्रेम पतियाँ।
धीर जलधर को सुनत धुन धरकी, है
दरकी सुहागिन की छोह भरी छतियाँ।
आयी सुधि बर की, हिये में आनि खरकी, तू
मेरी प्रानप्यारी यह प्रीतम की बतियाँ।
बीती औधि आवन की लाल मन भावन की,
डग भयी बावन की सावन की रतियाँ।

पावस का यह वर्णन शुद्धता की कोटि में इस कारण नहीं माना जायेगा क्योंकि वह सोद्देश्य है। प्रकृति के एक रूप का वर्णन यहाँ प्रकृति के सौन्दर्य-अंकन के लिए नहीं, प्रत्युत, विरहिणी की व्याकुलता दिखाने को किया गया है।

किन्तु, अब यह परिपाटी समाप्त हो गयी है। आधुनिक कवि प्रकृति का वर्णन केवल उसके रूपांकन के लिए करते हैं, उससे कोई उपदेश निकालना उनका ध्येय नहीं है।

प्रात नभ था बहुत नीला शंख जैसे,
भोर का नभ
राख से लीपा हुआ चौका
अभी गीला पड़ा है।

—शमशेर बहादुर सिंह

सूप-सूप भर धूप कनक
यह सूने नभ में गयी बिखर;
चौंधाया बीन रहा है
उसे अकेला एक कुरर।

—अज्ञेय

अपने हल्के-फुल्के उड़ते स्पर्शों से
मुझको छू जाती है
जार्जेट के पीले पल्लों-सी
यह दोपहर नवम्बर की।

—धर्मवीर भारती

प्रकृति के रूपों के ऐसे तटस्थ वर्णन कभी-कभी रीतियुग में भी मिलते हैं और खड़ी बोली के उन कवियों में भी जो रीति-परम्परा का जब तक कुछ उपयोग कर लेते थे।

सिसिर तुषार के बुखार से उखारत है,
पूस बोते होत सून हाथ-पाइ ठिरि कै।
धौस की छुटाई की बड़ाई बरनी न जाइ,
सेनापति पायी कछू सोचि कै, सुमरि कै।
सीत तैं सहस-कर सहस-चरन है कै,
ऐसे जात भाजि तम आवत है घिरि कै।
जौ लौं कोक कोकी को मिलत तौ लौं होति राति,
कोक अध-बीच ही तैं आवत है फिरि कै।

—सेनापति

सेनापति का यह कवित्त शुद्ध कविता का उदाहरण है, क्योंकि उसमें जाड़े के दिन के अत्यन्त छोटे होने का वर्णन तटस्थ भाव से किया गया है। उसके भीतर से कोई उपदेश देना अथवा उसके बहाने नायिका की दशा का वर्णन करना कवि का उद्देश्य नहीं है।

इसी प्रकार नीचे का वर्षा-वर्णन भी शुद्ध कवित्व का उदाहरण है।

तान वितान दिया नभ ने,
हरियाली ने चादर चारु बिछायी,
हाथ में ली चपला ने मशाल है,
झिल्लियों ने मिल बीन बजायी।
वारिदों ने है मृदंग पै थाप दी,
चातकियों ने मलार है गायी।
विश्व के प्रांगण में सज के
ऋतु पावस नर्तकी नाचती आयी।

—हितैषी

प्रकृति-वर्णन की यह परम्परा बहुत दिनों तक संस्कृत में ख़ूब समृद्ध रही थी। वाल्मीकि और कालिदास में यह शक्ति थी कि अपनी ओर से कुछ भी जोड़े बिना, वे प्रकृति के अद्भुत रूपों का वर्णन तटस्थ भाव से कर सकते थे।

वाष्पसंच्छन्नसलिला रुतविज्ञेयसारसाः
हिमार्द्रवालुकैस्तीरैः सरितो भान्ति साम्प्रतम्।

—वाल्मीकि

अर्थात् नदियों का जल वाष्प से ढँका हुआ है। उसमें विचरने वाले सारस केवल अपने कलरवों से पहचाने जाते हैं तथा ये सरिताएँ भी ओस से भीगे हुए बालू वाले अपने तटों से ही पहचानी जाती हैं। (वाप्प के मारे जल दिखाई नहीं पड़ता है।)

इसी प्रकार कालिदास ने निम्नलिखित श्लोक में प्रकृति का जो चित्र खींचा है, वह लेखनी से नहीं, तूलिका से निर्मित जान पड़ता है।

कर्कन्धूनामुपरि तुहिनं रंजयत्यस्सन्ध्या
दार्भं मुंचत्युटजपटलं वीतनिद्रो मयूरः।
वेदिप्रान्तात् खरविलिखितादुत्थितश्चैषसद्यः
पश्चादुच्चैर्भवति हरिणः स्वांगमायच्छमानः।

यह प्रातःकाल का दृश्य है। कर्कन्धू के पौधों पर पड़े हुए ओसकणों को ऊषा रंगीन बना रही है। नींद से जागा हुआ मयूर दर्भ-निर्मित कुटीर से बाहर निकल रहा है। यज्ञशाला की भूमि हरिण के खुर से चिह्नित है (क्योंकि हरिण ने रात भर वहीं विश्राम किया था)। अब उस हरिण की नींद खुल गयी है। वह अँगड़ाई लेता हुआ खड़ा हो रहा है। (हरिण जब उठने लगते हैं, तब पहले वे अपनी पिछली टाँगों को उठाते हैं।) इसलिए लगता है, जैसे उसका पिछला भाग ऊँचा और लम्बा हो गया हो।

प्राकृतिक छटा के तटस्थ वर्णन की यह परम्परा भवभूति के समय तक भी शेष थी। ऋषि शम्बूक जहाँ तपस्या कर रहे थे, उस वन में बहने वाली एक नदी का वर्णन करते हुए भवभूति ने लिखा है :

इह समदशकुन्ताक्रान्तवानीरवीरुत्
प्रसवसुरभिशीतस्वच्छतोया वहन्ति।
फलभरपरिणामश्यामजम्बूनिकुंज—
स्खलनमुखरभूरिस्रोतसो निर्झरण्यः।

अर्थात् यहाँ मदमाते पक्षियों के झुण्डों से आक्रान्त, वेतलताओं से गिरते हुए पुष्पों से सुगन्धित जलवाले झरने बहते हैं। उन झरनों के जल में वृक्षों से टप-टप गिरते हुए काले-काले जामुन एक अनोखे संगीत की सृष्टि कर रहे हैं।

किन्तु, जब संस्कृत में रीतिवाद की परम्परा चली, यह वर्णन उतना तटस्थ नहीं रहा। इस विकार की चरम परिणति हिन्दी के रीतिकालीन काव्य में हुई। किन्तु, चीनी और जापानी कवियों का प्रकृति-वर्णन इस दोष से दूषित नहीं हुआ। उद्दीपन के रूप में प्रकृति का उपयोग चीनी कवियों ने भी किया था, किन्तु, चीन और जापान में, तब भी, प्रकृति बराबर स्वाधीन रही और मनुष्य के व्यक्तित्व की तुलना में उसका व्यक्तित्व बराबर अधिक विशाल बना रहा। चीनी कवियों में प्राकृतिक शोभा का वर्णन केवल तटस्थ ही नहीं है, बल्कि, उन कविताओं में कवि यह भी संकेत दे देते हैं कि प्राकृतिक शोभा से मिलनेवाला सुख बिल्कुल वैयक्तिक सुख है।

पहाड़ों पर मेरी सम्पदा क्या है?
उनके शिखरों पर बहुत-से बादल बसते हैं।
मगर इनका आनन्द केवल मेरे लिए है।

महाराज! उन्हें पकड़ कर मैं
आपके पास नहीं भेज सकूँगा।

—ताओ हुङ, चिङ्

लोयाङ में बसन्त ज़्यादा देर टिकता है।
चारों ओर उसकी बहार है।
नरकट के पत्ते झरने लगे हैं।
आड़ू के पत्ते भी झर रहे हैं,
मगर वे अभी लुप्त नहीं हुए हैं।
छप्पर के कोने में घुसने के लिए
गौरैये आपस में झगड़ते हैं।
जंगलों में पक्षी पाँती बाँध कर नहीं,
बेतरतीब उड़ रहे हैं।

—याङ् क्वाङ्

प्रकृति-वर्णन की शुद्ध परम्परा चीनी की अपेक्षा जापानी कविताओं में अधिक विकसित हुई थी। चीनी कविताओं की ख़ास ख़ूबी अल्हड़पन थी, मगर, सामाजिकता की थोड़ी गन्ध उसमें बहुधा आ जाती थी। किन्तु, जापानी कविता इतनी-सी स्थूलता से भी मुक्त रही है। वह वैयक्तिक अनुभूति की कविता होती है और आकार में भी वह चीनी कविताओं से अक्सर छोटी होती है।

चाँद रेंगकर पर्वतों के पार जा छिपा।
नाव के दिये का प्रकाश
खुले समुद्र पर झिलमिला रहा है।
हम समझते हैं, रात्रि के अन्धकार में
हमारी नाव अकेली जा रही है।
इतने में समुद्र से पतवारों के चलने की
आवाज़ आती है।

—कामो तारुहितो

बसन्त में जब कुहासा घिरता है,
जंगली हंस ताल छोड़ कर दूर चले जाते हैं।

फूलों से विहीन देश में रहने की
बान उन्होंने सीख ली है।

—श्रीमती इसे

कोयल ने कूक भरी।
मैंने चौंक कर देखा कि आवाज़
किधर से आयी है।
मगर कोयल दिखी नहीं।
दिखा केवल भोर का चाँद
जो उधर प्रकाश में लटका हुआ था।

—साने सदा

बर्फ़, अब तुम गिर सकती हो।
क्रिसेंथमम के बाद
फूल अब और नहीं खिलेंगे।

—ओयमारू

चीन और जापान के काव्य और चित्रकारी में प्रकृति का जितना बड़ा स्थान रहा, उसका उतना बड़ा स्थान किसी अन्य देश की कला में, शायद ही, कभी रहा हो। इसीलिए, प्रकृति-वर्णन की शुद्ध कविताओं के जितने अधिक उदाहरण चीनी और जापानी भाषाओं में हैं, उतने कदाचित् ही किसी अन्य देश की कला में उपलब्ध हों। यह भी ध्यान देने की बात है कि जब से शुद्ध कवित्व का आन्दोलन यूरोप में ज़ोर से उठा, तब से चीनी और जापानी कविताओं के अनुवाद यूरोपीय भाषाओं में बहुतायत से किये गये हैं।

शुद्ध कवित्व की तृषा आधुनिक कवियों की सबसे प्रमुख तृषा है। किन्तु यह समझना भूल होगा कि सभी आधुनिक कवि केवल शुद्ध कविताएँ ही लिखते रहे हैं। इलियट शुद्ध कवित्व के बहुत बड़े पक्षपाती थे, किन्तु उनका 'वेस्ट लैंड' शुद्ध कविता का सही उदाहरण नहीं माना जा सकता। 'वेस्ट लैंड', किसी-न-किसी हद तक, सोद्देश्य काव्य है, गरचे उसका उद्देश्य अत्यन्त अप्रत्यक्ष है। हिन्दी के आधुनिक कवियों के बारे में भी यह नहीं कहा जा सकता कि वे हमेशा भावों तक ही सीमित रहते हैं अथवा विचारों से उनका परहेज़ हमेशा क़ायम रहता है।

अच्छा खण्डित सत्य
सुघर, नीरन्ध्र मृषा से,

अच्छा पीड़ित प्यार
सहिष्णु, प्रकम्पित निर्ममता से।

—अज्ञेय

यह भावों नहीं, विचारों की कविता है और वह सोद्देश्य भी मानी जा सकती है।

चाँदनी चन्दन-सदृश हम क्यों लिखें?
मुख हमें कमलों-सरीखे क्यों दिखें?
हम लिखेंगे, चाँदनी उस रुपये-सी है
कि जिसमें चमक है, पर खनक ग़ायब है।

—अजित कुमार

यह कविता भी शुद्ध कविता नहीं है, क्योंकि वह तटस्थ नहीं है। दूर पर, कहीं-न-कहीं, वह एक सामाजिक आन्दोलन से सम्बद्ध है और एक खास उद्देश्य का प्रचार करना चाहती है। तथा :

बाँधो, यह नदी घृणा की है,
काली चट्टानों के सीने से निकली है,
अन्धी, ज़हरीली गुफाओं से उबली है,
इसको छूते ही हरे वृक्ष सड़ जायेंगे।
नदी यह घृणा की है।

—धर्मवीर भारती

वैसे, कविता की ये अच्छी पंक्तियाँ हैं, किन्तु, शुद्धता की कसौटी पर ये खरी नहीं उतरतीं, क्योंकि उनका ध्येय एक नैतिकता का प्रचार है।

और सोद्देश्यता वहाँ भी अपना पता दे देती है, जहाँ बातें इस अदा से कही जाती हैं मानो, कवि तटस्थ भाव से बोल रहा हो।

हरे-भरे हैं खेत,
मगर खलिहान नहीं;
बहुत महतों का मान,
मगर दो मुट्ठी धान नहीं।

—अज्ञेय

कविता और शुद्ध कविता का भेद यदि यहीं पर ख़त्म हो जाता, तो चिन्ता की कोई बात नहीं थी। किन्तु, बातें यहीं पर ख़त्म नहीं होतीं। शुद्धता की साधना में अन्तरराष्ट्रीय काव्य अब एक ऐसी ऊँचाई पर पहुँच गया है, जहाँ काव्य-विषयक हमारी परम्परागत मान्यताएँ छूँछी और निस्सार दिखाई देने लगी हैं। कविता पहले कथाएँ भी कहती थी, किन्तु यह कार्य अब उसने उपन्यासों के लिए छोड़ दिया है। कविता, यहाँ तक कि शुद्ध कविता का भी ध्येय पहले भावदशा का वर्णन समझा जाता था। किन्तु, संसार के नये कवियों ने यह काम भी छोड़ दिया, क्योंकि भावदशा का वर्णन कथालेखकों का काम है। अन्तरराष्ट्रीय काव्य अब समाज की ओर नहीं देखता, नैतिकता, धर्म, राजनीति, यहाँ तक कि शान्ति की समस्या की ओर भी नहीं देखता। वह वस्तुओं के उन रूपों की तलाश में है, जिनका वर्णन न उपन्यासकार कर सकता है, न कथाकार; इतिहास लेखक कर सकता है, न दर्शनाचार्य; जो रूप केवल उन्हें दिखाई देते हैं, जिनकी सम्बुद्धि औसत मनीषियों की अपेक्षा कुछ अधिक सजीव है।

नयी मान्यता के अनुसार छन्द और तुकें तभी तक सार्थक हैं, जब तक वे अकृत्रिम रूप से अपना काम करते हों। कवि का कार्य छन्द और तुकों की घूस देकर पाठकों को रिझाना नहीं है। उसका काम अनुभूतियों को उनके सही रूप में ग्रहण करना है। जिस चिन्ता ने कवि को ग्रस लिया है, छन्द और तुकों के लोभ में, उस चिन्ता को इधर या उधर मुड़ना नहीं चाहिए। उसे सीधे उस दिशा की ओर चलना चाहिए जो उसकी स्वाभाविक गति की दिशा है, उस बिन्दु तक पहुँचना चाहिए जो उसकी चरम परिणति का बिन्दु है। यदि छन्द और तुक चिन्ता की इस स्वच्छ और स्वच्छन्द प्रगति में बाधा डालते हैं (और कौन कह सकता है कि वे बाधा नहीं डालते?) तो वे त्याज्य और तिरस्करणीय हैं। कवि के हाथ में भाषा सोचने का यन्त्र मात्र है। जो कवि उसका प्रयोग पाठकों को रिझाने के लिए करता है, वह अपने कवि-धर्म पर आरूढ़ नहीं है। और भाषा अगर बराबर उसी भूमि में काम करती है, जिसमें बहुत से कवि काम कर चुके हैं, तो वह कोई बड़ा काम नहीं करती। उसका लक्ष्य नयी भूमि पर अधिकार करना होना चाहिए उसे उन संवेदनाओं को शब्दों के भीतर बिठाने की कोशिश करनी चाहिए, जिन्हें अब तक भाषा का लिबास नहीं मिला है। प्रत्येक कवि का एक धर्म प्रयोक्ता का धर्म है और प्रत्येक कविता को, कुछ-न-कुछ नया प्रयोग करना ही चाहिए।

और त्याज्य केवल छन्द और तुकें ही नहीं हैं, बल्कि वह चिन्ता भी त्याज्य है, जिसके अधीन कवि पाठकों को अर्थ बताना चाहता है। अर्थ अब कविता

का कोई नित्य धर्म नहीं है। कवित्व वह अद्‌भुत सृष्टि है, जिसका प्रभाव हम पर, अर्थ समझने के पूर्व ही पड़ने लगता है और ऐसी कविताएँ सबसे श्रेष्ठ हैं, जिन्हें बार-बार पढ़ने पर भी पाठक को यह विश्वास नहीं हो कि कविता का सारा अर्थ उसकी समझ में आ गया है। कविता का प्रभाव उसमें प्रयुक्त शब्दों के संगीत का प्रभाव है; कविता का आनन्द उन झंकृतियों का आनन्द है, जो कभी भी पूरे तौर से पकड़ में नहीं आतीं; और कविता की मोहिनी उन संकेतों की मोहिनी है, जो हमें अपने आपके पास पहुँचा देते हैं, जो हमारे हृदय में अमरत्व का आनन्द जगाते हैं।

शुद्ध चिन्तक वह है, जो राजा के भय से अपने चिन्तन की दिशा नहीं बदलता; जो अपयश के भय अथवा सुयश के लोभ से किसी ऐसी नैतिकता से समझौता नहीं करता, जो उसके चिन्तन को अग्राह्य है; जो निर्भय और निर्लोभ रहकर ठीक उस दिशा की ओर चलता है, जो उसके चिन्तन की स्वाभाविक दिशा है। इसी प्रकार शुद्धतावादी कवि अनुभूतियों के शुद्ध चित्रण को अपना ध्येय समझता है। वह इस भय से घबराकर शुद्धता से विचलित नहीं होता कि लोग उसकी कविता को नहीं समझ सकेंगे अथवा वे उसकी निन्दा करेंगे; न वह इस लोभ में पड़ता है कि शुद्धता से वह ज़रा-सा हट जाये तो राजा उस पर प्रसन्न हो जायेगा या जनता उस पर प्रशंसा की वृष्टि करेगी।

कविता गाने नहीं, बिसूरने की चीज़ है। कविता ताली बजाने की नहीं, सुनकर अपने भीतर डूब जाने की वस्तु है। कविता आदमी का सुधार नहीं करती, वह उसे चौंकाना जानती है, धक्के देना जानती है, उसकी चेतना की मुँदी आँखों को खोलना जानती है। कविता सीढ़ियों नहीं, छलाँगों की राह है। कविता विचारों के परवान पर चढ़कर अपने आकार को बढ़ाना नहीं चाहती। वह भावना की सचाई के बाद एक शब्द भी नहीं बोलती है। जहाँ भावना ख़त्म होती है, वहीं कविता का भी स्वाभाविक अन्त है। इसीलिए, शुद्ध कविता छोटी ही हो सकती है, क्योंकि भावना के प्रगाढ़ क्षण ज़्यादा देर तक नहीं टिकते। और यह छोटी कविता और भी छोटी इसलिए हो जाती है कि अनुभूति के चित्रण में कवि उतने से एक भी अधिक शब्द नहीं खरचता, जितने की नितान्त आवश्यकता है। चित्रों की नयी ख़ूबी यह है कि उनकी रेखाएँ संख्या में न्यून-से-न्यून हों। कविता की नयी विशेषता यह है कि उसमें एक भी ऐसे शब्द का प्रयोग न किया गया हो, जिसके बिना कवि का काम चल सकता था। नयी कविता का मनसूबा सूत्रशैली में बोलने का मनसूबा है। उसकी उमंग मन्त्र के समान सुगठित और संक्षिप्त होने की उमंग है, जिसका कोई भी शब्द ऊर्जा से विहीन नहीं होगा।

यह कविता के विषय में बिल्कुल ही नवीन धारणा है और उसका प्रभाव कविता पर इस ज़ोर से पड़ा है कि वह अचानक अत्यन्त निगूढ़, बल्कि, दुरूह हो उठी है। कविता की इस अति नवीन धारणा का प्रभाव कवि के व्यक्तित्व पर भी पड़ा है। आज का कवि समाज से जितना विच्छिन्न है, उतना विच्छिन्न पहले का योगी भी नहीं होता था। और यह प्रभाव केवल कविता तक ही सीमित नहीं है, उसके वृत्त में उपन्यास भी आ गये हैं, कहानियाँ भी आ गयी हैं, नाटक भी आ गये हैं।

अब हम विचार करेंगे कि शुद्ध कवित्व-विषयक यह धारणा कैसे-कैसे बढ़ी है, उस पर कला के किन आन्दोलनों का प्रभाव पड़ा है तथा शुद्ध कवित्व के आन्दोलन से साहित्य और समाज का सम्बन्ध कैसे जटिल हो गया है।

मनीषी और समाज

बुद्धिजीवी, इंटेलेक्चुअल अथवा मनीषी के बारे में हमारी जो धारणा आज है, उसकी कुछ थोड़ी झलक मनुस्मृति में भी मिलती है। मनीषी उस समय केवल ब्राह्मण जाति में होते थे, अतएव, पूरी ब्राह्मण जाति की कल्पना मनु ने धर्म, समाज और संस्कृति के प्रहरी के रूप में की थी। ब्राह्मण समाज के विवेक (कांसेस) के प्रतिनिधि होते थे। औरों की तो बात ही क्या, यदि स्वयं राजा भी कुमार्ग पर चले, तो उसे टोकना ब्राह्मणों का धर्म था। स्पष्ट ही, इस कठोर धर्म का पालन वही कर सकता है, जो सभी प्रकार के लोभ की भावनाओं से मुक्त हो। निर्धनता को ब्राह्मण का सर्वस्व बताकर शास्त्रों ने उसके धन-लोभ को समाप्त कर दिया यानी उसे इस योग्य बना दिया कि राजा उसे धन से नहीं ख़रीद सके। किन्तु, राजा जिसे धन से नहीं ख़रीद सकता, उसे सम्मान देकर ख़रीद सकता है। अतएव, सम्मान को भी मनुस्मृति ब्राह्मण के लिए अग्राह्य बताती है :

सम्मानाद् ब्राह्मणो नित्यं उद्विजेत विषादिव,
अमृतस्यैव चाकांक्षेत् अवमानस्य सर्वदा।

सम्मान से ब्राह्मण उसी प्रकार भागे, जैसे मनुष्य ज़हर से भागता है और अपमान की कामना वह उसी प्रकार करे, जैसे लोग अमृत की कामना करते हैं।

अर्चितः पूजितो विप्रः दुग्धगौरिव सीदति।

अर्थात् अर्चित-पूजित विप्र दुही हुई गौ के समान सूख जाता है।

असम्मानात्तपोवृद्धिः सम्मानात्तु तपःक्षयः।

असम्मान पाने से तपस्या में वृद्धि होती है, सम्मान पाने से तप का विनाश होता है।

सात्विक क्रोध को संस्कृत में मन्यु कहते हैं। क्रोध की निन्दा तो शास्त्रों में सर्वत्र है, किन्तु, मन्यु निन्द्य भाव नहीं है। मन्यु वह क्रोध है, जो क्रौंच-वध को देखकर आदि कवि के हृदय में उत्पन्न हुआ था। यह वह उग्र भाव है, जो शोषण, अन्याय, पाषण्ड और कायरता को देखकर प्रत्येक मनीषी के मन में उत्पन्न होता है। ब्राह्मण मन्युशील होते थे और मन्युशील ब्राह्मण का कोप भयानक समझा जाता था। धर्मशास्त्रों ने बार-बार समाज को सावधान किया है कि वह ब्राह्मण को रुष्ट होने का अवसर न दे :

क्रुद्धो ब्राह्मणो हन्ति राष्ट्रम्।

कुपित ब्राह्मण राष्ट्र का विनाश कर डालता है।

मन्युप्रहरणाः विप्राः न विप्राः शस्त्रयोधिनः
निहन्युर्मन्युना विप्राः वज्रपाणिरिवासुरान्।

ब्राह्मण शस्त्र उठाकर युद्ध नहीं करता, उसका हथियार उसका क्रोध है। सात्विक क्रोध के द्वारा ब्राह्मण वैसा ही विनाश करता है, जैसा विनाश असुरों का इन्द्र करते हैं।

आज की भाषा में इसका अर्थ यह है कि मनीषी तलवार से नहीं, क़लम से लड़ते हैं और समाज में ऐसा भूकम्प ला सकते हैं, जैसा भूकम्प सेनाएँ भी नहीं ला सकतीं।

सात्विक क्रोध मनीषी की जान है। जिसमें यह क्रोध नहीं होता, उस मनीषी की वाणी विफल हो जाती है। नवीन युग की सभी क्रान्तियाँ पहले मनीषियों के दिमाग़ में सुलगी थीं, पीछे उनकी लपेट में जनता भी आ गयी। स्थापित समाज के विरुद्ध अगर मनीषियों के मन में असन्तोष नहीं है, तो वह समाज नहीं टूटेगा। लेकिन, मनीषी अगर उसके विरुद्ध है, तो उस समाज को आज नहीं तो कल बदलना पड़ेगा। मनीषी वह सरल, निश्छल यन्त्र है, जिसके भीतर जनता की छाती धड़कती है, सभ्यता और संस्कृति के हृदय के स्पन्दन सुनाई देते हैं और जन-जन के मन की पीड़ाएँ बोलती हैं। मनीषी स्वयं में एक देश है, एक जनता है, एक पूरी सभ्यता का प्रतीक है। जब वह बिगड़ता है, तब समझना चाहिए कि सारी जनता बिगड़ने को तैयार है। जब वह बदलता है, तब संकेत लेना चाहिए कि सारी जनता बदलना चाहती है। क्रान्ति के समय जो तलवार चलती है, वह पहले चिन्तकों के दिमाग़ में गढ़ी जाती है। जनता जब भूडोल मचाती है, तब उसका मूल कवियों और लेखकों के असन्तोष में होता है। फ्रांसीसी क्रान्ति के

समय किसी कवि ने अपनी व्यथा का वर्णन करते हुए कहा था :

धक्के खाकर मैं गिरा, नाक मेरी मिट्टी में समा गयी।
यह और किसी का नहीं, जुर्म रूसो का वालतेयर का है।

ब्राह्मणों के लिए जो भिक्षा की वृत्ति विहित बतायी गयी थी, उसका भी उद्देश्य यही था कि ब्राह्मण किन्हीं दो-एक व्यक्तियों के सामने कृतज्ञता से न दब जाय। वह सारी जनता का प्रवक्ता बनकर रहे और जो भी व्यक्ति धर्म का उल्लंघन करे, उसके ख़िलाफ़ निन्दा की बात वह निर्भीक होकर बोल सके। भिक्षा के पेशे की जो प्रतिष्ठा भारतवर्ष में थी, वह किसी और देश में नहीं थी और इस पेशे की थोड़ी-बहुत इज़्ज़त आज भी इसी देश में है। भारतीय संस्कृति के भीतर कहीं एक मान्यता छिपी रही है कि भिक्षा पर जीने वाले ब्राह्मण की प्रतिष्ठा नहीं घटती, उलटे इससे उसकी नैतिक स्वतन्त्रता अक्षुण्ण बनी रहती है। चूँकि ब्राह्मण नैतिकता का प्रहरी है, अतएव, सारे समाज का कर्तव्य है कि वह उसका आदरपूर्वक रक्षण और पालन करे तथा उसे अपने प्रति कृतज्ञ बनाने की आशा नहीं रखे।

आरम्भ में ब्राह्मणों ने समाज की आलोचना का कार्य निर्भीकता से अवश्य किया होगा और इसके लिए उन्होंने कष्ट भी सहे होंगे। अन्यथा, शास्त्रों में उतना ऊँचा स्थान उन्हें नहीं दिया गया होता। लेकिन, धीरे-धीरे वे स्थापित धर्म और समाज के प्रहरी नहीं रहे, उसके रक्षक बन गये और जो अधिकार उन्हें समाज की आलोचना करने को दिया गया था, उसका उपयोग वे उन क्रान्तियों को दबाने के लिए करने लगे, जो स्थापित धर्म और समाज के ख़िलाफ़ पड़ती थीं। अर्थात् वे आलोचक न रहकर 'आफिसियिल' बन गये और समाज की आलोचना का क्षेत्र उन मनीषियों से भर गया, जो महावीर अथवा गौतम बुद्ध के अनुयायी थे।

इस दृष्टि से देखने पर संस्कृत के कवि मन्युहीन दिखाई देते हैं। उनके भीतर समाज की आलोचना करने की प्रवृत्ति नहीं है, वंश और जाति की महिमा का विरोध करने का भाव नहीं है। वे केवल कलाकार हैं। वे शब्दों के भक्त और अभिव्यक्ति के आचार्य हैं, किन्तु, समाज की अवस्था पर स्वतन्त्र चिन्तन करने का उनमें साहस नहीं है।

बुद्ध के समय से भारत में मनीषियों की दो परम्पराएँ हम देखते हैं। एक परम्परा उनकी है, जो स्थापित धर्म और समाज को पूर्ण और असंशोधनीय समझते हैं। उनके भीतर शान्ति और सन्तोष के भाव प्रधान मिलते हैं। उन्हें दुःख है भी तो केवल इस बात का कि ऐसे अच्छे धर्म और समाज के भी आलोचक

उत्पन्न हो रहे हैं। और दूसरी परम्परा उन कवियों और दार्शनिकों की है, जो वर्णाश्रम-धर्म को दूषित समझते हैं, वैदिक और पौराणिक मत को अपूर्ण मानते हैं तथा जाति और वंश की महिमा के विरुद्ध जिनके भीतर विद्रोह के ज्वलन्त भाव हैं। पहली धारा के शास्त्रकार मनु और पराशर, दार्शनिक शंकराचार्य तथा कवि वाल्मीकि, कालिदास, कम्बन, पोतना, तुलसी और सूर हैं तथा दूसरी धारा के दार्शनिक बुद्ध, नागार्जुन और वसुबन्धु तथा कवि तिरुवल्लुवर, सरहपा, नहपा, कबीर, नानक, दादू दयाल, वेमना और रवीन्द्रनाथ हैं।

जहाँ तक राजनीति और साहित्य के द्वन्द्व का प्रश्न है, यह बात प्राचीन कवियों को भी मालूम थी कि राजा का मुँह जोहने से साहित्यकार की स्वतन्त्रता मारी जाती है।

नरपतिहितकर्ता द्वेषतां याति लोके,
जनपदहितकारी द्विष्यते पार्थिवेन,
इति महति विरोधे त्यज्यमाने समाने
नृपतिजनपदानां दुर्लभः कार्यकर्ता।

राजा का हित करने वाले व्यक्ति से जनता को द्वेष होता है। और जनता का हित चाहने वालों से राजा द्वेष करने लगता है। ये दोनों विरोधी बातें हैं और दोनों ही त्यागने के योग्य हैं। ऐसी अस्वथा में वे कार्यकर्ता दुर्लभ हैं, जो राजा और प्रजा, दोनों को प्रसन्न रख सकें।

किन्तु, संस्कृत कवियों में ऐसे कवि नहीं मिलते, जो राजा को ललकारें अथवा प्रजा से ही कहें कि ये बातें ग़लत हैं और हम इन्हें चलने नहीं देंगे।

किन्तु, मुस्लिम-काल के हिन्दी कवियों में यह भाव जब-तब मिलता है कि कवि को राजा की परवाह नहीं करनी चाहिए। तुलसीदास के मन में एक बार शायद यह विचार आया था कि कवि होने के साथ अगर मैं मनसबदार भी हुआ होता, तो कैसा होता। लेकिन, इस विचार के उठते ही उन्हें अपने आप पर हँसी आ गयी और उन्होंने कहा :

हम चाकर रघुवीर के, पटौ लिख्यौ दरबार,
तुलसी अब का होहिंगे नर के मनसबदार?

राजा की प्रशस्ति लिखने का उस समय जो रिवाज था, शायद उसी की ओर लक्ष्य करके तुलसीदास ने कहा है :

प्राकृत मनुज करत गुनगाना,
सिर धुनि गिरा लागु पछिताना।

लेकिन, राजा होने पर भी नायक यदि जनता की इच्छाओं का प्रतीक हो, तो उसकी स्तुति करने में कविगण दोष नहीं मानते थे। सभी प्रकार की स्तुतियाँ लिखने वाले कवियों से अपने को श्रेष्ठ बताते हुए भूषण ने बड़े ही गौरव के साथ कहा है :

ब्रह्म के आनन ते निकसे ते
अत्यन्त पुनीत तिहूँ पुर बानी।
राम युधिष्ठिर के बरने
बलमीकहु व्यास के अंग समानी।
भूषन यों कलि के कविराजन
राजन के गुन गाय नसानी।
पुन्य-चरित्र सिवा सरजै
सर न्हाय पवित्र भई पुनि बानी।

कुम्भनदास को सीकरी से शायद बुलावा आया था, किन्तु उस बुलावे का उन्होंने यह कहते हुए तिरस्कार कर दिया कि :

सन्त को सिकरी सौं का काम?
आवत जात पनहियाँ टूटी, बिसरि गये हरि नाम।
जाको मुख देखे दुःख उपजत, बाको करिवे परी सलाम।

लेकिन, इस दृष्टि से सबसे विलक्षण कविता श्रीधर कवि की है। श्रीधर अकबर के समकालीन थे। अकबर के दरबार में केवल फ़ारसी के ही शायर नहीं जाते थे, वहाँ संस्कृत और हिन्दी के कवियों का भी ख़ूब जमाव था। इसमें श्रीधर को कवियों के स्वाभिमान का ह्रास दिखाई पड़ा और उन्होंने बड़े ही क्रोध के साथ लिख दिया :

अब के सुलतान भये फुहियान से, बाँधत पाग अटब्बर की।
नर की नरकी कविता जु करै, तेहि काटिये जीभ सुलब्बर की।
इक श्रीधर आस हैं श्रीधर की, नहिं त्रास अहै कोउ बब्बर की।
जिन्हें कोउ न आस अहै जग में, सो करौ मिलि आस अकब्बर की।

नर की स्तुति में जो नारकीय कविता लिखता है, उस लफंगे कवि की जीभ काट लो। श्रीधर को न तो शेर-बब्बर का भय है, न वह अकबर के दादा बाबर की परवाह करता है।

मध्यकाल के कवियों को मनीषी-धर्म के असली मर्म का पता नहीं था। उसका स्पष्टीकरण अभी हाल की घटना है, जब कवि को अपने व्यक्तित्व की महिमा का ज्ञान हुआ है। किन्तु, मनीषी तो स्वभाव से ही मनीषी होते हैं। मध्यकाल में भी ऐसे कवि हुए थे, जो मौन मानवता की ओर से बोलते थे, जो समाज को सावधान करना चाहते थे। कबीर की सामाजिक चेतना के बारे में हम सबको बहुत अच्छी जानकारी है। किन्तु, स्वयं गुरु नानक इसके अपवाद नहीं थे। बाबर के ख़िलाफ़ उनकी एक सूक्ति मिलती है, जिसमें उन्होंने कहा है, "खुरासान को तो भगवान ने बचा दिया, लेकिन आफ़त हिन्दुस्तान में भेज दी। कर्ता अपने ऊपर दोष नहीं लेता। इसीलिए उसने मोग़लों को यम बनाकर भारत पर चढ़ा दिया।"

खुरासान खसमाना किया,
हिन्दुस्तान डराया।
आपे दोस न दई करता,
जम कर मोगल चढ़ाया।

भारत के मनीषी ब्राह्मण थे और ब्राह्मणों की जीविका भिक्षा-वृत्ति थी। सब जानते थे कि ब्राह्मण भिक्षु होते हैं, किन्तु, किसी भी ब्राह्मण को यह कहने में संकोच नहीं होता था कि मैं ब्राह्मण हूँ। किन्तु यूरोप में लेखक अपने को लेखक कहने में शरमाते थे। क़लम से जीविका कमाने की बात वहाँ लज्जा की बात समझी जाती थी। अतएव, लेखक अपने को लेखक न बताकर भद्र मनुष्य बताना ही ठीक समझते थे। अंग्रेज़ी के नाटककार कांग्रीव जब बहुत प्रसिद्ध हो गये, एक बार उन्होंने पेरिस की यात्रा की। पेरिस में कांग्रीव को आया जान वालतेयर उनसे मिलने आये और उन्होंने कांग्रीव से कहा कि "लेखक के रूप में आपने जो कीर्ति अर्जित की है, वही मुझे आपके पास खींच लायी है।" कांग्रीव ने उत्तर दिया, "मगर मैं तो लेखक नहीं, भद्र मनुष्य हूँ।" वालतेयर तुरन्त यह कहकर वहाँ से उठ गये कि "मैं उस कांग्रीव से मिलने नहीं आया था, जो निरा भद्र मनुष्य है।"

भारत में लेखक-वृत्ति की कभी निन्दा रही हो, ऐसा दिखाई नहीं देता। कवियों और विद्वानों को प्रश्रय प्रायः राजदरबारों में मिलता था। चीन में तो और भी विलक्षणता की बात थी। वहाँ के राजे नौकरी केवल विद्वानों को ही

देते थे, और उनमें भी प्राथमिकता अक्सर उन्हें मिलती थी, जो कनफ़्युसियस के अनुयायी होते थे। एक यह कारण भी हुआ कि चीन में कनफ़्युसियस ने लाओत्सू को दबा दिया। राज्य के पास ऐसी शक्ति होती है कि चाहे तो वह विरोधी विचारधारा को उभरने से रोक दे।

किन्तु, भारत में कवियों और विद्वानों को राज्याश्रय उनसे नौकरी करवाने को नहीं दिया जाता था। कभी-कभी कवि और विद्वान् सेनापति और मन्त्री भी बना दिये जाते थे, लेकिन यह अपवाद की बात थी। साधारणतया काव्य-रचना को छोड़कर कवियों पर और कोई दायित्व नहीं डाला जाता था। राजे हिरन पालते थे, सुग्गे और पहलवान पालते थे। इसी तरह, कवि और विद्वान् का पालन करना भी वे अपना कर्तव्य समझते थे। यह एक प्रकार के भावनात्मक सन्तोष का काम था, क्योंकि जो राजा बहुत अच्छे कवि का आश्रयदाता होता था, वह कम-से-कम, इस एक बात को लेकर अन्य राजाओं से अपने को श्रेष्ठ समझ सकता था।

यह कला के प्रति ठीक कला-जैसे बर्ताव का दृष्टान्त है। शुद्धतावादी कवियों ने इधर कहना शुरू किया है कि जो लोग कविता के उपयोग की बातें पूछते हैं, वे यह क्यों नहीं पूछते कि फूलों का क्या उपयोग है, मैदान की शोभा किस काम में आती है और शहरों में पार्क बनाने के फ़ायदे क्या हैं। यदि कवियों को आश्रय देने वाले राजाओं से यह सवाल पूछा गया होता, तो आज के नये कवियों के उत्तर उन राजाओं को भी समीचीन मालूम हुए होते। और यह तो है ही कि दरबारों में पलने वाले कवियों का ध्यान समाज पर नहीं था। वे न तो काल पर सोचते थे, न अपने देश और समाज पर। विषय उनके गिने-चुने होते थे, मगर, कारीगरी और पच्चीकारी के काम वे ख़ूब करते थे। साहित्य में जब भी शैली का सौन्दर्य प्रधान होता है, जीवन गौण बन जाता है। और जो भी कवि जीवन को प्रभावित करना चाहता है, वह शैली के पीछे अपना दिमाग़ कम खपाता है। बिहारीलाल और कबीर इस बात के पक्के प्रमाण हैं।

मध्यकालीन युग के अन्त तक कवियों का व्यक्तित्व प्रायः सर्वत्र ही सोया हुआ था, यद्यपि उनकी कला और पाण्डित्य नींद में नहीं थे। राज्याश्रय स्वीकार करने से कवि प्रतिभा का ह्रास हो सकता है, इस भय की अनुभूति उसी सुप्त व्यक्तित्व की अनुभूति थी। ज़रा और गहराई में झाँकने पर हमें यह भी दिखाई देता है कि इस ख़तरे की जड़ इस विश्वास में गड़ी है कि कवि का सबसे बड़ा धर्म अपने विचारों के प्रति निश्छल रहना है, अपनी आत्मा के प्रति ईमानदार रहना है। यदि इस ईमानदारी के पालन में ही संकट हो तो फिर कविता करने से लाभ क्या है? कबीर-जैसे कवियों ने यह भी देख लिया था कि ख़तरे केवल

राजभवन से ही नहीं आते, वे प्रजा की ओर से भी आते हैं। निरापद मार्ग यह है कि कवि सौन्दर्य की बात करे, अभिव्यक्ति का चमत्कार दिखाये और समाज की किसी भी समस्या की ओर अंगुलि-निर्देश न करे। क्योंकि कवि अगर स्थापित मान्यताओं के ख़िलाफ़ जायेगा तो राजा और प्रजा, दोनों उसके दुश्मन बन जायेंगे। राजा रूठ जाय तो कवि प्रजा को लेकर रह सकता है, प्रजा रूठ जाय तो वह राजा के साथ सुख से अधम जीवन बिता सकता है, किन्तु, जिस कवि से राजा और प्रजा, दोनों रूठ जाते हैं, असली परीक्षा उसी की होती है।

किन्तु, कवियों का जो व्यक्तित्व मध्य काल तक सोया हुआ था, वह क्रान्ति के समय फ्रांस में जगा। विचारों और भावनाओं में समाज को बदलने की, राजसत्ता को उखाड़ फेंकने की और मनुष्यों के भीतर नया विश्वास पैदा करने की जो शक्ति है, उससे मध्यकालीन कवि, प्रायः, अपरिचित रहे थे। फ्रांसीसी क्रान्ति के समय उन्हें यह ज्ञात हुआ कि वे केवल रूप-रचनाकार नहीं हैं, उनका व्यक्तित्व अनूठा है, वे समाज को बदल सकते हैं, इतिहास की धारा को मोड़ सकते हैं। और समाज को बदलने का काम उन्होंने उस प्रकार के व्यावहारिक चिन्तन से नहीं किया, जिसका सहारा हम तात्कालिक ध्येयों की प्राप्ति के लिए लेते हैं। व्यावहारिक मनुष्य वे थे ही नहीं, न राजनीति से उनका सीधा सम्बन्ध था। उन दिनों फ्रांसीसी सरकार के हज़ारों बड़े अधिकारियों में से एक भी अधिकारी मनीषी नहीं था। इसका अर्थ यह है कि फ्रांस के मनीषी न तो राज्य के प्रति कृतज्ञ थे, न उन्हें राज्य की अपार शक्ति का ज्ञान था। इसी से वे निरंकुश होकर सोच सके और जब क्रान्ति का समय आया, उन्हें यह आशंका नहीं हुई कि राजा क्रान्ति का दमन भी कर सकता है।

अंग्रेज़ी के इंटेलेक्चुअल शब्द में आज जो अर्थ दिखाई देते हैं, वे मुख्यतः फ्रांसीसी मनीषियों की देन हैं। रूसी भाषा के शब्द इंटेलिजेंसिया का अर्थ 'मुक्त व्यवसाय' होता है। फ्रांस के मनीषी ठीक मुक्त धन्धों के लोग थे। वे नौकरी में नहीं थे, व्यापार नहीं करते थे, न वे कृषक अथवा मज़दूर थे। उनका काम सिर्फ़ चिन्तन करना, अपने सहधर्मियों के साथ चर्चा करना और फिर लेखन का कार्य था। और चिन्तन उनका सोद्देश्य नहीं था। तात्कालिक समस्याओं के समाधान के लिए अपने चिन्तन की दिशा को इधर या उधर ले जाने की बात वे नहीं सोचते थे। बुद्धि उनके चिन्तन का निष्कलुष यन्त्र थी और चिन्तन की लड़ी जहाँ तक चलना चाहती, वहाँ तक उसे वे स्वतन्त्र होकर चलने देते थे, परिणाम उसका चाहे जो भी निकल जाय। इस प्रकार के शुद्ध चिन्तन से समाज की उत्पत्ति, मनुष्यों के अधिकार, राज्यसत्ता को प्रकृति आदि सैकड़ों मौलिक विषयों के बारे

में फ्रांस में जो ज्ञान उत्पन्न हुआ, वही क्रान्ति की प्रेरणा बन गया। कहते हैं, फ्रांस में क्रान्ति इस कारण हुई कि उससे पूर्व अमरीका में क्रान्ति हो चुकी थी। किन्तु, कहने की असली बात यह होनी चाहिए कि खुद अमरीकी क्रान्ति फ्रांस के मनीषियों के चिन्तन से उत्पन्न हुई थी।

क्रान्ति के पूर्व राजनीति के मौलिक प्रश्नों को लेकर फ्रांस में इतना गम्भीर विचार मन्थन हुआ कि इस सम्बन्ध में तरह-तरह के सिद्धान्त जनता के समक्ष आ गये। इस विचार-मन्थन का परिणाम संक्रामक सिद्ध हुआ और उससे जनता का दिमाग़ खौलने लगा। कहते हैं, उन दिनों फ्रांस की औरतें और किसान भी इस 'साहित्यिक राजनीति' के प्रवाह में आ गये थे और विचारों की चर्चा में रस उन्हें भी आने लगा था। लेखकों ने प्रजा को विचारमूलक राजनीति में दीक्षित कर दिया और गरचे, शासन का सूत्र राजनीतिज्ञों के हाथ में था, किन्तु, समाज के असली नेता लेखक और विचारक बन गये।

तब से फ्रांस में लेखकों की यह मर्यादा प्रायः अक्षुण्ण रही है। फ्रांस का शासन चाहे जिसके भी हाथ में हो, वहाँ की जनता अपना असली नेता लेखकों और विचारकों को मानती है। जर्मनी में सबसे अधिक सम्मान प्रोफ़ेसरों का है और अमरीका में विशेषज्ञों का। किन्तु, फ्रांसीसी जनता लेखकों और विचारकों को पूजती है, क्योंकि दो शताब्दियों से उसने देख लिया है कि लेखक और विचारक अपनी रुचि और विश्वास के अनुसार काम करते हैं, वे निरन्तर शुद्ध चिन्तन करते हैं, हमेशा न्याय का पक्ष लेते हैं और किसी भी लोभ के बदले अन्याय और असत्य का वे समर्थन नहीं करते। फ्रांस में जीवन की चरम उपलब्धि राजनैतिक सफलता नहीं, साहित्य की कृति मानी जाती है। वहाँ के राजपुरुषों, राजदूतों और जनरलों की भी आन्तरिक कामना यह रहती है कि वे कोई साहित्य की कृति लिख सकें, जिससे उन्हें मनीषियों के बीच स्थान मिल सके।

यहाँ तक साहित्य की आत्मा स्वस्थ थी और कविताओं, उपन्यासों एवं विचारों के समाजोपयोगी समझे जाने से लेखक और कवि का अपमान नहीं होता था। लेखक तब भी प्रचारक नहीं था। उसका व्यक्तित्व कर्म से कुछ दूर था। जीवन को छूने वाले विषयों पर भी चिन्तन वह दूर से ही करता था, क्योंकि विषयों की गहराई में जाने का मार्ग सीधे सम्पर्क का मार्ग नहीं है, निकट का मार्ग नहीं है, वह हमेशा दूर का ही मार्ग होता है। मनीषी के व्यक्तित्व का यह रूप हमें रोमांटिक युग के कवियों और लेखकों में उजागर दिखाई देता है।

लेकिन, रोमांटिक युग में ही एक ऐसी विचारधारा फूट निकली, जो शैली को विषय से अधिक श्रेष्ठ बतलाना चाहती थी। यही यूरोप में सौन्दर्यबोध के

आन्दोलन का आरम्भ था। पहले-पहल शेली ने यह बात कही थी कि कविता की असली परख उसमें प्रतिपादित विषय को दृष्टिगत रखकर नहीं, बल्कि, उसकी लय, ध्वनि और शैली को लेकर की जानी चाहिए। यह ध्यान देने की बात है कि लय, ध्वनि और शैली की महिमा का ज्ञान शैली से पूर्व के भी पाठकों को था, लेकिन, इन चीज़ों को पहले के रसज्ञ कविता का सम्पूर्ण सार नहीं मानते थे। रोमांटिक युग में कविता के प्रति समाज में जो चाव और आदर का भाव पैदा हुआ था, उसका कारण कुछ और था। किन्तु, अब जनरुचि को यथेष्ट नहीं मानकर कवि एक विशेष प्रकार के पाठकों की माँग करने लगा। इसके भीतर यह भाव प्रच्छन्न था कि विशिष्ट रुचि के पाठक कविता में सामाजिक उत्तेजना की झलक नहीं खोजते, न नैतिक प्रेरणा की तलाश करते हैं। जैसे शिष्ट रुचि के पाठक चित्रों में रंग नहीं देखते, विषय नहीं खोजते, केवल रेखाओं के आकार देखते हैं, उसी प्रकार कविता के शिष्ट पाठक वे हैं, जो काव्य की शैली का आनन्द लेते हैं। यहीं से कवि और मनीषी का व्यक्तित्व अपने चिन्तक रूप से हटकर कलाकार रूप की ओर खिसकने लगा। यहीं से साहित्य में वैयक्तिकता का उभार आरम्भ हुआ, जो आगे चलकर अत्यन्त जटिल रूप धारण करने वाला था।

तब भी, यह ठीक है कि कवि के भीतर वैयक्तिकता का पुट हमेशा से रहा है। "मैं अद्वितीय हूँ, मेरी रचना अद्वितीय है, वह दूसरों के मनोरंजन के लिए नहीं, मेरे अपने आनन्द के लिए है।" इस अनुभूति का थोड़ा-बहुत आभास पहले के कवियों में भी दिखाई पड़ा था। भवभूति का आदर उनके जीवन काल में भी था, किन्तु, वह उन्हें यथेष्ट नहीं लगा था। अपनी कीर्त्ति के लिए वे अजन्मा समानधर्माओं का अधिक भरोसा करते थे।

उत्पत्स्यते च मम कोऽपि समानधर्मा,
कालोह्ययंनिरवधिः विपुला च पृथ्वी।

यह और कुछ नहीं, कवि की वैयक्तिक चेतना का ही संक्षिप्त विस्फोट था। और तुलसीदासजी जो लोक-मर्यादा के कवि थे, समाज को प्रभावित करने वाले कवि थे, उनका भी आन्तरिक विश्वास यही था कि कवि दूसरों के लिए नहीं, केवल अपने अन्तःसुख के लिए लिखता है।

शेली ने जो कुछ कहा था, उसका आशय शायद इतना ही था कि कवियों की प्रशंसा केवल इसीलिए नहीं की जानी चाहिए कि वे समाज के 'विधायक' हैं, बल्कि इसलिए भी कि लय, ध्वनि और भाषा का उनका प्रयोग विलक्षण होता है। किन्तु, शेली के कोई पच्चीस साल बाद अमरीकी कवि एडगर एलेन

पो ने 'कला के लिए कला' वाले सिद्धान्त की घोषणा कर दी और पेरिस के मनीषियों (बोदलेयर, रेम्बू, मलार्मे आदि) ने उस सिद्धान्त के अनुसार कविताएँ रचकर साहित्य को एक भिन्न दिशा की ओर मोड़ दिया। जिस रास्ते से साहित्य में समाज पर अपना प्रभाव डाला था, वह रास्ता उसे अनगढ़, स्थूल और कुरूप दिखाई देने लगा। सम्भव है, उस समय तक आकर पहले की शैली की सारी सम्भावनाएँ समाप्त हो गयी थीं और अब दुहराहट और नीरसता को अंगीकार किये बिना उस शैली का प्रयोग नहीं किया जा सकता था अथवा यह भी सम्भव है कि वास्तविकता की आराधना में कवियों को अपनी ताज़गी अब ख़त्म होती दिखाई पड़ रही थी। निदान, उन्होंने अपने मन को भुलाने के लिए एक ख़ूबसूरत मोहिनी का आविष्कार कर लिया, व्यावहारिक मनुष्य से वे अपने को श्रेष्ठ और जन-जीवन को अपने से हेय समझने लगे, कविता की ओर से उन्होंने पूर्ण स्वतन्त्रता की घोषणा कर दी और उनकी कला का ध्येय बिम्ब की योजना, प्रतीकों का विधान और प्रत्येक वस्तु के भीतर छिपे अकथ और अरूप का सन्धान हो गया।

यह अच्छा हुआ या बुरा, इस पर निश्चित राय देना आसान काम नहीं है। इस प्रश्न के मूल में और भी कई प्रश्न हैं, जिनके बारे में कोई भी बात निश्चितता के साथ नहीं कही जा सकती। पहला प्रश्न यह है कि कविता अगर अपने को और भी कवित्वपूर्ण बनाना चाहती है, तो क्या यह उद्देश्य उसे इस चिन्ता के कारण छोड़ देना चाहिए कि अधिक कवित्वपूर्ण हो जाने पर वह समाज के लिए उपयोगी नहीं रहेगी? दूसरा प्रश्न यह है कि क्या यह उचित है कि कविता और जनता का मिलन केवल कवि-सम्मेलनों में ही चलता रहे, उस सामान्य धरातल पर ही चलता रहे, जहाँ तक जनता पहुँच सकती है और जहाँ तक कवि नीचे आ सकता है? यदि यह बात सच है कि कवियों में यह शक्ति आ गयी है कि वे और भी ऊँची उड़ानें भर सकें, तो क्या उनसे हम यह कहना चाहते हैं कि अपनी उड़ानों को तुम तब तक रोके रहो, जब तक जनता भी तुम्हारे साथ उड़ने के योग्य न हो जाय?

असल में, यह प्रश्न उन सभी प्रश्नों के साथ सम्पृक्त है, जो सभ्यता की मूलभूत समस्याएँ हैं। जब तक सभी राष्ट्र अन्तरराष्ट्रीयता का वरण नहीं करते, तब तक एक, दो या दस राष्ट्रों को राष्ट्रीयता का त्याग करना चाहिए या नहीं? जब तक सभी राष्ट्र निःशस्त्रीकरण के लिए तैयार नहीं होते, तब तक एक, दो या दस राष्ट्रों को निःशस्त्रीकरण करना चाहिए या नहीं? विज्ञान का विकास क्या तब तक के लिए रोक दिया जाय, जब तक मनुष्य का नैतिक विकास इतना उच्च

न हो जाय कि वैज्ञानिक शक्ति का उपयोग वह अपने विनाश के लिए न करे? जब तक सारी दुनिया सभ्य नहीं हो जाती, दो-एक देशों के अत्यन्त सभ्य होने से उन पर ख़तरे बढ़ते हैं। तो क्या सभ्यता की प्रगति तब तक के लिए रोक दी जाय, जब तक सभी देश एक समान सभ्य नहीं हो जाते हैं?

यों भी सभ्यता जब अत्यन्त सभ्य हो उठती है, वह नपुंसक हो जाती है और जब-जब सभ्यता नपुंसक या बीमार हुई है, साहित्य शैली में जीने को लाचार हुआ है। साहित्य सीधे प्रचार का साधन नहीं है, यह बात प्राचीन युग के लोगों को भी मालूम थी। किन्तु, 19वीं सदी के कवियों ने चाहा कि साहित्य, प्रत्यक्ष या अप्रत्यक्ष, किसी भी भाँति का ज्ञानदान का काम न करे, वह विषय को कच्चा माल समझे, जिससे कला अपनी प्रतिमा तैयार करती है। इतने के सिवा, साहित्य में विषय का और कोई महत्त्व नहीं है।

इस मान्यता के आते ही प्रश्न यह खड़ा हुआ कि तब कवि का जनमत से क्या सम्बन्ध हो सकता है। अंगरेज़ कवि रासेटी जनमत की परवाह नहीं करता था। उसने एक मान्यता चलायी थी कि जनता के साथ कलाकार का सम्बन्ध जितना ही अधिक होता है, उतनी ही उसकी सौन्दर्य-भावना दुर्बल होती जाती है। इससे भी आगे बढ़कर आस्कर वाइल्ड ने यह सिद्धान्त निकाला कि सौन्दर्य के भीतर खुद ही एक ऊँची नैतिकता का निवास है। कला और सौन्दर्य के नाम पर जो कुछ भी किया जाता है, वह अपने आप में पवित्र है। कलाकार कभी भी पाप नहीं करता।

ज्यों-ज्यों कला विषय से भागने लगी, त्यों-त्यों वह कर्म से भी दूर होने लगी। आस्कर वाइल्ड की ही एक सूक्ति चलती है, "मनुष्य जब कर्म करता है, वह कठपुतली होता है; जब वह निर्णय करता है, तब वह कवि बन जाता है।" यानी हिमालय पर चढ़ने का काम चाहे जो भी कर ले, मगर हिमालय का वर्णन कोई महान् कलाकार ही कर सकता है। पहले के चिन्तकों और कलाकारों को कर्म और ज्ञान के बीच कोई ख़ास विरोध दिखाई नहीं पड़ा था। लेकिन अब जब वे अपनी रचना और अपने व्यक्तित्व की अद्वितीयता पर विचार करने लगे, उन्हें लगा, वे एक ख़ास ढंग के आदमी हैं और जो लोग नाना कर्मों में लगे हुए हैं, उनसे वे भिन्न हैं। फ्लाउबेयर ने मज़ाक़ में कहा था कि साहित्यिक वह है, जिसे इस बात पर भी आश्चर्य होता है कि वह वैसे ही कपड़े क्यों पहनता है, जैसे कपड़े और लोग पहनते हैं।

दोस्तोवास्की की कल्पना यह है कि व्यावहारिक मनुष्य व्यावहारिक इसलिए होता है कि उसमें चिन्तन की शक्ति नहीं होती, उसकी चेतना अविकसित और

जिज्ञासा कुण्ठित होती है। वह आहत होने पर प्रतिशोध लेता है। किन्तु सच्चे मनीषी प्रतिशोध नहीं ले पाते, क्योंकि आहत या अपमानित होने पर भी वे सोचने लगते हैं कि प्रतिशोध की सार्थकता कैसे सिद्ध हो सकती है। वे पहले एक कारण तक पहुँचते हैं, फिर उसके पीछे उन्हें कोई और कारण दिखाई देता है और उसके भी पीछे कोई और। इस प्रकार, विचारों के ताने-बाने में वे इस तरह फँस जाते हैं कि उनसे कोई भी काम पार नहीं लगता। दोस्तोवास्की का पात्र कहता है, "मैं अपने को बुद्धिमान केवल इसलिए समझता हूँ कि सारे जीवन में मैं न तो कोई काम शुरू कर पाया हूँ, न मैंने कोई काम ख़त्म किया है।" दोस्तोवास्की का मत यह भी है कि पूर्ण रूप से जाग्रत चेतना का शुभ परिणाम अकर्मण्यता है, हाथ-पर-हाथ धरकर यह सोचते बैठे रहने का भाव है कि क्या करना ठीक और क्या करना ग़लत होगा। और व्यावहारिक मनुष्य व्यावहारिक इसलिए होता है कि उसकी चेतना लद्धड़ होती है, वह बेवकूफ़ होता है, क्योंकि आदमी यदि बेवकूफ़ नहीं हो, तो ऐसी स्थिति में वह पहुँच कैसे सकता है, जब उसे कोई शंका अथवा सन्देह नहीं रहे, और वह पूरे निश्चिन्त मन से किसी कार्य में लग जाय?"

चिन्तन की पवित्रता में पड़ा हुआ आदमी ऐसा हो सकता है, यही सोचकर शेक्सपियर ने 'हैमलेट' की रचना की होगी। आधुनिक युग में गेटे ने 'फौस्ट' लिखा, जो 'हैमलेट' से मिलता-जुलता चरित्र है। 'हैमलेट' और फौस्ट साहित्य के पात्र थे, मनुष्य के एक ख़ास रूप के प्रतीक थे। किन्तु वे नवयुग के मनीषियों को इतने अच्छे लगे कि उन्होंने हैमलेट और फौस्ट की अपने भीतर अवतारणा कर ली, उन्हें वे ख़ुद जीने लगे। इस प्रकार सोलहवीं सदी में शेक्सपियर ने जिस मनुष्य का सपना देखा था, वह बीसवीं सदी के मनीषियों में साकार हो गया। कहना सत्य है कि केवल कला ही जीवन का अनुकरण नहीं करती, कभी-कभी जीवन भी कला का अनुकरण करता है। प्रेम वैसे मनुष्य में पहले भी था, किन्तु, साहित्य ने उसका इतना बखान किया कि प्रेम की प्रवृत्ति काफ़ी शक्तिशालिनी और विशाल हो गयी। हैमलेट भी मनुष्य के भीतर कहीं रहा होगा। किन्तु, साहित्य के भीतर हैमलेटीय चिन्तन के विकास से अनेक मनीषी हैमलेट और फौस्ट बन गये।

जैसे-जैसे कला की स्वाधीनता बढ़ी है, वैसे-ही-वैसे, कलाकारों का व्यक्तित्व समाज के प्रति अधिक दायित्वहीन होता गया है। सम्भव है, स्वाभाविक परिस्थिति में कलाकार ख़ुद यह सोचने को बाध्य होते कि जनता को कलाकार चाहे जितने भी धक्के दे लें, मगर उसके बिना कलाकारों का काम नहीं चल सकता। रोटी, अन्ततः, जनता देती है, मान्यता प्रोफ़ेसर नहीं देते, जनता देती है; यश जनता

देती है, जो कला और कलाकार, दोनों का आहार है। किन्तु, रूसी क्रान्ति ने शुद्धतावादी कलाकारों को चौंका दिया और वे जनता के क़रीब आने के बजाय, अपनी जगह पर और भी दृढ़ता के साथ अड़ गये।

साहित्य की जिन परम्परागत मान्यताओं को धराशायी बनाकर शुद्धतावादियों ने अपनी गजदन्ती मीनार खड़ी की थी, रूसी क्रान्ति ने उसी मीनार पर आघात किया। शुद्धतावादियों ने घोषणा की थी कि हमारी आस्था केवल हमारे शब्दों को अर्पित है। गोर्की ने ऐलान किया, "नहीं, कलाकार का दायित्व युग के प्रति होता है, समाज के प्रति होता है, कलाकारों का आलोचकों के प्रति दायी होने का कोई अर्थ नहीं है।"

शुद्धतावादियों ने समाज की परम्परा चलायी थी। गोर्की यह कहकर उन पर टूट पड़े कि यह अचरज की बात है कि समाज के प्रति दायित्व का भाव अन्य सभी मनीषियों की अपेक्षा साहित्यिक में बहुत कम है। साहित्यिक व्यक्तिवादी हैं और औरों की अपेक्षा बहुत अधिक व्यक्तिवादी हैं। इंजीनियर व्यक्तिवादी हो तो क्षम्य है, क्योंकि इंजीनियरी के सिवा किसी और चीज़ की उम्मीद उससे नहीं की जा सकती। किन्तु, साहित्यकार व्यक्तिवादी कैसे हो सकता है? उसे तो कविता, इतिहास, दर्शन, इंजीनियरी और डॉक्टरी से लेकर किसान और मज़दूर, सबके बारे में जानकारी हासिल करनी है, सबके हृदय का स्पर्श करना है।

सन् 1934 के आसपास जब रूस से प्रगतिशील विचारों की यह धारा ज़ोर से उठी थी, लगता था, वह शुद्धतावादी आन्दोलन को समाप्त कर देगी। जनता शुद्धतावादी घटाटोप से बड़े ही चक्कर में थी। अतएव, प्रगतिशील आन्दोलन की घोषणाओं से उसे बड़ा सन्तोष मिला था। किन्तु, शीघ्र ही रूस से ख़बरें आने लगीं कि वहाँ साहित्य की स्वतन्त्रता का हरण किया जा रहा है, लेखकों से कहा जा रहा है कि तुम्हें लिखना हो तो राज्य की विचारधारा के अधीन लिखो अन्यथा तुम्हारे लिखने की कोई क़द्र न होने दी जायगी। "पार्टी का कोई सदस्य यदि पार्टी की नीति से असहमत है, पार्टी के दृष्टिबोध को अस्वीकार करता है और विचारों के मामले में पार्टी के सामने झुकने में असमर्थ है, तो उसे खुद ही पार्टी का टिकट लौटा देना चाहिए अथवा पार्टी को चाहिए कि उसे अपने संगठन से निकाल दे।"

यह शुद्धतावादी विचारधारा को बहुत बड़ी चुनौती थी। शुद्धतावादियों ने उपयोगिता को ढकेलकर साहित्य से बाहर कर दिया था। साम्यवादियों ने उसे फिर साहित्य का मूल आधार मान लिया। "हम अध्यात्म नहीं, भौतिकता के सेवक हैं, हम राष्ट्र के सेवक हैं, राजनैतिक दल के सेवक हैं। हम तलवार

नहीं, क़लम से संसार की सेवा करते हैं। हम भौतिकता की आध्यात्मिक फ़ौज हैं।" कहने वाले ने यह बात इस उम्मीद में कही थी कि विरोधी हमारी जन-भावना के सामने निरुत्तर रह जायेंगे। लेकिन शुद्धतावादी कलाकार कठोर चिन्तन के बाद अपने सिद्धान्त पर पहुँचे थे। वे हिलने वाले नहीं थे। उन्होंने ऐसी घोषणाओं पर बड़ी ही कटु प्रतिक्रिया व्यक्त की। "हाँ, किताबें वे ही अच्छी हैं, जो दलगत ध्येय का प्रचार करती हैं। राष्ट्र के गौरव को बढ़ाती हैं; यानी सत्य वह है, जो उपयोगी है और जो चीज़ जितनी उपयोगी है, वह उतनी ही ख़ूबसूरत भी है।"

अगर गोतिये जीवित रहे होते, तो वे अवश्य ही इतनी बात और जोड़ देते, कि चूँकि शौचालय घर का सबसे उपयोगी भाग है, इसलिए, सबसे सुन्दर भी उसी को कहना चाहिए।

जहाँ तक राजनीति का प्रश्न है, फ्रांस में मनीषियों की राजनीति साहित्य के धरातल की राजनीति रही थी, विचार और विश्लेषण की राजनीति रही थी। एक राजनीति वह है, जो सिपाहियों और राजनेताओं को लेकर चलती है। दूसरी राजनीति वह है, जो दिन-दिन की राजनीति नहीं है, मगर जिससे व्यावहारिक राजनीति को रोशनी मिलती है, उसे अपनी ग़लतियों का ज्ञान होता है, जिससे जनता सही और ग़लत का निर्णय करने की योग्यता प्राप्त करती है। साहित्यिकों की राजनीति यही वैचारिक राजनीति थी। किन्तु, साम्यवाद ने जब साहित्य के प्रति कड़ा रुख़ अपनाया और फासिस्त नेता भी उसी विचारधारा का अनुसरण करने लगे, तब संसार भर के मनीषियों में इस विषय को लेकर चिन्ता आरम्भ हो गयी कि साहित्यिकों को राजनीति में जाना चाहिए या नहीं।

साहित्य जितना ही शुद्ध, जितना ही तटस्थ, जितना ही अप्रत्यक्ष होता है, उतनी ही उसकी शक्ति और उज्ज्वलता में वृद्धि होती है। किन्तु, राजनीति के लिए तटस्थ और अप्रत्यक्ष रहना दुष्कर कार्य है। वह शक्ति के आधार पर खड़ी होती है और शक्ति केवल पुण्य से ही अर्जित नहीं की जाती, वह गन्दगी से भी प्राप्त होती है। सामान्यतः, गन्दे काम किये बिना कोई भी व्यक्ति राजनीति की गद्दी पर न तो पहुँच सकता है, न वहाँ क़ायम रह सकता है। गांधी जी ने राजनीति को पवित्र रूप अवश्य देना चाहा था, किन्तु, अगर वे प्रधानमन्त्री हुए होते, तभी यह बात परखी जा सकती थी कि पुण्य के बल से आदमी गद्दी पर टिक सकता है या नहीं। प्रत्येक राजनीतिज्ञ सभा-मंच से मेकियावेली की निन्दा करता है, किन्तु, जभी वह अपने दफ़्तर की कुर्सी पर जाता है, वह मेकियावेली का छोटा या बड़ा शिष्य बन जाता है।

राजनीति का शरीर कर्म का और मन विशुद्ध चिन्तक का हो, यह कल्पना बहुत दिनों से चली आ रही है, लेकिन, वह अब तक कहीं भी साकार नहीं हो सकी। प्लेटो का यह स्वप्न कि राजा दार्शनिक और सन्त हो अथवा सन्तों और दार्शनिकों को ही मानव-समाज पर राज्य करना चाहिए, अब तक स्वप्न ही रहा है। जब तक राजनीति का सिंहासन दूर था, गांधी जी के अनुयायी उनके पीछे आँख मूँदकर चलते थे। किन्तु जब सत्ता का आसन पहुँच के भीतर आ गया, गांधी जी के बड़े-बड़े अनुयायी उनसे कतराने लगे थे।

न्याय और पुण्य की राजनीति उन्हें अनुकूल नहीं पड़ती, जो किसी देश पर राज करना चाहते हैं। जब से प्रजातन्त्र का विस्तार हुआ, संसार के कुछ साहित्यकार राजनीति में जाने से अपने को रोक नहीं सके। लेकिन, बाज़ार से वे प्रायः ख़ाली हाथ लौटे हैं। राजनीति के स्वामियों ने उनका इतना विश्वास नहीं किया कि वे मन्त्री बनाये जा सकें अथवा उनके हाथ में कोई बड़ा राजनैतिक अधिकार सौंपा जा सके।

इस मामले में मध्यकाल में भारत में कवियों का जो सम्मान था, वह यूरोप में नहीं था। क्रोमवेल ने मिलटन से अपना पत्राचार तो तैयार करवाया था, लेकिन उन्हें उसने कोई राजनैतिक अधिकार नहीं दिया था। आज भी इस प्रसंग में सबसे बड़े अपवाद फ्रांस के सांस्कृतिक मन्त्री आन्द्रे मालरो और भारत के राष्ट्रपति डॉ. राधाकृष्णन ही हैं। किन्तु इसका कारण यह है कि मालरो फ्रांस के हैं, जहाँ का नैतिक नेतृत्व राजनीतिज्ञों नहीं, साहित्यिकों के पास है, और राधाकृष्णन भारत के हैं, जो देश अभी-अभी स्वाधीन हुआ है और उसके पास जो कुछ भी सुन्दर और श्रेष्ठ है, उसे ऊपर उछाल कर वह संसार में सुयश पाना चाहता है।

साम्यवादी आन्दोलन के भीतर क्रान्ति का जो जोश था, शोषण और विषमता को समाप्त करने के लिए जो उत्साह था, संसार को साम्यावस्था और युद्धहीनता में प्रतिष्ठित करने की जो कल्पना थी, उसका प्रभाव इंग्लैंड और फ्रांस के लेखकों पर भी पड़ा। फ्रांस में मनीषियों के बीच इस विचारधारा के लिए जो पक्षपात बढ़ा, उसका परिणाम यह है कि आज भी उस देश में मनीषी शब्द से किसी प्रकार की वाममार्गिता की गन्ध, आप-से-आप, निकल आती है। इसी प्रकार, इंग्लैंड में इलियट और एजरा पौंड की पीठ पर औडेन, स्पेंडर और लेवी की जो पीढ़ी आयी, वह अपने को समाजवादी कहती थी। उन दिनों यह स्पष्ट दिखाई देता था कि शुद्धतावादी हारेंगे और प्रगतिवादी जीत जायेंगे। साम्यवादी आन्दोलन के प्रचार से प्रजातन्त्री देशों में जो घबराहट फैली, उसका कुछ अनुमान जार्ज आरवेल के लेखों से आज भी किया जा सकता है।

यह वह समय था, जब रूस में स्टालिन, जर्मनी में हिटलर और इटली में मुसोलिनी का राज्य था। यद्यपि रूस की विचारधारा इटली और जर्मनी की विचारधारा से भिन्न थी तथा एक ओर स्टालिन और दूसरी ओर हिटलर और मुसोलिनी परस्पर दो विरोधी उद्देश्यों को लेकर चल रहे थे, किन्तु, साहित्य वालों को ख़तरे दोनों शिविरों से दिखाई दिये। इस स्थिति से विचलित होकर जार्ज आरवेल ने लिखा कि साहित्य पर राजनीति की चढ़ाई शुरू हो गयी है। हम जिस युग में जी रहे हैं, वह राजनीति का युग है और जो बातें आज हमारे कानों में सब से ज़्यादा पड़ती हैं, वे युद्ध की बातें हैं, फासिस्तवाद की बातें हैं, व्यक्ति के दलन और वैयक्तिकता के ह्रास की बातें हैं, अणुबम और जन-विनाश की बातें हैं। क्या अब भी साहित्य जीवन से विमुख रहेगा? जब पूरी नाव डूब रही हो, तब क्या उस पर चढ़े हुए मुसाफ़िरों को इस ख़तरे के सिवा किसी और बात की चर्चा शोभा देती है?

आरवेल का उद्देश्य यह था कि फासिस्तवादी प्रवृत्तियों के अवरोध के लिए जनता के मन में दुर्भेद्य प्राचीर खड़ा किया जाना चाहिए। और यह कार्य चूँकि केवल साहित्यकार कर सकते हैं, इसलिए, साहित्यकारों से उन्होंने कहा कि अपनी गजदन्ती मीनार से उतरकर आप इस विपत्ति का सामना करें।

राजनीति में साहित्यिक जाय या नहीं, इस विषय में आरवेल का मत यह बना कि राजनीति का त्याग आज जीवन के त्याग का पर्याय बन गया है, अतएव, राजनीति के त्याग की बात नहीं चल सकती। किन्तु, राजनीति में जाकर भी साहित्यिक को साहित्यिक ही रहना चाहिए। मनीषी अगर शुद्ध चिन्तन का मार्ग छोड़ देंगे, तो इससे मनुष्यता की अपरिमित हानि हो सकती है। पार्टी में शामिल होने के बाद भी उन्हें शुद्ध चिन्तन का मार्ग नहीं छोड़ना चाहिए, पार्टी के हिताहित का विचार करके अपने चिन्तन की दिशा को नहीं बदलना चाहिए। साहित्यिकों का सम्मान उनके मुक्त चिन्तन के कारण है, उनकी ईमानदारी और निर्भीकता के कारण है। राजनीति उनका नागरिक धर्म है, उनका अपना धर्म साहित्य है और उनकी सम्पूर्ण भक्ति साहित्य को ही अर्पित होनी चाहिए। अगर पार्टी उन्हें इतनी आज़ादी देने को तैयार है, तो वे पार्टी में जा सकते हैं। किन्तु, जहाँ इस स्वतन्त्रता में आँच आती दिखाई दे, वहीं साहित्यिकों को पार्टी से अपना सम्बन्ध शेष कर लेना चाहिए। नागरिक धर्म के पालन के लिए साहित्यकार को अपने मनीषी-धर्म से नहीं डिगना है। पार्टी के अनेक काम वह कर सकता है, किन्तु, पार्टी के लिए साहित्य-सृजन का काम साहित्यकार के लिए सर्वथा निषिद्ध है। ज़बर्दस्ती प्रगतिशील बनने की अपेक्षा यह कहीं अधिक गौरव की बात है कि

साहित्यकार अगतिशील रहे और ऐसा साहित्य तैयार करे, जो सचमुच साहित्यिक गुणों से युक्त हो। आज जो हालत चल रही है, उसमें तो यही दिखाई देता है कि जिस लेखक पर प्रतिक्रियागामी होने का थोड़ा भी सन्देह न हो, उसके सच्चे मनीषी होने पर कुछ सन्देह किया जाना चाहिए।

कविता और समाज के बीच क्या सम्बन्ध है, इस विषय की लम्बी चर्चा, बेवकूफ़ी की बातें किये बिना पूरी नहीं होती। प्रत्येक साहित्यकार जानता है कि उसके साहित्य का समाज के साथ, कहीं-न-कहीं, कोई अटूट सम्बन्ध है और जिस मात्रा में इस सम्बन्ध के निभाने की सही कला उसे मालूम है, उसी मात्रा में वह अच्छा साहित्यकार है। प्रचारवादियों को चुप करने के लिए सार्त्र ने यह कहा है कि "प्रचार अगर उद्देश्य हो गया, तो कला कला नहीं रहेगी। सरकारें यदि संगीत को प्रचार का माध्यम बनाना चाहेंगी, तो संगीत शब्दों पर अवलम्बित हो जायगा तथा तान और आलाप की शक्ति उसकी मारी जायगी।" अब प्रश्न यह है कि संगीत अपने निराकार गुणों का विकास करके अधिक कलापूर्ण होने की चेष्टा करे अथवा वह सरकारों की प्रचारेच्छा को सन्तुष्ट करने के लिए शब्दों में फँसे और अर्थ का वाहन बन जाय? जो लोग साहित्य को प्रचार का माध्यम बनाना चाहते हैं, वे भी साहित्य से साहित्यिक गुणों का अपहरण करके उसे कोरा ज्ञान, कोरी राजनीति बना देंगे।

सार्त्र की इस दलील से मन में घबराहट तो होती है, किन्तु उससे इस प्रश्न का समाधान नहीं होता कि तब उन विपत्तियों के साथ क्या सुलूक किया जाय, जो इस पीढ़ी के सामने मँडरा रही हैं। क्या जो लोग चिन्तन और कला का काम करते हैं, उन पर समाज की कोई ज़िम्मेदारी नहीं है? क्या राजनीति को इस बात की पूरी छूट दे दी जाय कि वह जो चाहे, करे, साहित्य उसकी भूमि में दखल नहीं देगा? तो फिर साहित्यकार नाराज़ क्यों होते हैं? जनता से वे क्या कहना चाहते हैं? वे कैसी सरकार और कैसा समाज चाहते हैं? क्या साहित्यकारों के रूठने से घबराकर राजनीतिज्ञ उस समाज की रचना कर देंगे, जो मनीषियों को भी पसन्द होगा? और जो विपत्तियाँ संसार पर मँडरा रही हैं, वे क्या किसानों बनियों, अफ़सरों और कमकरों के लिए ही हैं, चिन्तकों पर उनसे कोई ख़तरा नहीं आता है? कमकर कभी भी अपना काम पा जायेंगे। किसान हर हालत में खेती, बनिया हर हालत में व्यापार और अफ़सर हर हालत में नौकरी करेगा। लेकिन अवांछनीय सामाजिक व्यवस्था के अधीन मनीषी क्या करने वाले हैं? अगर ख़तरा किसी पर है, तो उस आदमी पर, जो अपनी बौद्धिक शक्ति को अपना सारा असबाब समझता है।

सच्चे अर्थों में सभी बुद्धिजीवी मनीषी नहीं होते। विशेषज्ञों को मनीषी की कोटि में गिनने का रिवाज नहीं है। डॉक्टर, इंजीनियर और वकील, ये मनीषी नहीं, बुद्धिजीवी हैं, विशेषज्ञ हैं। जड़ पदार्थों को मोड़ने का काम, उनके बाहरी रूप के बदलने का काम विशेषज्ञ करते हैं। मनीषी वह है, जो मनुष्य की चेतना को परिवर्तित करता है, उसके दिमाग़ में खलबली मचाता है। जो डॉक्टर, वकील या इंजीनियर, अपने पेशे के अतिरिक्त, यह काम भी करते हैं, वे मनीषी ज़रूर हैं, लेकिन इस कारण नहीं कि वे अपने पेशे में होशियार हैं, बल्कि इसलिए कि वे मनुष्य के ज्ञान और भावना में हिलकोर मचाते हैं।

मनीषी वह है, जो विचारों के संघर्ष में है, अपने ऊपर सामाजिक जीवन का आघात ले रहा है और बदले में, समाज को आघात दे रहा है, जो भूत, भविष्य और वर्तमान को तोलता है, सूँघ कर सारे इतिहास की ख़ुशबू लेता है, लोक और परलोक जिसकी कल्पना में चक्कर काटते हैं तथा धर्म और नैतिकता जिसके चिन्तन के कड़ाह में खौलते हैं। मनीषी मानवता का पुरोहित है। वह मनुष्य के आध्यात्मिक, वैचारिक और नैतिक उत्तराधिकारों का मूल्यांकन करता है और उनकी रक्षा-सुधार और विकास की भी ज़िम्मेवारी उसी की है। वह अगर तटस्थ हो गया, तो मानवता की सारी आध्यात्मिक सेना ही लड़ना छोड़कर तटस्थ हो जायगी।

पिछले युगों के मनीषी अधिक सौभाग्यशाली थे। उस समय के अत्याचार भी सीमित और स्थूल थे, जिनसे दर्शकों को रोना चाहे जितना भी आता रहा हो, उनके भीतर घबराहट नहीं जगती थी, आशंकाएँ उत्पन्न नहीं होती थीं, न अपने ऊपर उन्हें कोई ख़तरा आता दिखाई देता था। लेकिन अत्याचार अब सूक्ष्म हो गये हैं और विज्ञान के बल से अब उनके तरीक़ों में भी तरक़्क़ी हो गयी है। यह समय तटस्थ रहने का नहीं है, गवाह बनकर जीने का नहीं है। अब गवाह की स्थिति भी सुविधा की स्थिति नहीं रही। अलबेयर कामू के अनुसार "यह वह समय है, जब जज, मुजरिम और गवाह आपस में अपनी जगहों की अदला-बदली करने लगे हैं।"

मानवता का भाग्य केवल राजनीतिवालों के हाथ में नहीं छोड़ा जाना चाहिए। जो लोन कारख़ानों में नये मनुष्य ढाल कर समाज पर अपनी अथवा अपने दल की पकड़ को अटल बनाने के उद्योग में हैं, उन्हें चुनौती भेजना मनीषियों का धर्म है। अगर ये सारे काम मनीषियों को अपने गौरव के प्रतिकूल दिखाई देते हों, तो समझना चाहिए कि उनके अस्तित्व की समाप्ति समीप है। सोलहवीं सदी के पूर्व तक मनीषियों का अस्तित्व नहीं था, क्योंकि तब तक प्रचलित स्थिति

का विरोध करने की बात उन्हें नहीं सूझी थी। अब अगर कला के नाम पर वे तटस्थ रहना चाहते हैं, तो इसका अर्थ यह है कि प्रचलित स्थिति को वे बर्दाश्त करने को तैयार हैं। यही उनकी मृत्यु की पूर्व सूचना है, क्योंकि जिस मनीषी में मन्यु नहीं है, विरोध की प्रवृत्ति नहीं है, उसका अस्तित्व भी क़ायम नहीं रहेगा।

मनुष्य की संस्कृति जीवन्त तभी रह सकती है, जब उसका साहित्य ठहरा हुआ नहीं, प्रगतिशील हो; तटस्थ या रूठा हुआ नहीं, बल्कि संघर्षशील हो। और मनीषी की संघर्षशीलता व्याख्यानों में अभिव्यक्त नहीं होती, उसके माध्यम कल्पना और विचार हैं। जब भी लोग यह कहते हैं कि मनीषियों ने हमें धोखा दिया है, तब उस आक्रोश का आशय इतना ही होता है कि कल्पना ने वास्तविकता की सही रिपोर्ट नहीं लिखी है, जनता के हृदय में आलोड़न मचाने का काम अधूरा रहा है और कला धरती से दूर तथा वायवीय लोक के बहुत समीप रही है।

पंचतत्त्वों में से एक तत्त्व वायु भी है, लेकिन, हवा से कोई बन्दूक बनायी जाय तो उससे गोलियाँ नहीं छूटेंगी। विषय समाज के जितने समीप से आता है, वह उतनी ही सुस्पष्ट और साकार शैली को अनिवार्य बना देता है। विषय जितना ही वायवीय होता है, उसकी शैली भी उतनी ही अरूप हो जाती है। जो लोग समाज की ओर बहुत ज़्यादा झुके हुए हैं, उन्हें बार-बार अपने आप से यह सवाल करते रहना चाहिए कि मैं उत्तेजना के कारण कविता लिख रहा हूँ अथवा कविता लिखने के लिए नयी उत्तेजना की खोज में हूँ। और जो लोग व्योमपन्थी हैं, उन्हें अपने आप से यह पूछना चाहिए कि बच्चे का जामा उसके जन्म के बाद तैयार किया जाना चाहिए या जामा तैयार करके अजन्मा शिशु की प्रतीक्षा करना ठीक है।

जो लोग कवि की आस्था और उसके विश्वास का प्रश्न उठाते हैं, वे भी एक ऐसे विषय की विचिकित्सा कर रहे हैं, जिसका आधुनिक काव्य से अथवा किसी भी काव्य से सीधा सम्बन्ध नहीं है। आस्था और दृष्टिबोध कवि में उसी प्रकार व्याप्त रहते हैं, जैसे फूलों के भीतर उनकी सुगन्ध समायी रहती है। लेकिन, रचना के समय आस्था को लेकर कोई भी कवि माथा-पच्ची नहीं करता। जभी वह यह सोचने लगेगा कि मैं अपनी आस्था के अनुसार लिख रहा हूँ या नहीं, तभी वह साहित्येतर चिन्ता में पड़ जायेगा, धर्म बचाने की फ़िक्र में कवित्व को कमज़ोर करने की दुविधा से ग्रस्त हो जायेगा। रचना के समय कवि कर सारा ध्यान अभिव्यक्ति की सचाई और इस चिन्ता पर केन्द्रित रहना चाहिए कि जो कुछ मैंने अनुभव किया है, रचना में वही चीज़ आ रही है अथवा मैं सुयश के लोभ अथवा

अपकीर्त्ति के भय से कुछ और लिख रहा हूँ तथा जो मैं लिख रहा हूँ, उसमें मेरी अभिव्यक्ति संक्षिप्त और तीखी है या नहीं। लेकिन, रचना के क्रम में लेखक को आस्था का वह रूप अवश्य दिख जाता है, जिसमें वह विश्वास करता है।

इसी प्रकार, व्यष्टि और समष्टि का विवाद भी व्यर्थ है, क्योंकि साहित्य बराबर उसी ज्ञान और अनुभूति के आधार पर लिखा जाता है, जिसका प्रचलन समस्त समाज में हो चुका है। विशेषज्ञों का ज्ञान साहित्य का विषय नहीं हो सकता, वह अभी विशेषज्ञों का ही विषय रहेगा। साहित्य की भूमि में एक जहाँ तक पहुँचता है, सबके लिए वहाँ तक जाना शक्य है और जहाँ सब पहुँचते हैं, वहाँ तक प्रत्येक व्यक्ति जा सकता है। तब भी, जो साहित्य सबके लिए दुर्बोध हो जाय, उसके बारे में यही कहा जा सकता है कि :

वक्तुरेव हि तज्जाड्यं श्रोता यत्र न बुध्यते।

सार्त्र ने यह प्रश्न भी उठाया है कि कला कौन ठीक है। वह, जो स्वाधीन और अमूर्त्त है? अथवा वह, जो साकार और ग़ुलाम है? कला का प्रधान श्रोता कौन है? वह जनता, जो अशिक्षित और अबुद्ध है अथवा वह एक व्यक्ति, जो शिक्षित किन्तु, बुर्जुआ है? यह समस्या सनातन है अथवा वह इतिहास के क्षण-विशेष की उपज है, इस पर सार्त्र ने कोई राय नहीं दी है। किन्तु, जो भी लोग साहित्य को सुन्दर और शक्तिशाली रूप में जीवित देखना चाहते हैं, वे यही मानना चाहेंगे कि यह अतिवादिनी द्विधा इतिहास के एक क्षण की उपज है और उसके गुज़र जाने पर साहित्य मुक्त भी होगा और आज की अपेक्षा अधिक साकार भी। साहित्य की मुक्ति और उसकी साकारता के बीच शाश्वत विरोध नहीं है, यह बात मन-ही-मन प्रत्येक कवि जानता है।

साहित्यमुखी

निराला जी को श्रद्धांजलि

गांधी जी का जब देहान्त हुआ, तब कहते हैं कि देश के कई बड़े नेता उनके शव के पास रात भर जागते रहे थे। उन नेताओं में से एक मौलाना आज़ाद भी थे। उस घटना के कई दिनों बाद मौलाना का भाषण हुआ, जिसमें उन्होंने कहा था कि मैं जब रात भर गांधी जी के शव के पास जाग रहा था, एक सवाल मेरे मन के भीतर बार-बार पैदा होता था। वह सवाल यह था कि कहीं गांधी जी के ख़ून का छींटा मेरे हाथ में भी तो नहीं है।

मैं साहित्य का एक अदना-सा कार्यकर्ता हूँ, साहित्य-शकट का मामूली-सा पुर्जा, जिसके होने या न होने से साहित्य का कोई ख़ास कल्याण या अकल्याण नहीं होनेवाला है। लेकिन निराला जी की मृत्यु के बाद ऐसा सवाल मेरे भीतर भी पैदा हुआ। कहीं ऐसा तो नहीं है कि निराला जी ने जो वेदनाएँ झेलीं, उनका एक दूरस्थ कारण मैं भी हूँ? सम्भव है, ऐसे सवाल हमारे अन्य पूज्य और प्रिय साहित्यकारों के भीतर भी पैदा हुए हों।

यह सवाल इसलिए उठता है कि निराला जी ने घोर अभाव का जीवन व्यतीत किया। जब हम लोग अपने लिए और अपने बाल-बच्चों के लिए रोटी-दाल जुटाने के काम में मशगूल थे, निराला जी का ध्यान कहीं और केन्द्रित था। वे साहित्य में नयी ज़मीन तोड़ने के काम में लगे हुए थे, नयी दिशाओं के उद्घाटन में तल्लीन थे। वे ऐसा साहित्य लिखना नहीं चाहते थे, जिससे अर्थ की प्राप्ति हो और अधिक लोगों के बीच लोकप्रियता उपलब्ध हो। अर्थ और शीघ्र सुयश की प्राप्ति उन्हें होती है, जो साहित्य की स्थापित भूमि में उसकी चौहद्दी के भीतर काम करते हैं। लेकिन जिनका जन्म चौहद्दी को ढकेलकर आगे ले जाने को होता है, साहित्य को बढ़ाकर वहाँ तक ले जाने को होता है, जहाँ की भूमि अभी जोती नहीं गयी है, उन्हें अर्थ तो मिलता ही नहीं, सुयश भी काफ़ी विलम्ब से मिलता है। लेकिन साहित्य के ज़रिये निराला जी साहित्य की ही सेवा करना

चाहते थे। उनके भीतर यह भाव बिल्कुल नहीं था कि साहित्य का एक धर्म यह भी है कि वह अपने सेवकों को जिलाये, सांसारिक अभावों से उनकी रक्षा करे।

निराला जी जो तपस्या कर रहे थे, उसकी गाँसें लोगों को नहीं लगी थीं, यह बात नहीं है। उन गाँसों की चुभन कइयों को महसूस हुई थी और उन लोगों ने थोड़ी-बहुत कोशिश भी की थी कि महाकवि का अर्थाभाव दूर हो जाय। जहाँ तक मुझे ज्ञात है, कुछ कोशिश उत्तर प्रदेश की सरकार ने भी की थी और भारत सरकार ने भी। लेकिन निराला जी के चारों ओर सुख की भूमि उत्पन्न नहीं की जा सकी।

प्रश्न उठता है कि हममें से यदि कुछ अधिक लोग सचेष्ट हुए होते, तो सुख की वह भूमि तैयार की जा सकती थी या नहीं। हमारे भीतर यह कर्तव्य-भाव उदित नहीं हुआ, हमने कोई चेष्टा नहीं की, इसलिए पछतावे से भागने का भी हमारे पास कोई रास्ता नहीं है। लेकिन मेरा अपना मत है कि समाज चाहे जो भी करता, निराला जी सुख की किसी भी स्थिति को स्वीकार नहीं करते, न उसे ज़्यादा दिनों तक टिकने दे सकते थे। जो मनुष्य सबके दुःखों से दुःखी है, वह अपने लिए विशेष प्रकार के सुख को अंगीकार नहीं करेगा। जो व्यक्ति भविष्य को खींचकर समीप लाने की चिन्ता से बेचैन है, उसे इतनी फुरसत कहाँ कि वह दोनों शाम की रोटियों का भी इन्तज़ाम करे? निराला जी की गृहस्थी भगवान ने छीन ली थी; किन्तु उन्हें एक पुत्र तो था। मगर पुत्र के लिए भी उनके भीतर वह ममता नहीं थी, जो पिता को परेशान रखती है।

निराला जी की वेदना उनकी व्यक्तिगत वेदना नहीं थी। निराला जी का अभाव उनका व्यक्तिगत अभाव नहीं था। अपने आपको उन्होंने सारे युग के अभाव का प्रतीक बना लिया था। सारे युग की वेदना को उन्होंने अपने माथे पर ओढ़ लिया था। समुद्र को बेचैन देखकर भावुक मनुष्य यह सोच सकता है कि अगर समुद्र समुद्र नहीं होता, तो उसमें बेचैनी नहीं होती, गर्जन नहीं होता, न उसमें तरंगों का ज़ोर होता। लेकिन वह क्यों नहीं सोचता कि समुद्र सूखने पर रेगिस्तान बन जाता है? प्रकृति के कोष से जो असन्तोष लेकर आता है, यह चाहे जैसी भी हालत में रहे, असन्तुष्ट ही रहेगा।

घर हमारा जो न रोते भी तो वीरां होता,
बहर गर बहर न होता तो बयाबां होता।

भारतीय साहित्यकारों की अवस्था बहुत बुरी है। एशिया के कुछ और भी पिछड़े हुए देश हैं, जहाँ के साहित्यकारों की अवस्था अच्छी नहीं है, लेकिन एक

बात में इस पृथ्वीमण्डल पर सबसे अभागे साहित्यकार हम भारत के साहित्यकार हैं। अरब, बर्मा, श्याम, चीन और जापान में साहित्य को वाहवाही केवल साहित्यकार ही नहीं देते, केवल जनता ही नहीं देती, उन देशों के अफ़सर और नेता, विद्वान और पत्रकार भी अपनी भाषा से प्रेम करते हैं और उस भाषा में जो साहित्य लिखा जाता है, उस पर वे अपनी प्रतिक्रिया व्यक्त करते हैं। किन्तु हम भारतीय साहित्यकार ऐसे अभागे हैं कि हमारे देश के जो श्रेष्ठ लोग हैं, वे हमें नहीं जानते और जानते भी हों तो हमारी कृतियाँ वे नहीं पढ़ते हैं।

पता नहीं, यह बीमारी कब दूर होगी! विश्वविद्यालयों से जो सबसे अच्छे लोग निकलते हैं, वे सरकारों में लगते हैं, विश्वविद्यालयों में लगते हैं, व्यापार और कारख़ानों में लगते हैं। वे आज के सबसे सचेष्ट नागरिक हैं, समाज के सबसे चेतन जीव हैं। लेकिन इन लोगों का विश्वास अपनी भाषाओं में नहीं है, न वे अपनी भाषाओं के लेखकों और कवियों का आदर करते हैं। मन-ही-मन वे अपने को समाज से ऊपर समझते हैं। उन्हें भ्रम हो गया है कि जो चीज़ें अंग्रेज़ी में नहीं छपतीं, वे उनके पढ़ने के योग्य नहीं हैं। उनकी मान्यता यह भी दीखती है कि सबसे अच्छे आदमी वे हैं, जो अंग्रेज़ी में काम करते हैं। इससे साहित्य की दोहरी हानि हो रही है। एक तो यह कि समाज के सर्वाधिक शिक्षित वर्ग की आलोचना सुनने का साहित्यकारों को अवसर नहीं मिलता। दूसरी यह कि भारतीय भाषाओं में पाठकों की संख्या तेज़ी से नहीं बढ़ रही है।

निराला जी के मन में जो आक्रोश था, वह इस कारण भी था कि विश्वविद्यालयों ने उनका समुचित सत्कार नहीं किया और देश के शिष्ट वर्ग ने उनके साहित्य को नहीं पढ़ा। निराला जी का सारा जीवन इस उपेक्षा को चुनौती देता रहा। निराला जी के अर्द्ध-मृत शरीर से भी यह चुनौती बराबर उठती रही और बराबर उन्होंने इस भाव को उत्तेजित किया कि लेखक समाज का सर्वश्रेष्ठ प्राणी है और सारी उपेक्षाओं को झेलकर उसका काम सच्चे साहित्य की सृष्टि करना है। सच्चा साहित्य राजा या प्रजा, किसी की भी खुशामद करने को नहीं लिखा जाता है। निराला जी की उक्ति प्रख्यात है कि साहित्य का फूल हमेशा अपने ही डण्ठल पर फूलता है यानी कवि की जवाबदेही सबसे पहले अपने-आपके प्रति होती है। निराला जी के असन्तुष्ट जीवन से जो चिनगारियाँ छिटकीं, वे अनेक दिशाओं में चमक रही हैं। निराला जी के पीछे-पीछे जो साहित्य चला, वह दिनों दिन अधिक गम्भीर होता जा रहा है।

साहित्यकार की मर्यादा और स्वाभिमान की रक्षा के लिए उन्होंने जितना कुछ झेला, जितना कुछ सहा, उसके कारण उनका व्यक्तित्व अत्यन्त उजागर हो गया।

वे अपने जीवन-काल में ही लगभग एक पौराणिक चरित्र हो गये थे और उनके व्यक्तित्व के विभिन्न पहलुओं को लेकर उनके जीवन-काल में हिन्दी में जितना कुछ लिखा गया, उतना जीवित साहित्यकारों के विषय में कम लिखा जाता है। समाज के तथाकथित शिष्ट लोग निराला जी के जीवन और साहित्य, दोनों से अपरिचित थे। किन्तु जनता के बीच निराला जी के नाम से एक विलक्षण उत्साह संचरित होता था और जनता को ही इस बात पर भी आश्चर्य होता रहा कि साहित्य की जिस समस्या ने निराला जी को कष्टपूर्ण जीवन बिताने पर बाध्य किया, उस समस्या से साहित्य को मुक्त रखने का उपाय क्या है? शिष्ट समुदाय बड़े मज़े में है। उसे न तो यह मालूम है कि साहित्यकार की भी कोई समस्या होती है, न वह इस समस्या के समाधान के लिए चिन्तित या बेचैन है।

निराला जी को लोग पागल समझते थे। लेकिन मेरा ख़याल है, वे पागल नहीं थे। उनके चेतन और अवचेतन के बीच की दीवार टूट गयी थी। मनोविज्ञान का सिद्धान्त है कि हमारी चेतना के सात हिस्से पानी के भीतर छिपे हुए हैं, केवल आठवाँ हिस्सा ऊपर तैरता है, जिसे हम मन की संज्ञा देते हैं। निराला जी की चेतना के अधिक अंश पानी के ऊपर आ गये थे। उनके भीतर जाग्रत और स्वप्न के बीच की रेखा मिट गयी थी। वे स्वप्न का पर्दा हटाकर जाग्रत में आ जाते थे और उसी सहजता से जाग्रत का पर्दा गिराकर स्वप्न में लौट जाते थे। मन से अन्तर्मन तक उनके लिए एक ही मैदान था। इसीलिए उनकी रचनाओं में ऐसी पंक्तियाँ भी मिलती हैं, जिनके भीतर सुररियलिज़्म की कुछ थोड़ी झाईं मौजूद है।

एक प्रकाशक उनके यहाँ रायल्टी का चेक लेकर आये। निराला जी ने कहा, मैं रसीद पर दस्तख़त नहीं करूँगा। जब प्रकाशक ने यह कहा कि महाराज, रुपये तो आप लेंगे, फिर रसीद पर दस्तख़त कौन करेगा, तो निराला जी ने उत्तर दिया कि मेरी ओर से दस्तख़त देश का प्रधानमन्त्री करेगा। ज़ाहिर में यह पागल की ही बात समझी जायेगी। लेकिन उसके आशय पर पहुँचिए तो यह पागल का प्रलाप नहीं, एक असन्तोष का विस्फोट था। निराला जी, असल में, कहना यह चाहते थे कि कल्याणकारी राज्य में जब इंजीनियर, ठेकेदार, मुंसिफ और मजिस्ट्रेट का ज़िम्मा सरकार ले रही है, तब साहित्य की भी ज़िम्मेदारी वह क्यों नहीं ले सकती?

हममें से जो लोग सुखी हैं, निश्चित हैं, वे अपने भीतर ज़रा डूबकर देखने की कोशिश करें कि हम सुखी और निश्चित क्यों है। हम सुखी इस कारण हैं कि मनुष्य की समस्याओं पर सोचना हमने छोड़ दिया है। एक आनन्ददायिनी जड़ता है, जिसने हमें अपने आलिंगन में बाँध लिया है और हम अन्धकार में बेसुध और निस्पन्द पड़े हैं। लेकिन जो भी व्यक्ति इस अन्धकार से छुटकारा चाहेगा, उसे

सबसे पहले इस जड़ता से छुटकारा पाना चाहिए। जड़ता बड़ी ही आनन्ददायिनी चीज़ होती है। वह अपने आलिंगन का पाश हमें तोड़ने नहीं देती। निराला जी वीर थे, क्योंकि उन्होंने इस जड़ता को तोड़कर अपने आपको अन्धकार से बाहर खींच लिया था।

अन्धकार से अपने को बाहर खींचनेवाले लोग अभागे हुए हैं। होल्डरलीन और नीत्से इसी अन्धकार से निकलने की कोशिश में पागल हो गये थे। वान गौग और नेर्वाल, दोनों ही अन्धकार से बाहर आना चाहते थे और दोनों ही पागल होकर मरे। बादलेयर आजीवन क़र्ज़, दरिद्रता और रोग से पीड़ित रहे। रेम्बू और मेलार्मे भी आजीवन भाँति-भाँति के कष्टों की ज्वाला में दग्ध होते रहे। निराला जी भी इसी मार्ग से विक्षिप्तता में पहुँचे और बंगला के तेजस्वी कवि नजरुल इस्लाम आज भी पागल होकर जी रहे हैं।

जो व्यक्ति अपने को अन्धकार से निकालकर बाहर लाना चाहता है, वह इतिहास से भी बाहर निकल जाता है और समाज के किसी भी ढाँचे में वह ठीक से नहीं समा सकता। फिर भी, सौभाग्यशाली वे हैं, जो असफल होकर मरते हैं, क्योंकि दुनिया को रोशनी बड़ी सफलताओं से नहीं, बड़ी असफलताओं से प्राप्त होती है। सफल व्यक्ति यह मौक़ा ही नहीं पाता कि झाँककर वह अपने भीतर की गहराई में देख सके। यह शक्ति असफल मनीषियों में होती है। इसी शक्ति ने निराला जी को अन्तर्दर्शी बना दिया था। इसी शक्ति के कारण वे इतिहास से निकलकर पुराण बन गये।

निराला जी के जीवन से कुछ शिक्षाएँ निकलती हैं, जिन्हें हमें साहित्य के वक्ष पर अंकित कर देना चाहिए। पहली शिक्षा यह है कि व्यक्ति के स्वभाव की असंगति कोई चीज़ नहीं है। उजले और काले रंग का भेद किताबों के पन्नों में ही दिखाई देता है। वास्तविक जीवन में सारे रंग एकाकार हैं।

दूसरी शिक्षा यह है कि आकांक्षाओं का अति विकास आख़िर में आकांक्षाहीनता में पर्यवसित होता है।

तीसरी शिक्षा यह है कि आदमी का घर वहाँ नहीं होता, जहाँ वह निवास करता है, बल्कि वहाँ जहाँ उसे सहानुभूति और हमदर्दी मिलती है।

चौथी शिक्षा यह है कि साहित्य की बहुत-सी मान्यताएँ केवल अफ़वाह हैं। मगर जनता इन्हीं अफ़वाहों पर जीना चाहती है। प्रतिभाशाली व्यक्ति प्रतिभाशाली इसलिए समझे जाते हैं कि वे इन अफ़वाहों का खण्डन करते हैं, उनकी जड़ें उखाड़कर फेंक देते हैं।

और पाँचवीं शिक्षा यह है कि कविता के सर्वोच्च शिखर तक पहुँचने का

मार्ग राजमार्ग नहीं है। एक हद तक इस शिखर की ओर बहुत से लोग चलते हैं, किन्तु वे शिखर तक नहीं पहुँच पाते। साहित्य के शिखर तक वही पहुँच सकता है, जो अपने सांसारिक सुखों की कुर्बानी दे सके, ज़रूरत पड़े तो अपनी संज्ञा और चेतना को भी बलिवेदी पर चढ़ा दे। स्पष्ट ही यह बलिदान गृहस्थ नहीं दे सकता और जो यह कुर्बानी देता है, वह सच्चे अर्थों में संन्यासी और सन्त है।

11 फ़रवरी, 1962 ई.

महात्मा टाल्स्टॉय

उन्नीसवीं सदी के आरम्भ से आज तक दुनिया में जो भी बड़े उपन्यास-लेखक, विचारक और निबन्धकार हुए हैं, उनके बीच टाल्स्टॉय का स्थान बहुत ऊँचा समझा जाता है। 'युद्ध और शान्ति' अथवा 'वार एंड पीस' नामक उनका उपन्यास कदाचित् संसार का सर्वश्रेष्ठ उपन्यास है। इसी प्रकार उनका 'अन्नाकरेनिना' नामक उपन्यास भी संसार के सर्वश्रेष्ठ उपन्यासों में से है और उनकी कहानियाँ भी बिल्कुल बेजोड़ हैं।

लेकिन संसार में उनकी प्रसिद्धि केवल उपन्यासों और कहानियों के ही कारण नहीं है। वे बयासी साल तक जिये थे। इस लम्बी उम्र के आरम्भिक 50-55 वर्ष तो उन्होंने कला की सृष्टि में बिताये, किन्तु बाद को वे विचारों के पैगम्बर हो गये और जीवन के पिछले तीस साल उन्होंने इस खोज में बिता दिये कि धर्म का असली स्वरूप क्या है, हिंसा का मुक़ाबला अहिंसा से कैसे किया जा सकता है और ऐसी ज़िन्दगी बिताने का उपाय क्या है, जिससे मनुष्य मरने के समय भी शान्त और अनुद्विग्न रहे। उनके इसी पिछले चिन्तन का प्रभाव महात्मा गांधी पर पड़ा। गांधी जी ने अपने ऊपर टाल्स्टॉय का प्रभाव स्वीकार किया है और किसी-किसी बात में उन्हें अपना गुरु भी माना है।

टाल्स्टॉय का जन्म 28 अगस्त, सन् 1828 ई. में यास्नाया पोल्याना नामक गाँव में हुआ था। यह गाँव रूस देश के तूला प्रान्त में है। टाल्स्टॉय के पूर्वज बहुत बड़े ज़मींदार थे। यास्नाया पोल्याना में इस खानदान की बहुत बड़ी ज़मींदारी थी। जहाँ टाल्स्टॉय जन्मे थे, वह घर अथवा घरों का वह समूह विस्तृत खेतों और जंगलों से घिरा हुआ है। इस सारे स्थान को रूसी सरकार ने अब टाल्स्टॉय के स्मारक का रूप दे रखा है और यह गाँव नवीन रूस का एक तीर्थस्थान हो गया है, जहाँ देश और विदेश से आने वाले लोगों की भीड़ लगी रहती है। यास्नाया पोल्याना मास्को से कोई सवा सौ मील दक्खिन की ओर देहात में अवस्थित है।

टाल्स्टॉय आरम्भ से ही अत्यन्त मेधावी, निरलस और तेजस्वी छात्र थे। गूढ़ से गूढ़ विषयों पर वे अत्यन्त गहराई से विचार करते थे और उनका मस्तिष्क कभी भी नहीं थकता था। इसी प्रकार उनका शरीर भी अत्यन्त शक्ति सम्पन्न था। कहते हैं, शरीर की शक्ति उन्हें इतना बेचैन कर देती थी कि वे घोड़े पर चढ़कर पहले लम्बी दौड़ लगा लेते थे, तब लिखने को बैठते थे। शरीर की इसी उद्दामता ने उन्हें यूनिवर्सिटी की शिक्षा पूरी करने नहीं दी और सन् 1851 ई. में वे फ़ौज में सम्मिलित हो गये। सैनिक काम से पहले तो वे कौकेसस में रहे, बाद को उन्होंने क्रीमिया की लड़ाई में भाग लिया। साहित्य लिखने का काम उन्होंने पहले तो इसलिए आरम्भ किया कि उनके पास समय अधिक और काम कम था। किन्तु बाद को साहित्य-रचना ही उनका प्रधान कार्य हो गया और सैनिक जीवन के क्रम में उन्हें जो अनुभव प्राप्त हुए थे, उन्हें उपन्यासों और कहानियों में पिरोकर उन्होंने ऐसा साहित्य लिखा, जो शक्ति और वास्तविकता का अत्यन्त विलक्षण उदाहरण हो गया।

'युद्ध और शान्ति' की रचना में टाल्स्टॉय को छह साल लगे थे। सन् 1870 ई. के आसपास जब यह उपन्यास प्रकाशित हुआ, टाल्स्टॉय के सुयश को चार चाँद लग गये और यूरोप में वे जहाँ भी गये, साहित्य के आचार्यों ने मुक्त कण्ठ से उनकी प्रशंसा की। किन्तु साहित्य से मिलने वाला सुयश टाल्स्टॉय को सन्तोष नहीं दे सका, यूरोप-भ्रमण के बाद जब वे रूस लौटे, तब उनके भीतर वे सवाल उठने लगे, जो पैगम्बरों के भीतर उठा करते हैं। 'मैं कौन हूँ? मेरे जीवन का सार क्या है? मानव-समाज के साथ मेरा क्या सम्बन्ध है? व्यक्ति के अधिकार क्या हैं और मानवता के प्रति उसकी ज़िम्मेवारियाँ क्या-क्या हैं? क्या धन के द्वारा आत्मा का सन्तोष ख़रीदा जा सकता है? और सुयश से हमें क्या मिलता है? धन और सुयश चाहे जितना भी मिले, लेकिन आदमी को एक रोज़ मरना अवश्य पड़ता है। तो कौन-सा वह उपाय है, जिससे मरने के समय हम शान्ति से मर सकें?'

इन सवालों ने टाल्स्टॉय का ध्यान ज्ञान से खींचकर कर्म की ओर कर दिया और सोचते-सोचते वे इस निष्कर्ष पर आ गये कि सन्तोष चिन्तन में नहीं, ठोस कर्म में है। पण्डितों की अपेक्षा अधिक सम्मान वे उन लोगों का करने लगे, जो हल जोतते हैं, सड़कों पर गिट्टी तोड़ते हैं, जूते बनाते या झाड़ू लगाते हैं अथवा जो कारख़ानों में काम करते हैं। टाल्स्टॉय ने देखा कि असन्तोष का कारण मानसिक ऊहापोह और छूँछा विचार है। इसके विपरीत, जो लोग कर्म में लगे हुए हैं, उन्हें व्यर्थ की चिन्ता नहीं सताती, वे सारा जीवन काम करते हैं और एक दिन काम करते-करते थककर अनायास मर जाते हैं। टाल्स्टॉय पर इस विचार

का ऐसा प्रभाव पड़ा कि उन्होंने अमीरी को तलाक दे दिया, शराब पीना उन्होंने छोड़ दिया और मांसाहार त्यागकर वे शाकाहारी हो गये। पहले वे गिरजाघरों में जाया करते थे, अब उन्होंने प्रचलित धर्म की आलोचना शुरू कर दी और गिरजों में जाना छोड़ दिया। वे बहुत बड़े कृषि-फार्म के मालिक थे। अब उन्हें यह शंका सताने लगी कि जो खेत उनकी ज़रूरत से फाजिल है, उन पर धर्मतः उनके खानदान वालों का हक़ हो सकता है या नहीं। यूरोप के ज्ञान-विज्ञान की कमियाँ उनके सामने प्रकट होने लगीं और यूरोपीय संस्कृति के वे विरोधी हो गये। इसी प्रकार साहित्य और कला के बारे में भी उनका विचार बदल गया। उन्होंने खुली घोषणा कर दी कि जिस साहित्य से मनुष्य का पुण्य नहीं बढ़ता, न उसके चरित्र और मान्यताओं में सुधार होता है, वह साहित्य किसी काम का नहीं है। ग़रीबी, मितव्ययिता, शुद्ध आचरण और अध्यवसाय उनके जीवन का मूल मन्त्र बन गया और जो भी व्यक्ति इन सिद्धान्तों पर नहीं चलता उसे वे पागल समझने लगे। अपने खानदान को भी वे आलसी अमीरों का खानदान समझते थे और उसे पागलों का समूह कहते थे। फिर तो ऐसा हुआ कि यास्नाया-पोल्याना का यह अमीर खुद ही झाड़ू लगाने लगा, जूते गाँठने लगा, अपनी ज़रूरत का पानी आप ही ढोने लगा। बुढ़ापे में टाल्स्टॉय लकड़ी भी चीरते थे, खेतों में भी काम करते थे और कभी-कभी मज़दूरों के साथ मिलकर सड़कों पर गिट्टी भी तोड़ने लगते थे।

सन् 1891 ई. में उन्होंने यह ऐलान किया कि पवित्र जीवन बिताने का मार्ग यह है कि मनुष्य मन से स्वतन्त्र रहे, आत्मरक्षा के लिए भी हिंसा का आश्रय नहीं ले और जो लोग शत्रुता बरत रहे हों, उनका भी उपकार करे। गांधी जी पर टाल्स्टॉय की इन्हीं शिक्षाओं का प्रभाव पड़ा।

टाल्स्टॉय के विचारों का यह परिवर्तन उनके परिवार के लिए अनिष्टकारी सिद्ध हुआ। उनका परिवार काफ़ी बड़ा था और कमाने वाले एकमात्र टाल्स्टॉय थे। धन पर से टाल्स्टॉय का ध्यान हटते ही परिवार की आमदनी में कमी होने लगी। श्रीमती टाल्स्टॉय शिकायत करने लगीं कि इतने कम पैसों में परिवार कैसे चलेगा। और टाल्स्टॉय कहने लगे कि परिवार के लोग मितव्ययी बनना क्यों नहीं सीखते हैं। मनुष्य मात्र के लिए टाल्स्टॉय ने जो नक़्शा सोचा था, सबसे पहले उसे वे अपने परिवार पर लागू करना चाहते थे। लेकिन अमीरी में पला हुआ परिवार ग़रीबी, मितव्ययिता और अध्यवसाय को अपनाने में असमर्थ था। इस विरोधी वातावरण से टाल्स्टॉय दुखी रहने लगे। कई बार उन्होंने सोचा कि मैं परिवार को छोड़कर अन्यत्र चला जाऊँ। दो-एक बार परिवार को अपना यह फ़ैसला उन्होंने सुनाया भी। किन्तु उनकी बात सुनकर जब बाल-बच्चे रोने लगे,

तब टाल्स्टॉय भी रो पड़े और वैराग्य को उन्होंने आँसुओं में बहा दिया। किन्तु मन उनका अशान्त रहने लगा।

श्रीमती टाल्स्टॉय ने जब यह देखा कि परिवार की आर्थिक कठिनाई बढ़ती जा रही है, तब उन्होंने सन् 1885 ई. में टाल्स्टॉय-ग्रन्थावली प्रकाशित करने के लिए अपने ही घर पर एक प्रकाशन संस्था खोल दी। किन्तु टाल्स्टॉय को यह बात भी बुरी लगी। उनके भीतर जो दुविधा चल रही थी, उसका उल्लेख करते हुए उन्होंने अपनी पत्नी को सन् 1885 ई. में ही एक पत्र लिखा कि मैं जिस वेदना में ग्रस्त हूँ, उससे निकलने के तीन उपाय हैं। पहला यह कि अपनी सारी जायदाद मैं किसानों में बाँट दूँ, क्योंकि न्यायतः यह उन्हीं की सम्पत्ति है। यह हो जाय, तो बच्चों के आगे भी प्रलोभन और अमीरी से बर्बाद होने की सम्भावना नहीं रहे और वे स्वावलम्बी बन जायें। दूसरा यह कि परिवार छोड़कर मैं अन्यत्र चला जाऊँ। किन्तु यह भी अनुचित लगता है, क्योंकि तब बच्चे मेरे प्रभाव से वंचित हो जायेंगे और मेरी पत्नी भी अकेली पड़ जायगी। तीसरा उपाय यह है कि मैं जैसी स्थिति में हूँ, उसी में बना रहूँ और बुराइयों को विनम्रता और करुणा से जीतने की कोशिश करता रहूँ। यही वह काम है, जिसे मैं आजकल कर रहा हूँ। किन्तु बदले में मुझे विनम्रता और करुणा नहीं मिलती, केवल परिताप ही प्राप्त होता है।

टाल्स्टॉय का जीवन दर्शन बदल गया था। वे अपने परिवार के प्रत्येक सदस्य को इसी दर्शन से रँगना चाहते थे, जो अत्यन्त कठिन कार्य था। इसके सिवा, उन्हें अपने आप पर भी क्रोध था, शायद यह सोचकर कि जीवन के जो नये सिद्धान्त उन्होंने बनाये थे, उन पर उनका अपना जीवन भी सोलह आने खरा नहीं उतरता था। किन्तु इन सारी कठिनाइयों का ज़िम्मा उन्होंने अपनी पत्नी पर डाल दिया और एक दिन रात के समय वे सबको छोड़कर घर से बाहर निकल गये। यह बात जब श्रीमती टाल्स्टॉय को मालूम हुई, वे आत्महत्या करने के उद्देश्य से एक तालाब में कूद पड़ीं। वे तो बचा ली गयीं, किन्तु टाल्स्टॉय नहीं बच सके। बयासी साल की उम्र, सरो-सामान के बिना रात में यात्रा; रास्ते में ट्रेन में ही उन्हें निमोनिया हो गया और एक स्टेशन पर वे उतार लिये गये। बाद को उनके परिवार के लोग भी वहाँ पहुँचे, किन्तु जब तक वे होश में रहे, श्रीमती टाल्स्टॉय उनके सामने नहीं जा सकीं। सामने वे तब गयीं, जब टाल्स्टॉय अन्तिम हिचकी ले रहे थे। 7 नवम्बर, सन् 1910 ई. को नवीन विचारों का यह पैगम्बर इस संसार से कूच कर गया।

महात्मा टाल्स्टॉय के विचारों का आदर सारे संसार में है। जो भी लोग आधिभौतिक सुखों को मनुष्य का समस्त सुख नहीं मानते, जो भी लोग विज्ञान को यत्किंचित् शंका से देखते हैं और जो भी विचारक यह समझते हैं कि मनुष्य के लिए ज्ञानी होना ही काफ़ी नहीं है, उसे दयालु, अहिंसक, मितव्ययी, अध्यवसायी और निरहंकार भी होना चाहिए, वे सभी लोग किसी-न-किसी सीमा तक टाल्स्टॉय को अपना गुरु समझते हैं। किन्तु टाल्स्टॉय ने संसार को जो नवीन विचार दिये, उनकी क़ीमत टाल्स्टॉय और उनकी सहधर्मिणी को बहुत अधिक चुकानी पड़ी। समुद्र मन्थन से अमृत और विष साथ-साथ निकलते हैं। टाल्स्टॉय ने ज़हर तो अपने और अपने परिवार के लिए रखा, किन्तु अमृत उन्होंने सारे संसार को दान कर दिया।

19 अगस्त, 1962

संस्मरण और श्रद्धांजलियाँ

पुण्यश्लोक जायसवाल जी

1

स्वर्गीय डॉ. काशीप्रसाद जायसवाल, वैसे तो, मिर्जापुर के थे, किन्तु जन्म उनका सन् 1881 ई. में झालदा में हुआ था, जो जगह पहले बिहार में थी, लेकिन राज्यों के पुनः संगठन के बाद अब बंगाल में है। उन्होंने आक्सफोर्ड से इतिहास में एम.ए. किया था तथा इंग्लैंड में उन्होंने बैरिस्टरी भी पास की थी। देश लौटने के बाद उन्होंने क़ानून की प्रैक्टिस सन् 1907 ई. में कलकत्ता हाईकोर्ट में शुरू की। किन्तु उनके इतिहास के अद्भुत ज्ञान के कारण, शीघ्र ही सर आशुतोष मुखर्जी ने उन्हें विश्वविद्यालय में बुला लिया, जहाँ वे शायद, साल भर से अधिक नहीं टिक सके। जायसवाल जी, आरम्भ से ही तेजस्वी देश-भक्त थे, अतएव अंगरेज़ों ने उनका नौजवानों के बीच रखा जाना पसन्द नहीं किया। पीछे, जब पटना हाईकोर्ट की स्थापना हुई, जायसवाल जी पटने आ गये और वहीं क़ानून की प्रैक्टिस और इतिहास की साधना करने लगे।

क़ानून का आश्रय जायसवाल जी ने केवल जीविका के लिए लिया था। उनका हृदय और, प्रायः समग्र अस्तित्व, वस्तुतः, इतिहास को अर्पित था। भारत के प्राचीन इतिहास की बहुत-सारी खोज उन्नीसवीं सदी में की जा चुकी थी, किन्तु जायसवाल जी के अनुसन्धानों ने इतिहास के क्षेत्र में क्रान्ति मचा दी। अपने समय में वे, शायद, सम्पूर्ण संसार के सबसे बड़े अनुसन्धानी थे। यही नहीं, प्रत्युत, अनुसन्धान के क्षेत्र में उनकी दृष्टि द्रष्टा की दृष्टि थी। खोज और सम्बुद्धि (इनटुइशन) के बल पर उन्होंने जो अनुमान लगाये, वे आगे चलकर सत्य प्रमाणित हुए और अपने जीवनकाल में ही उन्होंने देख लिया कि देश-विदेश के विद्वान अपनी पहले की लिखी पुस्तकों को फिर से लिख रहे हैं। विंसेंट स्मिथ ने भारत का जो इतिहास लिखा था, उसके बाद के संस्करणों में बराबर कुछ-न-कुछ

परिवर्तन होता गया, क्योंकि जायसवाल जी के अनुसन्धानों का क्रम जारी था और संसार के सामने, बराबर वे कुछ ऐसे तथ्य रखते जा रहे थे जो बिल्कुल नूतन और अखण्डनीय थे। स्मिथ के इतिहास का अन्तिम बार संशोधन श्री ई. एडवर्ड ने किया। उसकी भूमिका में उन्होंने यह स्पष्ट स्वीकार किया है कि इतने बड़े संशोधन की आवश्यकता इसलिए हो गयी कि जायसवाल जी ने जो बातें खोज निकाली हैं वे पहले किसी को मालूम नहीं थीं।

जायसवाल जी का प्रायः, अधिक समय खारवेल के शिलालेखों के पढ़ने से चला गया। इस सिलसिले में उन्होंने जो अनुसन्धान किये, उन्हीं के परिणामस्वरूप मौर्य और गुप्त वंशों के बीच का इतिहास यत्किंचित निर्मित हो सका है। किन्तु उनका सबसे प्रमुख काम हिन्दू-राज्यतन्त्र का अनुसन्धान है। सच पूछिए तो भारतीय इतिहास के एतद्विषयक अध्ययन के वे आदि प्रवर्तक हुए हैं। डॉक्टर डी.आर. भण्डारकर ने अपनी मणीन्द्रचन्द्र नन्दी व्याख्यानमाला में कहा था कि भारतीय राज्यतन्त्र का अध्ययन करने की बात, सबसे पहले, जायसवाल जी को सूझी थी और उन्होंने ही सन् 1913 ई. में मॉडर्न रिव्यू में इस विषय पर पहला लेख लिखा था। सन् 1925 ई. में आक्सफोर्ड के प्रोफ़ेसर टामस बोडेन ने भी इस कार्य के लिए जायसवाल जी की भूरि-भूरि प्रशंसा की थी।

जायसवाल जी हिन्दी के बहुत बड़े प्रेमी और पक्षपाती थे। जब वे इंग्लैंड में थे, तभी से उनके हिन्दी लेख यहाँ पत्रों में छपने लगे थे। 'सरस्वती' में उनकी हिन्दी कविताएँ भी निकली थीं। जब वे कलकत्ता छोड़कर पटने आये, उन्होंने साप्ताहिक 'पाटलिपुत्र' का कुछ महीने सम्पादन भी किया था। उनका देहावसान 4 अगस्त, सन् 1937 ई. को हुआ। उससे चार साल पूर्व यानी सन् 1933 ई. में उन्होंने बिहार प्रादेशिक हिन्दी साहित्य-सम्मेलन के भागलपुरवाले वार्षिक अधिवेशन का सभापतित्व भी किया था।

2

दूर से तो जायसवाल जी के दर्शन मैंने पटने में कई बार किये थे, किन्तु, उनके सम्पर्क में आने का अवसर मुझे इसी भागलपुर सम्मेलन में मिला। अपनी 'हिमालय के प्रति' नामक कविता का मैं बड़ा उपकार मानता हूँ। जनता में मेरा नाम पहले-पहल इसी कविता के कारण फैला, किन्तु, उससे भी पूर्व, इस कविता ने मुझे जायसवाल जी का स्नेहभाजन बना दिया, यह उसका सबसे बड़ा उपकार है।

'हिमालय' कविता अचानक ही लिखी गयी थी। बात यों हुई कि जब

मैं सम्मेलन देखने को भागलपुर पहुँचा, मुझे पता चला कि दूसरे दिन जो कवि-सम्मेलन होने वाला है उसके लिए कविता का विषय 'हिमालय' रखा गया है। मैं वहाँ लालूचक मोहल्ले में एक मित्र के घर ठहरा था। स्थान-संकोच के कारण, सोने को जगह मुझे बरामदे पर मिली थी जो संकीर्ण था। मुझे जो खाट मिली थी वह भी थोड़ी नसखट थी। उसी पर, जगे-जगे, मैंने रात भर में पूरी कविता लिख डाली। दूसरे दिन सम्मेलन में मैंने जब उसका पाठ किया, तब जायसवाल जी समेत सारी सभा झूम उठी और उतनी लम्बी कविता को तीन-चार बार पढ़वाकर सभा ने मुझे भारी प्रोत्साहन और गौरव प्रदान किया। जायसवाल जी के साथ मेरा सम्पर्क उसी समय से आरम्भ हुआ और वे जब तक जीवित रहे, उनके सहज स्नेह से मेरा आन्तरिक व्यक्तित्व, बराबर सिक्त और प्रफुल्लित होता रहा।

3

मेरी कविताओं के प्रति उनका जैसा बर्ताव था, उससे मुझे सदैव यह भासित होता था कि संसार में जितनी भी अच्छी चीज़ें हैं, जायसवाल जी कविता को उन सबमें श्रेष्ठ समझते थे। कविता की चोट खाकर बड़े-से-बड़े लोग कैसे हिल जाते हैं और बदले में वे किस प्रकार कवि पर प्रेम और आशीर्वाद की वृष्टि करने लगते हैं, इसका यथेष्ट अनुभव मुझे 1933 के बाद होने वाला था। किन्तु जब जायसवाल जी मेरे जीवन में आये, उससे पूर्व और किसी भी बड़े आदमी की दृष्टि मुझ पर नहीं पड़ी थी। और यह अच्छा हुआ कि मेरे सबसे प्रथम प्रशंसक जायसवाल जी हुए, क्योंकि अब जब मैं सूर्य, चन्द्र, वरुण, कुबेर, बृहस्पति, शुक्र, इन्द्र, शची और ब्रह्माणी—सबके प्रेम और प्रोत्साहन का स्वाद जान चुका हूँ, तब यह साफ़ दिखाई देता है कि इनमें से कोई भी वैसा नहीं था जैसे जायसवाल जी थे।

जायसवाल जी का प्रेम मेरे जीवन में सूर्य बनकर उदित हुआ और मेरे भीतर जो कमल बन्द था, उसके दल स्वयमेव उन्मुक्त होने लगे। उन दिनों पहले तो मैं स्कूल मास्टर था और बाद को सब-रजिस्ट्रार हो गया था। दोनों ही धन्धे ऐसे थे जिनके कारण मुझे, पटने से दूर, गाँवों में रहना पड़ता था। ख़ैरियत की बात यह हुई कि जब मेरा नाम क्रान्तिकारी कवियों की श्रेणी में लिया जाने लगा, सरकार चौंक पड़ी और चार साल के भीतर उसने बाईस बार मेरा ट्रांसफर किया। घबराहट में आकर कई बार मैंने सोचा कि अब नौकरी छोड़ दूँ; किन्तु तीन बातें थीं जिनके कारण मैं नौकरी नहीं छोड़ सका। पहली तो यह कि नौकरी छूट गयी तो परिवार खायेगा क्या? दूसरी यह कि हर ट्रांसफर के साथ मुझे चार-छह

दिनों की ट्रांजिट छुट्टियाँ मिल जाती थीं, जिन्हें मैं जायसवाल जी के सान्निध्य में बिताने को पटने चला आता था। और तीसरी यह कि जायसवाल जी बराबर यह शह देते रहते थे कि इस्तीफ़ा देने की अपेक्षा डिसमिस हो जाना ही श्रेष्ठ है।

ये ट्रांजिट की छुट्टियाँ मेरे लिए वरदान साबित हुईं। भागलपुर सम्मेलन के बाद से मैं अपना प्रधान श्रोता जायसवाल जी को मानने लगा। यही नहीं, ज्यों-ज्यों उनका प्रेम और प्रोत्साहन मुखर होता गया, त्यों-त्यों मेरे इस भाव में अधिकाधिक वृद्धि होती गयी कि कविता वही श्रेष्ठ है जिसे जायसवाल जी पसन्द करें। फिर तो ऐसी अवस्था हो गयी, मानो जीवन में कोई देवता आ गया हो और मैं उसी की प्रसन्नता के लिए उसी की योजना के अनुसार लिख रहा होऊँ। गाँवों में कविता रचते समय काले पत्थर की वह सरस, सजीव प्रतिमा, अनायास ध्यान में झलक मार जाती थी, जिसके सामने बैठकर पटने में मैं कविता पढ़ता था और जो कविताओं पर केवल झूमती ही नहीं, मात्राओं और वर्णों की अशुद्धियाँ और दुष्प्रयोग भी पकड़ती जाती थी।

जब मैं पहुँच जाता, कचहरी से लौटकर, वे कोई काम नहीं करते। बीस बार सुनी हुई कविताएँ सुनते। उस समय भी उनकी प्रतिक्रिया ऐसी होती, मानो मैं कोई नयी रचना ही सुना रहा होऊँ। अक्सर उनके घर में यूरोप से आये हुए विद्वान ठहरे होते थे। जायसवाल जी उन सभी लोगों को मेरी कविताएँ सुनवाते और उनके सामने भी कविताओं पर उसी प्रकार झूमते रहते, जैसे एकान्त में झूमते थे। मैं कई बार कहता, "ये बेचारे तो समझने से रहे। केवल शील के कारण मेरा अत्याचार सहते हैं।" जायसवाल जी कहते, "नहीं बेटा! कविता में केवल भाव और विचार ही नहीं होते, उसमें लय और ताप भी होता है। लेट देम हियर। दे विल गेट द हीट आव् इट। इन्हें भी सुनने दो। वे उसकी गर्मी तो पा सकेंगे।"

4

जब जायसवाल जी स्वर्गीय हो गये, एक दिन जयचन्द्र जी ने मुझसे कहा, "तुम लोग अपने को परम सौभाग्यशाली समझो कि जायसवाल जी तुम्हारे साथ उतना समय बिता देते थे। नहीं तो कौन था जो उनका समय ले सकता था? वे अत्यन्त स्वाभिमानी, बल्कि अहंकारी मनुष्य थे और अपने एक-एक क्षण पर कठोरता से पहरा देते थे।" जयचन्द्र जी ने जब मेरी आँख खोलीं, मुझे स्पष्ट दिखाई देने लगा कि जायसवाल जी में कड़ाके का अहंकार था और, सचमुच यह हम लोगों का सौभाग्य था कि हमारे पहुँचते ही वे अपनी सन्ध्या बिल्कुल ख़ाली कर लेते थे।

एक बार जब मैं उनके साथ ठहरा हुआ था, एक शाम को श्री जे.सी. कुमारप्पा और श्री मथुराप्रसाद जी (राजेन्द्र बाबू के सचिव जो अब नहीं रहे) उनसे मिलने आये। जायसवाल जी ने, आते ही, उन्हें यह कह लौटा दिया कि अभी व्यस्त हूँ, कल प्रातःकाल साढ़े नौ बजे आइए। दूसरे दिन, दुर्भाग्यवश, वे लोग पन्द्रह मिनट देर से पहुँचे। जायसवाल जी कपड़े पहनकर कचहरी जाने को बरामदे पर आ गये थे और चाहते तो दो-चार मिनट उन्हें दे सकते थे, किन्तु यह बात उन्हें सूझी भी नहीं। उन्होंने घड़ी की ओर देखा और वे बोल उठे, "अब तो बात नहीं हो सकती, कभी और आइएगा।" मुझे यह बात बुरी लगी। जब वे दोनों सज्जन चले गये, मैंने जायसवाल जी से कहा, "आप जानते भी हैं कि कुमारप्पा जी कौन हैं? वे गांधी जी के अपने आदमियों में से हैं।" जायसवाल जी हँसने लगे और हँसते हँसते ही बोले, "अरे, मैंने तो पहचाना ही नहीं। मैंने समझा एक मथुरा है और दूसरा मथुरी।" मैं लज्जित हो गया। जायसवाल जी, शायद, मथुरा बाबू को नहीं चाहते थे और कुमारप्पा से भेंट उन्होंने शायद, इसलिए नहीं की कि वे मथुरा बाबू को साथ लेकर आये थे।

ठीक अहंकार तो नहीं, किन्तु उनके उत्कट स्वाभिमान की झाँकी मैंने एक बार और देखी, जब रवीन्द्रनाथ शान्तिनिकेतन के लिए धन-संचय करने के सिलसिले में अपनी पार्टी के साथ पटने पधारे थे। मैं किसी ट्रांजिट की छुट्टी में ही पटने आया था और जायसवाल जी के साथ ठहर गया था। मिलते ही उन्होंने यत्किंचित उत्साह से कहा, "रवीन्द्रनाथ पटने आ रहे हैं। अगले 13 अप्रैल को तुम छुट्टी लेकर यहाँ अवश्य आ जाना। तुम्हारी कविताएँ रवीन्द्रनाथ को सुनवाऊँगा और पूछूँगा कि कविताएँ कैसी लगती हैं?" मैंने सानन्द यह आज्ञा स्वीकार कर ली और पूछा, "क्या वे आपके साथ ठहरेंगे?" जायसवाल जी बोले, "अभी कुछ ठीक नहीं है। चाहो तो उनकी चिट्ठी तुम देख सकते हो।" चिट्ठी में रवीन्द्रनाथ जी ने जायसवाल जी को लिखा था कि अमुक तारीख़ को हम अमुक उद्देश्य से पटने आ रहे हैं। बड़ी कृपा हो यदि आप मेरे ध्येय को सफल बनाने में सहायता दें। मैंने समझा, गुरुदेव जायसवाल जी के ही पास ठहरने वाले हैं और मेरे इस अनुमान का जायसवाल जी ने खण्डन नहीं किया।

13 अप्रैल को मैं बड़े ही उत्साह के साथ पटने पहुँचा, किन्तु जायसवाल जी को अप्रसन्नता से भरा देखकर मेरा सारा उत्साह पानी हो गया। न वह हँसी, न वह ख़ुशी, न चुहलें, न कविता सुनाने का संकेत। पहले यदि ये कम अप्रसन्न रहे होंगे तो मेरे आने से कुछ और अप्रसन्न हो गये थे। हम लोग, चुपचाप ही, खाते-पीते उनके पास बैठे रहे। रात में सोते समय मैंने जायसवाल जी के छोटे

भाई इंजीनियर उमेशप्रसाद से पूछा, "क्यों, आख़िर बात क्या है?" उमेश जी बोले, "कुछ ठीक नहीं कहा जा सकता। मेरा ख़याल है, भाई साहब गुरुदेव से नाराज़ हैं। उन्होंने शायद सोचा था कि गुरुदेव इन्हीं के साथ ठहरेंगे, किन्तु, वे तो बैरिस्टर पी.आर. दास के यहाँ उतर पड़े हैं, गरचे, दास साहब पटने में हैं भी नहीं। भाई साहब को इसी बात से चोट लगी है।"

शाम से लेकर सुबह तक मेरी तो हिम्मत ही नहीं पड़ी कि जायसवाल जी के सामने रवीन्द्रनाथ का नाम भी लूँ। सुबह को जब हम लोग चाय पर बैठे, तभी एक घटना घट गयी। गुरुदेव के यहाँ से फ़ोन आया। जायसवाल जी ने रिसीवर उठा लिया। पटने के स्वर्गीय बैरिस्टर श्री गोपालप्रसाद, दास साहब के घर पर गुरुदेव की आवभगत में लगे हुए थे। फ़ोन के दूसरे छोर पर वे ही थे। उन्होंने जायसवाल जी से कहा, "गुरुदेव अभी फुरसत में हैं। वे चाहते हैं कि आप अभी आ जायें तो संगति और कुछ वार्तालाप हो जाय।" जायसवाल जी ने सिर्फ़ यह कहा कि "मेरे पास समय नहीं है। (नो, आइ हैव नो टाइम)" और रिसीवर उन्होंने रख दिया।

जलपान की मेज़ पर का वातावरण और भी धुएँ से भर गया। स्पष्ट ही यह अच्छा व्यवहार नहीं था; किन्तु यह बात बोले कौन? जायसवाल जी तो इस प्रकार गम्भीर होकर चाय पी रहे थे, मानो, आसपास की दुनिया से उन्हें कोई सरोकार ही नहीं हो। आख़िर उमेश जी ने साहस बटोरकर कहा, "गुरुदेव अतिवृद्ध हैं। वे यदि आपसे मिलने नहीं आये तो यह कोई अपराध की बात नहीं है; किन्तु आपको ऐसा जवाब नहीं देना चाहिए था।"

अब घटा, अचानक ही फट गयी और जायसवाल जी ने अपने दिल का बुख़ार निकालना शुरू कर दिया, "इस शहर में अन्तरराष्ट्रीय ख्याति का व्यक्ति मेरे सिवा और कौन है? पटना आने पर मुझे विजिट देना रवीन्द्रनाथ का पहला कर्तव्य था। जो व्यक्ति इतने से शील का पालन न कर सका, उसके पास मैं क्यों दौड़ा जाऊँ और वह भी गोपाल के कहने पर? क्या फ़ोन पर रवीन्द्रनाथ ख़ुद नहीं बोल सकते थे? मैं तो इस ग्लानि से मरा जा रहा हूँ कि मैंने, व्यर्थ ही, इस लड़के को (संकेत मेरी ओर था) बुलाया। और रवीन्द्रनाथ में ऐसी है भी क्या चीज़? वे अंगरेज़ी लिखने के कारण प्रसिद्ध हुए हैं। तो देखना, मैं बुद्ध का जीवन चरित कितनी अच्छी शैली में लिखता हूँ। और तुम कविता पर फिदा हो, तो देख लेना वह रचना कितने कवित्व से युक्त होती है।" बातें उन्होंने कुछ और भी कही होंगी जो मुझे याद नहीं हैं।

बड़े-से-बड़े आदमी का भी जब धुआँ फूटता है, तब उसकी भाषा अतिरंजित और जोशीली हो जाती है।

मौक़े का फ़ायदा उठाकर मैंने निवेदन किया, "लेकिन मुझको लेकर आप ग्लानि क्यों करते हैं? मैं तो अपने बाप के घर आया हूँ। गुरुदेव अपनी जगह पर हैं; किन्तु पिता तो सदैव पिता ही होता है।"

अब जायसवाल जी के मुख पर की घटा ज़रा पतली हो आयी। सिगार को अधरों से हटाते हुए बोले, "लेकिन बाबा अगिन गिरि में जो ताप है, उसकी झाँस तो सबको झेलनी ही पड़ेगी।"

अगिन गिरि जायसवाल जी का छद्म नाम था। भगवान पर एक व्यंग्य काव्य उन्होंने इसी नाम से लिखा था। जब कोई कटु बात कहनी होती, तब उसे वे बाबा अगिन गिरि के ही मुख में रखकर बोलते थे। असल में उन्होंने यह नाम अपने व्यक्तित्व के उस पहलू को दिया था, जिसमें तुर्शी, चरपराहट और झाँस ज़रा ज़्यादा थी।

उसी दिन शाम को रवीन्द्रनाथ की पार्टी ने चित्रांगदा का अभिनय किया। रवीन्द्रनाथ मंच के एक कोने में आराम कुर्सी पर बैठे थे। जब खेल ख़त्म हुआ, जायसवाल जी हॉल छोड़ते-छोड़ते, शाही ठाट से, रवीन्द्रनाथ के पास से गुज़रे और 'पोयेट, यू हैव मेड हट ए गुप्त थिंग' (कवि, आपने इसे गुप्तयुग की वस्तु बना दिया) कहकर हॉल से बाहर निकल गये। रात के कोई दस बजे, जब हम लोग भोजन कर रहे थे, गुरुदेव के यहाँ फिर से फ़ोन आया। बोलने वाले फिर गोपाल बाबू ही थे। उन्होंने जायसवाल जी से कहा, "गुरुदेव मारे आनन्द के विभोर हो रहे हैं। वे कई बार बोल चुके हैं कि जायसवाल जी ने एक शब्द में मेरी कला का सार समेट दिया। सचमुच, चित्रांगदा गुप्तकालीन कला है; किन्तु यह बात मुझे अब तक नहीं सूझी थी।"

जब जायसवाल जी फ़ोन सुन चुके, मैंने पूछा, "क्या फिर गोपाल बाबू ही थे?" वे बोले "नहीं, गोपली था।" फिर सब कुछ सुनाकर उन्होंने टिप्पणी ठोंकी, "तुम कवियों की बड़ाई रोज़ होनी चाहिए। वही तुम्हारा आहार है। जाकर देखो, बुड्ढा नाच रहा होगा।"

मैं गुरुदेव के यहाँ जा तो नहीं सका, किन्तु वे जब अपनी पार्टी के साथ शान्तिनिकेतन वापस लौटे, तब उनकी यात्रा का जो विवरण प्रकाशित हुआ, उसमें जायसवाल जी की इस उक्ति का प्रमुखता से उल्लेख था।

सन् 1937 ई. के चुनाव में कांग्रेस की जो अद्‌भुत विजय हुई, उससे जायसवाल जी गद्‌गद हो उठे थे। वे केवल इसी बात से ख़ुश नहीं थे कि अंगरेज़ों के पिट्‌ठुओं को मुँह की खानी पड़ी थी, बल्कि ज़्यादा ख़ुशी उन्हें इस बात की थी कि जनता ने ज़मींदारों को झाड़ू से झड़ूआ दिया था। चुनाव के बाद जायसवाल

जी ने 'मॉडर्न रिव्यू' में जो लेख लिखा, उसमें उन्होंने चुन-चुनकर चुनाव के उन गीतों के अनुवाद दिये थे, जिनमें ज़मींदारों के विरुद्ध जनता के आक्रोश और उत्साह का बखान था। उन दिनों बिहार और सारे भारतवर्ष के किसानों के अप्रतिम नेता क्रान्तिकारी संन्यासी स्वामी सहजानन्द थे। चुनाव में स्वामी जी की महिमा से सम्बन्धित गीत भी कई निकले थे और जायसवाल जी ने भी अपने लेख में स्वामी जी की बड़ाई लिखी थी। इस लेख से बिहार के ज़मींदार जलकर आग हो गये। उनमें से एक ने जायसवाल जी को लिखकर डाँटा भी कि "आप हमीं से पैसे कमाकर हमारी ही जड़ काटते हैं।" जायसवाल जी ने उन महाराज महोदय को तुरन्त फटकारा, "पैसे आप मुझे इसलिए नहीं देते कि आप मुझ पर कृपालु हैं, बल्कि इसलिए कि मेरे समान दूसरा वकील आपको नहीं मिलता।" ज़मींदार महोदय, इज़्ज़त से, चुप लगाकर बैठ गये।

5

जायसवाल जी मज़ाक़िया भी एक ही थे और उनके सारे मज़ाक़ ख़ूब गहरे, पैने और पुष्ट होते थे। अद्भुत-से-अद्भुत बातें उन्हें ठीक मौक़े पर सूझ जाती थीं। मज़ाक़ वे नये भी गढ़ते थे और यदा-कदा पुराने मज़ाक़ भी पूरी ताज़गी से सुनाया करते थे। एक रात हम दोनों चाँदनी में बैठे गप्पें लड़ा रहे थे कि उन्होंने पूछा, "बेटा, कभी अगिन गिरि की वह भगवानवाली गप भी सुनी है या नहीं?" मैंने कहा, "अगर बाबा अगिन गिरि कृपा करें तो अभी सुन सकता हूँ।"

जायसवाल जी बोले, "एक बार बाबा अगिन गिरि ने मुंशी अजमेरी से कहा, अजमेरी, एक बात जानते हो?"

अजमेरी बोले, "कौन-सी बात महाराज?"

अगिन गिरि ने कहा, "यही कि भगवान ने कहा—अरे, मैं मछली हो जाऊँगा; अरे, मैं कछुआ हो जाऊँगा; अरे, मैं सूअर हो जाऊँगा; किन्तु ब्राह्मण तो मैं नहीं ही बनूँगा।"

अजमेरी ने शंका उठायी, "क्यों, परशुराम तो ब्राह्मण ही थे!"

अगिन गिरि ने कहा, "बिल्कुल ग़लत बात। जब रामावतार मौजूद है तब परशुराम अवतार कहाँ से होगा? एक समय में एक ही अवतार बड़ी मुश्किल से होता है। फिर एक ही समय दो-दो अवतार कैसे हो सकते हैं? और यह भी तो याद करो कि राम और परशुराम में लड़ाई हुई थी। तो क्या भगवान भगवान से लड़ने को अवतार लेता है? ना भाई, परशुराम वाज ए प्रिटेंडर (परशुराम बहानिया अवतार थे)।"

लेकिन अजमेरी जी ने माना नहीं। उन्होंने जब यह देखा कि परशुराम नहीं टिक सकते, तब वे बोले, "तो महाराज, वामन को अवतार मानिएगा?"

इस पर अगिन गिरि को ज़रा ताव आ गया। वे बोले, "अजमेरी, अब तुम रास्ते पर आ गये। भगवान ने जब यह देखा कि अब छल करना है, धोखा देना है, दानी को पाताल दिखाना है, तब वे भी यह मान गये कि ऐसे अवसर के लिए ब्राह्मण शरीर से बढ़कर और चोला नहीं।"

और यह कहानी सुनाकर जायसवाल जी वह हँसे, वह हँसे कि कुछ मत पूछिए।

एक दूसरे दिन जब हम लोग रात का भोजन करके बाहर आये, जायसवाल जी बोले, "अच्छा, आओ बेटा! आज कुछ साहित्यिक गप्प-शप्प (मज़ाक़ में वे प को द्वित्व कर देते थे) की जाय।" मैं सामने की कुर्सी पर बैठते हुए बोला, "तो, शुरू कीजिए।"

जायसवाल जी बोले, "यही कि हिन्दी में केवल दोय कवि भये।"

मैंने पूछा, "वे कौन हैं भला?"

उन्होंने कहा, "एक तो वही चन्द, और दूसरा यही हरिचन्द।"

मैंने अकचकाकर पूछा, "और तुलसीदास?"

जायसवाल जी को मौज आ गयी। बोले, "अरे, तुलसिया भी कौनो कवि रहा? उसकी तो बन्दरवा न सुधार देता रहा जैसे गुप्तवा की महविरवा। मिलाओ हाथ।"

और 'मिलाओ हाथ' कहते हुए उन्होंने हाथ बढ़ाकर जो हँसना शुरू किया तो पूरे मिनट भर हँसते रहे। और हँसी के मारे मेरा भी बुरा हाल था। कहावत है कि तुलसीदास की अधूरी कविताओं को हनुमान जी पूर्ण कर देते थे। और इधर तो यह सर्वविदित ही है कि श्री मैथिलीशरण जी की कविताओं का संशोधन पं. महावीर प्रसाद द्विवेदी किया करते थे। फिर महावीर और हनुमान का यह अद्भुत संयोग! इन व्याप्तियों पर जितना ही विचार करता, भीतर से हँसी का ज्वार उतना ही तेज़ होता जाता था।

एक बार आषाढ़ आने तक पटने में एक बूँद भी वर्षा नहीं हुई। लोग घबराकर भगवान की शरण जाने लगे। हिन्दुओं ने बहुत पूजा की, बहुत पाठ किया, मन्त्र और कीर्तन गाया, इन्द्र देवता को आरती दिखायी, मनों घी और जौ जलाकर भस्म कर डाला, लेकिन इन्द्र देवता नहीं पसीजे। अब मुसलमानों की बारी थी। वे भी जुटकर सम्मिलित नमाज़ पढ़ने लगे। अजब संयोग कि एक-दो नमाज़ों के बाद ही आकाश में बादल उमड़ आये और रात भर मूसलाधार वृष्टि होती रही। दूसरे दिन जायसवाल जी जब हाईकोर्ट गये, उनके मित्र बैरिस्टर यूनुस ने (जो 1937 ई. में बिहार में अन्तरिम मुख्यमन्त्री हुए थे) मज़ाक़ किया, "देखा

जायसवाल! तुमने उतना घी और जौ व्यर्थ ही बर्बाद किया। भगवान तो सामूहिक नमाज़ के मुन्तजिर बैठे थे। हमने नमाज़ पढ़ी नहीं कि वर्षा के मारे जल-थल एक हो गया।" जायसवाल जी निर्लिप्त भाव से बोले, "व्हाट कैन आइ डू यूनुस? अल्लाताला हैज अल्सो बिकम ए कमुनलिस्ट (क्या करूँ यूनुस! अल्लाताला भी सम्प्रदायवादी हो गया)।"

जायसवाल जी ईश्वर को मानते थे या नहीं, यह बात कभी भी ठीक से मेरी समझ में नहीं आयी। एक दिन मैंने उनसे कहा, "आप योग में विश्वास करते हैं, मन्त्र-तन्त्र को मानते हैं, यह भी सोचते हैं कि भूत-प्रेत का अस्तित्व हो सकता है, तो फिर आप नास्तिक कैसे हुए? आपको तो आस्तिक होना चाहिए।"

वे बोले, "बचपन में जो गुरु जी मुझे पढ़ाते थे, वे नास्तिक थे। जब पढ़ने को विलायत गया, तब जिस बुढ़िया के घर में डेरा रखा, वह बुढ़िया ईश्वर के बोझ से बरी थी। लौटकर जब भारत आया, तब संगति पण्डित रामावतार शर्मा की हो गयी। अब बुढ़ापे में लुढ़कते-पुढ़कते ईश्वर की ओर जाता, तब राह में रहुलवा (राहुल सांकृत्यायन) आय गया है।"

एक दिन रात में हम लोग भीतर भोजन कर रहे थे कि इतने में मेरे एक मित्र मुझसे मिलने आये और बरामदे में एक कुर्सी पर बैठ गये। जायसवाल जी के पास कई कुत्ते थे जिनमें से एक का नाम कैसर था। वह डील-डौल में बाघ मालूम होता था। उसका जबड़ा विशाल था। मेरे मित्र को कुर्सी पर बैठा देखकर कैसर उनके पास पहुँच गया और, बिना कुछ बोले, वह अपना पूरा जबड़ा उनकी गोद में रख चुपचाप खड़ा हो गया। पता नहीं, यह व्यवहार उसने पुचकार पाने की आशा में किया था या अहिंसक ढंग से उन्हें क़ैद करने के लिए; किन्तु मित्र महोदय को भय के मारे समाधि लग गयी। हिलने-डुलने की तो बात ही क्या, उनके मुँह से कोई आवाज़ नहीं निकली। भोजन समाप्त करके जायसवाल जी जो बाहर निकले तो उलटे पाँव फिर कोठरी में लौट गये। प्रयासपूर्वक दबायी हुई हँसी से उनका सारा आनन फड़क रहा था। फिर तुरन्त मुझे पकड़कर वे बाहर आ गये और कैसर के पास पहुँचते-पहुँचते बड़े ज़ोर से भभा उठे। सचमुच, बिन्दो बाबू का बुरा हाल था। वे कोई पन्द्रह मिनट से कुत्ते की क़ैद में प्रतिमावत निश्चल होकर बैठे रहे थे। लेकिन टीप का बन्द तो तब आया जब जायसवाल जी ने कहा, "बाबू साहब! इतनी देर तक तो आप हनुमान चालीसा ही पढ़ रहे होंगे।"

महंजोदड़ो और हड़प्पा के शिलालेख अब तक भी पढ़े नहीं जा सके हैं। किन्तु, जायसवाल जी के जीवन काल में ही यह अफ़वाह उड़ी कि काशी के एक विद्वान शिलालेखों को पढ़ने में सफल हो गये हैं। जायसवाल जी जब काशी जाते,

तब विख्यात कलामर्मज्ञ श्री राय कृष्णदास जी के साथ ठहरा करते थे। एक बार जब वे राय साहब के अतिथि हुए, उन्होंने उस विद्वान को अपने पास बुलवाया और कहा कि आप इन शिलालेखों को कैसे पढ़ते हैं, यह मैं भी देखना चाहता हूँ। शिलालेखों के फ़ोटो उस विद्वान के सामने रखे गये; किन्तु उनकी पाठ पद्धति को देखकर जायसवाल जी ने उनसे कहा "महाराज, अगर यही हाल है तो यहाँ से लौटते समय दुकानों पर की जलेबियाँ भी आपको शिलालेख नज़र आयेंगी।"

जब 'भारत-भारती' पहले-पहल प्रकाशित हुई, द्विवेदी जी ने 'सरस्वती' में उस पर एक लेख लिखा था जो प्रशंसात्मक और अत्यन्त प्रभावपूर्ण था। लेख के अन्त में द्विवेदी जी ने मैथिलीशरण जी के साथ अपनी मैत्री का भी ज़िक्र किया था और लिखा था, "लेकिन मैंने इसका कोई ख़याल नहीं रखा है। सत्य, इसके साक्षी तुम हो।" जायसवाल जी पाटलिपुत्र में जब 'भारत-भारती' की समीक्षा करने लगे, उन्होंने पुस्तक और लेखक तथा प्रकाशक के नाम एवं मूल्यादि लिखकर केवल एक वाक्य लिखा, "स्वर्ग से फतवा आया है।" और उसके बाद द्विवेदी जी का पूरा-का-पूरा लेख उद्धृत कर दिया।

जायसवाल जी के पास जो छोटे-छोटे दो कुत्ते थे, उनमें से एक का नाम उन्होंने तिलक सिंह और दूसरे का मोहन सिंह रखा था। एक दिन, बड़ी गम्भीरता से कहने लगे, तिलक सिंह तो इस साल निःसन्तान ही रहा। हाँ, मोहन सिंह के दो लड़के हुए थे। एक मर गया और दूसरा वियोगी जी के पास है।

नवयुवकों को वे खान-पान में उदार बनाना चाहते थे। चूँकि मैं मांस नहीं खाता था, इसलिए बार-बार वे मेरे मन को हिलाते-डुलाते रहते थे। कभी कहते, अरे, शास्त्रों में लिखा है कि जिसके घर से चिरायध नहीं आती, उसके पितर स्वर्ग में रोया करते हैं। कभी कहते, बुद्धदेव ने हिन्दुओं को बुद्ध बना दिया, इसीलिए उन्होंने मांस खाना छोड़ दिया। कभी कहते, तुम्हारा शरीर बुढ़ापे के प्रहारों को नहीं झेल सकेगा क्योंकि यह केवल दूध पर पला है। एक दिन शाम को मैं ज्योंही उनके पास गया, वे बोले, "अच्छा, तो लौटकर ज़रा सड़क की ओर जाओ तो।" मैं कुछ समझ नहीं सका। उन्होंने फिर कहा, "अच्छा, सड़क नहीं, उस फूल तक चले जाओ।" मैं उलटे पाँव लौटकर फूल तक जाकर ठहर गया। फिर वे बोले, "अच्छा, अब चले आओ।" मैं उनके पास आकर ठहर गया। अब उन्होंने पूछा, "अच्छा, बताओ तो सही, यह पुण्य हुआ या पाप।" मैंने हँसते हुए कहा, "यह भी कोई पूछने की बात है! यह तो न पुण्य हुआ, न पाप।" जायसवाल जी अपने चेहरे पर सात मन नकली गम्भीरता भरते हुए धीरे-से बोले, "तो फिर मांस खाना भी न पुण्य होता है न पाप। वह केवल खाना होता है।"

सौभाग्य से जायसवाल जी की सहधर्मिणी मांस नहीं खाती थीं। उनकी कृपा से मुझे सुस्वादु वैष्णव भोजन तो मिलता ही था, आड़े वक़्त वे शास्त्रार्थ में भी मेरा पक्ष ले लेती थीं। एक बार जब जायसवाल जी मुझे दबाये चले जा रहे थे, माता जी बोल उठीं, "अरे बेटा, इनसे यह पूछो न कि जीव दया की बात अगर ग़लत है तो ये उस बकरे का मांस क्यों नहीं खाते जिसकी आवाज़ इनके कान में पड़ जाती है?" जायसवाल जी अपनी कमज़ोरी के सामने आप ही परास्त हो गये। बोले, "हाँ, यह तो है कि मैं अपने पालतू बकरे और कबूतर को अपना भोजन नहीं बना सकता।"

लेकिन एक बार उन्होंने माता जी (अपनी पत्नी) को ही बनाकर धर दिया। उस बार वे कहीं पहाड़ जाकर लौटे थे। कहने लगे, "इस बार पहाड़ पर हम लोग रेणुका माई का स्थान देखने गये थे। कई मील तक बस पर जाना होता है। सो हम भी जब बस पर चढ़े, तब क्या देखते हैं कि हर आदमी या तो कबूतर या मुर्गी लिये चल रहा है। जब धाम पर पहुँचे, तब वहाँ भी वही तमाशा। जिधर देखो, बेचने वाले मुर्गियाँ बेच रहे हैं। मेरे मन में आया, हो-न-हो, यह रेणुका-धाम नहीं, किसी पीर का मकबरा होगा और हम लोग यहाँ ग़लती से आ गये हैं। लेकिन पूछताछ करने पर पता चला कि यह रेणुका माई का ही धाम है और मुर्गी तथा कबूतर का चढ़ावा यहाँ चलता है। तब मैंने इनसे (माता जी से) कहा, देखा न? रेणुका माई डटकर मुर्गी और कबूतर खाया करती थीं, तभी तो उनकी कोख से परशुराम का जन्म हुआ। एक आप हैं कि कद्दू और करेला छोड़कर और कुछ खातीं ही नहीं। तभी तो परशुराम के बदले चेत सिंह और चतुर्भुज सिंह जनमे हैं।" चेत सिंह और चतुर्भुज सिंह जायसवाल जी के प्रथम दो पुत्रों के नाम थे। भाई चेत सिंह मलाया में बैरिस्टरी करते थे। शोक की बात है कि वे अब नहीं रहे। लेकिन, उनके बाक़ी बेटे, ईश्वर की कृपा से, कमा-खा रहे हैं।

6

जायसवाल जी की कितनी ही बातें याद आती हैं। राष्ट्रीय आन्दोलन पर उनकी एकान्त श्रद्धा थी और, यद्यपि अहिंसा के वे आलोचक थे, किन्तु, गांधी जी का बहुत आदर करते थे। एक दिन शाम को मैं उनके यहाँ ज़रा देर से पहुँचा। पूछने पर कहना पड़ा कि मैदान में गांधी जी का भाषण हो रहा था, मैं वहीं ज़रा विरम गया था। फिर मैं उन्हें गांधी जी के भाषण का सारांश सुनाने लगा। देखा, उनकी आँखें, धीरे-धीरे, सजल हो गयीं। रोने की वैसी कोई बात नहीं

थी। जायसवाल जी यह सोचकर पसीज उठे थे कि भारतमाता ने सचमुच एक महावीर उत्पन्न किया है।

प्रबन्ध-काव्य पर उनका नैसर्गिक प्रेम था। दुःख है कि 'कुरुक्षेत्र' और 'रश्मिरथी' की रचना वे नहीं देख सके। उनकी आज्ञा थी कि बुद्धदेव पर मैं कोई खण्डकाव्य लिखूँ। 'लाइट आव् एशिया' और 'बुद्धचरित', ये दो काव्य मैंने उन्हीं की प्रेरणा से पढ़े थे। उस समय 'बुद्धचरित' को लेकर मैं कुछ सपने भी देखने लगा था; किन्तु वह काव्य आज तक नहीं लिखा जा सका। घुणाक्षर-न्याय से कभी वह लिख गया तो उसे मैं जायसवाल जी की ही कृपा का प्रसाद समझूँगा।

वे न तो पटना हाईकोर्ट के जज हो सके, न पटना विश्वविद्यालय के वाइस चांसलर। वे अंगरेज़ों के स्वेच्छाचारिता के दिन थे। उस समय विद्याबुद्धि भी उसी की आदर पाती थी, जिसमें कुछ विद्येतर गुणों का भी प्रकर्ष हो। ये ख़ास तरह के गुण जायसवाल जी में नहीं थे। मेरा ख़याल है, जायसवाल जी काफ़ी सँभलकर चलने लगे थे। लेकिन उनके स्वभाव में जो अक्खड़पन था उसकी झांस गवर्नरों को कभी भी अच्छी नहीं लगती होगी।

फिर भी उनके जज या वाइस चांसलर न होने का उतना दुःख नहीं है जितना इस बात का कि वे भारत का सुसम्बद्ध इतिहास नहीं लिख सके। जायसवाल जी उन दुर्लभ लोगों में भी अत्यन्त श्रेष्ठ थे जो भारतीय इतिहास के सभी कालों के ज्ञाता होते हैं। उनकी इच्छा थी कि वे भारत के सभी कालों का इतिहास, सुसम्बद्ध रूप में लिख दें। प्रोफ़ेसर शेरवास्की उन दिनों जीवित थे और जायसवाल जी से उनका बराबर पत्राचार चलता था। एक पत्र में शेरवास्की ने जायसवाल जी को लिखा था कि तुम यह इतिहास अवश्य लिख डालो, क्योंकि तुम्हारे बाद मुझे कोई भी ऐसा व्यक्ति नहीं दिखाई देता जो इस काम को सफलता से पूरा कर सके। लेकिन आर्थिक कारणों से जायसवाल जी इस कार्य का आरम्भ नहीं कर सके। पीछे, जब सुविधा आने-जाने को हुई, जायसवाल जी स्वर्गीय हो गये। इस प्रकार, वह कार्य होने से रह गया जिसे यदि जायसवाल जी कर पाते तो वह अत्यन्त प्रामाणिक और विलक्षण हुआ होता; किन्तु जितना काम वे कर गये हैं, वह उनके नाम को अमर बनाने के लिए यथेष्ट है।

मई, 1960 ई.

स्वर्गीय मैथिलीशरण गुप्त

राष्ट्रकवि श्री मैथिलीशरण जी गुप्त के साथ मेरी पहली मुलाक़ात काशी में श्री राय कृष्णदास जी के घर पर हुई थी, जब राय साहब गंगा के तट पर रहते थे। मैथिलीशरण जी का बड़ा नाम था, शायद, कवियों में सबसे बड़ा नाम था। 'भारत-भारती', 'जयद्रथ-वध', 'किसान' और 'शकुन्तला' का रस मैं बचपन में ही ले चुका था। जब 'साकेत' और 'यशोधरा' का प्रकाशन हुआ, मैंने उन पुस्तकों को भी बड़े प्रेम से झूम-झूमकर पढ़ा था। दो कवि थे, जिनके समान बनने की इच्छा मुझे बचपन में आन्दोलित करती थी। एक थे पं. रामनरेश त्रिपाठी, जिनके 'पथिक' काव्य के अनुकरण पर मैंने 'वीर बाला' नामक खण्डकाव्य लिखा था और दूसरे थे श्री मैथिलीशरण जी गुप्त, जिनके 'जयद्रथ-वध' के अनुकरण पर मैंने 'मेघनाद-वध' नामक काव्य शुरू किया था। मेरी ये दोनों की दोनों कृतियाँ अधूरी रह गयीं और उनकी पाण्डुलिपियों का अब कहीं पता नहीं है। आगे चलकर मैट्रिक पास करने के बाद मैंने 'प्रणभंग' नामक खण्डकाव्य लिखा, जो 'जयद्रथ-वध' को ही सामने रखकर लिखा गया था। यह काव्य प्रकाशित हुआ और उसकी प्रति मैंने मुश्किल से जुगा रखी है। बचपन के दिनों में जिस कवि पर इतनी श्रद्धा रही हो, उसके साथ पहली मुलाक़ात का सुख कितना अद्भुत रहा होगा, इसकी कल्पना कोई भी कवि कर सकता है।

मैथिलीशरण जी के साथ मेरी दूसरी मुलाक़ात भी काशी में ही हुई, जब उनकी हीरक-जयन्ती मनायी गयी थी। जयन्ती-समारोह में श्रीप्रकाश जी ने जो भाषण किया, उससे पं. रामबालक शास्त्री बड़े ही उत्तेजित हो उठे और अपने भाषण में उन्होंने राजनीतिज्ञों की बड़ी मखौल उड़ायी। जहाँ तक मुझे याद है, श्रीप्रकाश जी ने यह कहा था कि श्री मैथिलीशरण जी और मैं एक ही जेल में क़ैद थे, मगर न जाने क्या हुआ कि एक दिन मैथिलीशरण जी अचानक रिहा कर

दिये गये। पं. रामबालक शास्त्री इस बात से चिढ़ गये थे। जब मैथिलीशरण जी अभिनन्दन का जवाब देने को उठे, उन्होंने श्रीप्रकाश जी को लक्ष्य करके कहा, "अच्छा, अगर आप साहित्य की महिमा समझना चाहते हैं, तो चलिए, मैं अभी आपके घर पर चाय पीकर आपको सम्मान देता हूँ।" फिर उन्होंने एक छोटी-सी कविता पढ़ी, जिसकी अन्तिम पंक्तियाँ थीं :

प्रेरक हों राम तो जयन्त से भी होड़ लूँ,
चाहता हूँ अपने को हिन्दी पर तोड़ दूँ।

उस बार मैथिलीशरण जी के साथ चिरगाँव से एक गवैया भी आया था। उत्सव के बाद राय साहब के घर पर उसने शास्त्रीय ढंग से साकेत का एक पद गाया, जो बहुत ही अच्छा उतरा था :

दरसो, परसो, घन, बरसो।
घुमड़ उठो आषाढ़, उमड़ कर
पावन सावन, बरसो।
भाद्र-भद्र, आश्विन के चित्रित
हस्ति-स्वाति-घन, बरसो।
आज भीगते ही घर पहुँचें,
जन-जन के जन, बरसो।

उसी यात्रा में एक और घटना घटी, जो मुझे याद है। हम सभी साहित्यिक, जिनमें श्रीमती महादेवी वर्मा भी शामिल थीं, एक गली होकर जा रहे थे कि अचानक हमारी पंक्ति में एक साँड़ घुस आया। मैथिलीशरण जी के हाथ में छड़ी थी। उन्होंने तुरन्त साड़ को डाँटकर पंक्ति के बाहर कर दिया। यह मैथिलीशरण के त्राता रूप का उदाहरण था।

श्री राय कृष्णदास जी ने लिखा है कि "चिरगाँव में अपनी ज़मीन की सिंचाई के लिए गुप्त जी ने बिजली का इंजन लगवाया था। एक दिन जब दो लड़के कुएँ के भीतर काम कर रहे थे और ऊपर इंजन चल रहा था, तब अचानक इंजन का पट्टा उतर गया। मोटर बहुत ज़ोर से चलने लगी और कुएँ के ऊपर इंजन वाला समूचा चौखटा ऐसे ज़ोरों से हिलने लगा कि अब गया, अब गया। मोटर का स्विच कुएँ के अन्दर था। गुप्त जी ने देखा तो भीतर काम करने वाले लड़कों का ध्यान करके अपनी जोखिम भूल कर वे कुएँ के अन्दर उतर गये और वहाँ से स्विच बन्द करके मोटर रोक दी।"

मैथिलीशरण जी के कई रूप थे। उनका एक रूप कवि और साहित्यिक का रूप था, जब वे काव्य-चर्चा करते थे और कालिदास के श्लोक उद्धृत करके अपनी बातों की पुष्टि करते थे। उनका एक रूप सामन्त का रूप था, जब वे दरबार में सरदार बनकर बैठते थे और दरबारियों की बातों का रस लेते थे। सभी दरबारी उन्हें एक समान प्रिय नहीं थे। उनका निश्छल प्यार उस दरबारी को मिलता था, जो व्याजान्तर से यह कह सके कि दद्दा, आपको छोड़कर मेरा कोई और सहारा नहीं है। मैथिलीशरण जी सामन्तवादी प्रवृत्ति के थे और जो व्यक्ति उनकी शरण में चला जाता था, उससे प्यार भी करते थे और उसका विश्वास भी।

मैथिलीशरण जी की सरलता, मृदुवादिता, विनम्रता और वैष्णवी वृत्ति की बड़ाई सभी लोग करते थे और आज भी करते हैं। किन्तु, यह बात कम ही लोग जानते होंगे कि हिन्दी कवियों में मैथिलीशरण जी जितने मेधावी थे, उतना मेधावी शायद कोई और नहीं था। उनका दिमाग़ बड़ी तेज़ी से चलता था और बात भी उन्हें मौक़े की सूझ जाती थी। व्यंग्य करने में वे अत्यन्त पटु थे और अपने मन का गुबार वे अक्सर कोई कहानी कहकर निकालते थे। कहानियाँ उन्हें मालूम भी बहुत थीं। अगर मैथिलीशरण जी की शिक्षा अंगरेज़ी के माध्यम से हुई होती, तो सम्भवतः छायावाद हिन्दी में द्विवेदी युग में ही पहुँच गया होता। यों भी छायावाद का प्रभाव उन्होंने इतिवृत्तात्मक होते हुए भी ग्रहण किया था, जिसका कुछ थोड़ा प्रमाण हम 'द्वापर' और 'झंकार' में देख सकते हैं।

मैथिलीशरण जी कालज्ञ पुरुष थे। वे जानते थे कि किसके साथ कैसा व्यवहार करना चाहिए। मौलाना आज़ाद से पहली बार मैथिलीशरण जी और मैं साथ ही मिले थे। उस दिन मौलाना को देने के लिए मैथिलीशरण जी अपने 'कर्बला' काव्य की कॉपी ले गये थे। मुझे मौलाना से मिलाते हुए उन्होंने कहा था, "मैं तो पुराने ढंग का कवि हूँ, मगर ये बिल्कुल अप-टू-डेट हैं।"

मौलाना ने कहा, "मगर पुराना चावल ही रोगी का गिजा होता है।"

सन् 1951 ई. में महादेवी जी के साथ गंगाप्रसाद पाण्डेय, इलाचन्द्र जोशी और मैं, चिरगाँव होते हुए दक्षिण भारत गये थे। जिस दिन हम लोग चिरगाँव में थे, उसी दिन आचार्य विनोबा भावे भी चिरगाँव पधारे। मैथिलीशरण जी के नेतृत्व में सारा गाँव विनोबा भावे जी की अगवानी के लिए दूर तक गया। मैथिलीशरण जी और विनोबा जी के मिलने का दृश्य बड़ा ही भव्य था। उस दिन सन्ध्या के समय जो सभा हुई, उसमें मैथिलीशरण जी ने कोई सौ एकड़ ज़मीन विनोबा जी को दान में दी थी।

उन्हीं दिनों सियारामशरण जी ने गीता का समश्लोकी अनुवाद तैयार किया था। गीताई के नाम से स्वयं विनोबा जी ने गीता का मराठी भाषा में समश्लोकी अनुवाद किया है, जो मूल के ही समान सारे महाराष्ट्र में लोकप्रिय है। उस दिन सियारामशरण जी ने अपना अनुवाद विनोबा जी को सुनाया और विनोबा जी ने साधिकार उसमें संशोधन सुझाये।

रात में मैथिलीशरण जी ने अपने 'जय भारत' काव्य के अनेक अंश हम लोगों को उत्साह के साथ सुनाये। उसी साहित्य-चर्चा में इलाचन्द्र जी ने कालिदास के बारे में कोई बात कह दी। दद्दा इलाचन्द्र जी पर नाराज़ हो गये और उन्होंने कालिदास ग्रन्थावली मँगवाकर अपने पक्ष का श्लोक इलाचन्द्र जी को दिखला दिया।

उस बार चिरगाँव में एक घटना और घटी। विनोबा जी के साथ वहाँ बाबा राघवदास जी आये हुए थे। उन्होंने चाहा कि भूदान-आन्दोलन के समर्थन में साहित्यिकों और राजनीतिज्ञों का एक सम्मिलित वक्तव्य निकलना चाहिए। बाबा ने वक्तव्य तैयार कर दिया और दद्दा तथा सियारामशरण जी ने उस पर हस्ताक्षर कर दिये। फिर क्या था, उस पर महादेवी जी, गंगाप्रसाद जी, इलाचन्द्र जी और मैंने भी अपने हस्ताक्षर बना दिये। किन्तु इसके बाद इलाचन्द्र जी बहुत दुःखी हो गये। उनकी आत्मा उन्हें कष्ट देने लगी। राजनीतिज्ञों के साथ साहित्यकार भी एक ही वक्तव्य पर हस्ताक्षर कर दें, इसमें वे साहित्यकार का अपमान समझने लगे। वे इतने दुःखी हुए कि उन्होंने हम लोगों से कहा, "इस ग़लती के बाद तो हम लोगों को आत्महत्या कर लेनी चाहिए।" हम लोग दुःखी नहीं थे, न हमें यही लगता कि यह हमसे इतना गर्हित पाप हो गया है, जिसका प्रायश्चित्त आत्महत्या है, किन्तु इलाचन्द्र जी की मनोदशा देखकर हम लोग काफ़ी घबरा गये। निदान दद्दा को बाबा राघवदास से कहना पड़ा कि इलाचन्द्र जी के दस्तख़त को आप काट देने की कृपा करें। जब इलाचन्द्र जी का दस्तख़त काट दिया गया, उनके पछतावे का कारण जाता रहा।

पटना विश्वविद्यालय की रजत जयन्ती के अवसर पर जो कवि-सम्मेलन हुआ था, उसमें मैथिलीशरण जी भी पधारे हुए थे। कवि-सम्मेलन में थोड़ा शोर होने लगा। यहाँ तक कि शोर उस समय भी होता रहा, जब सुभद्रा कुमारी चौहान काव्य-पाठ कर रही थीं। इससे मैथिलीशरण जी को ग़ुस्सा आ गया और माइक पर जाकर उन्होंने गरजकर कहा, "आपने एक हज़ार वर्ष की ग़ुलामी बर्दाश्त की है। क्या दो-एक कविताएँ भी आप बर्दाश्त नहीं कर सकते?" राष्ट्रकवि की फटकार सुनकर सभा शान्त हो गयी।

दिल्ली में मैथिलीशरण जी का घर हम लोगों का 'गेलार्ड' होटल था, जहाँ बिल चुकाये बिना हम लोग रोज़ ही कॉफ़ी या चाय पीते थे। मुलाक़ाती चाहे जिस समय भी आता, मैथिलीशरण जी उससे कुछ खाने को ज़रूर कहते। बासी पूड़ियाँ मैथिलीशरण जी को बहुत पसन्द थीं और उनका ख़याल था कि बासी पूड़ियाँ हर आदमी को पसन्द आती हैं। पूड़ियों के सिवा खखरा, मठरी और घर के बने लड्डू भी उनके यहाँ हमेशा तैयार रहते थे। मेहमानों को वे बड़े प्रेम से खिलाते थे और अक्सर ममता और आज़िजी के साथ यह ज़रूर कहते कि "अरे, यह तो छोटा लड्डू है। तुम्हारी डायबीटीज का ज़िम्मा मैं लेता हूँ। यह एक लड्डू ज़रूर खा लो।"

मधुमेही को मीठी चीज़ें नहीं खानी चाहिए, मगर रोगी को जो चीज़ वर्जित होती है, उसके लिए उसे और भी ज़्यादा लालच होता है। दद्दा को मालूम हो गया था कि खीर मुझे ख़ूब पसन्द है। महीने में दो-एक बार वे फ़ोन करके मुझे अवश्य कहते :

"अरे दिनकर, आज यहीं जूठन गिराओ।"

"क्या बात है दद्दा?"

"अरे, बात क्या है? तुम आओगे तो खीर हमें भी मिल जायगी।"

मेरे लिए खीर बिना शक्कर की बनती थी। मगर मैं बिना शक्करवाली खीर में थोड़ी-सी शक्करवाली खीर अवश्य मिला लेता। इससे दद्दा का चेहरा आनन्द से खिल जाता था। दद्दा के अपने भोजन की मात्रा बहुत ही थोड़ी होती थी, मगर दूसरों की थालियाँ वे अन्त तक भरी रखना चाहते थे।

दद्दा कविताएँ स्लेट पर लिखा करते थे। जब स्लेट की दोनों पाटियाँ भर जातीं, कविता काग़ज़ पर नक़ल कर ली जाती थी। चिरगाँव वाले बँगले के एक छोटे-से आँगन में एक कोठरी है, जिसके सामने फूलों के पौधे लगे हुए हैं। दद्दा इसी एकान्त कुंज में बैठकर साहित्य रचते थे।

श्री मैथिलीशरण जी के तीन विवाह हुए थे। पहली पत्नी का देहान्त सन् 1903 ई. में और दूसरी का सन् 1912 ई. में हो गया। उन्होंने तीसरा विवाह सन् 1914 ई. में किया। जिया उनकी यही तीसरी पत्नी हैं।

मैथिलीशरण जी को सन्तान-शोक अनेक बार झेलना पड़ा किन्तु मित्रों के साथ वे इन शोकों की चर्चा नहीं करते थे। केवल एक बार आत्म-चरित सुनाते हुए उन्होंने कहा था, "अब इस बात का रोना क्या? समझो कि सब जाने के लिए ही हुए थे।" किन्तु जब 'द्वापर' काव्य पूरा हुआ, मैथिलीशरण जी ने उसे अपनी सहधर्मिणी को समर्पित किया, जो देवकी के समान सन्तानों का शोक

जीवन भर सहती आयी थीं। द्वापर में समर्पण का पद उच्च कोटि की कविता का उदाहरण है।

कर्म-विपाक-कंस की मारी,
दीन देवकी-सी चिर काल,
लो अबोध अन्तःपुरि मेरी,
अमर यही माई का लाल।

मैथिलीशरण जी जब किडनी की बीमारी लेकर विलिंगडन अस्पताल में आ पड़े, हम लोग काफ़ी घबरा गये थे। घबराने की बात ही थी। उन्हें अड़तालीस घण्टों से पेशाब नहीं हुआ था। डॉक्टर से एकान्त में पूछने पर डॉक्टर ने मुझे बताया कि और थोड़ी देर पेशाब नहीं उतरा, तो मूर्च्छा शुरू हो जायेगी। मेरा ख़याल है, बीमारी गुप्त जी को घसीट कर बेहोशी में ले जाना चाहती थी और गुप्त जी बेहोश होने से इनकार कर रहे थे। लेकिन उस अवस्था में भी वे स्वस्थ व्यक्ति की तरह बोलते थे। "अरे, अभी कहो तो मील भर दौड़कर दिखा दूँ।" फिर कहते, "ऐसी भी क्या चिन्ता है? मैं क्या किसी को पानी में छोड़कर जा रहा हूँ?" जब उनका पेशाब उतरा, डॉक्टर के मुख पर हँसी आ गयी और हम लोगों की भी चिन्ता दूर हो गयी।

उस समय मृत्यु के प्रति मैथिलीशरण जी की दृष्टि निर्भयता की थी, उपेक्षा की थी। मौलाना के मरने पर, पन्त जी के मरने पर, नवीन जी और फिरोज़ गांधी के मरने पर भी मैं मैथिलीशरण जी के साथ था। ऐसे अवसरों पर वे न तो ज़्यादा शोक-विलाप करते थे, न अधिक विचलित होते थे। किन्तु, उनके भाई श्री सियारामशरण जी गुप्त जब दिल्ली में बीमार हुए, मैथिलीशरण जी उन्हें अस्पताल पहुँचा कर खुद चिरगाँव चले गये। मैं जब सियारामशरण जी को देखने को अस्पताल गया, सियारामशरण जी एक साँस से राम को और दूसरी साँस से दद्दा को पुकार रहे थे। "हे राम! दद्दा!" इन दो नामों को वे निरन्तर जप रहे थे। आख़िर दद्दा से मिलने को उनका निर्जीव शरीर ही चिरगाँव पहुँचा और दाहकर्म के बाद मैथिलीशरण जी ने कहा, "नम्बर मेरा था, मगर चले गये सियाराम।"

दद्दा को खुद हृदय की बीमारी थी। मालूम होता है, जब सियाराम जी बीमार हुए, किसी ने दद्दा से कहा कि आप यहाँ से हट जाइए, वही अच्छा है, नहीं तो आपकी भी हालत ठीक नहीं रहेगी। दद्दा किसी की ऐसी ही सलाह मानकर चिरगाँव चले गये। लेकिन ऐसी राय देने वाले की छाती बड़ी कठोर रही होगी।

मैथिलीशरण जी का धीरज अथाह था। विशेषतः मृत्यु के बारे में वे काफ़ी तटस्थ थे। उनकी आस्तिकता प्रगाढ़ थी। जब उनकी एक पुत्र-वधू (भतीज-बहू)

का देहान्त हुआ, उन्होंने निम्नलिखित पंक्तियों में अपनी आस्था व्यक्त की थी :

हुआ और भी हरे, एक यह
मुझे भरोसा तेरा,
जो करना है तुझे, उसी में
हित होना है मेरा।

मैथिलीशरण जी के प्रोस्टेट का भी ऑपरेशन हुआ था और उस ऑपरेशन से उन्हें काफ़ी कष्ट हुआ था। मैं उन्हें देखने को बम्बई तो न जा सका, मगर जब बम्बई से वे झाँसी लौट आये, तब उन्हें देखने को मैं झाँसी गया था। वे जाँघिया और अधबहियाँ पहने हुए थे और लाठी लेकर चलते थे। मुझे देखते ही पिघलकर बोले, "तुम लोगों का साथ अभी बदा था, इसीलिए बच गया हूँ, नहीं तो कष्ट मृत्यु के समान ही हुआ।"

दद्दा जब ऑपरेशन कराकर अस्पताल में पड़े थे, तभी उनके अग्रज (नन्ना) का देहान्त हो गया और यह शोक-सूचना विचारपूर्वक उन्हें काफ़ी बाद को दी गयी। दद्दा हाहा-हीही में सारे दुःखों को भुलाये रहते थे, वरना उनके हृदय में नन्ना और सियारामशरण के बिछोह का घाव अन्त तक हरा ही रहा। जिस रात दद्दा का शरीर छूटा, उसी दिन दोपहर को उन्होंने एक पद लिखा था, जो उनके जीवन की आख़िरी रचना है। उस पद से मालूम होता है कि वे शरीर छोड़कर उन लोगों से मिलने को उत्सुक हो रहे थे, जिनसे उनका सनातन वियोग हो गया था :

प्राण, न पागल हो तुम यों,
पृथ्वी पर है वह प्रेम कहाँ?
मोहमयी छलना भर है,
भटको न अहो, तुम और यहाँ।
ऊपर को निरखो, अब तो
बस मिलता है चिर मेल वहाँ,
स्वर्ग वहीं, अपवर्ग वहीं,
सुख-सर्ग वहीं, निज वर्ग जहाँ।

राष्ट्रकवि के व्यक्तित्व में कहीं कोई इंजीनियर भी छिपा था। कल-पुर्जों के बारे में उनकी दिलचस्पी बहुत ज़्यादा थी। छापे की मशीनें उन्होंने ऐसी भी जुटायी थीं, जिनका उनके यहाँ कभी कोई उपयोग नहीं हुआ। दिल्ली आने के

बाद मोटरों के बारे में भी उनकी दिलचस्पी बहुत बढ़ गयी थी। जब भी हम किसी टैक्सी पर सवार होते, दद्दा ड्राइवर से अवश्य पूछ बैठते, "कौन मेक है? कब का मॉडल है? इंजन कभी तकलीफ़ तो नहीं देता?" इत्यादि।

सन् 1949 ई. में हिन्दी वालों ने ऑल इंडिया रेडियो के बहिष्कार का आन्दोलन चलाया था। कर्म-विपाक से मैं भी उस बहिष्कार आन्दोलन में पड़ गया और जब पन्त जी ने आकाशवाणी में सलाहकार का पद सँभाल लिया, तब भी मैं बहिष्कार पर डटा रहा, किन्तु एक दिन अचानक दद्दा ने एक प्रेस वक्तव्य दे दिया, "रेडियो का हुक्का पानी खुले।" फिर क्या था, सारा आन्दोलन ही चरमरा कर टूट गया। हम लोग व्यक्ति थे, दद्दा हिन्दी-भाषियों के पूरे समुदाय निकले।

श्री मैथिलीशरण जी हिन्दी और उर्दू को एक करने के पक्ष में नहीं थे। वे हिन्दी में, विशेषतः हिन्दी काव्य में उर्दू शब्द लाने का विरोध करते थे। मेरी 'नर्तकी' नामक कविता का सम्पादन नवीन जी ने राष्ट्रकवि के साथ बैठकर किया था और हर जगह अगर को काटकर यदि तथा चीज़ को काटकर वस्तु बना दिया था। मेरा ख़याल है, दिल्ली आने के पूर्व मैथिलीशरण जी भाषा के मामले में इतने कठोर नहीं थे। उनकी 'इस शरीर की सकल शिराएँ हों तेरी तन्त्री के तार' वाली कविता में पहले 'प्रस्तुत हूँ, मैं हूँ तैयार' आता था। दिल्ली आने के बाद जब भी वे यह कविता पढ़ते थे, तब 'प्रस्तुत हूँ मैं सभी प्रकार' कर देते थे। श्री बालस्वरूप राही को जब मैंने राष्ट्रकवि से मिलाया, वे बोल उठे, "अब यही गड़बड़ है। आपने अपना उपनाम राही क्यों चुना, बटोही क्यों नहीं?"

श्री मैथिलीशरण जी केवल वैष्णव ही नहीं, खाँटी हिन्दुत्व के कवि थे। अपनी हिन्दू भावना को अक्षुण्ण रखते हुए ही उन्होंने अपने राष्ट्रकवि-पद को सँभाल रखा था। वैदिक आर्य गोमांस खाते थे, यह विचार उन्हें मान्य नहीं था। खान-पान में उचित से अधिक उदारता उन्हें असह्य थी। जब महापण्डित राहुल सांकृत्यायन ने अपने खान-पान सम्बन्धी अद्भुत विचार जनता के सामने रखने शुरू किये, श्री मैथिलीशरण जी क्रोध से जल उठे और उसी मनोदशा में उन्होंने एक पद लिख दिया, जो संकलित न होने पर भी अमर हो गया है :

गंगा गयी, वोलगा का दुख-
दर्द तनिक हम महसूसे,
बुद्ध बाप जी मरे मांस खा,
हाड़ पूत राहुल चूसें।

ऐसे फिकरे गुप्त जी अनायास रच डालते थे। शुरू में संसद सदस्यों को वेतन नहीं मिलता था। उन दिनों संसद जब सत्र में होती थी, तब प्रत्येक सदस्य को चालीस रुपये प्रतिदिन के हिसाब से भत्ता मिला करता था। उन दिनों मैथिलीशरण जी नार्थ एवेन्यू में रहते थे, जहाँ रक्तमुखी के काफ़ी वृक्ष हैं। एक दिन हजारीप्रसाद द्विवेदी ने कहा :

रक्तमुखी छाया तले
एम.पी. करें निवास।

श्री मैथिलीशरण जी तुरन्त बोल उठे :

चार मास की वृत्ति में
काटें बारह मास।

सन् 1963 ई. में संसद में जो भाषा-संशोधन विधेयक आया था, उसका विरोध मैथिलीशरण जी ने डटकर किया था। विरोध तो कुछ कांग्रेसियों ने भी किया था, किन्तु सेठ गोविन्ददास जी को छोड़कर और किसी का भी विरोध अन्त तक नहीं ठहरा। कांग्रेसियों की इस विवशता को ध्यान में रखते हुए राज्यसभा में उन्होंने एक कविता पढ़ी थी, जिसमें यह पंक्ति भी थी :

मैं मत देने में स्वतन्त्र हूँ,
इतना ही सन्तोष मुझे।

प्रायः हर साल बजट अधिवेशन के मौक़े पर वे अपना भाषण पद्य में देते थे। जिस साल डॉ. राधाकृष्णन की पत्नी का देहान्त हुआ, उस साल मैथिलीशरण जी ने बजट अधिवेशन वाली अपनी कविता में पण्डित जी के साथ राधाकृष्णन जी को भी रँडुओं में गिन दिया था। हर साल की तरह उस साल भी दद्दा ने मुझसे कविता को देख लेने को कहा। मैंने विनम्रता से उन्हें यह समझाया कि डॉ. राधाकृष्णन का घाव अभी नया है। उन पर फब्ती अभी नहीं कसनी चाहिए। मेरी सलाह मानकर उन्होंने कविता में संशोधन कर दिया। पद्यमय भाषण करना उन्हें अच्छा लगता था। सन् 1960 ई. में जब राष्ट्रपति ने उन्हें अभिनन्दन-ग्रन्थ भेंट किया, तब भी राष्ट्रकवि ने अभिनन्दन का उत्तर पद्य में ही दिया था।

सभाओं में जाना मैथिलीशरण जी पसन्द नहीं करते थे। लेकिन जब भी जाते, कविताएँ अवश्य सुनाया करते थे। आरम्भ में उनकी प्रिय कविता 'मेरी

मिट्टी, मैं बलि जाऊँ' थी। लेकिन इधर हाल में उनका प्रेम सिमटकर दो कविताओं पर जम गया था। एक तो 'अब वे वासर बीत गये' और दूसरी 'इस शरीर की सकल शिराएँ हों तेरी तन्त्री के तार।'

बुन्देलखण्डी के कवि ईसुरी की कितनी ही फागें गुप्त जी को कण्ठस्थ थीं। और वे उन्हें बड़ी ही मस्ती से सुनाया करते थे। याद उन्हें संस्कृत के श्लोक और ब्रजभाषा के भी छन्द थे। ब्रजभाषा के तीन कवित्त उन्हें बहुत ज़्यादा पसन्द थे। ये तीनों कवित्त उन्होंने मुझे तीस-चालीस बार सुनाये होंगे। एक कवित्त तो पद्माकर का है, जिसमें 'तीन लोक ठाकुर सो ठुनकत ठाढ़ो है' पंक्ति आती है। दूसरा कवित्त कवि पर्सराम का है जिसकी पहली पंक्ति है 'पुहुमी सबीज करौ वारिद, तिहारी रीति।' तीसरा कवित्त किसी करन कवि का है जो इस प्रकार है :

बड़े-बड़े मोतिन की लसत नथूनी नाक,
बड़े-बड़े नैन पगे प्रेम के नसन सों।
रूप ऐसी बेलन में सुन्दर नवेली बाल
सखिन समूह मध्य सोहति जसन सों।
कांकरी चलायी तहाँ दुरि के 'करन' कान्ह
मुसुकि तिरीछी चिते ओट दे बसन सों।
नेक अनखानी सतरानी इतरानी भौंह
बदन कँपायो दाबि रसना दसन सों।

अनेक अद्‌भुत कविताओं का सौन्दर्य शारीरिक होता है यानी वह मनश्चक्षु से देखा जा सकता है। ऊपर के कवित्त की अन्तिम दो पंक्तियों में जो चित्रमयता है, उसे गुप्त जी उदाहरणीय मानते थे।

मैथिलीशरण जी की गणना हिन्दी के भक्त कवियों में की जानी चाहिए। वे वैष्णव सम्प्रदाय में दीक्षित थे और वैष्णव-धर्म का शक्ति भर आचरण भी करते थे। उनकी विनम्रता नक़ली नहीं, स्वाभाविक थी। किन्तु उनका स्वाभिमान जब दीप्त हो उठता था, तब उससे चिनगारियाँ भी छिटकती थीं।

स्वर्गीय पं. पद्‌मनारायण आचार्य ने लिखा है कि कवियों में मैथिलीशरण जी सबसे व्यवहार-कुशल और लोकचतुर थे; किन्तु इस लोक-चातुर्य ने उनके कवित्व और वैष्णव-वृत्ति को आघात नहीं पहुँचाया था।

पण्डित सुमित्रानन्दन पन्त

हिन्दी में छायावाद का आन्दोलन जब पूरे उभार पर था, उस समय हिन्दी वालों के सबसे प्रिय कवि पन्त जी थे, क्योंकि जो लक्षण द्विवेदीयुगीन काव्य से छायावादी काव्य को अलग करने वाले थे, उनका सबसे अधिक विकास उन्हीं की कविताओं से दिखाई देता था। विरासत उन्हें 'भारत-भारती' और 'जयद्रथ-वध' की भाषा की मिली थी, किन्तु छायावाद की भाषा का आदर्श रूप 'पल्लव' की कविताओं में प्रकट हुआ। 'भारत-भारती' और 'पल्लव' की भाषाओं में जो भेद है, उसकी सृष्टि, मेरा ख़याल है, सबसे अधिक पन्त जी की चेतना की प्रयोगशाला में हुई थी।

जीनियस का लक्षण है कि साहित्य की जितनी सेवा वह अपनी लेखनी से करता है, उतनी ही अथवा उससे भी अधिक सेवा वह उन सैकड़ों परिचित-अपरिचित लेखनियों से करवा लेता है, जो उसके प्रभाव में काम करती हैं। साहित्य में प्रत्येक महाग्रह बहुत शीघ्र अपने चारों ओर उपग्रहों का एक पूरा वृत्त तैयार कर लेता है और युग का प्रकाश इन सभी ग्रहों का सम्मिलित प्रकाश होता है। छायावाद-काल में हिन्दी में जो नीले प्रकाश का प्लावन उठा, उसका अत्यन्त प्रमुख भाग पन्त जी की कविताओं से विकिरित हुआ था।

अपने समय के अनेक नवयुवकों के समान मैं भी पन्त जी की कविता देखकर सिंहाता था और मेरी भी इच्छा होती थी कि कोई ऐसी कविता लिखूँ, जो 'पल्लव' की कविताओं में मिश्रित कर दी जाय, तो कोई बिलगा न सके। जहाँ तक मेरा ख़याल है, ऐसी एक कविता लिखकर सन् 1930 के आसपास मैंने पन्त जी को भेजी भी थी। वह उन्हें मिली या नहीं, यह मुझे ज्ञात नहीं हो सका, क्योंकि पन्त जी का कोई उत्तर मुझे नहीं मिला था; किन्तु वह कविता, 'कवि' शीर्षक से 'रेणुका' में निकली और उसके प्रत्येक संस्करण में मौजूद रही है।

पीछे, जब मैं आत्मरूप के कुछ अधिक समीप पहुँचा, तब यह प्रयास मैंने छोड़ दिया और मेरा ध्यान तब तक ऐसी भाषा तैयार करने में लग गया, जो पन्त

और मैथिलीशरण में से, दोनों से दूर और दोनों के कुछ पास हो। किन्तु मेरा बराबर यह विचार रहा है कि खड़ीबोली के परुष रूप को गलाकर मोम बनाने में जितनी सफलता पन्त जी को मिली, उतनी और किसी को नहीं। यह पन्त जी का ऐतिहासिक कार्य है, जिसकी महत्ता आगे की शताब्दियाँ भी स्वीकार करेंगी।

जब कविता की भाषा ब्रजभाषा थी, हिन्दी में थोड़ी बहुत कविता असंख्य लोग लिख लेते थे; किन्तु खड़ीबोली में लिखनेवालों की संख्या अधिक नहीं थी। और छायावाद के उद्भव के पूर्व तक प्रायः इस स्थिति में कोई विशेष परिवर्तन भी नहीं हुआ। परिवर्तन तब आया, जब माखनलाल, प्रसाद, पन्त और निराला की कविताएँ छपने लगीं। लेकिन इसमें कोई सन्देह नहीं कि अनुकर्ता सबसे अधिक, पन्त जी ने ही उत्पन्न किये। छायावाद-युग में, और नहीं तो पच्चीस-तीस कवि तो ऐसे ज़रूर थे, जो पन्त जी की भाषा और शैली के चारों ओर चक्कर काटते थे।

पन्त-काव्य से मेरा परिचय प्रगाढ़ से थोड़ा ही कम होगा; किन्तु मनुष्य पन्त को मैं कितना जानता हूँ, मन से इसका कोई निश्चित उत्तर नहीं मिलता। मेरी श्रद्धा उन पर अशेष है और वे भी थोड़ा-बहुत मुझे पसन्द करते हैं, किन्तु कभी ऐसा अवसर ही नहीं आया कि हम दोनों बरस-दो बरस अथवा मास-दो मास साथ रहकर एक-दूसरे को समझ सकें। मेरा ख़याल है, असंख्य मित्रों और प्रशंसकों के साथ पन्त जी का ऐसा ही सम्बन्ध है। अपवाद मैं केवल नरेन्द्र और बच्चन को मानता हूँ, जिन्हें पन्त जी से कुछ अधिक सामीप्य लाभ करने का सुयोग मिला है।

फिर भी, ऐसा नहीं है कि पन्त जी को मैं जानता ही नहीं होऊँ। यह भी भाग्य का व्यंग्य है कि जिस कवि पर आसक्त मैं 1925 ई. के क़रीब हुआ था, उससे मेरी पहली मुलाक़ात सन् 1948 ई. में हुई, जब मैं इलाहाबाद भी शायद, पहली ही बार गया था। मैं जब पन्त जी से मिला, हम दोनों मेज़ के आर-पार अकेले बैठे थे। प्रणाम करके बैठते ही, मेरी दृष्टि उनकी आकृति में खो गयी और कई मिनट तक हममें से कोई कुछ बोल नहीं सका। अन्त में, मौन-भंग करते हुए पन्त जी ही बोले, "अब क्या देखते हैं?" मुझे सहसा कोई जवाब नहीं सूझा, फिर भी मुँह से निकल गया, "अभी भी बहुत कुछ है, जो दर्शनीय है।"

परम्परा से सुनता आया हूँ कि भारतेन्दु दर्शन मात्र से ही विशिष्ट मनुष्य मान लिये जाते थे। मैंने जिन साहित्यकारों को देखा है, उनमें से पन्त, निराला और नवीन—ये तीन ही हैं जो दर्शन मात्र से प्रभावित करते हैं। नवीन जी जब रुग्ण नहीं हुए थे, तब चुप रहने पर भी उनके व्यक्तित्व से आक्रामक किरणें

फूटा करती थीं। रुग्ण होने के पूर्व निराला जी के व्यक्तित्व का ठाट पैगम्बराना था और उनके लम्बे-लम्बे हाथ और लम्बी-लम्बी उँगलियाँ उनके दार्शनिक होने की सूचना देती थीं। किन्तु पन्त जी को देखते ही सहसा यह भान होता है, मानो आप परियों के देश से उतरे हुए किसी देवर्षि के सामने खड़े हों। छोटा-हलका शरीर, चेहरे पर सौम्य शान्ति जो सचमुच ही देवताओं की शान्ति है और सिर पर घने, लहराते बाल जो सुन्दर-से-सुन्दर रमणी को और भी सुन्दर बना सकते हैं, पन्त जी के दर्शन से उत्पन्न होनेवाला प्रभाव नारी-दर्शन से उत्पन्न प्रभावों से मिलता-जुलता है। और यह श्रृंगार उन्होंने नारी जाति के प्रति सम्मान दिखाने को ही धारण भी किया है।

घने लहरे रेशम के बाल
धरा है सिर पर मैंने देवि!
तुम्हारा यह स्वर्गिक श्रृंगार।

केवल बाल ही नहीं, पन्त जी का कोट, पन्त जी का पतलून, यहाँ तक कि उनका कुरता भी ऐसे काट का होता है, जिससे नारी-जाति के प्रति उनके असीम आदर की सूचना मिलती है, जिससे यह ज़ाहिर होता है कि यह पुरुष नारीत्व पर आसक्त नहीं, स्वयं नारी बन जाने को बेचैन है। कविता को कविता कहिए या काव्य, धर्म से वह नारी ही होती है। यह नारीत्व पन्त जी के मात्र काव्य में ही नहीं, उनके व्यक्तित्व और स्वभाव में भी समाविष्ट है। हाँ, नारियों की एक विशेषता ज़रूर है, जिससे वे वंचित हैं अर्थात् वे अत्यन्त मितभाषी मनुष्य हैं। किन्तु यह तो है ही कि वे जब भी बोलते हैं, उनकी वाणी अत्यन्त मधुर और भंगिमा नारी की भंगिमा होती है। महादेवी जी कहती हैं कि उन दिनों प्रयाग की कवि-गोष्ठियों में कवयित्रियाँ एक ओर और कवि दूसरी ओर बैठा करते थे। तब एक बार ऐसा हुआ कि पन्त जी को कवियों की पंक्ति में बैठा देखकर महादेवी जी ने अपनी किसी सहेली से पूछ दिया, "वह कौन लड़की है, जो लड़कों में बैठ गयी है?"

आज भी यह लड़की लड़कों में ही बैठती है, क्योंकि यही विधि-विधान है। और वयशील होने पर भी वह ब्रह्मा नहीं, ब्रह्माणी का ही स्वरूप हैं। यह तुलना पन्त जी पर बहुत सटीक बैठती है, क्योंकि सरस्वती की जवानी कविता और उसका बुढ़ापा दर्शन होता है।

प्रेमचन्द जी ने कहीं लिखा है कि नर जब नारी के गुण सीखता है, तब वह देवता बन जाता है, किन्तु नारी जब नर के गुण सीखती है, तब वह राक्षसी हो

जाती है। दो-एक स्थानों पर इस उक्ति का मैंने खण्डन किया है; किन्तु पन्त जी को देखते हुए यही कहना पड़ता है कि प्रेमचन्द जी ने ख़ूब कहा।

गांधी जी ने भी धीरे-धीरे नारीत्व की साधना पूरी कर ली थी। उनकी पोती ने अपनी किताब के लिए जो, 'बापू, मेरी माँ', यह नाम चुना, वह बहुत ही सार्थक चुनाव है। किन्तु पन्त जी के लिए नारीत्व की साधना नयी नहीं, वह बचपन से ही उनके साथ है। और देवत्व की किरणें भी आरम्भ से ही उनके भीतर झलक मारती रही हैं। सरलता देवत्व है; अभंग बचपन मनुष्य नहीं, देवता का गुण है। पन्त जी का व्यक्तित्व मानव के शैशव का व्यक्तित्व है।

मुझे न अपना ज्ञान,
कभी रे, रहा न जग का ध्यान।
सिहरते मेरे स्वर के साथ,
विश्व-पुलकावलि से तरु-पात।
गान ही में रे, मेरे प्राण,
निखिल प्राणों में मेरे गान।

जीवन के किसी भी क्षेत्र की साधना, कहीं-न-कहीं भीषण बलिदान लेती है। लेकिन जो जितना अधिक देता है, वह उतना ही अधिक प्राप्त भी करता है।

जो काटौं वो डहडहडी, सींचौं तो कुम्हलाय,
या गुनवन्ती बेल को, कुछ गुन कहा न जाय।

मानवता के प्रणाम के अधिकारी वे होते हैं, जिन्होंने साधना की बड़ी-से-बड़ी क़ीमतें चुकाने में आनाकानी नहीं की हो। पन्त ने अपनी गृहस्थी नहीं बसायी, माखनलाल और निराला की गृहस्थी भगवान ने छीन ली और महादेवी ने अपनी गृहस्थी का कृष्णार्पण कर दिया। और ये चारों कवि, इस युगवाले अध्याय में, महान् ज्योतिष्पिण्डों की भाँति चमकते रहेंगे।

5 मार्च, 1960 ई.

श्रीमती महादेवी वर्मा

कवि के रूप में महादेवी जी लगभग चालीसों वर्षों से शून्य मन्दिर में कर्पूर की शिखा के समान जलती रही हैं। शून्य से यहाँ तात्पर्य गार्हस्थ्य के अभाव से है और शिखा का अर्थ विरहानुभूति है। कविता में उनका जो रूप प्रकट हुआ है, वह तपस्विनी का रूप है, किन्तु शिक्षा के क्षेत्र में वे कर्मठता की मूर्ति रही हैं। अतएव कहा जा सकता है कि प्रवृत्ति उनके बाहरी जीवन में है, भीतर से वे निवृत्ति में लीन हैं। यह स्थिति लगभग ज्ञान की स्थिति है। यद्यपि महादेवी जी कभी आध्यात्मिक साधना के चक्कर में पड़ी हैं या नहीं, इसमें मुझे सन्देह है।

मगर यह युग तो ज्ञानी की स्थिति को समझना नहीं चाहता। वह हर एक जगह यही जानना चाहता है कि इस मनुष्य को समझने का सही नुस्ख़ा किसके पास है, मार्क्स के या फ्रायड के? कुछ यह बात भी है कि मामला अगर मर्द का हो, तो पूछताछ कुछ आसानी से की जा सकती है, मगर सम्भ्रान्त महिला के इतिहास के पन्ने कोई भी व्यक्ति उलटना नहीं चाहता।

शायद यही कारण है कि लम्बे अरसे तक महादेवी जी के सम्पर्क में रहने के बाद भी मेरी कभी यह हिम्मत नहीं हुई कि उनके बारे में कुछ जानने की कोशिश करूँ। उनसे मेरी पहली मुलाक़ात सन् 1935 ई. में कलकत्ते में हुई थी, जब हम लोग जापानी कवि नोगूची के सम्मान में होनेवाले कवि-सम्मेलन में भाग लेने को वहाँ गये थे। जैसे ही उन्हें मैंने देखा, मुझे लगा, मैं कवयित्री नहीं, करुणामयी, युवा संन्यासिनी के समक्ष खड़ा हूँ और तब से लेकर आज तक मेरी दृष्टि में महादेवी जी का भावाकुल संन्यासिनी-रूप ही प्रधान रहा है। मिलते ही वे सात्विक उल्लास से भर जाती हैं, जब तक साथ रहता हूँ, बराबर हँसती रहती हैं और जैसे ही विदा होने लगता हूँ, उनकी आँखों से मोती झरने लगते हैं। भला ऐसे कोमल, निश्छल, निरीह जीव से कैसे पूछूँ कि आपका पिछला इतिहास कैसा रहा है?

लेकिन, एक दिन, आप से आप खुद उन्हीं के मुख से मुझे वे सारी बातें मालूम हो गयीं, जिनका प्रामाणिक विवरण जानने की कभी-कभी मुझमें उत्कण्ठा

जगती थी। सन् 1962 ई. के जून महीने में मैं इलाहाबाद गया था और महादेवी जी के ही पास टिका था। बातों-बातों में एक दिन वे आत्मकथन की मुद्रा में आ गयीं और अपने आरम्भिक दिनों के बारे में उन्होंने बहुत-सी बातें बिना पूछे ही बतला दीं, जिन्हें मैंने दिल्ली या पटना पहुँचकर नोट कर लिया था। मेरी डायरी का वह पन्ना इस प्रकार है :

"29 जून को मैं महादेवी जी के घर ठहरा हुआ था। अचानक देवी जी आत्मचरित्र सुनाने की मुद्रा में आ गयीं। उन्होंने कहा, 'मेरे पिता बाबू गोविन्द प्रसाद थे, जो पहले इन्दौर में पढ़ाते थे, पीछे भागलपुर चले गये। मेरे दादा बाबू बाँकेबिहारी ज़मींदाराना ठाट के आदमी थे। हमारा परिवार आर्यसमाजी था, लेकिन कन्यावध के रिवाज से वह अभी बरी नहीं हुआ था। मैं जब जनमी, तब मेरी माँ 15 साल की थीं। जब उन्हें बताया गया कि सन्तान बेटी है, तब वे अपना दुःख भूलकर मुझे टटोलने लगीं कि बेटी जीवित है या मार डाली गयी।

लेकिन दादा को मेरा बड़ा ख़याल था। हमारा परिवार यद्यपि आर्यसमाजी हो गया था, किन्तु कुलदेवी हमारी दुर्गा ही मानी जाती थीं। दादा ने दुर्गा की आराधना इस उद्देश्य से की थी कि उन्हें एक पोती का मुँह देखना नसीब हो। जब मैं जनमी, उनकी यह इच्छा पूर्ण हो गयी। वे मुझे बहुत अधिक प्यार करते थे।

मेरा ब्याह सात वर्ष की उम्र में हुआ था। पति भी लगभग इतनी ही उम्र के थे। विवाह में बरात और सरात के बीच झगड़ा हो गया। मेरे दादा बड़े अक्खड़ मिज़ाज के थे। उन्होंने जोश में आकर कह दिया, लो हम बेटी की विदाई नहीं करेंगे। जोश लड़कावालों को भी आ गया और उन्होंने भी कह दिया, अगर आप बेटी को विदा न करेंगे, तो लीजिए, हम भी पतोहू को विदा नहीं करवायेंगे, नहीं, कभी भी नहीं। इसी झगड़े के कारण सम्बन्ध टूट गया। पीछे दादा ने पाँचवीं कक्षा से ही मुझे पढ़ने को इलाहाबाद भेज दिया।

छात्र जीवन में गार्हस्थ्य की ओर मेरा थोड़ा भी झुकाव नहीं हुआ। मैं बौद्ध भिक्षुणी होने का सपना देखने लगी। लंका के कोई स्थविर थे, जिन्हें मैंने लिखा था कि आप मुझे दीक्षा देने की कृपा करें। उन्होंने उत्तर दिया कि मैं नैनीताल आऊँगा, तब तुमसे बात करूँगा। वे नैनीताल आये और मैं उनसे मिलने भी गयी। लेकिन मेरे पहुँचते ही उन्होंने अपनी आँखों पर ताड़ के पंखे से आड़ कर लिया। जब मैं वहाँ से चली, मैंने स्थविर जी के शिष्य से पूछा कि महाराज ने आँखों पर परदा क्यों कर लिया। शिष्य ने बताया, स्थविर नारियों को देखने से परहेज़ करते हैं। यह बात मुझे अच्छी न लगी, अतएव मैंने निश्चय किया कि ऐसे दुर्बल को गुरु बनाने से कोई लाभ नहीं है।

इसके बाद मैं गांधी जी से मिली। उन्होंने कहा, लड़कियों को पढ़ाने का काम तुम्हें खुद करना चाहिए। इसलिए, एम.ए. करते ही मैंने महिला विद्यापीठ का काम शुरू कर दिया।

मेरे पति डॉक्टरी पढ़ते थे। उन्होंने कई बार चाहा कि हम लोग साथ रहें। लेकिन यह बात मेरे मन में थी ही नहीं। मैंने उनसे कहा कि गृहस्थ-जीवन की ओर मेरी थोड़ी भी प्रवृत्ति नहीं है, अतएव मैं आपके साथ कभी भी नहीं रह सकूँगी। मैंने कई बार उन्हें यह भी समझाया कि वे अपना दूसरा विवाह कर लें। लेकिन दूसरा विवाह उन्होंने नहीं किया। वे गोरखपुर में रहते हैं।'

महादेवी जी के छात्र जीवन की कुछ थोड़ी जानकारी मुझे एक दिन श्रीमती सावित्री जी से मिली थी। सावित्री जी लखनऊ के विख्यात सर्जन डॉ. जानकी प्रसाद की विधवा पत्नी हैं और स्कूल में वे महादेवी जी के साथ पढ़ती थीं। उन्होंने बताया कि 'महादेवी जी जब पाँचवीं या छठी कक्षा में नाम लिखाने को आयी थीं, तब वे पैंट, कमीज और टाई में थीं। पिता शायद पुत्र-भाव के कारण बेटियों को बेटों की तरह रखना चाहते थे; किन्तु शीघ्र ही वे सादगी पर उतर आयीं यानी होश सँभालते ही उन्हें रंगों से विरक्ति हो गयी। वे सादी पोशाक में रहने लगीं।'

सावित्री जी ने यह भी कहा कि 'स्कूल और छात्रावास में महादेवी जी किसी से भी ज़्यादा नहीं बोलती थीं। वे गुमसुम बैठी अपनी पुस्तकों में लगी रहती थीं। स्वर्गीय पं. श्रीधर जी की पुत्री श्रीमती ललिता पाठक से उनका विशेष मेलजोल था और उनके साथ महादेवी जी का पत्राचार भी चलता था।'

छात्रावास में महादेवी जी अपने कमरे में कृष्ण जी की मूर्ति रखा करती थीं। उनकी प्रवृत्ति आरम्भ से ही धार्मिक थी। स्कूल में उनका जीवन बाल भगतिन का जीवन था। सावित्री जी ने मुझसे यह भी कहा कि 'महादेवी जी की माँ फ़ारसी जानती थीं और सूफ़ी कविताएँ उन्हें बहुत-सी याद थीं।'

मैंने सावित्री जी से भी महादेवी जी के बारे में खोदकर ज़्यादा कुछ नहीं पूछा, किन्तु विवाह के बारे में बात चलने पर सावित्री जी ने कहा, 'विवाहित जीवन के प्रति विरक्ति होने के कारण महादेवी ने अपने पति डॉ. स्वरूपनारायण को कभी भी अपने जीवन में आने नहीं दिया। डॉक्टर साहब जब मिलने को होस्टल आते, महादेवी जी तब भी उनसे नहीं मिलती थीं। वे कभी-कभी अपनी सहपाठिनों से यह भी कह देती थीं, इनसे मुझे मुक्ति ही दिलवाओ। छात्रावास में महादेवी जी का बड़ा सम्मान था।'

अपने स्कूल में वे अत्यन्त मेधाविनी समझी जाती थीं। एक बार कोई शिक्षक

किसी श्लोक का ठीक-ठीक अर्थ नहीं लगा सका। निदान वह श्लोक महादेवी जी ने मँगवाया और उसका अर्थ लिखकर शिक्षक को भेज दिया। स्कूल के उत्सवों में गाये जाने को वे गीत भी लिखा करती थीं। सावित्री जी ने यह भी बताया कि एक बार उनके स्कूल में कवि-सम्मेलन हुआ था, जिसके अध्यक्ष श्री मैथिलीशरण गुप्त थे। उस सम्मेलन में महादेवी जी छात्रा के रूप में सम्मिलित हुई थीं, किन्तु कविता उनकी किसी अन्य बालिका ने पढ़ी थी।

यह महादेवी जी के जीवन की संक्षिप्त भूमिका है। ध्यान देने की बात यह है कि जो बात इस भूमिका में नहीं है, वह उनके जीवन से भी विलुप्त है। मेधा उनकी आरम्भ से ही प्रखर थी और जो लोग महादेवी के काव्य में मेधा की विद्यमानता से प्रभावित नहीं होते, वे उनकी मेधा को गद्य में देखते हैं और मेधा जिन्हें उनके गद्य में नहीं मिलती, उन्हें महादेवी जी का भाषण सुनना चाहिए।

सभा-मंच से कविता पढ़ने का काम शायद कभी भी उन्हें रुचिकर नहीं रहा है। ऊपर एक प्रमाण आया ही है कि जब महादेवी जी कवि सम्मेलन में पहले-पहल सम्मिलित हुईं, उनकी कविता किसी और लड़की ने पढ़ी थी। लेकिन मुझे याद आता है कि सन् 1935 ई. में जब हम लोग कलकत्ते से शान्तिनिकेतन गये थे, तब वहाँ भी एक साहित्यिक गोष्ठी में हम लोगों ने कविताएँ पढ़ी थीं। उस दिन महादेवी जी ने अपनी 'बीन भी हूँ मैं तुम्हारी रागिनी भी हूँ' नामक कविता पढ़ी थी। काव्य-पाठ उन्होंने नोगूची वाले कवि-सम्मेलन में भी किया था। नोगूची महादेवी जी को इतने पसन्द आये थे कि वे उनकी कविताओं के हिन्दी अनुवाद कई मास तक छपवाती रही थीं।

गुरुदेव श्री रवीन्द्रनाथ ठाकुर के भी दर्शन हम लोगों ने एक साथ ही किये थे। उस छोटे-से मिलन में सबसे अधिक बातचीत पं. बनारसीदास जी चतुर्वेदी ने की थी। मुझे याद है कि हम लोग रवि बाबू से विदा लेकर लौट रहे थे, महादेवी जी ने कहा था, 'अह, गुरुदेव से बुलवाना ठीक नहीं हुआ। उन्हें तो चुपचाप देखना चाहिए था।'

महादेवी जी हिन्दी के उन थोड़े-से साहित्यकारों में से हैं, जो प्रचलित वाद-विवाद में रस नहीं लेते, न मिलते ही नये या पुराने लेखकों पर फ़तवे देने लगते हैं। लेखकों के बारे में उनके वैयक्तिक मतों का पता लगाना एक तरह से असम्भव कार्य है। जब 'कुरुक्षेत्र' पहले-पहल प्रकाशित हुआ था, उन्होंने मुझे बड़ा ही प्यारा पत्र लिखा था। मगर उसके बाद मेरी किसी किताब पर उन्होंने अपनी राय ज़ाहिर की है या नहीं, मुझे याद नहीं है। पुस्तक के बारे में विवाद अगर तेज़ हो जाय, तो महादेवी जी और भी अधिक मौन हो जायेंगी, ऐसी मेरी धारणा है।

महादेवी जी में जो एक प्रकार की उदासीनता, गुम रहने का आग्रह, विवाद से बचने की प्रवृत्ति और सब को प्रसन्न रखने की चिन्ता है, वह है तो सब-का-सब गुण ही, मगर वह इतना प्रमुख क्यों है? उनकी हँसी इतनी निश्छल और संक्रामक होती है कि हम महादेवी जी को अपना अत्यन्त निकटस्थ मान लेते हैं। किन्तु यह निकटता इतनी सघन कभी नहीं होती कि आप व्यक्ति या ग्रन्थ विशेष के विषय में उनका मतामत जान सकें। उनके व्यक्तित्व के दो पक्ष हैं। एक वह, जो हमारे सामने पड़ता है और जहाँ वे हँसती और किलकारती रहती हैं। और दूसरा वह, जो बहुत आन्तरिक है, जहाँ उनका हृदय अशोक-वासिनी सीता के समान क़ैद है। मैंने इस दरवाज़े पर दस्तक तो दी है, मगर उसे खुलते नहीं देखा है।

किन्तु महादेवी जी में जहाँ जो कुछ है, सब अपनी सहज-स्वाभाविक स्थिति में है और वह तर्क के नियमों से सिद्ध है। ज़रा कल्पना कीजिए कि जब महादेवी जी ने अपनी माँ से यह सुना होगा कि जिस परिवार में उनका जन्म हुआ है, उसमें कन्या-वध का रिवाज था और वे संयोग से ही प्रसूति गृह से बच निकलीं, तब उनके बाल मन पर क्या प्रभाव पड़ा होगा? फिर जब सात साल की उम्र में उनका विवाह हुआ और मण्डप के पास ही उसकी मिट्टी पलीद हो गयी, तब विवाह उन्हें कितना सारहीन कृत्य दिखाई पड़ा होगा? कोई आश्चर्य नहीं कि विवाहित जीवन के प्रति छुटपन में ही उन्हें विरक्ति हो गयी और तभी से वे भिक्षुणी अथवा आश्रमवासिनी होने का सपना देखने लगीं।

आश्रमवास की इच्छा उनमें बहुत प्रखर रही है। प्रयाग में गंगा-तट पर साहित्यकार-संसद की स्थापना उसी इच्छा का परिणाम थी। यह योजना जब काम में लायी जाने पर भी चल न सकी, तब महादेवी ने ताकुला में आश्रम बनाने की कोशिश की। लेकिन वह कोशिश भी बेकार गयी। मेरा ख़याल है, महिला विद्यापीठ भी महादेवी जी की कल्पना के अनुसार नहीं ढल सका। चिन्तन, मनन और निदिध्यासन के बाद सत्य की उपलब्धि तो किसी-किसी को हो जाती है, मगर आदमी जब सत्य का संगठन करने लगता है, उसे सताने को अनेक रास्तों से राजनीति प्रवेश कर जाती है।

जो लोग यह कहते हैं कि महादेवी जी के जीवन में अभाव है, वे सत्य से बहुत दूर नहीं हैं, क्योंकि अभाव और खोखलापन कहीं-न-कहीं प्रायः प्रत्येक व्यक्ति के भीतर होता है। फिर भी इतना कहना काफ़ी नहीं है। कहना यह भी चाहिए कि इस अभाव की अनुभूति में महादेवी जी को रस मिलता है। अभाव तो पं. सुमित्रानन्दन जी पन्त के भी जीवन में है और अभाव निराला जी के

जीवन में भी था। किन्तु इन दो कवियों ने अपने अभाव को अभाव नहीं माना। किन्तु महादेवी जी ने इस अभाव को अपनी पूँजी बना लिया। उनकी अधिकांश कविताएँ इसी अभाव की अनुभूति से आलोकित हैं। नीत्से और नीत्से के बाद रिल्के में हम इस भावना का आख्यान देखते हैं कि सुख, असल में, दुःख की स्वीकृति को कहते हैं। महादेवी जी ने भी अपने अभाव को विभव और दुःख को सुख मान लिया है।

अपने इस सूनेपन की
मैं हूँ रानी मतवाली,
प्राणों का दीप जला कर
करती रहती दीवाली।

x x x

चिर विरह की रात को अब
तू मिलन का प्रात रे कह।
एक करुण अभाव में
चिर तृप्ति का संसार संचित।

राजा जी (राजागोपालाचारी) का अनुमान है कि आदि कवि ने मूलतः रामकथा वहीं समाप्त की होगी, जहाँ राम का राज्याभिषेक होता है। राम ने सीता का परित्याग किया, यह मूलकथा में नहीं रहा होगा। वह प्रक्षिप्त अंश है। किन्तु, भारत की नारियों पर जो अत्याचार होते रहे, उन्हें प्रतीक का रूप देने को सीतावनवास की कथा गढ़ दी गयी और लोगों ने उसे इतना सत्य मान लिया कि वह मूल कथा का ही अंश बन गयी।

भारतीय नारी की करुण स्थिति महादेवी को अत्यन्त निकट से अनुभूत हुई है—अनुभूत ही नहीं हुई, कन्यावध की परिपाटी और विवाह की विडम्बना के भीतर से वह स्थिति महादेवी जी के रग-रेशे से होकर गुज़री। कन्या-शिक्षा का प्रचार करके उन्होंने इस स्थिति का मुक़ाबला किया है। किन्तु, कविता के भीतर उन्होंने इस स्थिति से हारकर औरतों की बदक़िस्मती का रोना रोया है। महादेवी जी के आँसू भारत की सभी नारियों के आँसू हैं। उनका दुःखों को ही सुख मानने का भाव, भारत की परम्पराप्रिय नारियों का भाव है, जो जीवित इसलिए रही हैं कि वे विपत्तियों से समझौता करना जानती थीं, उन्हें अपना भाग्य समझकर भोगना जानती थीं।

हरिवंश राय बच्चन

जो व्यक्ति जितना ही अधिक समीप होता है, उसके बारे में लिखना उतना ही अधिक कठिन होता है। यह बहुत कुछ वैसी ही कठिनाई है, जैसी कठिनाई तुरन्त घटित होने वाली घटनाओं अथवा तुरन्त सूझने वाले भावों को चित्रित करने में होती है। जब तक हम घटनाओं के बहुत क़रीब हैं, तब तक उनके बारे में अख़बारी चीज़ें ही लिखी जा सकती हैं। घटनाओं के साहित्य बनने में दूरी का व्यवधान चाहिए; किन्तु बच्चन और मेरे बीच दूरी है ही नहीं। हम लोग जब मिलते हैं, हम केवल साहित्य, कला, अध्यात्म और राजनीति की ही बातें नहीं करते, हमारी बातचीत के बहुत से विषय पारिवारिक भी होते हैं, वैयक्तिक भी होते हैं और कभी-कभी गोपनीय भी होते हैं। बच्चन के व्यक्तित्व के समान निश्छल और आनन्ददायी व्यक्तित्व मैंने बहुत कम लोगों का देखा है। मुझे दुःख है कि बच्चन के साथ अपने घनिष्ठ सम्बन्ध के नोट मैंने नहीं जुगाये, अन्यथा मेरी वह दुरवस्था नहीं होती, जो अभी हो रही है।

फिर भी क़िस्से का आरम्भ मैं आरम्भ से ही करूँगा। बच्चन और मैं, दोनों ने साहित्य में उस समय आँखें खोली थीं, जब छायावाद अपने शिखर पर पहुँच चुका था और जब ये आसार आशकार हो रहे थे कि कविता कोई अन्य मार्ग पकड़ने वाली है। हम दोनों पहले सन् 1935 ई. में कलकत्ते में मिले, जब जापान के राष्ट्रकवि योन नोगूची के सम्मान में कलकते में एक विशाल कवि-सम्मेलन का आयोजन किया गया था। महादेवी जी, भगवती बाबू, रामकुमार जी, मनोरंजन जी, हृदयेश जी, बिस्मिल इलाहाबादी आदि अनेक सुकवियों ने इस सम्मेलन में भाग लिया था। महादेवी जी के मुख से पहले-पहल मैंने इसी कवि-सम्मेलन में कविता सुनी थी। उसी यात्रा के क्रम में हममें से कई लोग पं. बनारसीदास जी चतुर्वेदी के नेतृत्व में शान्तिनिकेतन गये थे। हम लोगों का काव्य-पाठ शान्तिनिकेतन में आयोजित एक गोष्ठी में भी हुआ था। महादेवी जी ने उस

गोष्ठी में भी काव्य-पाठ किया था। मगर जहाँ तक मुझे याद है, उस गोष्ठी के बाद किसी और गोष्ठी में महादेवी जी को कविता पढ़ते मैंने नहीं देखा है।

बच्चन से जब मैं पहले-पहल मिला, उसके पूर्व ही मैं उनकी कृतियों से परिचित हो चुका था। शायद वे भी तब तक मेरी दो-चार चीज़ें पढ़ चुके थे। एक दृष्टि से हम दोनों-के-दोनों समान रूप से भाग्यशाली रहे हैं। हम लोगों की कविता के विरोधी या हमारे निन्दक साहित्य में नहीं रहे हों, यह बात नहीं है, मगर जनता का समर्थन हमें आरम्भ से ही प्राप्त था। जनता मेरी ओर इसलिए उन्मुख हुई थी कि मेरा आरम्भ राष्ट्रीय चेतना के इर्द-गिर्द हुआ था। बच्चन उगते ही जनता के प्यारे इसलिए हो गये कि उन्होंने मस्ती और बेफ़िक्री के गीत एक अनुपम कलाकारिता के साथ आरम्भ किये।

हम लोगों की बातचीत बड़ी ही अन्तरंग और कभी-कभी फूहड़ भी होती है। मगर एक ग़लती मुझसे हो गयी, जिस पर मेरी नज़र आज पड़ी है। मैं बच्चन से यह पूछना भूल गया हूँ कि कभी उनके भीतर यह लोभ जागा है या नहीं कि मेरे द्वारा रचित किसी कविता के नीचे हस्ताक्षर मेरा नहीं, उनका होता? मगर हक़ीक़त यह है कि बच्चन की कई कविताओं को देखकर मैं लुभा गया था और कभी-कभी यह भी सोचने लगा था कि काश, इन कविताओं के नीचे हस्ताक्षर मेरे हुए होते!

कलकत्ते में नोगूचीवाले कवि-सम्मेलन के अलावे एक-दो गोष्ठियाँ और हुई थीं, जिनमें हमने साथ-साथ कविताएँ पढ़ी थीं। इन गोष्ठियों में बच्चन के साथ मेरी बातचीत तो बहुत कम हो पायी, मगर मैंने आँखों के सहारे उन्हें तोलने और आजमाने की कोशिश ज़रूर की। मुझे याद है कि उस समय बच्चन के प्रति मुझमें ममता का भाव जगा था, उन पर प्रेम और भक्ति उत्पन्न हुई थी। उन दिनों वे राजयक्ष्मा अथवा ऐसी ही किसी बीमारी से चंगे हुए थे, अतएव उनके प्रति श्रद्धा और ममत्व कुछ अधिक ही उत्पन्न हुआ था। शान्तिनिकेतन के बाद जब मैं अपने कर्मस्थान को लौटा, पं. बनारसीदास जी ने एक पत्र लिखकर मुझे बताया कि आप दोनों कवि मित्र-भाव से रहें और मुझे बताएँ कि बच्चन जी आपको कैसे लगे हैं। यह उपदेश चतुर्वेदी जी ने क्या सोच कर दिया था, इसका मुझे पता नहीं है। बच्चन और मैं कभी भी प्रतिस्पर्धी होकर प्रकट नहीं हुए हैं, न कलकत्ते में हमारे बीच कोई प्रतिस्पर्धा का भाव था। मैंने चतुर्वेदी जी की ही शैली में उन्हें अंगरेज़ी और हिन्दी मिश्रित एक पत्र लिखा, जिसका अंगरेज़ी अंश उन्होंने 'विशाल भारत' में प्रकाशित किया था।

"Bachchan is the harbinger of still better things in our literature. May he live long for he will do miracles."

मेरा ख़याल है, मेरी भविष्यवाणी चरितार्थ हो गयी। बच्चन की कविताओं की ऐसी धूम मची कि हिन्दी का काव्य-जगत बच्चनमय हो उठा और प्रायः प्रत्येक नगर कोशिश करने लगा कि बच्चन जी, कम-से-कम एक बार उसे भी अवश्य कृतार्थ करें। जिन लोगों ने उन दिनों बच्चन का सार्वजनिक काव्य पाठ नहीं सुना, उन्हें इस बात पर यक़ीन नहीं होगा कि बच्चन की लोकप्रियता किस कोटि की थी। उनकी शोहरत की तुलना केवल सिने-सितारों की ही शोहरत से की जा सकती थी। जिस कवि-सम्मेलन में बच्चन पधार जाते थे, उसका भाग्य चमक उठता था और जनता इस बात के लिए तैयार रहती थी कि बच्चन जी अगर सारी रात कविताएँ सुनाते रहें, तो जनता सारी रात आनन्द से बैठी रहेगी। और बच्चन ने भी कोताही नहीं की। ऐसे अनेक कवि-सम्मेलन हुए, जिनमें थोड़ी-सी रिलीफ ले-लेकर बच्चन रात-भर काव्य गायन करते रहे। उन दिनों कविताएँ तो मैं भी देर तक और बार-बार पढ़ता था, किन्तु बच्चन वाला धीरज मुझमें नहीं था और अक्सर मुझे इस बात से कुढ़न हो जाती थी कि बच्चन जी कवि-सम्मेलन को समाप्त क्यों नहीं होने देते हैं।

यहाँ बच्चन का चेहरा मुझे एक करुण प्रसंग में याद आता है। उन दिनों मैं कहीं देहात में सब-रजिस्ट्रार था। अचानक मैंने सुना, बच्चन की पत्नी सख़्त बीमार हैं और उनका इलाज डॉक्टर भार्गव से करवाने को बच्चन जी उन्हें पटना ले आये हैं। अतएव, एक रविवार को मैं पटना आया और बच्चन से मिलने को अस्पताल गया। उस दिन वे धोती और कुरता पहने हुए थे। राज-यक्ष्मा से वे ख़ुद मुश्किल से उबरे थे, उस पर घातक रोग से ग्रसित पत्नी की चिन्ता। उनका चेहरा दुर्बल, उदास और गमगीन था, मगर उनके सिर पर के घुँघराले बाल उन्हें तब भी मनोज्ञ बनाये हुए थे और उनके व्यक्तित्व का सारा तेज तब भी उनकी आँखों से झाँक रहा था। बच्चन जी की आँखें बड़ी नहीं हैं, मगर वे उनके व्यक्तित्व को बराबर व्यंजित करती हैं। उनमें कुछ तो तटस्थता दीखती है, कुछ गहराई और कुछ ऐसी वेधकता, जो बिल्कुल ही अनिर्वचनीय है।

बच्चन जी मुझे श्यामा जी (उनकी प्रथम भार्या का यही नाम था) की रोगशैया के पास ले गये और उनसे उन्होंने मेरा परिचय कराया। श्यामा जी का शरीर सूखकर काँटा हो गया था। वे खाट से लगी हुई थीं। फिर भी उन्होंने दोनों हाथ जोड़कर मुझे नमस्कार किया और एक गुलाब का फूल दिया, जो न जाने, कैसे उनके सिरहाने पर पड़ा हुआ था। फिर बच्चन जी के कान में धीमे से उन्होंने कोई बात कही। बच्चन जी ने कहा, इन्हें जब भी कड़वी दवा की घूँट पीनी पड़ती है, तब इनके मुख से तुम्हारी कविता की एक पंक्ति निकल जाती है :

"हे नीलकण्ठ, सन्तोष करो, था लिखा गरल का पान तुम्हें।"

जब श्यामा जी की रोग-शैया से हम हटे, बच्चन जी ने कहा, भाई, मैं ख़ुद थाइसिस से ग्रस्त हुआ था। लोगों ने मुझे बहुत उपदेश दिये कि अमुक जगह पर जाकर अमुक डॉक्टर से इलाज करवाओ, मगर उतने पैसे कहाँ से लाता? मैंने हर दोस्त से यही कहा कि अच्छा तो मैं केवल अपनी तपस्या से होऊँगा और तपस्या के ज़रिये ही मैं उस रोग से मुक्त भी हो गया। मगर श्यामा का कष्ट नहीं देखा जाता है। तुम समझ सकते हो कि मैं कैसी परेशानियों में मुब्तिला हूँ।

बच्चन ने लाख प्रयत्न किये, मगर श्यामा जी नहीं बच सकीं। और श्यामा जी के शरीरान्त के बाद बच्चन जी दर्द से बेहाल, बल्कि, विक्षिप्त हो गये। 'निशा-निमन्त्रण' और 'एकान्त-संगीत' उन्हीं बेचैन दिनों की रचनाएँ हैं। 'इस पार प्रिये, मधु है, तुम हो, उस पार न जानें क्या होगा'—यह उन दिनों की रचना है, जब बच्चन जी अपनी बीमारी के कारण निराश थे; किन्तु 'निशा-निमन्त्रण' और 'एकान्त-संगीत' उनके विरही जीवन की अनुभूतियों से उत्पन्न हुए थे। बच्चन जी जब यह कहते हैं कि मैंने वही लिखा है, जो भोगा है, तब वे ज़रा भी अत्युक्ति नहीं करते। 'निशा-निमन्त्रण' और 'एकान्त-संगीत' को देखकर यह अनुमान आसानी से लगाया जा सकता है कि सच्ची कविता घटना होती है, जीवन का यथार्थ चित्रण होती है और जिस कविता में कवि ख़ुद समाया होता है, वही कविता औरों के भी हृदय में समा जाती है। इलियट ने लिखा है कि एक ही व्यक्ति दर्द भी भोगता है और कविता भी लिखता है। मगर कलाकार जितना ही बड़ा होता है, उसके भीतर के दर्द भोगने वाले मनुष्य और रचना करने वाले कवि के बीच की दूरी उतनी ही बढ़ जाती है। 'निशा-निमन्त्रण' और 'एकान्त-संगीत' इलियट की इस उक्ति का खण्डन करते हैं, क्योंकि इन दो पुस्तकों की कविताओं में हमें दर्द भोगने वाले मनुष्य और रचना करने वाले कलाकार के दर्शन साथ-साथ होते हैं और हम पर प्रभाव उन दोनों का पड़ता है। हम हिन्दी-भाषी लोग बच्चन जी की वर्तमान सहधर्मिणी श्रीमती तेजी जी के बहुत-बहुत आभारी हैं कि उन्होंने भारत के एक रससिद्ध कवि के जीवन में फिर से वसन्त ला दिया और निराशा एवं विषण्णता की ओर बड़ी तीव्र गति से बढ़ती हुई बच्चन की कविता को एक नया मोड़ दे दिया।

उन दिनों लोगों के बीच यह कानाफूसी चला करती थी कि बच्चन जी केवल मधु के गीत ही नहीं लिखते, उसका सेवन भी करते हैं। कई बार उन पर यह आक्षेप भी हुआ था कि जब देश में आज़ादी की इतनी बड़ी लड़ाई चल रही है, तब बच्चन जी अपनी वेदना में क्यों पड़े हैं, वे देश-भक्ति के गीत क्यों

नहीं लिखते? बच्चन ने इन आक्षेपों के उत्तर भी दिये थे। एक आक्षेप का उत्तर उन्होंने यह कहकर दिया था कि मेरे पास जो शराब है, उसे मैं नहीं पीता, वही मुझे पीती है। और दूसरे आक्षेप के उत्तर में उन्होंने कई कविताएँ लिखी थीं, जिनमें से एक पंक्ति अत्यन्त सबल थी।

हैं लिखे मधु गीत मैंने
हो खड़े जीवन-समर में।

मूर्खतावश एक दिन मैंने भी बच्चन से कहा था कि "अरे यार, अब रोना-धोना छोड़ दो और कभी-कभी देश और ज़माने से भी प्रेरणा लो।" बच्चन ने मुझे सटीक जवाब दिया था, "पहले मैं अपने आपको सँभाल लूँ।" उसके बाद मैंने फिर कभी यह बेहूदगी का सवाल नहीं किया।

बच्चन जी और मैं एक साथ कई सम्मेलनों में सम्मिलित हुए हैं और जहाँ साथ-साथ हमने वाहवाही लूटी है, वहाँ साथ-साथ डाँट और फटकार भी सुनी है। गोरखपुर के विराट कवि-सम्मेलन में हम दोनों आसपास सटकर बैठे थे। हमारा दुर्भाग्य कि उन दिनों हम लोग शरीफ़ आदमियों की तरह चुपचाप नहीं बैठ सकते थे, बल्कि फुसुर-फुसुर कुछ-न-कुछ बतियाते रहते थे। हमारी इस ग़लती को एक कवि ने पकड़ लिया और माइक पर उन्होंने पुकारकर कहा, "पीछे बैठे दोनों महाकवि तो आपस में बातें कर रहे हैं। कविता क्या खाक पढ़ी जायेगी?" जनता यह सुनकर ज़ोरों से हँस पड़ी, मगर हम दोनों काफ़ी हतप्रभ हो गये। उस दिन हमने प्रतिज्ञा की कि अब ऐसी ग़लती हम नहीं करेंगे। मगर प्रतिज्ञा ठीक से निभी नहीं। यह बात और है कि कृपालु कवियों में से किसी ने फिर हमें डाँट नहीं सुनायी।

जब मैं साउथ एवेन्यू (नयी दिल्ली) में रहता था, तब भी बच्चन जी विलिंगडन क्रिसेंट में ही रहते थे। हम दोनों अपने-अपने घर से सुबह में टहलने को चाणक्यपुरी की ओर चले जाते थे। जाते समय हमारा साथ नहीं होता था, मगर टहलने के क्रम में हमारी भेंट अक्सर हो जाती थी। जब भी भेंट होती, मैं यह देखकर ख़ूब हँसता कि बच्चन जी पत्थर का कोई टुकड़ा गरदन पर सँभाले, सड़क के ओवरसीयर के समान चले आ रहे हैं। और कौतुक उन्हें भी होता था कि मैं अक्सर नीम की दातून तोड़कर उन्हें कन्धे पर उठाये चलता था। उन दिनों बच्चन जी को पत्थरों से सांकेतिक प्रतिमाएँ बनाने का शौक़ हो गया था। उन्होंने इस काम के लिए छेनी, हथौड़ी और कुछ रंग भी ख़रीद लिये थे। रास्ते में चलते समय वे पत्थरों के टुकड़ों को ग़ौर से देखते और कल्पना लड़ाते कि किसी टुकड़े में कोई मूर्ति छिपी हुई है या नहीं। अगर कोई टुकड़ा उन्हें ऐसा दिखाई देता,

जिसके भीतर से मूर्ति उभारी जा सकती थी, तो वे उसे उठाकर अपने कन्धे पर रख लेते और घर आकर छेनी, हथौड़ी और रंग के प्रयोग से कोई मूर्ति तैयार कर लेते। ऐसी अनेक प्रतिमाएँ अब भी उनके बरामदे की शोभा बढ़ाती हैं।

बच्चन जी के इस शौक़ पर मैं यह टिप्पणी करता था कि "कवि कोई कौतुक रचे बिना शायद जी नहीं सकता है। देखो न, महादेवी जी ने ढेर की ढेर बिल्लियाँ, गिलहरियाँ और बहुत-से कुत्ते और पक्षी पाल रखे हैं। सुना है, जानकीवल्लभ जी के यहाँ भी कई दर्जन बिल्लियाँ पल रही हैं, जिनमें से प्रत्येक का नाम उन्होंने किसी अप्सरा के नाम पर रखा है। और तुम्हें कुछ न सूझा, तो पत्थर में लग गये हो!"

उन दिनों काव्य-चर्चा के प्रसंग में बच्चन जी अक्सर एक पते की बात कहते थे, "कविता का रंग-ढंग बदल गया और हमें भी जो लिखना था, हम लिख चुके हैं। क्या तुम्हें यह नहीं लगता कि हम लोग अपनी ही सीमा में घिर गये हैं? अब जो लिखने लगता हूँ, तो साफ़ दिखाई देता है, इधर 'मधुशाला' राह रोके खड़ी है, उधर 'मधुबाला' है और बाक़ी दिशाओं में 'निशा-निमन्त्रण' और 'एकान्त-संगीत'। और तुम क्या 'हुंकार', 'कुरुक्षेत्र' और 'रसवन्ती' की सीमाओं को लाँघ सकते हो? (तब तक 'उर्वशी' नहीं लिखी गयी थी) एक उम्र में आकर कवि अपनी ही पूर्व कृतियों के वृत्त में घिर जाता है और वह अपनी ही परिधि का उल्लंघन नहीं कर सकता।" बच्चन की बात वैसे ठीक है, मगर रवीन्द्रनाथ इस नियम के अपवाद माने जायेंगे।

बच्चन जी बड़े ही निश्छल और निर्लिप्त मनुष्य हैं। दिन-दिन मैं जितना ही उनके समीप पहुँचा हूँ, उतना ही मैंने उन्हें निर्मल और विश्वसनीय पाया है। मित्रता उनकी ऐसी प्रगाढ़ है कि सन् 1967 ई. में जब मैं जीवन की सबसे बड़ी विपत्ति में फँसा, वे बराबर समय निकालकर मेरे पास आते थे और देर तक मुझे ढाढस बँधाते थे। उन दिनों जितना बल मुझे प्रार्थनाओं से मिलता था, उतनी ही प्रेरणा बच्चन की सत्संगति से प्राप्त होती थी।

कुन्ती ने भगवान श्रीकृष्ण से कहा था कि प्रभो, मुझे हमेशा विपत्ति में रखो, जिससे मैं तुम्हें भूल नहीं जाऊँ। मेरी विपत्ति सन् 1963 ई. में आरम्भ हुई और जिस क्षण मेरी विपत्ति जन्म ले रही थी, ठीक उसी समय बच्चन जी पटना में मेरे घर पर विद्यमान थे। विपत्ति के झोंके ने मुझे साधुओं, सन्तों और भगवान की ओर झुका दिया। तब से बच्चन जी के साथ मेरी अधिकांश चर्चा अध्यात्म को लेकर चलती रही है। बच्चन जी खुद अध्यात्म की ओर मुड़ गये हैं। उन्होंने गीता के दो-दो अनुवाद प्रकाशित करवाये हैं। किन्तु चर्चा के दौरान वे अक्सर

यही कहते हैं, "दिनकर, मुझे तो बुद्धि कहीं बँधने नहीं देती। तुम्हें यदि अमृत मिल जाय, तो मुझे भी चखाना।"

मैं जिस अमृत की तलाश में हूँ, वह इस जीवन में मुझे प्राप्त होगा या नहीं, यह मैं नहीं जानता। किन्तु, यदि वह प्राप्त हो गया, तो भगवान से मेरी प्रार्थना होगी कि उसका स्वाद बच्चन को भी प्राप्त हो।

इलाहाबाद के साहित्यकार-संसद ने जब 'कुरुक्षेत्र' काव्य के लिए मुझे सम्मानित किया था और एक हज़ार रुपये का पुरस्कार दिया था, उस समय गंगा की रेत पर महादेवी जी ने अद्भुत समारोह आयोजित किया था—ऐसा समारोह, जिसका जोड़ मैंने तब से आज तक नहीं देखा है। उस समय हिन्दी के अनेक श्रेष्ठ कवियों और लेखकों ने मेरे लिए आशीर्वाद और प्रोत्साहन के बड़े ही मार्मिक उद्गार प्रकट किये थे। जब बच्चन जी की बारी आयी, उन्होंने कहा, "दिनकर और मैं जोड़ीदार हैं। जो चीज़ मुझे मिलती है, उसमें आधा हिस्सा उसका है; जो चीज़ उसे मिलती है, उसमें आधा हिस्सा मेरा है! इसलिए, मैं दिनकर से कहता हूँ, भाई, अद्धो।"

मगर सभा में मैं कृतसंकल्प होकर गया था। मुझे जो भी पुरस्कार मिला, उसे मैंने भारत-कला भवन को दान कर दिया। लेकिन अमृत की प्राप्ति अगर मुझे हुई, तो उसका आधा हिस्सा बच्चन को मिल जाय, यह मेरी एकान्त कामना है। मैं जिस शक्ति की आराधना में हूँ, वही हम दोनों की तृषा मिटा सकती हैं, अथवा यह भी सम्भव है कि अमृत की प्राप्ति पहले बच्चन को ही हो और मैं उसका हिस्सेदार बनूँ। बच्चन के पास जो डायनेमो है, उसकी शक्ति असाधारण है। उस डायनेमो का रुख़ अध्यात्म की ओर होने से बच्चन उस दिशा में भी दूर तक पहुँचेंगे।

जब पं. रामनरेश त्रिपाठी ने 'कविता-कौमुदी' के दूसरे भाग का नवीन संस्करण निकाला, उसमें उन्होंने एक ऐसी बात लिख दी, जो शायद लिखने लायक नहीं थी। उन्होंने लिखा था, "दिनकर और बच्चन प्रतिद्वन्द्वी कवि हैं। एक की भाषा लाजवाब है, दूसरे के भाव बड़े उन्मादक हैं। इनमें से जो भी कवि अपने प्रतिद्वन्द्वी का गुण ग्रहण कर लेगा, वही अगले युग का नेता होगा।" मेरे भावों की उन्मादकता शायद कम हो चुकी है, क्योंकि एक उम्र पर आकर यह गुण रूपान्तरित हो जाता है, मगर मैं यह भली-भाँति जानता हूँ कि बच्चन की भाषा आज भी लाजवाब है।

(22 मार्च, 1968)

भारतीय एकता

हिन्दू-मुस्लिम एकता

ऊपर जो कुछ कहा गया है, उससे यह बात स्पष्ट हो जाती है कि हिन्दू चाहे उत्तर में हों या दक्षिण में, पूर्व में हों या पश्चिम में—वे एक ही जाति के सदस्य हैं, क्योंकि उनका धर्म एक है, उनके शास्त्र एक हैं, उनके पुराण एक हैं और उनका साहित्य एक है। गर्चे भारत के सभी हिन्दू एक ही भाषा नहीं बोलते, लेकिन उनकी सभी भाषाओं में धर्म के एक भाव हैं, चिन्तन का एक ही रूप है और अनुभूति की एक ही दिशा है। कौन हिन्दू आर्य हैं और कौन हिन्दू आर्य नहीं हैं, इस विलगाव का अब कोई उपाय नहीं है। वे अनेक जातियों से, अनेक वंशों से आकर एक धर्म और एक संस्कृति की छाँव में खड़े हुए थे। यह इतिहास से भी पहले की बात है। लेकिन पिछले चार-पाँच हज़ार वर्षों में उनके बीच इतना मिश्रण हुआ कि अब वे एक ही जाति के सदस्य हैं।

जहाँ तक भारतीय मुसलमानों का सम्बन्ध है, उनमें से बहुत थोड़े ऐसे हैं, जिनके पुरखे अरब और ईरान से आये थे। अति विशाल संख्या तो उन्हीं लोगों की है, जिनके पुरखे हिन्दू थे और हिन्दू से ही वे मुसलमान हो गये। लेकिन धर्म बदलने से स्वभाव नहीं बदलता, आदतें नहीं बदलतीं, जीवन का दृष्टिकोण नहीं बदलता और न राष्ट्रीयता बदलती है। जो भी मुसलमान भारत से बाहर जाता है, वह पहले हिन्दुस्तानी और बाद को मुसलमान समझा जाता है। हिन्दुस्तानी समाज के ढब और ढाँचे तथा तौर-तरीक़े केवल हिन्दुओं तक ही सीमित नहीं हैं, वे मुसलमानों में भी पाये जाते हैं।

सामान्यतः लोग यह समझते हैं कि इस्लाम भारतवर्ष में मोहम्मद गजनी और मोहम्मद गोरी के साथ पहुँचा; किन्तु यह बात सत्य नहीं है। जब हजरत मोहम्मद धराधाम पर मौजूद थे, तभी मालाबार में कुछ लोगों ने इस्लाम-धर्म स्वीकार कर लिया था। कहते हैं कि हजरत मोहम्मद ने एक बार चमत्कार दिखाया और चाँद के दो टुकड़े कर दिये। टूटा हुआ चाँद मालाबार में भी दिखाई पड़ा और अरब के कुछ सौदागरों ने, जो मालाबार के समुद्र तट पर ठहरे हुए थे, लोगों से कहा कि

यह हजरत मोहम्मद का चमत्कार है। इसी चमत्कार से प्रभावित होकर मालाबार के कुछ हिन्दू मुसलमान हो गये।

मोहम्मद गजनी और मोहम्मद गोरी के साथ जो इस्लाम भारत पहुँचा, उसके प्रति उस समय लोगों के भीतर कटुता के भाव थे; किन्तु मालाबार में जब लोग मुसलमान हुए थे, तब इस्लाम को उन्होंने भक्ति से स्वीकार किया था।

जैसे इस्लाम भारतवर्ष में हजरत मोहम्मद के जीवनकाल में ही पहुँचा था, उसी प्रकार ईसाइयत भी दक्षिण भारत में उसी समय आ गयी थी, जब इंग्लैंड के लोग ईसाई नहीं हुए थे। जब यहूदियों पर अत्याचार होने लगे, तब बहुत-से यहूदी भी अपने धर्म की रक्षा करने के लिए बाहर से भागकर हिन्दुस्तान आ गये। इसी प्रकार जब फ़ारस में पारसी लोगों पर मुसलमानों का अत्याचार शुरू हुआ, सन् 936 ई. में वे भी भागकर हिन्दुस्तान आ गये। इसीलिए यह समझना अधिक सत्य है कि भारतवर्ष केवल हिन्दू धर्म का देश नहीं है। उसके भीतर ईसाई, यहूदी, पारसी और मुसलमान भी बहुत दिनों से बसते आये हैं। ख़ुशी की बात यह है कि जो भी धर्म शरण खोजते हुए भारतवर्ष आ गये, उन्हें हिन्दू धर्म ने कोई कष्ट नहीं दिया। हिन्दू-धर्म के साथ ये सभी धर्म पूरी शान्ति के साथ फलते-फूलते रहे हैं।

चन्दबरदायी

इस्लाम से भारत का परिचय दो रूपों में हुआ। पहला रूप वह था, जब मालावार के हिन्दू इस्लाम के प्रति भक्ति होने से मुसलमान हो गये थे। दूसरा रूप वह हुआ, जब गजनी और गोरी की तलवार के भय से हिन्दुओं को इस्लाम क़बूल करना पड़ा। गजनी और गोरी का समय इतिहास का अप्रिय काल है। उस समय इस्लाम विजेता धर्म के रूप में भारतवर्ष पहुँचा था, उसने मन्दिरों का ध्वंस किया, मूर्तियों को तोड़ डाला और ज़बरदस्ती लोगों को धर्म-परिवर्तन के लिए लाचार किया। यह दो सभ्यताओं के बीच टकराहट का काल था और उसकी आवाज़ कर्कश थी। पठानों के समय राज्य इस्लामी क़ानून के हिसाब से चलता था और हिन्दू द्वितीय श्रेणी के नागरिक बन गये थे। यह स्थिति काफ़ी दिनों तक चली, लेकिन जब लोगों ने देख लिया कि मुसलमान इसी देश को अपना देश मानकर रहने लगे हैं, तब इस्लाम के प्रति उनका भाव उदार होने लगा।

पठानों के काल में हिन्दू और मुस्लिम—दोनों ही धर्मों के बीच से सूफ़ी और सन्त पैदा हुए, जिन्होंने हिन्दू-मुस्लिम एकता पर बहुत अधिक ज़ोर दिया। उससे भी पहले चन्दबरदायी हुए। चन्दबरदायी राजा पृथ्वीराज के कवि और मित्र थे।

उन्होंने पृथ्वीराज-रासो की रचना की है, जो हिन्दी का आदि महाकाव्य समझा जाता है। चूँकि मोहम्मद गोरी ने राजा पृथ्वीराज को हराया और उनका वध किया था, इसलिए अनुमान यही निकलता है कि चन्दबरदायी इस्लाम को शत्रु-भाव से देखते होंगे; किन्तु चन्दबरदायी ने इस्लाम को शत्रु-भाव से नहीं देखा, उसे भी हिन्दू-धर्म के समान ही पवित्र और महान धर्म माना। रासो के आरम्भ में उन्होंने लिखा है कि मैं केवल पुराणों का ही सत्य नहीं लिख रहा हूँ, मेरा विषय क़ुरान का भी सत्य है :

उक्ति धर्म विशालस्य राजनीति नवं रसं,
षट् भाषा पुराणं च क़ुरानं कथितं मया।

यही हिन्दू-धर्म की विशेषता है। हिन्दू-धर्म की शिक्षा है कि सभी धर्म समान हैं, सभी धर्म अच्छे हैं और सभी धर्मों की अनुभूति अन्त में जाकर एक ही होती है। इसीलिए सच्चा हिन्दू किसी भी धर्म से घृणा नहीं करता। हिन्दू-धर्म की इसी विशेषता ने चन्दबरदायी को क़ुरान और पुराण—दोनों को समान दृष्टि से देखने की शक्ति दी थी।

पठान सुलतान उलमाओं के मार्ग-दर्शन में चलते थे और उलमाओं का उपदेश यह था कि जो सुलतान अधिक-से-अधिक काफ़िरों को मुसलमान बनायेगा, अधिक-से-अधिक मन्दिरों और मूर्तियों को तोड़ेगा, वही सबसे बड़ा सुलतान है। अतएव सुलतानों के लिए यह ज़रूरी हो गया कि उलमाओं की इच्छा पूर्ति के लिए वे हिन्दू-धर्म पर अत्याचार करें। लेकिन मुसलमानों के सूफ़ी सन्त उलमाओं के साथ नहीं थे। वे धर्मों के बाहरी रूप को महत्त्व नहीं देते थे। उनका सारा ज़ोर धर्मों की एकता पर था और यही भाव इस्लाम के प्रति हिन्दू-साधकों और सन्तों का भी था।

अमीर ख़ुसरो

इस्लाम के भीतर से एकता की आवाज़ बहुत जल्दी उठने लगी। राजा पृथ्वीराज का निधन 1192 ई. में हुआ और उसके 61 वर्ष बाद अमीर ख़ुसरो का जन्म हुआ। अमीर ख़ुसरो भारत के सबसे पहले राष्ट्रीय मुसलमान थे। वे हजरत चिश्ती के शिष्य और ख़ुद बहुत ऊँचे तबके के सूफ़ी साधक थे। वे खड़ी बोली हिन्दी और उर्दू—दोनों भाषाओं के पिता थे। जिस भाषा में हम लोग अब अपना साहित्य लिखते हैं, उस भाषा में पहले-पहल रचना अमीर ख़ुसरो ने आरम्भ की थी। अमीर ख़ुसरो का लिखा हुआ एक महाकाव्य है, जिसका नाम 'नूहे सिफर' है।

उन्होंने इस महाकाव्य में भारतवर्ष का वर्णन किया है। उनके वर्णन से पता चलता है कि 14वीं सदी में भी भारत संसार का सबसे अग्रणी देश था।

खुसरो की दृष्टि में भारत इसलिए वन्दनीय है कि इस देश के लोगों में ज्ञान और विविध विद्याओं का व्यापक प्रचार है। विश्व की सभी भाषाएँ भारतवासी शुद्धता से बोल सकते हैं। ज्ञान सीखने को बाहर के लोगों को भारत आना पड़ता है, किन्तु भारतवासियों को भारत से बाहर जाना नहीं पड़ता। अंकों का विकास भारत में हुआ है। विशेषतः शून्य का प्रतीक भारत का आविष्कार है। हिन्दसा शब्द हिन्द और असा—इन दो शब्दों के योग से बनता है। (ख़ुसरो का ख़याल था कि असा भारत के प्रसिद्ध गणितज्ञ थे।) कलीला व दमना (करटक और दमनक) की कहानी भारत में रची गयी और फ़ारसी, तुर्की, ताजी (अरबी) एवं दरी भाषाओं में उस कहानी का अनुवाद हुआ है। शतरंज के खेल का आविष्कर्ता भारतवर्ष है। भारतीय संगीत अन्य सभी देशों के संगीत से कहीं उच्चकोटि का है। संगीत पर यहाँ केवल मनुष्य ही नहीं झूमते, उसे सुनकर यहाँ के हिरनों को भी स्तम्भ हो जाता है। अन्य किसी भी देश में खुसरो के समान भाषा का जादूगर नहीं है, गर्चे सुलतान का वह एक अदना-सा चारण है।

भारत को ख़ुसरो ने पृथ्वी का स्वर्ग माना है और लिखा है कि आदम और हौवा जब स्वर्ग में निकले थे, तब वे इसी देश में उतरे थे। भारत के सामने ख़ुसरो ने बसरा, तुर्की, रूस, चीन, खुरासान, समरकन्द, मिस्र और कन्धार—सबको तुच्छ बताया है। फिर ख़ुसरो ने यह भी लिखा है कि कोई मुझसे पूछ सकता है कि तू मुसलमान होकर हिन्दुस्तान की बड़ाई क्यों करता है। मेरा जवाब यह होगा कि इसलिए कि हिन्दुस्तान मेरी जन्म-भूमि है और पैगम्बर साहब का हुक्म है कि तुम्हारी जन्म-भूमि का प्रेम तुम्हारे धर्म-प्रेम में शामिल होगा।

चन्दबरदायी में जो उदारता थी, वही उदारता हम राणा कुम्भा में भी देखते हैं। राणा कुम्भा ने जब विजय पायी, तब उन्होंने उसकी याद में एक स्तम्भ खड़ा किया। उस स्तम्भ पर हिन्दू देवी-देवताओं के चित्र थे और मूर्तियाँ थीं। लेकिन राणा कुम्भा को यह सूझा कि इस स्तम्भ पर इस्लाम को भी प्रतिनिधित्व मिलना चाहिए। अतएव अरबी अक्षरों में उन्होंने इस स्तम्भ पर निराकार ईश्वर का नाम लिखवाया। हमारे पुरखे इतने उदार थे और इस्लाम को वे हिन्दू-धर्म के निराकार पक्ष का ही प्रतिनिधि समझते थे।

जिन देशों में मुसलमानों का बहुमत नहीं है, उन देशों के मुसलमान मन से एक कठिनाई का अनुभव करते हैं। आरम्भ से ही उन्हें सिखाया गया है कि जिस देश पर मुसलमानों का राज्य नहीं है, वह देश दारुल-हरब यानी शत्रुओं का देश

समझा जाना चाहिए। अतएव देश-भक्ति और धर्म-भक्ति को एक साथ ले चलने में मुसलमानों को कठिनाई होती है। आम लोगों का ख़याल है कि जिस देश का शासन इस्लामी क़ानून से नहीं चलता, उस देश में बसने वाले मुसलमान प्रच्छन्न विद्रोही बनकर जीते हैं। अमीर ख़ुसरो ने यह कहकर कि आदमी का जन्म-भूमि का प्रेम उसके धर्म-प्रेम में शामिल होता है, मुसलमानों के इस अन्ध-विश्वास को फाड़ दिया था। यदि ख़ुसरो को हिन्दुस्तान ने अपने आदर्श मुसलमान के रूप में उछाला होता, तो हिन्दुस्तान की कठिनाई कुछ-न-कुछ कम हो गयी होती। आज भी मौक़ा है कि हम ख़ुसरो को आदर्श भारतीय मुसलमान के रूप में जनता के सामने पेश करें।

सन्तों का आन्दोलन

पठान-काल का सबसे प्रमुख आन्दोलन सूफ़ी आन्दोलन था। यह आन्दोलन ईरानी तसव्वुफ और भारतीय वेदान्त के मेल से बढ़ा था। और सूफ़ी सन्त हिन्दू और मुस्लिम–दोनों ही समाजों में पैदा हुए थे। सूफ़ी फ़क़ीर आज़ाद तबीयत के होते थे। वे सुलतानों की परवाह नहीं करते थे, न उलमाओं के उपदेशों का वे आदर करते थे। चूँकि उलमा इन सन्तों के ख़िलाफ़ थे, इसलिए जनता सन्तों की और भी पूजा करती थी। सुलतान और उलमा जो कुछ कर रहे थे, उससे हिन्दुओं और मुसलमानों के बीच खाई बढ़ती जाती थी; लेकिन सूफ़ी सन्तों ने इस खाई को पाटने की कोशिश की। वे इस खाई पर सेतु बन गये। मुस्लिम सूफ़ियों के अनेक शिष्य हिन्दू होते थे। इसी प्रकार अनेक हिन्दू सन्तों के बहुत से शिष्य मुसलमान थे। एक ऐसे समय में, जब सुलतानों और मुल्लों के धार्मिक विद्वेष के कारण हिन्दुओं का हृदय मुसलमानों से फटता चला जा रहा था, इन सूफ़ी फ़क़ीरों और साधुओं ने बड़ा काम किया। धार्मिक एकता पर ज़ोर देकर उन्होंने दोनों ही धर्मों के लोगों को परस्पर निकट लाने का प्रयास किया।

भारत में इस्लाम के दो रूप प्रकट हुए। मुसलमान शासक हिन्दुओं के द्रोही थे, मन्दिरों के भंजक और प्रतिमाओं के शत्रु थे। लेकिन मुस्लिम सूफ़ी सन्तों में हिन्दुओं के प्रति शत्रुता का भाव नहीं था। वे हिन्दू और मुसलमान–दोनों को एक नये धर्म में दीक्षित करना चाहते थे, जो आत्मा का धर्म था, सच्ची मानवता का धर्म था। सभी सूफ़ी सन्त धर्म के बाह्याचारों के ख़िलाफ़ थे। उनका सारा ज़ोर प्रेम पर था, परमात्मा की भक्ति पर था। इसीलिए इस्लामी मुल्ले उनके ख़िलाफ़ थे और इसीलिए कबीर आदि का विरोध वैदिक धर्म के पण्डितों ने भी किया। लेकिन हिन्दू जनता का एक वर्ग ऐसा भी था, जो वैदिक अनुष्ठानों और

आचारों में विश्वास नहीं करता था, जिसके भीतर बहुत दूर पर बुद्ध की प्रेरणा काम कर रही थी, जिसने सरहपा-नहपा आदि बौद्ध सिद्धों के इस उपदेश को अपना लिया था कि यज्ञ झूठे हैं, ब्राह्मणों का आदर करने में कोई पुण्य नहीं है, न एकादशी और मंगल को व्रत रखने से आत्मा का कल्याण होता है। यह विचारधारा अहिंसा को मानती थी, आत्म-चिन्तन की प्रक्रिया में विश्वास करती थी और प्रतिमा-पूजन तथा तीर्थयात्रा के विरुद्ध थी। सूफ़ियों के उपदेश सबसे अधिक इन्हीं लोगों को पसन्द आये और ये ही लोग इस्लाम और हिन्दुत्व के बीच प्रथम सेतु हुए। हिन्दू से मुसलमान होने वालों में सबसे अधिक संख्या इन्हीं लोगों की थी और इसी वर्ग के लोग हिन्दू रहकर भी इस्लाम से, विशेषतः, उसके सूफ़ी आन्दोलन से प्यार करने लगे। राजनीति के धरातल पर बँटे हुए लोग धर्म के धरातल पर एक होने लगे।

महात्मा कबीरदास

अमीर ख़ुसरो ने जो राह दिखाई थी, उसका असर कुछ अन्य चिन्तकों, साधकों और कवियों पर भी हुआ। इस मिली-जुली संस्कृति के पहले नेता अमीर ख़ुसरो थे, मगर उसके सबसे बड़े नेता महात्मा कबीरदास हुए। सच पूछिए तो हिन्दू-मुस्लिम एकता के बड़े नेता इस देश में तीन हुए हैं—महात्मा कबीरदास, सम्राट् अकबर और महात्मा गांधी। अकबर और गांधी जी राजनीति के आदमी थे, अतएव उन्होंने यह कहा कि सभी धर्म ठीक हैं। अकबर ने सभी धर्मों से अच्छी बातें चुनकर दीने-इलाही की रचना की थी और गांधी जी भी अपनी प्रार्थनाओं में सभी धर्मों की स्तुतियाँ रखते थे। किन्तु राजनीति की कोई फ़िक्र न होने के कारण महात्मा कबीरदास बिल्कुल ही स्वतन्त्र थे। उन्होंने यह नहीं कहा कि सभी धर्म ठीक हैं, इसलिए सबको मिलकर रहना चाहिए। उनका कहना यह था कि हिन्दुत्व और इस्लाम—दोनों ही अधूरे धर्म हैं, क्योंकि वे धर्म के बाहरी रूपों में उलझे हुए हैं। अनुष्ठान और आचार—ये धर्म के मूल तत्त्व नहीं, उसके ढकोसले हैं। असली धर्म वह है, जो हिन्दुत्व और इस्लाम—दोनों का अतिक्रमण करता है, दोनों से आगे जाता है :

सुर, नर, मुनि औ औलिया, ये सब बेलें तीर,
अलह राम की गति नहीं, तहं घर किया कबीर।
हद्द छाड़ि बेहद गया, किया सुन्नि असनान,
मुनि जन महल न पावई, तहाँ किया विश्राम।

कबीर अत्यन्त क्रान्तिकारी पुरुष थे। उन्होंने ही पहले-पहल हिन्दुओं और मुसलमानों की आँखों में उँगली डालकर उन्हें यह समझाया कि मन्दिर और मस्जिद के सवाल पर झगड़ने से बढ़कर बेवकूफ़ी की कोई और बात नहीं हो सकती। आज से चार सौ साल पहले कबीर ने जो स्वप्न देखा था, वह अभी पूरा नहीं हुआ है। कबीर आनुष्ठानिक धर्म के विरुद्ध थे। वो उस धर्म का प्रचार करना चाहते थे, जिसे डॉ. राधाकृष्णन ने आत्मा का धर्म, यह नया नाम दिया है। सभी धर्म एक ही बिन्दु से उत्पन्न होते हैं। मूल में सभी धर्म एक हैं। भिन्नता शाखाओं को लेकर बढ़ती है। कबीर ने जो यह मन्त्र फूँका कि हिन्दुत्व और इस्लाम दोनों-के-दोनों अधूरे धर्म हैं तथा राम और रहीम को एक न मानना बिल्कुल मूर्खता की बात है, वह काल के कानों में ऐसा बस गया कि उसकी गूँज हम सदियों से सुनते आये हैं :

हिन्दू की दया, मेहर तुरकन की, दोनों घर से भागी,
वह करै जिबह, वह झटका मारै, आगि दुओ घर लागी।
हिन्दू कहत है राम हमारा, मुसलमान रहिमाना,
आपस में दोउ लड़े मरत हैं, भेद न कोऊ जाना।

कबीर की परम्परा में अनेक सन्त और महात्मा जनमे और उन्होंने सदियों तक कबीर के एकता के नारे को बुलन्द रखा। गुरु नानक और रैदास, धन्ना और सुन्दरदास, दादूदयाल, रज्जब और मलूकदास तथा सहजो बाई और घरनीदास—ये सभी सन्त एकता के पक्षपाती थे और वे चाहते थे कि डालों पर बैठकर लड़ने के बजाय हिन्दू और मुसलमान यदि मूल में आ जायें, तो उनके बीच मतभेद नहीं रहेगा :

अलह कहो, भावे राम कहो,
डाल तजौ, सब भूल गहो।
दादू ना हम हिन्दू होहिंगे, ना हम मूसलमान,
षट् दर्शन में हम नहीं हम राते रहिमान।

सन्तों का एकता आन्दोलन अत्यन्त सघन आन्दोलन था। स्वामी दादू दयाल का तो एक ऐसा दोहा भी मिलता है, जो गांधी-युग का सही नारा हो सकता था :

दोनों भाई हाथ पग, दोनों भाई कान,
दोनों भाई आँख हैं, हिन्दू मूसलमान।

लेकिन जो क़िस्मत सभी क्रान्तिकारियों की होती है, वही क़िस्मत कबीरदास जी की भी हुई। कबीर के अनुयायी हिन्दू भी थे और मुसलमान भी; किन्तु उनके शत्रु भी हिन्दू और मुसलमान—दोनों ही जातियों में से निकल आये। यही हाल अकबर और गांधी का भी हुआ। चूँकि अकबर ने हिन्दुओं का हृदय जीता था, इसलिए मुल्लों के मार्गदर्शन में चलने वाले मुसलमान उसके ख़िलाफ़ हो गये। और गांधी जी ने चूँकि मुसलमानों का विश्वास प्राप्त किया था, इसलिए एक पगले हिन्दू ने उन्हें मार डाला। कबीर, अकबर और गांधी—ये असाधारण मनुष्य थे। क्या हम इतने अन्धे हैं कि ऐसे महापुरुषों की बात भी हम मान नहीं सकते? हमने गलतियाँ अनेक बार की हैं और बार-बार शिक्षा यही निकली है कि कबीर, अकबर और गांधी के मार्ग पर चले बिना हमारा उद्धार नहीं है।

जायसी

सूफ़ियों की प्रेम-पीड़ा की भाषा फ़ारसी थी। भारत में आकर उसने भारतीय रूप लेना शुरू किया। कबीरदास भी सूफ़ी ही थे, लेकिन वे तसव्वुफ के उस रूप के कवि हुए, जिस पर हठयोग और वेदान्त का प्रभाव था। तसव्वुफ की एक दूसरी भी धारा थी, जिसके भारत में अनेक कवि हुए। वे सब-के-सब मुसलमान थे। उन्होंने अपनी कविताएँ अवधी भाषा में लिखीं, क्योंकि फ़ारसी के श्रोता तो दिल्ली में ही मिलते थे। बाक़ी सभी जगहों पर भारतीय भाषाओं के ही जानकार थे। इन कवियों के सिरमौर मलिक मुहम्मद जायसी हुए।

हिन्दी साहित्य के एकाध इतिहास में यह बात, संकेत के रूप में, कही गयी है कि जायसी वग़ैरह का उद्देश्य भारतीय भाषा के द्वारा इस्लाम का प्रचार था। लेकिन ऐसा सोचना ठीक नहीं है। जायसी मुसलमान थे और अपने धर्म के पाबन्द थे। लेकिन कविता उन्होंने इसलिए नहीं लिखी कि उन्हें इस्लाम का प्रचार करना था, बल्कि इसलिए कि वे कवि थे और कविता लिखना उन्हें अच्छा लगता था। हाँ, वे धर्म का सूक्ष्म रहस्य जनता को ज़रूर समझाना चाहते थे और इस जनता में हिन्दू और मुसलमान—दोनों ही जातियों के लोग थे।

इस अनुमान के लिए कोई आधार नहीं है कि हिन्दुत्व या हिन्दू समाज से उन्हें घृणा थी। हिन्दुओं के विचार, आचार और विश्वास के प्रति जायसी ने जो श्रद्धा दिखलायी है, उसे देखकर आश्चर्य होता है। वेद और पुराण की निन्दा हिन्दू नहीं सुन सकते थे, किन्तु 'पद्मावत' का एक चरित्र राघव चेतन वेदनिन्दक है। अतएव जायसी ने उसे खल बताया है और उसकी निन्दा लिखी है। अलाउद्दीन हिन्दुओं की दृष्टि में हेय समझा जाता था। जायसी ने ग्रन्थ के

अन्त में यह सूचना दी है कि अलाउद्दीन माया का प्रतीक है (माया अलादीन सुलतानू)। जायसी में यदि साम्प्रदायिकता रही होती, तो अलाउद्दीन को वे माया का प्रतीक नहीं कहते। मुस्लिम अत्याचार की निन्दा करने वाला मुसलमान हिन्दुओं का प्यारा होता है, यह शिक्षा हम जायसी के कृतित्व से निकाल सकते हैं। 'पद्मावत' काव्य में विवाह का वर्णन बिल्कुल हिन्दू-प्रथा के अनुसार है और अलाउद्दीन के स्वागत में जो भोज होता है, उसमें ऐसे किसी भी भोजन का उल्लेख नहीं है, जो हिन्दुओं के लिए अखाद्य हो। जायसी का मन इस देश की संस्कृति और परम्परा में पूरी तरह रँगा हुआ था।

हिन्दू-मुस्लिम विवाह

पठानों के राज्यकाल में राजनीति तो हिन्दुओं के विरुद्ध थी, मगर धर्म, साहित्य और संस्कृति में हिन्दू और मुसलमान परस्पर समीप आने लगे थे। जब मुग़लों का शासन आरम्भ हुआ, राजनीति भी कुछ मुलायम हो गयी। मुग़लों ने हिन्दुस्तान की सल्तनत पठानों के हाथ से छीनी थी, अतएव पठानों से उनकी पटती नहीं थी। निदान वे हिन्दुओं से मिलकर राज करना चाहते थे। बाबर ने वसीयत के ज़रिये हुमायूँ को सलाह दी थी कि हिन्दुस्तान पर हुकूमत करते हुए हिन्दुओं की धार्मिक भावना को ठेस मत पहुँचाना। और हुमायूँ ने भी अकबर के लिए वसीयत छोड़ी थी कि हो सके तो राजपूतों के साथ वैवाहिक सम्बन्ध स्थापित करके उनके साथ अपनी मित्रता पक्की कर लेना।

अकबर ने जब बिहारीमल कछवाहे की बेटी जोधबाई से विवाह किया, उस समय अकबर का राज्य छोटा था और उसकी उम्र भी फकत 18 साल के क़रीब थी। इतिहास में इस विवाह की काफ़ी निन्दा होती है, लेकिन राजपूतों ने इस विवाह को लेकर उस समय बलवा या विद्रोह नहीं किया था। आख़िर क्या कारण था कि इस विवाह से उस समय के राजपूत उत्तेजित नहीं हुए?

कविवर श्यामलदास ने महाराणा उदयपुर के कहने से उन्नीसवीं सदी में एक इतिहास लिखा था, जिसका नाम 'वीर विनोद' है और जो पाँच जिल्दों में प्रकाशित हुआ था। उस इतिहास में लिखा है कि :

"आम राजपूत लोगों में इस बात का ज़िक्र इस तौर पर है कि हुमायूँ बादशाह की वसीयत के मुवाफिक बादशाह अकबर ने राजपूतों से कहा कि हमारे रिश्तेदार तो तुर्किस्तान में दूर रहते हैं और हम बड़े खानदानों के सिवा रिश्तेदारी नहीं कर सकते। तुम लोग हिन्दुस्तान में इज़्ज़तदार और पुराने खानदानी हो, इसलिए हमारी बेटियों के साथ शादी करना क़बूल करो। जिस पर राजपूतों ने

सोच-विचारकर कहा कि आपकी बेटियाँ तो हमारी सरदार हैं, जिनके साथ शादी करना बेअदबी में दाख़िल होगा और अपनी बेटियाँ हम लोग आपको ब्याह देंगे। इन लोगों का इस बात से यह मतलब था कि बादशाहों की बेटियाँ हमारे घरों में आयीं, तो उनके बड़प्पन से परहेज़ में खलल आकर मुसलमान होना पड़ेगा। और हमारी बेटी बादशाह के घर में गयीं, तो ज़्यादा अन्देशे की बात नहीं है। इसलिए राजा भारमल्ल (बिहारीमल्ल) कछवाहे ने सबसे अव्वल अपनी बेटी बादशाह को दी।" (वीरविनोद : द्वितीय भाग; खण्ड 1; पृष्ठ 170 की पाद-टिप्पणी से)।

'वीरविनोद' की यह कहानी सच है या झूठ, इस बात की अभी परीक्षा नहीं हुई है। लेकिन इस कहानी से इतना अनुमान निकाला जा सकता है कि विवाह से पूर्व अकबर ने राजपूतों का मुँह किसी-न-किसी प्रकार बन्द कर दिया होगा।

अकबर के बाद जहाँगीर ने भी राजपूत युवती से विवाह किया, जो राजा भगवानदास की बेटी थी। और दो में से किसी भी विवाह के विरुद्ध बलवा नहीं हुआ। शायद विवाह के पूर्व ही राजपूतों की भावना शान्त कर दी गयी थी, वे निरुत्तर कर दिये गये थे। यह भी विचित्र बात है कि हुमायूँ की बहन गुलबदन, शाहजहाँ की बेटी जहाँआरा और औरंगज़ेब की बेटी जेबुन्निसा—ये शाहजादियाँ भी जीवन भर क्वाँरी रह गयीं। कहीं यह, सच ही, मुग़लों और अफ़ग़ानों के बीच की खटपट और राजपूतों की धार्मिक कुण्ठा का परिणाम तो न था?

सम्राट अकबर

हिन्दू लड़की से विवाह करके अकबर ने यह मनसूबा बाँधा कि वह केवल मुसलमानों को लेकर ही नहीं, बल्कि हिन्दुओं को भी साथ लेकर राज चलायेगा।

अकबर सचमुच महान सम्राट निकला। उसने धार्मिक सहिष्णुता को अपनाकर सारे भारत का हृदय जीत लिया। ईरान के बादशाह अब्दुस सफरी को उसने एक पत्र में लिखा था, "भाँति-भाँति के धार्मिक सम्प्रदाय दैवी थाती हैं और खुद परमेश्वर ने उन्हें हमारे हाथ में सौंपा है। इसलिए हमारा कर्तव्य है कि हम उन सबको प्यार करें। बादशाह ईश्वर के प्रतिबिम्ब होते हैं। उन्हें इस महान सिद्धान्त को कभी भी नहीं भूलना चाहिए।"

फ़ैजी के द्वारा अकबर ने रामायण, महाभारत, योगवाशिष्ठ और कुछ वेदान्त का फ़ारसी में अनुवाद करवाया। यह इसलिए कि कट्टर मुल्ले हिन्दू-धर्म के स्वरूप को पहचान सकें। इसी प्रकार उसने हिन्दुओं के बीच इस्लाम के प्रति श्रद्धा जगाने के लिए एक उपनिषत् की रचना करवायी, जिसका नाम 'अल्लोपनिषत्' है।

अकबर ने अनेक धार्मिक प्रयोग किये थे। वह दरबार में कभी-कभी चन्दन लगाकर भी आ जाता था। अपनी महारानी जोधाबाई के अहाते में उसने मन्दिर बनवाया था और तुलसी के पौधे लगवाये थे। उसने यह भी घोषणा कर दी थी कि उसके बेटे चाहे जो भी धर्म मान सकते हैं।

अकबर हिन्दू-धर्म और इस्लाम के बीच जिस समन्वय को लाने की कोशिश कर रहा था, उसमें उसका सबसे बड़ा सहयोगी अबुल फ़ज़ल था। लेकिन उलमे अकबर और अबुल फ़ज़ल—दोनों के ख़िलाफ़ थे। इतिहासकार बदायूनी ने लिखा है कि 'अबुल फ़ज़ल संसार को नास्तिकता के ज़हर से जला रहा है।'

फिर भी धर्म और विचार की सारी स्वतन्त्रता के बीच अकबर इस्लाम के तौहीद (एकेश्वरवाद) को कसकर पकड़े हुए था। इसीलिए दीने-इलाही का नाम उसने तौहीदे-इलाही कर दिया था। सन् 1593 ई. में उसने धार्मिक स्वतन्त्रता के लिए कई घोषणाएँ कीं, जिनमें प्रमुख ये थीं :

1. कोई ज़बरदस्ती मुसलमान बनाया हुआ हिन्दू अगर फिर हिन्दू बनना चाहे, तो उसे कोई न रोकेगा।
2. किसी भी आदमी को ज़बरदस्ती एक धर्म से दूसरे धर्म में न लिया जाय।
3. हर व्यक्ति को अपना धर्म-मन्दिर बनाने की पूरी स्वतन्त्रता रहे। और
4. ज़बरदस्ती किसी विधवा को सती न बनाया जाय।

जिजिया और तीर्थयात्रा-कर उसने 1533 ई. में ही छोड़ दिये थे। स्पष्ट ही, अकबर के ये धार्मिक सुधार मुल्लाओं को अच्छे नहीं लगे और वे अकबर की धीरे-धीरे निन्दा करने लगे। उनके कट्टरपन से खीजकर पिछले जीवन में अकबर को इस्लाम का बहुत कुछ दमन भी करना पड़ा। अकबर हिन्दू धर्म और इस्लाम—दोनों का प्रेमी था, लेकिन दोनों की कट्टरता से उसे घृणा थी। धर्म परिवर्तन करनेवालों को वह नीची नज़र से देखता था, क्योंकि उसका विश्वास था कि जो लोग अपना धर्म भय या लोभ से बदलते हैं, उनमें धार्मिकता नहीं होती।

हिन्दू-मुस्लिम-एकता का जितना बड़ा नेता अकबर था, उतना बड़ा नेता और कोई हुआ है या नहीं, यह बताना आसान नहीं है, किन्तु जिन गुणों के कारण अकबर पर हिन्दुओं की श्रद्धा बढ़ी, उन्हीं गुणों के कारण मुसलमान उसके ख़िलाफ़ हो गये। काज़ी और मुल्ले पठानों के राजकाज में हस्तक्षेप करते थे और पठान सुलतान उनकी दस्तन्दाजी को रोक नहीं पाते थे; किन्तु अकबर ने जब शासन को धर्म-निरपेक्ष बनाना चाहा और यह घोषणा करा दी

कि जो भी व्यक्ति ज़बरदस्ती मुसलमान बनाया गया हो, वह चाहे तो अपने धर्म में वापस जा सकता है, तब मुल्लों की दृष्टि में वह इस्लाम का द्रोही समझा जाने लगा।

शेख सरहिन्दी

अकबर ने इस्लाम का कोई अहित नहीं किया था। वह शरीयत को मानता था और तौहीद के सिद्धान्त पर अटल विश्वास करता था। उसका अपराध केवल यह था कि धर्मों को वह एक दृष्टि से देखता था और चाहता था कि मुस्लिम राज्य में जैसे मुसलमान निश्चित रहते हैं, वैसे ही शेष धर्मों के लोग भी बेफ़िक्र रहें; किन्तु बादशाह की यह उदार नीति मुल्लों को सह्य नहीं हुई। इसलिए मुल्लों ने बादशाह के ख़िलाफ़ आन्दोलन आरम्भ कर दिया। इस ज़हरीले आन्दोलन के सबसे बड़े नेता का नाम शेख अहमद सरहिन्दी था।

शेख सरहिन्दी केवल कट्टर मुसलमान ही नहीं, बल्कि इस्लामेतर धर्मों का प्रचण्ड विरोधी था। इस्लाम को वह सभी धर्मों, सभी संस्कृतियों के प्रभाव से मुक्त रखना चाहता था। वह इस्लाम के उस प्राचीन रूप का कायल था, जब मुस्लिम समाज में तसव्वुफ का प्रचार नहीं हुआ था, न मुस्लिम संस्कृति पर किसी अन्य संस्कृति का प्रभाव पड़ा था। लगभग चार सौ वर्षों के सम्मिलित जीवन में मुसलमानों ने हिन्दुओं से जो भी आदतें सीखी थीं, शेख सरहिन्दी उन सबको गुनाह समझता था। विवाह, श्राद्ध, पर्व, त्योहार और दैनिक रहन-सहन में हिन्दुओं और मुसलमानों के बहुत-से रीति-रिवाज समान हो गये थे। गो-हत्या से घृणा उन दिनों मुसलमानों को भी होने लगी थी और विधवा-विवाह को मुसलमान भी ग़लत मानने लगे थे। शेख सरहिन्दी ने इन सारी बातों को दुष्कर्म बताया और मुसलमानों से उसने कहा कि हिन्दुओं की संगति में तुमने जो कुछ भी सीखा है, उसे छोड़ दो, क्योंकि ये बातें असली इस्लाम के ख़िलाफ़ हैं।

सामासिक संस्कृति तभी बढ़ती है, जब हिन्दू और मुसलमान एक-दूसरे का प्रभाव स्वीकार करते हैं। अगर हिन्दुओं से मुसलमान कुछ भी न सीखें और मुसलमानों से हिन्दू कोई भी बात सीखने से इनकार करें, तो सामासिक संस्कृति नहीं पनप सकती। हिन्दुओं और मुसलमानों के बीच जो आचार-विचार और व्यवहार समान रूप से चलते हैं, उन्हीं के आधार पर सामासिक संस्कृति का विकास होता है। दुःख है कि शेख सरहिन्दी ने अकबर के सामने जिस बहिष्कार की नीति का प्रचार किया, उसी बहिष्कार नीति का प्रचार 20वीं सदी के कुछ सांस्कृतिक आन्दोलनों ने भी हिन्दुओं के बीच किया।

हिन्दू-मुस्लिम-एकता के ख़िलाफ़ अपना ज़हरीला प्रचार शेख सरहिन्दी ने अकबर के राज्यकाल में आरम्भ कर दिया था, किन्तु अकबर का रौबदाब सारे देश में था, अतएव शेख सरहिन्दी का प्रचार उस समय ज़ोर नहीं पकड़ सका। लेकिन अकबर के मरने के बाद शेख अहमद ने निर्भय होकर मुसलमानों के भीतर आग भड़काना शुरू किया। नतीजा यह हुआ कि जहाँगीर ने उसे पकड़वाकर जेल में डाल दिया। मगर जहाँगीर ढीला-ढाला बादशाह था। प्रभावशाली मुसलमानों के बीच-बचाव करने से उसे दया आ गयी और शेख सरहिन्दी को उसने क़ैद से रिहा कर दिया।

शेख सरहिन्दी के मरने के बाद उसके मतों के प्रचार का बीड़ा अहमद के पुत्र मोहम्मद मासूम ने उठाया। और जब मासूम का अन्त हुआ, तब उसके बेटे शेख सैफुद्दीन ने वही प्रचार और भी भयानकता से आरम्भ कर दिया। हिन्दुस्तान की बद-क़िस्मती से इसी शेख सैफुद्दीन को औरंगज़ेब ने अपना गुरु बनाया और इस प्रकार शेख अहमद सरहिन्दी की रूह को वह बलवान मनुष्य प्राप्त हो गया, जो उसके सपनों को कार्य का रूप दे सकता था। मैंने सुना है कि उर्दू के प्रसिद्ध कवि सर मोहम्मद इक़बाल के गुरु भी उसी खानदान के थे, जिस खानदान के शेख सैफुद्दीन थे।

पाकिस्तान का निर्माण तो 20वीं सदी में आकर हुआ, लेकिन उसके बीज शेख सरहिन्दी ने अकबर के समय में ही डाल दिये थे। पाकिस्तानी-भावना यानी अलगाव की भावना से पाकिस्तान मज़बूत होता है और हिन्दुस्तान की ताक़त घटती है। शेख सरहिन्दी आज भी हिन्दुस्तान का पीछा कर रहा है और उसके बहुत से अनुयायी हिन्दुओं के भीतर भी मौजूद हैं। यदि हम हिन्दुस्तान का भला चाहते हैं, तो हमें अकबर की राह पर आना चाहिए।

हिन्दी साहित्य और मुसलमान

मुस्लिमकालीन साहित्य से जो प्रमाण मिलता है, उससे मालूम होता है कि हिन्दुस्तान में बातें बनकर बिगड़ी हैं। मुग़लों के समय में हमारी एकता पुष्ट हो गयी थी, लेकिन बनी-बनायी चीज़ को औरगंज़ेब की साम्प्रदायिक नीति ने बिगाड़ दिया। जब पठान और मुग़ल इस देश में बस गये, वे धीरे-धीरे इस देश की परम्परा और इतिहास को अपनाने लगे। उनमें जो कवि होते थे, वे फ़ारसी या भारतीय भाषा में लिखते थे और चूँकि फ़ारसी के श्रोता देश में कम थे, इसलिए श्रोता चाहने वाले मुस्लिम कवि अवधी और ब्रजभाषा में ज़्यादा रचना करते थे।

हिन्दू-मुस्लिम-एकता पर बोलने वाले अक्सर यह विलाप करने लगते हैं कि ईरान के मुसलमान तो कैकोबाद, फरहाद और मजनू को अपना पूर्व-पुरुष मानते हैं, मगर भारतीय मुसलमान बुद्ध और अशोक को अपना पूर्वज नहीं मानते, यह अस्वाभाविक बात है। यदि केवल उर्दू साहित्य के प्रसंग में यह बात कही जाय, तो वह काफ़ी दूर तक ठीक होगी। लेकिन मुस्लिम कवियों ने हिन्दी में जो साहित्य लिखा है, उसके आधार पर यह बात नहीं कही जा सकती। हिन्दी में लिखने वाले मुस्लिम कवि भारतीय कवि थे और वे इसी देश की परम्परा, दर्शन और साहित्य से प्रेरणा लेते थे।

जायसी के 'पद्मावत' काव्य में हठयोग, ब्रह्मरन्ध्र और सहस्रार का वर्णन मिलता है। रसखान कृष्णाश्रयी वैष्णव परम्परा के साकार रूप थे। और खानखाना रहीम तो शुद्ध भारतीय संस्कृति में रँगे हुए कवि थे। अगर औरंगज़ेब बादशाह न हो गया होता, तो जायसी, रसखान और रहीम की परम्परा और भी बढ़ती तथा हिन्दू और मुसलमान उत्तर में दोनों एक ही साहित्य के अभिमानी हुए होते।

उर्दू का जन्म दिल्ली में नहीं हुआ, यह भी मानीखेज बात है। दिल्ली और आगरे में फ़ारसी के श्रोता मिल जाते थे, इसलिए वहाँ के मुस्लिम कवि फ़ारसी में ही रचना करते थे अथवा अवधी और ब्रजभाषा में। लेकिन जो मुसलमान दक्खिन पहुँच गये, उन्हें फ़ारसी के श्रोता सुलभ नहीं थे। अतएव उन्होंने दिल्ली की बोली में रचना शुरू की। इस प्रकार उर्दू का जन्म हुआ। लेकिन उर्दू के जन्म के पूर्व मुस्लिम कवि फ़ारसी में न लिखने पर ब्रजभाषा और अवधी में ही लिखा करते थे।

जिन मुस्लिम कवियों ने हिन्दी में कविताएँ लिखीं, उनकी संख्या थोड़ी नहीं है। अमीर खुसरो, कबीरदास, जायसी, कुतुबन, मंझन, रसखान, रहीम, नेवाज, मुबारक, आलम, शेख, रसलीन, मुमताज आदि सभी कवि मुसलमान थे और उनकी कविताएँ हिन्दी का शृंगार हैं। इनमें से कबीर और रसखान धार्मिक दृष्टि से इस्लाम से ज़रा दूर पड़ते हैं, मगर बाक़ी जो भी कवि थे, पूरी तरह इस्लाम के कायल थे। उनके जीवन से यह शिक्षा निकलती है कि अलग-अलग धर्मों पर टिके रहकर भी लोग एक भाषा में साहित्य लिख सकते हैं तथा भारतीयता को स्वीकार करने से धर्म में कोई भी हस्तक्षेप नहीं होता।

उस समय भाषा के द्वेष का कहीं पता भी नहीं था। हिन्दू विद्वान फ़ारसी में लिखते थे और मुस्लिम विद्वान संस्कृत और ब्रजभाषा में रचना करते थे। अमीर ख़ुसरो और रहीम ने तो ऐसे पद भी लिखे हैं, जिनमें दो-तीन पंक्तियाँ फ़ारसी या संस्कृत की हैं, तो दो-तीन पंक्तियाँ ब्रजभाषा की। तब भी संस्कृत और फ़ारसी

विशेषज्ञों की ही भाषाएँ थीं। सबकी भाषा तो ब्रजभाषा या अवधी ही थी।

कविता व्यथा-मोचन का माध्यम है। कविता सबके साथ सुख-दुःख बँटाने का ज़रिया है। इसीलिए लोकभाषा का उपयोग हिन्दू भी करते थे और मुसलमान भी। और इसके अपवाद शहंशाह भी नहीं थे। जब राजा बीरबल युद्ध में मारे गये, सम्राट अकबर ने अपना शोकोद्‍गार ब्रजभाषा के एक सोरठे में प्रकट किया था :

दीन जानि सब दीन, एक न दीन्हों दुसह दुख।
सो मों कहें अब दीन, कछुक न राख्यो बीरबल।।

और शाहजहाँ जब आगरे में क़ैद थे, उन्होंने भी अपनी व्यथा ब्रजभाषा के एक सवैये में अभिव्यक्त की थी :

जन्मत ही लख दान दियौ,
अरु नाम रख्यौ नवरंग बिहारी।
वालहिं सौं प्रतिपाल कियौ,
अरु देस मुलुक्क दियो दल भारी।
सो सुत बैर बुझे मन में
धरि बाँह दियौ बन्धसार में डारी।
शाहजहाँ बिनवै हरि सौं
बलु राजीवनैन रजाय तुम्हारी।

औरंगज़ेब का एक नाम नवरंग भी था। भूषण ने अपनी कविता में उसे नवरंग नाम से ही पुकारा है। शायद शाहजहाँ के समय तक आकर यह अच्छा समझा जाने लगा था कि किसी-किसी युवराज का नाम हिन्दू-जैसा भी रखा जाना चाहिए।

ख़ुद औरंगज़ेब राजनीति और धर्म के मामले में चाहे जितना भी साम्प्रदायिक रहा हो, किन्तु भाषा के मामले में वह भी उदार था और संस्कृत से उसे तनिक भी चिढ़ नहीं थी। एक बार उसके किसी बेटे ने आम की नयी क़लमें तैयार कीं और जब उनमें फल लगे, तब उसने औरंगज़ेब से कहा कि इन आमों के नये नाम आप ही रख दें। औरंगज़ेब ने उन आमों के नाम 'सुधाफल' और 'रसनाविलास' रखे थे।

औरंगज़ेब की बेटी जेबुन्निसा भी हिन्दी में कविता करती थी। उसके काव्य संग्रह का नाम 'नैन-विलास' था, जिसमें से पं. अंबिकाप्रसाद जी वाजपेयी ने यह दोहा उद्धृत किया है :

जेबुन्निसा जहान में
दुख्तर आलमगीर,
नैन विलास विलास में
खास करी तहरीर।

तुलसीदास की असाम्प्रदायिकता

यह तो हुआ मुस्लिम सम्राटों और कवियों का प्रमाण। अब यह देखना चाहिए कि हिन्दी कवियों का क्या हाल था। हिन्दी कवियों में सबसे बड़ा और उजागर नाम गोस्वामी तुलसीदास जी का है; बल्कि तुलसीदास जी केवल कवि ही नहीं हैं, वे मूर्तिमान धर्म भी हैं, वे मूर्तिमान भारतवर्ष भी हैं। यह अत्यन्त शिक्षाप्रद बात है कि तुलसीदास जी में साम्प्रदायिकता का लेश भी नहीं है। देश पर शासन हिन्दुओं का नहीं, बल्कि मुसलमानों का चल रहा है, यह शिकायत उन्होंने कहीं भी नहीं लिखी है। मुसलमानों पर अपना आक्रोश उन्होंने कहीं भी व्यक्त नहीं किया है। निन्दा अगर उन्होंने लिखी है, तो उनकी जो जनता को प्रतिमा-पूजन के मार्ग से बरगलाने की कोशिश करते थे, जो लोगों से यह कहते थे कि तीर्थ, व्रत, प्रतिमा-पूजन और साकार उपासना में कुछ नहीं है; तुम अपने-आपके भीतर डूबो, वहीं परमात्मा का निवास है :

साखी, सबदी दोहरा, कहि कहिनी उपखान
भगत निरूपहिं भगति कलि, निन्दहिं वेद-पुरान।

इस दोहे में साखी और दोहरे से इशारा कबीरदास की ओर है और 'कहिनी उपखान' से तात्पर्य जायसी आदि से है। लेकिन कबीर और जायसी की आलोचना तुलसीदास जी ने इसलिए नहीं की है कि वे कवि मुसलमान थे, बल्कि इसलिए कि उन्होंने साकार उपासना का समर्थन नहीं किया था। ऐसी आलोचना तुलसीदास जी ने गोरखनाथ की भी की है :

गोरख जगायो जोग,
भगति जागायो लोग।

अर्थात् गोरख ने ऐसा योग चलाया कि लोगों के मन से भक्ति भाग गयी। और ऐसी आलोचना तुलसीदास जी ने अलखिया साधुओं की भी की थी :

हम लख हमहिं हमार लख
हम हमार के बीच।
तुलसी अलखहिं का लखै,
राम नाम जपु नीच।

तुलसीदास जी सम्प्रदायवादी हुए होते तो हिन्दी में जो अरबी और फ़ारसी शब्द घुस गये थे, उनका वे प्रयोग नहीं करते। लेकिन इस बहिष्कार-नीति से उन्होंने काम नहीं लिया। बल्कि अरबी-फ़ारसी शब्दों का प्रयोग उन्होंने निःसंकोच भाव से किया है और उनकी इस नीति की हिन्दी वालों ने निन्दा नहीं की, बल्कि सराहना की :

तुलसी गंग दुओ भये
सुकविन कौ सरदार,
इनके काव्यन में मिली
भाषा विविध प्रकार।

भिखारीदास जी के इस दोहे में तुलसी और गंग कवियों के नेता इसलिए माने गये हैं कि भाषा के मामले में वे बहिष्कार-नीति के कायल नहीं थे।

कहते हैं, खानखाना रहीम और तुलसीदास जी के बीच काफ़ी दोस्ती थी। जब तुलसीदास जी ने रामचरितमानस की रचना की, उसकी स्तुति में खानखाना ने तुलसीदास जी को एक दोहा लिख भेजा था, जो साहित्य में अब तक प्रसिद्ध है :

रामचरितमानस विमल
सन्तन जीवन प्रान
हिन्दुआन को वेद सम,
तुरकहिं प्रगट कुरान।

अंग्रेज़ों की भेद नीति

जब मुग़लों का साम्राज्य टूटने लगा, राजनीति का साम्प्रदायिक ज़हर कमज़ोर हो गया और हिन्दुओं को यह शिकायत नहीं रही कि मुस्लिम सल्तनत की ओर से अत्याचार हो रहा है। सल्तनत के कमज़ोर होने से साम्प्रदायिकता भी कमज़ोर हो गयी। अगर अंग्रेज़ न आये होते, तो उम्मीद थी कि हिन्दू और मुसलमान

अपने सम्बन्ध ठीक कर लेते। लेकिन देश के दुर्भाग्य से अंग्रेज़ भारत के मालिक हो गये। यह बड़ी शुभ बात थी कि सन् 1857 ई. में हिन्दुओं और मुसलमानों की राजनैतिक एकता पक्की हो गयी थी। लेकिन ग़दर असफल हो गया और राजनैतिक सूत्र अंग्रेज़ों के हाथ में चले गये।

अंग्रेज़ों ने राज्य मुसलमानों के हाथ से लिया था, अतएव पहले उन्होंने मुसलमानों का दमन किया और हिन्दुओं की पलाइस की। लेकिन जब देश में राजनैतिक आन्दोलन शुरू हुआ, हिन्दू उसमें अधिक संख्या में भाग लेने लगे। इसलिए अंग्रेज़ चौकन्ने हो गये। यह भी हुआ कि इसी समय सर सैयद अहमद ख़ाँ ने मुसलमानों के भीतर राजभक्ति का प्रचार शुरू किया और मुसलमानों से वे कहने लगे कि तुम्हारा कल्याण राष्ट्रीय आन्दोलन में पड़ने में नहीं, बल्कि अंग्रेज़ों के साथ मिलकर रहने में है। इसका परिणाम यह हुआ कि अंग्रेज़ों ने अपनी नीति बदल दी। वे मुसलमानों को मिलाकर हिन्दुओं का दलन यानी राष्ट्रीयता का दमन करने को उतारू हो गये। फूट डालकर राज्य करने की अंग्रेज़ी नीति सफल हो गयी। भोगल साम्राज्य के टूटने से हिन्दू-मुस्लिम एकता फैलने वाली थी। अंग्रेज़ सावधान हो गये कि अगर हिन्दू और मुसलमान एक हो गये, तो ब्रिटिश हुकूमत के पाँव उखड़ जायेंगे।

जब ईसाई मिशनरी भारत में आकर हिन्दू धर्म और इस्लाम दोनों की निन्दा करने लगे, तब ईसाइयत का विरोध हिन्दू और मुसलमान दोनों ही जातियों के लोगों ने किया। लेकिन इस विरोध के क्रम में हिन्दुओं और मुसलमानों ने आपसी सलाह-मशविरे से काम नहीं लिया। दुश्मन एक था, लेकिन जवाब दो शिविरों से दिये जा रहे थे। ईसाइयत के सामने अपने-अपने धर्मों की महिमा सिद्ध करने को हिन्दू वेद की ओर दौड़े और मुसलमान क़ुरान की ओर। इस प्रकार मानसिक दृष्टि से दोनों जातियों के लोग दो ओर को चले गये।

हाली और इक़बाल

हिन्दू-धर्म और इस्लाम, सांस्कृतिक-जागरण दोनों ही धर्मों के बीच उठे, लेकिन इन दोनों आन्दोलनों में एकता नहीं थी। दिखाई यह पड़ा कि जिस विचारधारा का प्रचार अकबर के युग में शेख अहमद सरहिन्दी ने किया था, वह विचारधारा इस जागरण के समय एक बार फिर सिर उठाने लगी। मौलाना हाली के मुसद्दस में इस बात पर विलाप मिलता है कि इस्लाम ने भारत में आकर हिन्दू धर्म से प्रभावित होकर अपना रूप बदल दिया है :

वो दीने हेजाजी का बेबाक बेड़ा,
निशां जिसका अक्साये आलम में पहुँचा,
किये पै सिपर जिसने सातों समुन्दर,
वो डूबा दहाने में गंगा के आकर।

गंगा के दहाने में आकर इस्लाम डूब गया, इससे यही ध्वनि निकलती है कि इस्लाम का हिन्दू-धर्म से प्रभावित होना मुसलमानों के लिए अच्छा नहीं हुआ। इस भावना की प्रतिध्वनि हम इक़बाल के जवाबे-शिकवा में भी देखते हैं :

यों तो सैयद भी हो, मिरजा भी हो, अफ़ग़ान भी हो
तुम सभी कुछ हो, बताओ तो मुसलमान भी हो?
वजे में तुम हो निसारी, तो तमद्दन में हनूद,
ये मुसलमां हैं, जिन्हें देख के शरमायें यहूद?

इन दोनों प्रमाणों से प्रकट होता है कि धार्मिक जोश में मुसलमान अपनी अलग राष्ट्रीयता क़ायम कर रहे थे और इस मामले में हिन्दू भी कम कसूरवार नहीं निकले। पं. प्रतापनारायण मिश्र ने हिन्दी, हिन्दू, हिन्दुस्तान का नारा लगाया। यह और कुछ नहीं, बंगाल के लेखक बंकिमचन्द्र चटर्जी की हिन्दू राष्ट्रीयता की आवाज़ थी।

गांधी जी का प्रभाव

एकता का प्रबल आन्दोलन सन् 1920 ई. में महात्मा गांधी के नेतृत्व में उठा और बहुत दिनों के बाद ऐसा लगा कि हिन्दू और मुसलमान, सचमुच, मिलकर एक हो गये हैं। लेकिन यह एकता टिकाऊ साबित नहीं हुई, क्योंकि इस आन्दोलन के दबते ही देश में साम्प्रदायिक दंगे खुलकर होने लगे। फिर भी गांधी जी को यह श्रेय ज़रूर दिया जाना चाहिए कि उन्होंने हिन्दू-मुस्लिम एकता को देश का स्थायी भाव अवश्य बना दिया। इसी से प्रेरित होकर कवियों ने एक नयी दिशा पकड़ी, और हिन्दी, हिन्दू, हिन्दुस्तान के बदले वे बोलने लगे :

हिन्दू, मुस्लिम, सिक्ख, ईसाई,
आपस में हैं भाई-भाई।

ख़ुद इक़बाल ने पहले हिन्दू-मुस्लिम एकता की बहुत अच्छी कविताएँ लिखी थीं :

मिट्टी की मूरतों में समझा है तू ख़ुदा है
खाके-वतन का मुझको हर ज़र्रा देवता है।

इक़बाल ने प्रण किया था कि वे हिन्दुओं और मुसलमानों को एक ही धागे में पिरो देंगे :

पिरोना एक ही तस्वीह में इन बिखरे दानों को,
जो मुश्किल है तो इस मुश्किल को आसां करके छोड़ गा।

इक़बाल के पीछे बहुत से मुसलमान कवि आये, जिन्होंने हिन्दू-मुस्लिम एकता का समर्थन किया। उनकी कविताओं में जो भाव व्यक्त हुए, उनसे यह प्रमाणित हो गया कि मुस्लिम समाज का एक बड़ा तबका भारतीय राष्ट्रीयता का विश्वासी है और वह चाहता है कि हिन्दू और मुसलमान एक होकर इसी देश में रहें।

लेकिन कालक्रम में इक़बाल सम्प्रदायवादी हो गये। उन्होंने यह सोचा कि जिस देश में मुसलमानों की अकसरियत नहीं है, उस देश में मुसलमानों को राष्ट्रवादी भी नहीं बनना चाहिए। इक़बाल ने यह कल्पना की कि भारतीय एकता से .ज्यादा ज़रूरी मुसलमानों की एकता है। मुसलमान सारे संसार में फैले हुए हैं, इसलिए उनकी आदर्श राष्ट्रीयता वह होगी, जो देश की सीमाओं को न मानकर सभी मुसलमानों को एक करेगी। संसार भर में फैले हुए मुसलमानों का ध्यान मक्के की ओर रहना चाहिए, क्योंकि मक्का इस्लाम की राजधानी है और इस्लाम का राज्य सारे संसार में फैला हुआ है।

एकता की बाधाएँ

देश का बँटवारा हो जाने से यह स्पष्ट हो गया कि हमारी एकता कमज़ोर थी और वैर-फूट के भाव प्रबल थे। लेकिन पाकिस्तान बन जाने के बाद भी भारत हिन्दुओं का देश नहीं बना, उसमें काफ़ी संख्या में मुसलमान भी मौजूद हैं। अतएव बँटवारे के बाद स्पष्ट हो गया है कि हिन्दू-मुस्लिम-एकता के बिना भारत का आज भी कल्याण नहीं है।

हिन्दू-मुस्लिम एकता की मूल बाधाएँ क्या हैं?

हिन्दू का मानसिक दृष्टिकोण उदार होता है यानी सभी धर्मों को एक समान पवित्र और महान मानने में उसे कोई दिक़्क़त नहीं होती। लेकिन मुसलमान के लिए इस विश्वास को हृदयंगम करना कठिन होता है कि सभी धर्म उतने ही सच्चे

और पवित्र हैं, जितना सच्चा और पवित्र इस्लाम है। इसके विपरीत मुसलमान का सामाजिक आचार अत्यन्त उदार होता है। इस्लाम छुआछूत नहीं मानता, न आदमी और आदमी के बीच भेदभाव बरतता है; किन्तु हिन्दू के सामाजिक आचार संकीर्ण होते हैं। अपने प्यारे-से-प्यारे मुस्लिम दोस्त को भी हिन्दू अपने चौके में नहीं खिला सकता और एक समय जिन बरतनों में मुस्लिम दोस्त खाते थे, उन बरतनों को हिन्दू आग में शुद्ध करता था। जब हिन्दुओं ने मुसलमानों के साथ इतना गर्हित व्यवहार किया, तब क्या अचरज कि देश बँट गया?

एकता की दूसरी बाधा यह है कि जिस देश पर मुस्लिम हुकूमत नहीं है, उस देश के मुसलमान अपने को द्वितीय श्रेणी का नागरिक समझते हैं और मन उनका हमेशा शंका से भरा रहता है। किन्तु यह भावना सद्व्यवहार से हटायी जा सकती है। जो राज्य धर्मनिरपेक्ष है, उस पर किसी भी एक धर्म का अधिकार नहीं होता। हमें सबूत इस बात का देना होगा कि भारत पर अगर मुसलमानों की हुकूमत नहीं है, तो उस पर हिन्दुओं की भी हुकूमत नहीं है। यह कार्य समय-साध्य ज़रूर है, किन्तु हिन्दू अगर सावधान रहकर धर्मनिरपेक्षता का पालन करते रहे, तो उसका अनुकूल प्रभाव मुसलमानों पर भी पड़ेगा।

लेकिन सबसे बड़ा काम यह है कि हम अपनी धार्मिक भावना को परिष्कृत करें, उसे नवयुग के अनुकूल बनायें। धर्म के आनुष्ठानिक पक्ष अब कमज़ोर हो गये हैं, लेकिन उसका आध्यात्मिक पक्ष आज भी बलवान है। जैसा कबीरदास जी ने कहा था, हम वैज्ञानिक युग में आकर शाखाओं से उतर रहे हैं, मूल पर पहुँच रहे हैं। आगमों से धर्मों की अनेकता बढ़ती है, निगम धर्मों को परस्पर क़रीब लाते हैं। निगम धर्म का जन्म स्थान है। निगम की दृष्टि से एक धर्म से दूसरा धर्म भिन्न नहीं होता। यह समझना भूल है कि एक धर्म मुक्तिदाता होता है और दूसरे से मुक्ति नहीं मिलती। सभी धर्म एक हैं। धर्म का बहुवचन नहीं होता। इसीलिए रवीन्द्रनाथ ने कहा था, "धर्म को पकड़े रहो। धर्मों को छोड़ दो।"

स्वामी विवेकानन्द कहते थे कि वेदान्त के मन और इस्लाम के शरीर के मिलन से जो धर्म उत्पन्न होगा, वह भारत का आदर्श धर्म होगा यानी हिन्दुओं के सामाजिक आचार मुसलमानों के आचार के समान उदार होने चाहिए और मुसलमानों की मानसिक उदारता हिन्दुओं की उदारता के समान निस्सीम होनी चाहिए। वैज्ञानिक युग में भी झगड़े की बातें अनेक हैं, लेकिन इस युग में धर्म को लेकर झगड़ा करना बिल्कुल बेहूदी बात है।

मेरी यात्राएँ

यूरोप कैसा लगा?

पोज़न से लौटकर हम वारसा आये। उस दिन संस्कृत के प्राध्यापक डॉ. स्लुस्कोविच भी वारसा में ही थे। अतएव उन्होंने कृपापूर्वक मुझे घर बैठे ही दर्शन दिये और भारत से अपना प्रगाढ़ प्रेम दिखाया। उनका स्वभाव सरल और चित्त निर्मल मणि के समान है।

वारसा से हमने आठ दिसम्बर को लन्दन की ओर प्रस्थान किया। ब्रुसेल्स हम लगभग नौ बजे रात में पहुँचे। पता चला कि लन्दन में सघन कुहासा लगा हुआ है, इसलिए, जहाज़ आज रात भर नहीं जायेगा। हवाई कम्पनी ने रात भर के लिए हमें ब्रुसेल्स होटल में ठहरा दिया। यह भी अच्छा ही हुआ, क्योंकि ब्रुसेल्स ठहरने का हमारा कार्यक्रम नहीं था। फिर भी, भाग्य ने हमें ज़बर्दस्ती ब्रुसेल्स शहर दिखला दिया।

रात में हम खाने-पीने और शहर देखने को बाहर निकले। एक अंग्रेज़ यात्री हमारे साथ हो गये और घूम-घूमकर उन्होंने थोड़ी ही देर में सारा शहर दिखला दिया। मध्य रात्रि के विद्युत प्रकाश में ब्रुसेल्स मुझे अत्यन्त सुहावना दिखाई पड़ा। इस नगर की नैश श्री लन्दन से भी अच्छी है।

प्रातःकाल हम उड़कर लन्दन पहुँचे। अड्डे पर दूतावास से एक सज्जन आये हुए थे। उन्होंने हमारे ठहरने का इन्तज़ाम रसल स्क्वायर के इम्पीरियल होटल में करवा दिया था। होटल घुसने के बाद हमें ऐसा अनुभूत हुआ कि हम अपने घर आ गये हैं, क्योंकि अब हम एक ऐसे देश में पहुँच गये थे, जहाँ भाषा की दीवार नहीं थी।

लन्दन जितने दिन रहा, बड़े आनन्द से रहा। किरण, वीरेन्द्र, वटुकदेव आदि मित्र तो थे ही, वहाँ भारत और बिहार के बीसियों मित्रों से भेंट हो गयी और विदेश का वातावरण जाता रहा।

लन्दन नगर का रूप-रंग कलकत्ते के समान है। फ़र्क़ यह है कि लन्दन कलकत्ते का बड़ा भाई मालूम होता है। यह भी कि लन्दन में सुरंग होकर

चलनेवाली गाड़ियाँ हैं, जो कलकत्ते में नहीं हैं। और कलकत्ते में जो चमक चौरंगी की है, कुछ बड़े पैमाने पर, वही चमक लन्दन के पिकेडली सरकस में मिलती है। एक विचित्रता यह भी देखी कि लन्दन के ऊँचे आलीशान मकान बाहर से काले और मटमैले दीखते हैं। लोगों ने बताया कि लन्दनवाले मिज़ाज से पुरातनता के प्रेमी हैं और मकानों में पुरानेपन की झलक को वे पसन्द करते हैं।

भारतीय छात्रों ने यह भी बताया कि लन्दन में काले-गोरे का भेद काफ़ी चलता है, यद्यपि अंग्रेज़ों का यह दोष आसानी से पकड़ायी नहीं देता। कभी-कभी ऐसा होता है कि किराये का मकान लोग फ़ोन पर ठीक कर लेते हैं। किन्तु जब वे मकान लेने पहुँचते हैं, तब उनका काला रंग देखकर मकान मालिक अपनी बात को पलट देता है और स्पष्ट कह देता है कि अभी पाँच मिनट पहले वह मकान किसी दूसरे किरायेदार को दे चुका है। जहाँ-तहाँ यह भी सुना कि जब अंग्रेज़ों को यह मालूम होता है कि आगन्तुक पाकिस्तानी नहीं, हिन्दुस्तानी है, तब उनके चेहरे उतर जाते हैं। ये सारी बातें जानकर मन को क्लेश पहुँचा और ब्रिटिश जाति के स्वभाव के इस पक्ष से निराशा हुई।

छात्रों ने यह भी बताया कि हम जब अकेडेमिक भाषणों में भी अमरीका की आलोचना करते हैं, तब यह बात अध्यापकों द्वारा नोट कर ली जाती है और इसका प्रतिशोध अध्यापक कटूक्तियों द्वारा निकालते हैं। पर यही कटूक्ति अन्य देशों के छात्रों को नहीं सुननी पड़ती। मुझे ऐसा भासित हुआ कि कम-से-कम पीएच.डी. की उपाधि के लिए युवकों को वर्षों तक इंग्लैंड में सड़ाना अनावश्यक है। मैंने अधिक छात्रों को इंग्लैंड से आज़िज और परेशान तथा घर लौटने को अत्यन्त लालायित पाया। क्या यह नहीं हो सकता कि पुस्तकालयों एवं विश्रुत विद्वानों की संगति से लाभ उठाने को छात्र कुछ थोड़े दिनों के लिए इंग्लैंड भेजे जायें, बाक़ी वे थीसिस लिखने का काम यहाँ स्वदेश लौटकर ही करें? और यहाँ से थीसिस की प्रतियाँ तो परीक्षा के निमित्त कहीं भी भेजी जा सकती हैं।

जब हम यूरोप भ्रमण कर रहे थे, उस समय रूस के नेता बुलगानिन और ख़ुश्चेव भारत में मौजूद थे। उनके स्वागत-सत्कार और नीति-आख्यान के संवाद सारे संसार में छप रहे थे और सारा पश्चिमी यूरोप उन दिनों भारत से जला हुआ था। लोग तो हमारी आकृतियों से ही यह समझ जाते थे कि हम हिन्दुस्तानी हैं। फिर, जब उन्हें यह मालूम होता कि हम कम्युनिस्ट देश से आ रहे हैं, तब उनका मुँह बिदक जाता। ब्रुसेल्स में एक अजनबी यूरोपियन मुझे सुनाकर बोला, "पोलैंड जाना कौन बड़ाई की बात है? पोलैंड गन्दा देश है।" जिस अंग्रेज़ ने हमें ब्रुसेल्स शहर घुमाया था, वह भी रह-रहकर पोलैंड और रूस की निन्दा करता

जाता था। एकाध व्यक्ति ने यह भी सवाल किया कि क्या भारत कम्युनिस्ट हो रहा है? लोगों को कोई भी बात ठीक से समझाना कठिन था। भारत कम्यूनिज़्म के तानाशाही रूप का विरोधी है, इसमें मैंने किसी भी यूरोपियन का विश्वास नहीं देखा। सब यही समझते थे कि भारत के लोग 'फेलो ट्रैवलर' हैं। उन दिनों हमारे राजदूत भी इसी समस्या को लेकर परेशान थे।

रूस तो मैं गया नहीं, जिससे यह जान सकूँ कि वहाँ कम्यूनिज्म की उपलब्धियाँ कैसी हैं। हाँ, बिल्ली को देखकर जैसे बाघ का अनुमान होता है, वैसे ही पोलैंड को देखकर रूस की कल्पना की जा सकती है। किन्तु, रूस की उपलब्धियाँ बहुत बड़ी हैं, यह सब लोग कहते हैं। फिर भी, इंग्लैंड, फ्रांस और स्विट्ज़रलैंड में समृद्धि और सभ्यता का जो रूप दिखाई पड़ा, वह बहुत ही उत्तम है। उसमें नफ़ासत है, बारीकी है और है वह सुगन्ध, जो व्यक्ति की स्वतन्त्रता से फैलती है। लन्दन, ब्रुसेल्स और पेरिस में भारत के ही समान वेश्यावृत्ति का प्रत्यक्ष प्रमाण मिलता है, किन्तु कम्यूनिज्म जहाँ-जहाँ गया है, इस दोष को उखाड़ता गया है। मगर एक दूसरी बात भी है, जिसे भुलाना कठिन है। चेकोस्लोवाकिया बड़ा ही उन्नत देश था। किन्तु अब वह कम्यूनिज्म के अधीन है। वहाँ हम लोग थोड़ी देर के लिए ही उतरे थे। होटल में नाश्ता करने को गये, तो सामने जो रोटी आयी, उसे हम किसी भी तरह निगल नहीं सके। पता नहीं, यह दरिद्रता का सबूत था या कुप्रबन्ध का। मेरा साधारण मत यह बना है कि कम्यूनिज्म स्वभाव से स्थूल है। बारीकी और नफ़ासत उसे बुर्जुआ समाज से सीखनी होगी। बुर्जुआ के विनाश के साथ अगर बारीकी और नफ़ासत भी विदा हो गयी, तो इससे संस्कृति की हानि होगी।

लन्दन में एक पत्रकार मुझसे कुछ बात करने आये। जब उन्होंने देखा कि मैं रेजिमेंटेशन से रुष्ट हूँ, उनका हौसला बढ़ गया और वे मुझसे बातें निकालने की कोशिश करने लगे। मैंने निवेदन किया कि "भारतीय को तो रूस और इंग्लैंड बहुत कुछ समान दीखते हैं। जहाँ तक प्रजातन्त्री ढाँचे का सवाल है, उसे हम क़बूल कर चुके हैं और इस पद्धति से अगर साम्यवादी विचारवाले लोग प्रभुत्व में आ गये, तो हम तो उसे भी प्रजातन्त्र ही कहेंगे बशर्ते कि साम्यवादी लोग आगे भी प्रजासत्ता को खुलकर चलने दें। विरोध हमारा तानाशाहों की हिंसात्मक पद्धति से है। उसे हम भी रोकना चाहते हैं। इससे ऊपर संस्कार और विचारों का जो स्तर है, वहाँ आप सभी पाश्चात्य लोग समान हैं। तानाशाहों ने विज्ञान का सहारा लेकर मनुष्य के मन के चारों ओर लक्ष्मण-रेखा खींच दी है। किन्तु, वैसी ही रेखा अन्य देशों में भी है, यद्यपि इस रेखा को तानाशाह ने नहीं, व्यक्तियों ने

स्वेच्छा से खींचा है। इसीलिए तो एमर्सन और थुरो, रोम्यां रोलां और टाल्स्टॉय तथा इलियट आपके यहाँ विदेशी लगते हैं। भारत ग़रीब देश है और ग़रीब लोग पहले रोटी चाहते हैं। इसलिए जहाँ तक समाज में समत्व लाने का सवाल है, हम कम्यूनिज्म के सार को प्रजातन्त्री ढंग से अपने यहाँ लाना चाहते हैं। हमारे यहाँ खोना तो बहुत कम लोगों को पड़ेगा। अतएव, हमें रूस और चीन से भय नहीं लगता। भय हमें तब लगता है, जब हम यह देखते हैं कि वैज्ञानिक सुविधाओं की अधीनता स्वीकार करके मनुष्य अपने सूक्ष्म रूप से दूर होता जा रहा है। और भारत के इस पिछले भय का कारण केवल रूस ही नहीं, इंग्लैंड और अमरीका भी है। यूरोप और अमरीका समृद्ध देश हैं, अतएव उनकी समस्या कम्यूनिज्म का अवरोध है। एशिया निर्धन महादेश है। अतएव हम वह मार्ग खोज रहे हैं, जिस पर चलकर हम सामाजिक समत्व को प्रजातन्त्री ढंग से ला सकें।" यह सुनकर पत्रकार भाई का उत्साह ठण्डा पड़ गया। आश्चर्य मुझे तब हुआ, जब वे क्षण भर मौन रहकर बोले, "तो सचमुच ही भारत लाल होनेवाला है?"

मैंने कहा, "लाल नहीं, श्वेत होनेवाला है। हम अपनी क्रान्ति गांधी जी के नेतृत्व में पूरी कर चुके हैं। वह श्वेत क्रान्ति थी और आगे भी इसी श्वेत क्रान्ति के फल प्रकट होते रहेंगे। भारत पहुँचकर चाहे तो कम्यूनिज़्म अहिंसा का वरण कर लेगा अथवा हमीं अहिंसा के द्वारा वे परिणाम प्राप्त कर लेंगे, जिनके लिए कम्यूनिस्टों को हिंसा, पाप, मार-काट, तानाशाही, दलन, बन्धन और अत्याचार का सहारा लेना पड़ता है। विनोबा जी और जयप्रकाश जी जो वैचारिक आन्दोलन चला रहे हैं, उसका नाम साम्यवाद नहीं, प्रत्युत साम्य-योग है, सिंथेसिस थ्रू इक्वेलिटी है।"

लन्दन से उड़कर हम जिनेवा आये। जिनेवा सही अर्थों में अन्तरराष्ट्रीय शहर है। जिनेवा शहर की आबादी केवल एक लाख है, जिसमें से आधे लोग प्रायः विदेशी होंगे। स्विट्जरलैंड देश में चालीस लाख लोग बसते हैं, जितने लोग अकेले कश्मीर में होंगे। मगर यह देश अत्यन्त समृद्ध है। विश्व की अन्तरराष्ट्रीय राजधानी होने के कारण भी देशों का धन बहकर इस देश में पहुँच जाता है। अब स्विट्जरलैंड के बाद वह चाहे जहाँ जाय। इस देश का प्रत्येक वयस्क व्यक्ति बैंक एकाउंट रखता है। हमारे दूतावास के एक अफ़सर ने कहा कि भारत चाहे तो यहाँ से जितना भी क़र्ज़ ले सकता है।

स्विट्जरलैंड की स्थायी सेना बहुत थोड़ी है। लेकिन यहाँ के हर व्यक्ति के पास बन्दूक और कारतूस हैं और प्रतिवर्ष उसे सैनिक शिक्षा दी जाती है। केवल तीन घण्टे के नोटिस पर वहाँ पच्चीस लाख की सेना खड़ी की जा सकती है।

कहते हैं, इसी भय से लड़ाई के समय हिटलर ने स्विट्‌ज़रलैंड की ओर क़दम नहीं बढ़ाये। क़दम बढ़ाता, तो लोग डटकर उसका सामना करते। युद्ध के समय यह देश तटस्थ था और तटस्थ होने के कारण ही यह देश-देश के जासूसों का अड्डा भी बना हुआ था। प्रायः, सारे-के-सारे अन्तरराष्ट्रीय षड्यन्त्र यहीं सोचे और गढ़े जाते थे।

जिनेवा शहर लेमा झील के किनारे बसा हुआ है। झील की एक तरफ़ फ्रांस शुरू हो जाता है। इस झील का पानी निर्मल सुनील रंग का है। हमारे दूतावास के अध्यक्ष श्री पद्‌मनाभन का घर भी झील के ही तट पर है। वैसे तो सारा यूरोप होटलों का देश है, किन्तु जिनेवा तो ख़ास कर होटलों का ही शहर है।

जिनेवा में हम विश्व पार्लियामेंटरी सम्मेलन के महामन्त्री श्री आन्द्रे वोन से मिलने गये। वे उसके ठीक एक दिन पूर्व भारत से जिनेवा लौटे थे। उन्होंने हमारे देश की भूरि-भूरि प्रशंसा की और कई चित्र दिखलाये, जिन्हें वे भारत से अपने साथ ले गये थे। उन्होंने राष्ट्रपति डॉ. राजेन्द्र प्रसाद से अपनी भेंट का ज़िक्र किया और वे बोले, "आपके प्रेसिडेंट अत्यन्त विनम्र व्यक्ति हैं। उनकी विनम्रता उनकी आंकृति पर स्पष्ट अंकित रहती है। किन्तु जब मैं उनसे हाथ मिला रहा था, मुझे भासित हुआ कि उनकी विनम्रता के भीतर से कोई अप्रतिम महत्ता मुझे झाँक रही हो। मैंने अनेक महापुरुषों से हाथ मिलाये हैं, किन्तु डॉक्टर प्रसाद से हाथ मिलाने की बात तो मैं भूल ही नहीं सकता।" मैंने इस पर श्री वोन को धन्यवाद दिया और कहा कि आपके इस निश्छल संस्मरण का आख्यान अपने देशवासियों से मैं अवश्य करूँगा।

जिनेवा से हम तीन-चार दिन के लिए ट्रेन से पेरिस चले गये और वहाँ से फिर जिनेवा लौट आये। पेरिस की मस्ती, रंगीनी और बेफ़िक्री की कहानी सारी दुनिया में मशहूर है। बारह महीने तीस दिन पेरिस में यात्रियों का ताँता लगा रहता है। मेरा ख़याल है, वहाँ नगर में बेफ़िक्री का जो समाँ है वह इन्हीं यात्रियों के आधिक्य के कारण। पेरिस में कार्यव्यस्तता और परेशानी का दौर नहीं दिखाई दिया। जिसे भी देखो, घूम रहा है, मजे ले रहा है, आनन्द की खोज में मँडरा रहा है। लन्दन में ठीक इसके विपरीत वातावरण है। लन्दन में कलकत्ते की तरह भाग-दौड़ है। पेरिस में लोग काशी की तरह निर्द्वन्द्व घूमते हैं। लन्दन कारख़ाना है, पेरिस को कला का म्यूज़ियम कहना चाहिए। लन्दन के होटलों में कामकाजू आदमी .ज़्यादा आते हैं। पेरिस के होटलों में हमने चित्रकारों को काम करते और लेखकों को कुछ लिखते-पढ़ते भी देखा।

पेरिस की एक विचित्रता यह भी देखी कि दिन में बाज़ार और सड़कें हलकी रहती हैं, किन्तु सन्ध्या होते ही सड़क पर ज़िन्दगी दौड़ने लगती है और रात ज्यों-ज्यों भीगती है, मोटरों की भाग-दौड़ में वृद्धि होती ही जाती है। मुझे बार-बार लगता कि रात में भीड़ लगाने वाले लोग पेरिस के नहीं होंगे, उनका बहुत बड़ा अंश विदेशी रहता होगा। किन्तु इस विषय में मैं कोई पक्की राय नहीं बना सका। मेरा ख़याल है, पेरिस में और नगरों की अपेक्षा 'नाइट क्लब्स' भी कुछ अधिक होंगे, अन्यथा रात में सड़कों के व्यस्त होने का कोई ख़ास कारण नहीं दीखता। यूरोप में आनन्द लेना लोग खूब जानते हैं और पेरिस आनन्द का केन्द्र है। दिन में तो यात्री लुव्र (चित्रगार), गिमे म्यूज़ियम, इफेल टावर, पैलेस द वर्सेल्स आदि दर्शनीय स्थानों में घूमते रहते हैं, किन्तु रात होते ही सब-के-सब सांजे-लिजे पहुँच जाते हैं। कलकत्ते में जो स्थान चौरंगी का और लन्दन में पिकेडली सरकस का है, पेरिस में वही स्थान सांजे-लिजे का मानना चाहिए। फ़र्क़ केवल यह है कि चौरंगी और पिकेडली सरकस सांजे-लिजे की तुलना में बहुत हीन हैं। सांजे-लिजे का अर्थ, सुना है, स्वर्ग की गली होता है और सांजे-लिजे में, सचमुच ही, होटलों के बाहर और भीतर स्वर्ग लोटता है।

पेरिस से जिनेवा लौटते समय पेरिस स्टेशन पर काफ़ी कष्ट हुआ। कारण यह था कि स्टेशन के कर्मचारी अंग्रेज़ी नहीं जानते थे और जिससे भी बात की, पता चला कि अंग्रेज़ी का ज्ञाता कोई नहीं है। केवल इशारों और संकेतों के द्वारा हम ट्रेन में सवार हुए और बड़ी मुश्किल से जिनेवा वापस आये।

ट्रेन में दो-एक घण्टा खड़ा रहने के बाद मुझे एक महिला के पार्श्व में जगह मिली। ईश्वर की असीम अनुकम्पा का बोध तब हुआ, जब मैंने देखा कि वे अंग्रेज़ी बोल सकती हैं। मुझे तो ऐसा भान हुआ कि समुद्र में अचानक कोई टापू मिल गया हो। मैं उनसे बातें करने लगा और उनका दो साल का बच्चा मुझसे ऐसा हिल गया कि वह मुझे छोड़कर कहीं जाता ही नहीं। मैंने बच्चे की माँ से पूछा कि यह क्या बात है? वे बोलीं कि "इसके पिता भी काले हैं।" मैंने पूछा, "क्या आपके पति एशियाई हैं?" उन्होंने बताया, "नहीं, हैं तो फ्रेंच ही, मगर मेरे समान गौर नहीं हैं।" मन-ही-मन मुझे हँसी आ गयी कि भारत में गौर समझी जानेवाली चमड़ी भी यूरोप में काली ही समझी जाती है।

पोलैंड में देखा कि अख़बार वहाँ आकार में छोटे होते हैं और उनके पन्ने भी दो-चार ही होते हैं। किन्तु, पश्चिमी यूरोप में अख़बारों का आकार-प्रकार बड़ा होता है एवं उनमें पन्ने भी अधिक होते हैं। मगर इन पन्नों में रहता क्या है? जो अख़बार अधिक बिकते हैं, जिनकी प्रतियाँ मैंने ट्रेनों, सुरंग-ट्रेनों और वायुयानों

में सबसे अधिक देखीं, उनमें कुत्सा और कलंक की कहानियाँ ही ज़्यादा छपती हैं। किसी मोटर ड्राइवर और उसकी पत्नी से मिलकर किसी को धोखा दिया था और परिणामतः दोनों गिरफ़्तार हो गये थे। जिस दिन वे रिहा हुए, उनकी कहानी एक अख़बार के मुखपृष्ठ पर बड़ी ही शान से प्रकाशित देखी। अपने देश में तो ऐसे समाचारपत्रों में स्थान भी मुश्किल से पाते हैं, और इस मामले में मैं भारतीय पत्रकारों की रुचि को ही श्रेष्ठ मानता हूँ।

नाइट क्लबों के सामने नंगे या अधनंगे चित्र अख़बारों में कलंक और व्यभिचार की उत्तेजक कहानियाँ एवं बुकस्टालों पर भद्दी किताबें और नंगे चित्रों का व्यापार, इन सबसे कोई बात निकलती है। विज्ञान की सुविधाओं ने यूरोप में आदमी को बहुत कुछ स्वतन्त्र कर दिया है, किन्तु आदमी वहाँ यह जानता ही नहीं कि अवकाश का समय कैसे गुज़ारना चाहिए। स्थूल आनन्द भोगते-भोगते वह इस धरातल पर आ गया है कि आनन्द का स्वाद लेने को भी उसे आघात चाहिए। यही आघात लोगों को जुर्म और व्यभिचार की कहानियों से प्राप्त होता है, जिन्हें वे बड़े ही चाव से पढ़ते हैं। सुर्रियलिस्ट चित्रकार, अपने ढंग पर, मनुष्य को यही आघात देते हैं और इसी आघात की सामग्री वहाँ के नाइट क्लबों में भी मौजूद है।

दिनकर की डायरी

प्रधानमन्त्री से भेंट

विदेश मन्त्रालय (चार बजे शाम)

14 दिसम्बर, 1962 (दिल्ली)

पण्डित जी मेरा स्वागत करने को दरवाज़े पर आये। बोले, "आओ भाई महाकवि", और गले में उन्होंने हाथ डाल दिया। मैं बोला, "पण्डित जी, मैंने जिस काम के लिए समय लिया था, वह काम अब नहीं रहा। कबीर साहब (हुमायूँ कोबिर, शिक्षामन्त्री) की इच्छा थी कि पी.ई.एन. के जलसे के लिए मैं मनीला जाऊँ। मेरा स्वास्थ्य ठीक नहीं है, इसलिए मैं जाना नहीं चाहता था। लेकिन कबीर साहब ने कहा कि अभी हम लोगों को बाहर जाना चाहिए। चीनी युद्ध को लेकर भ्रान्तियाँ फैलायी जा रही हैं। अपनी बातें दुनियावालों से हमें कहनी चाहिए। इस उपादेयता को मैंने क़बूल किया था और जाने को मैं तैयार हो गया था। इसलिए आपसे मिलना ज़रूरी समझा। मगर कल अफ़सरों से जो कुछ सुना, उससे मेरा उत्साह ठण्डा हो गया और मैंने नाहीं कर दी है। ट्रिप मुझे इज़्ज़त से कम मालूम होता है।"

"क्यों?"

"इसलिए कि पैसेज मनी देगा एशियाटिक फाउंडेशन और बोर्ड तथा लॉजिंग फिलिपिनों देंगे। मगर पॉकेट मनी का इन्तज़ाम नहीं है। अपनी सरकार तो रुपये ले जाने देती नहीं। सिर्फ़ 75 या 60 रुपये से क्या बनता है? मगर आ गया तो पाकिस्तान के बारे में अपना विचार कह देता हूँ।"

पण्डित जी ने कहा, "बोलो।"

मैंने कहा, "यही कि इंग्लैंड और अमरीका चाह रहे हैं कि वैली देकर हम पाकिस्तान से मेल कर लें। अगर वैली चली जाती है, तो लद्दाख के लिए लड़ने के मानी क्या रह जाते हैं?"

पण्डित जी ने कहा, "लड़ने के मानी के कोई मानी नहीं। हम लड़ने को लद्दाख पहुँचेंगे कैसे? वैली के बिना लद्दाख पहुँचना ही मुहाल है।"

मैंने कहा, "एक बात और है। अगर पाकिस्तान उदारता से काम लेता, इस आड़े वक़्त बिना शर्त हमारा साथ देता, तो उसका असर हिन्दुस्तान और पाकिस्तान के इतिहास पर अच्छा पड़ता। तब शायद, हिन्दू-मुस्लिम एकता की भी एक राह निकल आती। मगर पाकिस्तान जिस हालत में अपनी माँग को तेज़ कर रहा है, वह ख़तरनाक है। अगर हम माँग को क़बूल कर लेते हैं, तो भारत में हिन्दू और मुसलमान का सम्बन्ध और भी ख़राब हो जायेगा। अभी तो ख़ैर यह भी उम्मीद है कि हम नहीं, तो हमारे पोते दोनों देशों को क़रीब लाने में कामयाब हो जायेंगे और हिन्दू-मुस्लिम समस्या का भी कोई समाधान निकल आयेगा। लेकिन अभी कोई गड़बड़ी हो गयी, तो हिन्दुओं का घाव और भी गहरा हो जायेगा और भारत सरकार हास्यास्पद स्थिति में पहुँच जायेगी।"

पण्डित जी बोले, "भाई, जब अमरीका और ब्रिटेन वालों ने हमसे यह कहा कि बातें कीजिए, तब हमने यह कहा कि बातें करने को हम हमेशा तैयार हैं। लेकिन उसका एक नतीजा यह भी हो सकता है कि रिश्ते और भी ख़राब हो जायें। पाकिस्तान के अख़बार बहुत ख़राब लिखते हैं। उर्दू अख़बार 'जंग' सबसे कठोर बातें बोलता है। मगर 'अवाम' की राय अलग है। हमारे डिपुटी हाई कमिश्नर कहते थे कि वहाँ के अवाम यानी पानवाले, टैक्सीवाले, ताँगेवाले आज हमारे वास्ते ज़्यादा मुहब्बत रखते हैं, पहले से ज़्यादा हमदर्दी और नरमी से बातें करते हैं। वैली देकर समझौता करने की बात मैं नहीं सोचता हूँ।"

मैंने कहा, "असम में हिन्दू बेतरह डरे हुए हैं। उन्हें भय है कि अबकी अगर चीनी फ़ौज आयी, तो उत्तरी असम नेफ़ा में मिला लिया जायेगा और दक्षिणी असम पाकिस्तान में। प्रसोपा के श्री गंगाशरण सिंह असम गये थे। उन्होंने भी यही बात सुनी है।"

पण्डित जी जोश में आ गये। मेज़ पर मुक्के पटक-पटककर कहने लगे, "ये लोग बड़े कमज़ोर हैं। मंच से लम्बे-लम्बे भाषण देते हैं। मगर लड़ने के नाम से डरते हैं। हम हर मुसीबत से लड़ेंगे। चीन और पाकिस्तान साथ हमले करेंगे, तो हम दोनों से एक साथ लड़ेंगे। हम हारने पर भी लड़ना नहीं छोड़ेंगे। पाकिस्तान से भी अभी हम कमज़ोर हैं। पाकिस्तान के पास ज़्यादा हथियार हैं। मगर आन पड़ी, तो हम लड़ने के सिवा और क्या कर सकते हैं? मैं लड़ूँगा।"

मैंने कहा, "पण्डित जी, सारे देश में केवल राजा जी ही ऐसे व्यक्ति हैं, जिन्हें आक्रमण की चिन्ता नहीं है। लगता है, उन्हें महसूस ही नहीं होता देश पर हमला हुआ है। ऐसा ठण्डा आदमी मैंने और नहीं देखा। आज भी उनकी आँख के सामने केवल आप हैं, चीन और पाकिस्तान नहीं। वे आज भी

भारत-पाकिस्तान के बीच सम्मिलित डिफेंस की बात करते हैं। पता नहीं, उनके मन में क्या है!"

पण्डित जी बोले, "अभी हाल में वे आये हुए थे और मुझसे कह रहे थे कि अमरीका के सुपुर्द हो जाओ और कहो कि वह चीन से हमारी रक्षा करे। फिर राजा जी बोले, यह क्या बात है कि तुम डिप्रेस्ड नहीं हो? मैंने कहा, डिप्रेशन से लाभ क्या होगा? मैं होश-हवास के साथ इस मुसीबत का सामना कर रहा हूँ।"

पण्डित जी ने कहा कि "राजा जी की चिन्ताधारा यह है कि हम कमज़ोर हैं, इसलिए किसी ताक़तवर पहलवान को बुलाकर अपनी रक्षा की ज़िम्मेदारी उसके हाथ में सौंप देनी चाहिए।"

मैंने पूछा, "पण्डित जी, कई रात तो आप सोये नहीं होंगे।"

पण्डित जी ने कहा, "तुम मानोगे? मैं किसी रात भी नहीं जगा हूँ। चिन्ता अपनी जगह पर है, नींद अपने समय पर ठीक आती है। मैं ठीक सोता हूँ।"

फिर प्रेस की बातें चलीं। अख़बार सरकार को सहानुभूति न देकर उसकी आलोचना कर रहे हैं। मैंने कहा, "रामनाथ जी से मैंने पूछा था कि यह सब क्या हो रहा है। उन्होंने कहा, कल से देखो। सारी बातें ठीक हो जायेंगी। तब से मैं देख रहा हूँ कि बातें कुछ ख़ास ख़राब नहीं हैं।"

पण्डित जी बोले, "तुमसे और त्यागी से रामनाथ जी यह कहते हैं, मगर सभी बातें ठीक कहाँ हुई हैं? प्राइम मिनिस्टर की आलोचना ज़रूर कम है, लेकिन नीतियों की आलोचना चल रही है।"

मैंने कहा, "केवल लड़ाई में ही हम नहीं हारे, डिप्लोमैसी में भी हम हार गये हैं।"

पण्डित जी बोले, "कैसे?"

मैंने कहा, "हमारे पड़ोसी देश यह मानते ही नहीं हैं कि चीन ने आक्रमण किया है। आख़िर चीनी लड़ाई के दौरान हमारे राजदूत करते क्या रहे हैं? ईजिप्ट में यह साफ़ दीखता है। कोलम्बो में मुझे यह साफ़ दिखाई पड़ता है।"

पण्डित जी ने कहा, "कोलम्बो में केवल यू.ए.आर. ने हमारी मदद करने की कोशिश की। बाक़ी लोग डरे हुए हैं। कुछ यह बात भी है कि बाहर वालों का यह ख़याल है कि चीन का मुक़दमा बहुत कमज़ोर नहीं है। लन्दन का टाइम्स प्रो-कम्यूनिस्ट नहीं है। लेकिन वह भी जब केस जाँचता है, तब यह भाव जता देता है कि चीन का पक्ष भी बिल्कुल कमज़ोर नहीं है। केवल अपने देश के लोग यह नहीं मानते।"

मैंने कहा, "1959 में जब आपने कहा था, 'नाट ए ब्लेड आव ग्रास ग्रोज देयर', तब आप इस मूड में थे कि समझौता हो जाय। विरोधियों की उपेक्षा करके अगर उस समय आपने समझौता कर लिया होता, तो वह आज से ज़्यादा अच्छा रहता। आज तो हम पराजित हैं, चीन विजयी है।"

पण्डित जी इस पर कुछ नहीं बोले।

मैंने कहा, "आज तो ख़ुश्चेव ने गंगा नहा लिया पण्डित जी।"

पण्डित जी बोले, "कैसे?"

मैंने कहा, "इस प्रकार कि उन्होंने यह बात साफ़ कर दी कि वाणी से वे हमारी पीठ सहलाते रहेंगे, लेकिन कर्म से वे चीन के साथ रहेंगे। चीन उनका भाई है, भारत फकत दोस्त है।"

पण्डित जी ने कहा, "तुमने ग़लत समझा है।"

मैंने कहा, "सारा देश वही समझेगा, जो मेरी समझ में आता है।"

पण्डित जी बोले, "तुम्हें एक खुफिया बात बतलाता हूँ। अभी तीन-चारे दिन पहले ख़ुश्चेव ने अपने राजदूत के ज़रिये मुझे गुप्त सन्देश भेजा है। उसमें उन्होंने हमारे देश के लिए हमदर्दी दिखाई है और कहा है कि मेरी नीति उन्हें सोलह आने पसन्द है। उन्होंने यह भी कहा है कि रूस भारत की मदद करने से मुकरेगा नहीं। उसने जो वायदे किये हैं, सब पूरे किये जायेंगे। और भी बहुत-सी बातें हैं।"

मैंने कहा, "यह सुनकर मेरा मन आश्वस्त होता है। अब रूस के वक्तव्यों को मैं सही अर्थों में समझा करूँगा। मगर देश को तो यह गुप्त आश्वासन मालूम नहीं है।"

तब मैंने सूचना-प्रसारण मन्त्रालय की बातें शुरू कीं। मैंने कहा, "यह मन्त्रालय अत्यन्त कमज़ोर निकला। रेडियो को तो अफ़सरों ने अपनी सूझ-बूझ से भर रखा है। लेकिन इनफार्मेशन का पक्ष बिल्कुल शून्य रहा है। हिन्दी का आन्दोलन चलाने के कारण रेड्डी साहब हम लोगों से अच्छा ताल्लुक नहीं रखते हैं। तब भी, एक दिन उनसे भेंट होने पर मैंने कहा, सीजफायर के बाद रेडियो की ट्यून में थोड़ी तब्दीली होनी चाहिए थी, सो नहीं हुई है। सीजफायर धोखा भी हो सकता है। मगर वह उदारता की कूटनीति भी हो सकती है। अगर शान्ति की बातें आ रही हों, तो अच्छा होगा कि हम एकाध सुर ऐसा भी दें, जिससे यह विदित हो कि हम शान्ति के विरोधी नहीं हैं। रेड्डी साहब ने कहा, दिनकर जी, सीजफायर के बाद से कोई हिदायत इस क़िस्म की नहीं आयी है। मैंने कहा, आप कैबिनेट मिनिस्टर हैं। हिदायत देना आपका काम है।"

पण्डित जी बोले, "इधर तो कुछ सुधार हुआ है। चेलापति राव वग़ैरह से सहयोग लिया जा रहा है।"

मैंने कहा, "कोई तरक़्क़ी नहीं है। मुझे पता चला है कि चेलापति राव रेडियो से नाराज़ हैं और उनका कोई लेख भी इलस्ट्रेटेड वीकली में छपने गया है। वैसा ही एक लेख श्री जगदीशप्रसाद चतुर्वेदी ने लिखा है। चतुर्वेदी जी ने वह लेख मुझे सुनाया था। मैंने कहा, अगर लेख छपवा ही रहे हैं, तो उसकी एक-एक कापी पण्डित जी और रेड्डी साहब को भी भेज दीजिए।"

पण्डित जी फिर भी चुप ही रहे। मैंने और भी कहा कि "हिन्दी के समर्थकों से सूचना-प्रसारण मन्त्रालय शत्रुता का व्यवहार कर रहा है। 15 अगस्त को रेडियो पर मुशायरा हुआ, कवि-सम्मेलन नहीं। अभी हाल में रेडियो पर जो कवि-सम्मेलन हुआ, उसमें न रेड्डी आये, न शामनाथ। ये अच्छे लक्षण नहीं हैं।"

पण्डित जी बोले, "कवि-सम्मेलन में तो मैं भी नहीं गया।"

मैंने कहा, "आप रेडियो कवि-सम्मेलन के लिए नहीं बुलाये गये थे। आप वीररस कवि-सम्मेलन में जाने वाले थे।"

समय काफ़ी हो जाने से मैं उठ गया। पण्डित जी मुझे छोड़ने को दरवाज़े तक साथ आये और बोले, "तुम रेडियो पर क्यों नहीं गरजते हो? ख़ूब गरजो।" मैं हँसते-हँसते कह गया, "मैं अगर ज़ोर से गरजूँगा तो यह सड़ा हुआ रेडियो फट जायेगा।"

दो बातें मैंने ख़ास तौर से नोट कीं। मैंने एक मन्त्रालय की बात का आरम्भ यह कहकर किया था कि जैसे आप एक तगड़ा सुरक्षामन्त्री ले आये हैं, वैसे ही अमुक मन्त्रालय के लिए एक और तगड़ा मिनिस्टर ले आइए। पण्डित जी ने आँखें नीचे कर लीं और 'हूँ' वे इस तर्ज से बोले कि उसे मैंने तगड़ा डिफेंस मिनिस्टर पर व्यंग्य समझा। दूसरी भयानक बात उन्होंने यह कही कि "तुम देखोगे कि मेरे बाद तुम्हारे देश में प्रजातन्त्र नहीं रहेगा, सैनिक शासन हो जायेगा।"

राजेन्द्र बाबू से आख़िरी मुलाक़ात

5 फ़रवरी, 1963 (पटना)

राजेन्द्र बाबू के लिए सदाकत आश्रम के पास एक नया मकान बनवाया गया है। दिल्ली से निवृत्त होने के बाद जब वे पटना आये, वे सीधे पुराने सदाकत आश्रम में चले गये और कई महीने उसी मकान में रहे। जब से वे नये मकान में आये हैं, मैं उनसे मिल नहीं सका था। आज श्री गंगाशरण सिंह और श्री बसावन सिंह के साथ मैं राजेन्द्र बाबू से मिलने को गया। हम लोगों के पहुँचने पर वहाँ बाबू नथुनी सिंह भी आ गये। एक सेक्रेटरी और दो नर्सें राजेन्द्र बाबू की सेवा के लिए नियुक्त हैं। कहाँ दिल्ली का विशाल राष्ट्रपति भवन और कहाँ यह छोटा-सा मकान! फिर भी राजेन्द्र बाबू को आराम में देखकर सन्तोष हुआ। आराम वे पुराने सदाकत आश्रम में भी पा लेते थे।

दिल्ली से चलने के समय भी राजेन्द्र बाबू स्वस्थ नहीं थे, किन्तु उस समय चेहरा उनका पुष्ट था। आज वे कुछ दुबले-से दिखाई दिये। मिज़ाज के बारे में पूछने पर वे बोले, "और तो सब ठीक है, पाँवों में बल नहीं है। कई साल से कोर्टजन के सहारे जी रहा हूँ और कोर्टजन ने ही पाँवों की यह हालत कर दी है।" इतना कहकर राजेन्द्र बाबू पलंग से उठकर छोटी-सी चौकी पर बैठ गये और बोले, "देखा न? बड़े पलंग पर पाँव लटकाकर बैठूँ तो उठ सकता हूँ। थोड़ी ऊँचाई की खाट या चौकी पर बैठूँ, तो उठा नहीं जाता है।" और सच ही, वे कोशिश करने पर भी चौकी से उठ नहीं सके। तब सेक्रेटरी भाटिया ने उन्हें सहारा देकर चौकी से उठाया और वे ख़ुद ही पलंग पर बैठ गये।

राजेन्द्र बाबू सन् 1960 ई. में दिल्ली में बहुत ज़ोर से बीमार पड़े थे। बचने की उम्मीद नहीं थी। दिल्ली और बम्बई के बड़े-बड़े डॉक्टर आये थे। उनका विचार ऑपरेशन करने का था। लेकिन पटना के दो डॉक्टरों—टी.एन. बनर्जी और रघुनाथ शरण—ने ऑपरेशन नहीं होने दिया। बाद को लोगों ने समझा, ऑपरेशन हो जाता तो मृत्यु की ही सम्भावना अधिक थी। राजेन्द्र बाबू ने उस

बीमारी का ज़िक्र किया और कहा, "बच जाना कोई ख़ास अच्छा नहीं हुआ। बचने की ज़रूरत क्या थी?" गंगा ने कहा, "बचने की ज़रूरत थी और अब भी है।" इतनी देर में बाबू महामाया प्रसाद भी आ गये।

फिर चीनी आक्रमण के बारे में बातें होने लगीं। राजेन्द्र बाबू इस बात से खुश थे कि आक्रमण के समय सारा देश एक होकर उठा था। ऐसी ही एकता देश में हर समय बनी रहनी चाहिए।

चीनी आक्रमण से पूर्व जुलाई में दिल्ली में अणु-बम-विरोधी अन्तरराष्ट्रीय सम्मेलन हुआ था। उसका उद्घाटन करने को राजेन्द्र बाबू पटना से दिल्ली गये। उस समय उन्होंने कहा था कि भारत को अपनी ओर से यूनिलेटलर निःशस्त्रीकरण कर देना चाहिए। फिर जब चीनी आक्रमण हुआ, तब पटना के गांधी मैदान में राजेन्द्र बाबू ने कहा था, "भारत को चाहिए कि वह तिब्बत को स्वाधीन करवा दे।" मैं दोनों सभाओं में मौजूद था। इन दोनों वक्तव्यों के बीच जो विरोधाभास है, वह मुझे खटकता रहा है। मन में हुआ कि राजेन्द्र बाबू से पूछ ही लूँ कि इन विरोधों का समाधान क्या होगा। मगर गम्भीर प्रश्न उठाकर उन्हें गम्भीर बनाना अच्छा नहीं लगा।

राजेन्द्र बाबू ने बताया कि चीन ने 1960 ई. में जितनी भूमि पर दावा किया था, सन् 1962 के हमले के क्रम में भी वह उसी हद में रहा। यह मर्यादा उसने अवश्य पाली है। चुसुल उसके दावे में नहीं था, चुसुल वह गया भी नहीं। नेफा में फुटहिल तक उसका दावा था, वहीं से वह लौट भी गया। राजेन्द्र बाबू ने भाटिया से नक्शे मँगवाकर ये सारी बातें हम लोगों को समझायीं।

राजेन्द्र बाबू से किसी ज्योतिषी ने कहा है कि चीन का दूसरा हमला अगले 19 मार्च को होने वाला है। राजेन्द्र बाबू से हमें यह भी मालूम हुआ कि सन् 1958 ई. के बाद से चीन बराबर कहता आया था कि नेफा में हम अपना दावा ख़त्म कर सकते हैं बशर्ते कि अकसाई चीन हमें दे दो।

यही बात मुझसे डॉ. राधाकृष्णन् ने भी कही थी। चीन अकसाई चीन लेकर नेफा पर अपना दावा ख़त्म करने को तैयार है।

फिर गंगा ने कहा कि तुम्हारी नयी कविता 'परशुराम की प्रतीक्षा' बाबू ने नहीं सुनी है। आज अच्छा मौक़ा है। कविता इन्हें सुना दो।

राजेन्द्र बाबू को 'परशुराम की प्रतीक्षा' मैंने पूरी-की-पूरी सुना दी। कविता सुनने को भाटिया तो आये ही, दोनों नर्सें भी आ गयीं। मगर नर्सें तुरन्त चली गयीं। कविता शायद उनकी समझ में नहीं आ रही थी।

राजेन्द्र बाबू कविता बड़े ध्यान से सुनते रहे और जहाँ-जहाँ अन्धी हिंसा की

बात आयी, वे मूँछों में मुस्कुराते रहे। जब मैंने पढ़ा :

असि छोड़ भीरु बन जहाँ धर्म सोता है,
पातक प्रचंडतम वहीं प्रकट होता है।

तब राजेन्द्र बाबू की स्थिति कुछ अधिक प्रखर हो गयी। यह स्मिति समर्थन की स्मिति नहीं थी। कविता वे इस भाव से सुन रहे थे कि कवि का क्रोध जब सीमा का उल्लंघन करता है, वह तब भी ख़ूबसूरत होता है। और मैं इस भाव से सुना रहा था कि गांधी-परम्परा में भी इस क्रोध का औचित्य है। गांधी और बुद्ध को बचाने के लिए उस खड्ग की आवश्यकता है, जिस खड्ग को उनके अनुयायी निन्दित बताते हैं।

राजेन्द्र बाबू को कविता मैंने पूरे जोश से सुनायी, मुझे किसी प्रकार का संकोच नहीं हुआ। यदि खड्ग का नाम लेना पाप है, तो मैं मध्यम कोटि का गांधीवादी हूँ, क्योंकि मेरे जीवन दर्शन पर गांधी जी का भारी प्रभाव है। अगर गांधी-धर्म आत्मरक्षा से तलवार उठाने को पाप नहीं समझता, तो मैं भी उत्तम कोटि का गांधीवादी हूँ।

5 मार्च, 1963 (दिल्ली)

बहुत-सी नारियाँ इस भ्रम में रहती हैं कि वे प्यार कर रही हैं। वास्तव में वे प्रेम किये जाने के कारण आनन्द से भरी होती हैं। चूँकि वे इनकार नहीं कर सकतीं, इसलिए यह समझ लेती हैं कि हम प्रेम कर रही हैं। असल में यह रिझाने का शौक़ है, हलका व्यभिचार है। प्रेम का पहला चमत्कार व्यभिचार को ख़त्म करने में है, पार्टनर के भीतर सच्चा प्रेम जगाने में है।

चेतना की शिखा

श्री अरविन्द : मेरी दृष्टि में

अभी संसार में चिन्तकों का एक ख़ासा दल है, जो श्री अरविन्द को केवल मनीषी, दार्शनिक और कवि समझकर सन्तोष कर लेता है। मेरा विश्वास है कि श्री अरविन्द केवल दार्शनिक, कवि और मनीषी ही नहीं थे, वे मनुष्य के आसन्न आध्यात्मिक विकास के नेता, योगी और युगावतार थे। श्री अरविन्द ने योग और दर्शन पर जो अनेक ग्रन्थ लिखे हैं, वे मनुष्य की ऊँची-से-ऊँची मेधा के श्रेष्ठ प्रमाण हैं। किन्तु क्या केवल मेधा के बल पर सावित्री काव्य की रचना की जा सकती थी? सावित्री के रचयिता की दृष्टि के सामने गोचर और अगोचर, दोनों ही निरावरण हो गये थे। बुद्धि गोचर तक ही विहार करती है। बुद्धि के परे भी कोई शक्ति है, जो अगोचर को देख लेती है। श्री अरविन्द में बुद्धि का बड़ा ही प्राबल्य है, किन्तु 'सावित्री' काव्य बुद्धि की रचना नहीं है। वह उस शक्ति का चमत्कार है, जो बुद्धि की सीमा के परे विहार करती है, जिससे अदृश्य देखा जाता है और अकथनीय का कथन किया जाता है। 'सावित्री' अकथनीय के ही कथन का प्रयास है।

एक समय एशिया, विशेषतः भारतवर्ष, अपने आध्यात्मिक तेज के कारण संसार का अग्रणी महादेश समझा जाता था। आधुनिक युग में आकर संसार का अग्रणी महादेश यूरोप हो गया, क्योंकि विज्ञान और टेक्नालॉजी को सिद्ध करके उसने अतुलित शक्ति और समृद्धि प्राप्त कर ली। एशिया ने आत्मा के क्षेत्र में विशेषता अर्जित की थी। यूरोप ने शरीर की भूमि पर चमत्कार उत्पन्न कर दिया। लगता है, भगवान की अगली इच्छा यह है कि यूरोप और एशिया की विशेषताओं के बीच समन्वय उत्पन्न किया जाय, जिससे अगला मनुष्य तन से सबल और समृद्ध तथा मन से योगी और निरासक्त हो।

श्री अरविन्द के विचारों के सम्पर्क में आने से बहुत पूर्व मैंने अपनी एक कविता में कहा था :

जागो रसिक विराग लोक के, मधुवन के संन्यासी।

अब मुझे लगता है कि इस पंक्ति में उसी मनुष्य की क्षीण झाँकी है, जिसकी सम्पूर्ण कल्पना श्री अरविन्द ने की है।

इस दृष्टि से पाण्डिचेरी का आश्रम भगवान की ही ओर से किया जाने वाला एक नूतन प्रयोग है। श्री माँ की नियति यह थी कि वे श्री अरविन्द की साधना में सहयोगिनी बनें। किन्तु उनका जन्म यूरोप में हुआ। श्री अरविन्द की साधना में यूरोप को जो योगदान देना था, उसका बहुत बड़ा अंश आश्रम में श्री माँ के साथ पहुँचा। यह भी ध्यान देने की बात है कि जिस व्यक्ति को भगवान मनुष्यता के आध्यात्मिक उद्धार का माध्यम बनाना चाहते थे, उस व्यक्ति को उन्होंने जीवन के पहले बीस वर्षों तक भारत के संस्कार से अछूता और बहुत दूर रखा था। श्री माँ यूरोप के संस्कार में पलकर भारत आयीं और श्री अरविन्द भी पहले भारत में और फिर इंग्लैंड में यूरोपीय संस्कार में ही पले, यह सब कुछ भागवत योजना के अनुसार था।

जब श्री अरविन्द का जन्म हुआ यूरोप अपनी सभ्यता के शिखर पर पहुँचा हुआ था और श्री अरविन्द के पिता डॉक्टर कृष्णधन घोष इस सभ्यता के अनन्य पुजारी थे। यूरोपीय सभ्यता के सामने वे भारतीय सभ्यता को बहुत ही दुर्बल, अन्धविश्वासी और निस्सार समझते थे। उन्होंने पूरी कोशिश की थी कि श्री अरविन्द का लालन-पालन और शिक्षा-दीक्षा यूरोपीय विधि से हो और उन पर भारतीय संस्कार की छाया भी न पड़े। और हुआ भी यही। बीस वर्ष की उम्र तक श्री अरविन्द भारत की कोई भाषा नहीं जानते थे। किन्तु जिस व्यक्ति को भारतीय संस्कार से इतना अछूता रखने की कोशिश की गयी थी, भगवान ने उसी व्यक्ति को अध्यात्म का उद्धारक और भारतीय संस्कार का तपोधन महर्षि बना दिया।

श्री अरविन्द के छात्र-जीवन के बारे में जो जानकारी मिलती है, उससे यह अनुमान तो होता है कि यह युवक कवि, चिन्तक, देशभक्त और पत्रकार हो सकता है किन्तु इसके लक्षण दिखाई नहीं देते कि यह योग-साधना की ओर जायेगा। श्री अरविन्द ने लिखा है कि अपनी किशोरावस्था में वे केवल सन्देहवादी ही नहीं, क़रीब-क़रीब नास्तिक भी थे। श्री अरविन्द को योग की पहली दीक्षा उनके बड़ौदा जीवन काल में मिली और यह दीक्षा उन्हें एक महाराष्ट्रीय योगी ने दी थी, जिनका नाम श्री भास्कर लेले था। किन्तु संसार से अलग ले जाने के पहले भगवान श्री अरविन्द को संसार के तूफ़ानों का भी स्वाद चखा देना चाहते थे। इसीलिए बंग-भंग के समय श्री अरविन्द बड़ौदा से कलकत्ता चले आये और

राष्ट्रीय आन्दोलन की अत्यन्त प्रखर धारा में उन्होंने अपने-आपको फेंक दिया। उन दिनों वन्दे मातरम् में श्री अरविन्द के जो लेख निकले, भारतीय राष्ट्रीयता के इतिहास में उतने प्रखर और निर्भीक लेख और कभी नहीं निकले थे। राजनीति के क्षेत्र में श्री अरविन्द ने केवल पाँच वर्ष काम किया या यह भी कह सकते हैं कि केवल ढाई वर्ष काम किया, किन्तु उतने ही समय में सारा देश उनकी पूजा करने लगा और उनके लेखों के प्रभाव से देशभक्ति के मतवाले तेजस्वी युवकों की एक नयी पीढ़ी तैयार हो गयी। केवल ढाई वर्षों के अन्दर श्री अरविन्द ने देश के हृदय और मस्तिष्क को उस तरह से मथ डाला, जिस प्रकार वह पहले कभी मथा नहीं गया था, वीरता और निर्भीकता की ऐसी-ऐसी बातें कहीं, जो पहले कभी नहीं कही गयी थीं। तत्कालीन कांग्रेस को उन्होंने ढाई वर्ष में ही पीटकर ठण्डा कर दिया और जनता के हृदय पर इस बात को पक्की तरह से बिठा दिया कि नरम दलीय कांग्रेस राष्ट्रीय नहीं है और भारत का ध्येय पूर्ण स्वाधीनता होना चाहिए।

तब श्री अरविन्द मानिकतला बम-केस में गिरफ़्तार हुए और लोगों को यह आशंका होने लगी कि उन्हें फाँसी या कालेपानी की सज़ा अवश्य हो जायेगी। इस मुक़दमे में श्री अरविन्द के वकील श्री सी.आर. दास थे। उन्होंने जज को सम्बोधित करते हुए कहा था कि "जो युवक आपके सामने मुजरिम के रूप में खड़ा है, वह मानवता के इतिहास में अमर रहेगा, जबकि आप और हम विस्मृति के गर्भ में विलीन हो जायेंगे। अतएव आपको यह मानकर चलना चाहिए कि श्री अरविन्द इस अदालत के सामने नहीं, इतिहास के हाई कोर्ट के सामने खड़े हैं।" श्री सी.आर. दास की यह भविष्यवाणी सत्य निकली। श्री अरविन्द रिहा कर दिये गये और मानवता के इतिहास ने सचमुच ही उन्हें अपने शिखर पर बिठा लिया।

सन् 1910 ई. में श्री अरविन्द अचानक राजनीति से मुख मोड़कर पाण्डिचेरी चले गये और वहाँ लिखने-पढ़ने और अध्यात्म की साधना में लीन हो गये। अनुमान है कि जब वे अलीपुर जेल में बन्द थे, तभी उन्हें कोई ईश्वरीय संकेत मिला था कि अब तुम्हें किसी और भी महत्तर साधना में लगना है, अतएव उसके लिए कोलाहल से अलग एकान्त में चले जाओ।

श्री अम्बालाल पुराणी श्री अरविन्द के अन्यतम भक्तों में से थे और जवानी के दिनों में वे क्रान्तिकारी भी रहे थे। सन् 1918 में वे जब श्री अरविन्द से मिलने को पाण्डिचेरी गये, उन्होंने निवेदन किया कि हमारी क्रान्ति की तैयारी पूरी हो चुकी है। आप हमारा पथ-प्रदर्शन करने को चलिए। उस समय श्री अरविन्द ने पुराणी जी से कहा था कि रक्तपात की आवश्यकता नहीं है। भारत रक्तपात

के बिना ही स्वाधीन हो जायगा। तुम योग की ओर उन्मुख हो। अतएव तुम्हारे लिए भी यही उचित है कि आश्रम में रहकर योग करो।

भारतीय स्वाधीनता-संग्राम को तीव्र बनाने के लिए श्री अरविन्द राजनीति में पड़े थे, किन्तु विश्व-मानवता के उद्धार के लिए वे योग-साधना में लग गये। परन्तु निभृत एकान्त में रहते हुए भी अपनी ओर से वे सारे संसार के सम्पर्क में थे। जब हिटलर ने सभ्यता को रौंदने के लिए युद्ध आरम्भ किया, श्री अरविन्द ने मित्र राष्ट्रों के समर्थन में वक्तव्य दिया था। जब श्री स्टैफोर्ड क्रिप्स समझौते की योजना लेकर भारत आये थे, श्री अरविन्द ने भारतीय नेताओं को सलाह भेजी थी कि वे क्रिप्स की योजना को स्वीकार कर लें। उस समय देश के नेताओं ने क्रिप्स की योजना को ठुकरा दिया, किन्तु अब कहीं-कहीं यह एहसास जगने लगा है कि अगर क्रिप्स-योजना मान ली गयी होती, तो वह देश के विभाजन से श्रेष्ठ समाधान हुआ होता।

किन्तु वह महत्तर आदर्श क्या था, जिसे प्राप्त करने के लिए श्री अरविन्द ने राजनीति से अपना हाथ खींच लिया? श्री अरविन्द ने जो कुछ लिखा है, उसके सहारे ही हमें उत्तर की कल्पना करनी होगी। संसार में दुःख असंख्य हैं और उन्हीं दुखों को दूर करने के लिए सरकारें बनती हैं, सुधार के आन्दोलन चलाये जाते हैं, योजनाएँ बनती हैं और लड़ाइयाँ भी लड़ी जाती हैं। किन्तु इन समस्त चेष्टाओं के बावजूद दुःख अपनी जगह पर क़ायम है। योजनाएँ जहाँ सफल होती हैं, वहाँ भी सुखों के साथ असन्तोष और अशान्ति में वृद्धि होती है। सभी युद्ध शान्ति के लिए ही लड़े जाते हैं, लेकिन शान्ति आती नहीं और आ भी गयी, तो वह टिकती नहीं है। श्री अरविन्द का कहना है कि ये सारे आन्दोलन, ये सारी क्रान्तियाँ, ये सारी लड़ाइयाँ केवल पैबन्द है। असली काम यह है कि मानवता को कोई नया वस्त्र दिया जाय। मानवता का नया वस्त्र यानी मनुष्य का सम्पूर्ण रूपान्तरण। सृष्टि में पहले सब कुछ जड़ था। जड़ में से जीवन निकला और जीवन के भीतर से मन अथवा मानस उत्पन्न हुआ। शंकर के मायावाद को श्री अरविन्द नहीं मानते न वे वैज्ञानिकों के भौतिकतावादी विकासवाद को स्वीकार करते हैं। उनका कहना है कि प्रकृति, द्रव्य या मैटर जड़ नहीं है। ब्रह्ममय होने के कारण उसके भीतर भी चेतना काम कर रही है। पुद्गल अगर जड़ होता, तो उसके भीतर से चेतन कैसे प्रकट हो सकता था? मनुष्य लाखों वर्षों से मन के धरातल पर खड़ा है, मन की समस्याओं का समाधान वह मन के ही साधनों से खोजने में लीन है, किन्तु समाधान उसे मिल नहीं रहा है। न यह समाधान उसे मन के ज़रिये कभी प्राप्त हो सकता है। आवश्यकता इस बात की है कि मनुष्य एक छलाँग लगाये

और मन की सीमा के बाहर पहुँच जाय। मन की सीमा के परे वाली भूमि को श्री अरविन्द अतिमानस कहते हैं। जब तक मनुष्य की अतिमानसी जाति उत्पन्न नहीं होती, उसकी समस्याओं का समाधान नहीं मिलेगा।

अतिमानस की भूमि का निर्देश श्री अरविन्द से पूर्व किसी भी ऋषि या दार्शनिक ने नहीं किया था। चेतना के आकाश का अनुसन्धान करते-करते श्री अरविन्द एक ऐसे देश में जा पहुँचे, जो नक़्शे पर था ही नहीं। वही देश अतिमानस का देश है। अतएव यह कल्पना सही या ग़लत है, यह शास्त्रों के उद्धरण द्वारा सिद्ध नहीं किया जा सकता। सत्य उसे हम इसलिए मानते हैं कि श्री अरविन्द ने जीवन भर, अनेक रूपों में, उसकी व्याख्या की है और हमसे कहा है कि हम उस पर विश्वास करें और उसे प्राप्त करने के लिए साधना और प्रयास भी। जब जीवन में से मन प्रकट हुआ, जीव-सृष्टि में बड़ी भारी क्रान्ति मच गयी। जिस दिन मानस के भीतर से अतिमन प्रकट होगा, उस दिन मानव-समाज में उससे भी बड़ी क्रान्ति घटित हो जायगी। अतिमानस के अवतीर्ण होने पर यह भौतिक जगत रूपान्तरित हो जायगा और मनुष्य की एक ऐसी योनि प्रकट होगी, जो वर्तमान योनि से भिन्न और अत्यन्त श्रेष्ठ होगी और जो समस्याएँ मनुष्यों को आज घेरे हुए हैं, उनका कहीं नामोनिशान भी नहीं रहेगा।

श्री अरविन्द ने यह भी कहा है कि विकास का क्रम अवरुद्ध नहीं हुआ है, किन्तु बन्दर अब आदमी नहीं बनेंगे। विकास के क्रम ने मनुष्य को खींचकर मन के धरातल पर पहुँचा दिया है, अब जो भी विकास होगा, वह मनुष्य के शरीर का नहीं, उसकी चेतना का होगा। विकास का अगला सोपान अति-मन है, मनुष्य की अगली यात्रा मानस से चलकर अतिमानस पर पहुँचने की यात्रा है। मनुष्य अपने को रूपान्तरित करे, इसके सिवा उसके सामने कोई और विकल्प नहीं है।

श्री अरविन्द माया में विश्वास नहीं करते। वे ब्रह्ममय होने के कारण सारे जगत् को सत्य मानते हैं। वे वैयक्तिक मुक्ति भी नहीं चाहते, न संसार को भूलकर ब्रह्म सुख के समुद्र में मग्न रहना चाहते हैं। उनका ध्येय इसी जगत् में भागवत जीवन की स्थापना है। उनका ध्येय मनुष्य की चेतना को एक नये धरातल तक पहुँचाना है, जो अतिमानस का धरातल है।

भोग और वैराग्य, ये जीवन के दो अति बिन्दु हैं, दो चरम छोर हैं। भोगी केवल शरीर के सुख के लिए जीता है और वैरागी शरीर को सुखा कर, उसका तिरस्कार करके आत्मा को पाना चाहता है। श्री अरविन्द समझते हैं कि ये दोनों ही अतिवादी दृष्टिकोण हैं। शरीर आत्मा का मन्दिर है, अतएव शरीर की उपेक्षा नहीं की जा सकती। और आत्मा की भी उपेक्षा करना व्यर्थ है, क्योंकि शरीर

के भीतर से आत्मा ही अभिव्यक्त होती है। आत्मा के अस्तित्व का यह भी एक प्रमाण है कि समस्त शारीरिक सुखों के बीच भी हम अतृप्ति का अनुभव करते हैं, किसी ऐसे लोक में पहुँचना चाहते हैं, जो शरीर की सीमा से परे है, जो आत्मा अथवा अध्यात्म का लोक है।

सत्प्रेम ने लिखा है कि पिछले पचास वर्षों से मनोविज्ञान इस कोशिश में रहा है कि मनुष्य के भीतर जो दानव है, उसके पाँव और भी दृढ़ता से जमा दिये जायें। मनुष्य उसे उतना बुरा न समझे, जितना आज तक वह समझता आया है। आन्द्रे मालरो की कल्पना यह है कि अगले पचास वर्षों तक हमें यह कोशिश करनी होगी कि मनुष्य के भीतर जो देवता उपेक्षित पड़े हैं, उनका तालमेल इस दानव के साथ कैसे बिठाया जाय। अर्थात् पुद्‌गल और आत्मा, जो परस्पर छिन्न हो गये हैं, उन्हें समन्वित कैसे किया जाय, यानी पृथ्वी पर भागवत जीवन की स्थापना कैसे हो।

श्री अरविन्द कर्म और ध्यान, गार्हस्थ और संन्यास का भेद नहीं मानते। उनके योग की पद्धति वह है, जिससे गृहस्थ और संन्यासी, दोनों का कल्याण समान रूप से हो सकता है। आरोह और अवरोह–ये दोनों क्रियाएँ गृहस्थ और संन्यासी, दोनों के लिए उपयुक्त हैं। हम परमात्मा की ओर उन्मुख होते हैं, यह आरोह यानी हमारा ऊपर उठने का प्रयास है। और हम जब ईश्वर की ओर उन्मुख होते हैं, उनकी कृपा अवरोह करती है यानी नीचे उतरती है और हमारा रूपान्तरण हो जाता है। जिसका आरोह जितना ही तीव्र है, उस पर करुणा का अवरोह भी उसी तीव्रता से होगा।

श्री अरविन्द की आध्यात्मिक योजना में अतिमानस की परिकल्पना ही सबसे अधिक महत्त्वपूर्ण और सबसे अधिक दुरूह है। श्री अरविन्द और श्री माता जी ने हज़ारों बार इसकी व्याख्या की है, किन्तु मन की भाषा में हम लोग इसे न तो समझते हैं, न समझा सकते हैं। एक बात स्पष्ट है कि यह उस चेतना का सर्वोच्च शिखर नहीं है, जिस चेतना के साथ हमारा थोड़ा-बहुत परिचय है। अतिमानसी चेतना ही शायद कोई भिन्न प्रकार की चेतना होगी। अतिमानस की कल्पना को लेकर हम लोग जिस कठिनाई में पड़ जाते हैं, उसे श्री अरविन्द भली-भाँति जानते थे। इसीलिए 'सावित्री' काव्य में एक जगह उन्होंने लिखा है :

आत्मा की ज्योति पुद्‌गल में प्रदीपित होगी।
जो आज किसी की भी समझ में नहीं आता,
उसे कुछ थोड़े लोग आँखों से देखेंगे।

पण्डित लोग तो बहस करते और सोते ही रहेंगे,
किन्तु भगवान बढ़ते चले जायेंगे।
आगमन के मुहूर्त के पहले आदमी जानेगा ही
नहीं कि कोई आने वाला है।
और जब तक कार्य पूर्ण नहीं हो जाता,
मनुष्य को विश्वास नहीं होगा।[1]

1 In matter shall be lit the spirit's glow.
A few shail see what none yet understands.
God shall grow up while wise men talk and sleep.
For man shall not know the coming till its hour.
And belief shall be not till the work is done.

आधुनिक बोध

हमारी संस्कृति और आधुनिकता

बहुत-से विद्वानों और चिन्तकों ने इस बात को लेकर चिन्ता प्रकट की है कि भारतीय समाज आधुनिकता से बहुत दूर है और भारत के लोग अपने-आपको आधुनिक बनाने की कोशिश भी नहीं कर रहे हैं।

नैतिकता, सौन्दर्यबोध और अध्यात्म के समान आधुनिकता कोई शाश्वत मूल्य नहीं है। वह कई चीज़ों का एक सम्मिलित नाम है। औद्योगीकरण आधुनिकता की पहचान है। साक्षरता का सर्वव्यापी प्रसार आधुनिकता की सूचना देता है। नगर-सभ्यता का प्राधान्य आधुनिकता का गुण है। सीधी-सादी अर्थव्यवस्था मध्यकालीनता का लक्षण है। आधुनिक देश वह है, जिसकी अर्थव्यवस्था जटिल और प्रसरणशील हो और जो 'टेक-ऑफ़' की स्थिति को पार कर चुकी हो।

आधुनिक समाज मुक्त और मध्यकालीन समाज बन्द होता है। बन्द समाज वह है, जो अन्य समाजों से प्रभाव ग्रहण नहीं करता, जो अपने सदस्यों को भी धन या संस्कृति की दीर्घा में ऊपर उठने की खुली छूट नहीं देता, जो जाति-प्रथा और गोत्रवाद से पीड़ित है, जो अन्धविश्वासी, गतानुगतिक और संकीर्ण है। .

आधुनिक समाज में उन्मुक्तता होती है। उस समाज के लोग अन्य समाजों के लोगों से मिलने-जुलने में नहीं घबराते, न वे उन्नति का मार्ग ख़ास जातियों और ख़ास गोत्रों के लिए सीमित रखते हैं। आधुनिक समाज सामरिक दृष्टि से भी बलवान समाज होता है। जो देश अपनी रक्षा के लिए भी लड़ने में असमर्थ है, उसे आधुनिक कहलाने का कोई अधिकार नहीं है। आधुनिक समाज के लोग आलसी और निकम्मे नहीं होते। आधुनिक समाज का एक लक्षण यह भी है कि उसकी हर आदमी के पीछे होने वाली आय अधिक होती है, उसके हर आदमी के पास कोई धन्धा या काम होता है और अवकाश की शिक़ायत प्रायः हर एक को रहती है।

लेकिन ये आधुनिकता के बाहरी लक्षण हैं। यूरोप और अमरीका में जो आधुनिकता फैली है, उसका असली कारण वैज्ञानिक दृष्टिकोण की प्राथमिकता

और प्राबल्य है। यह दृष्टि उद्योग और टेक्नालॉजी से उत्पन्न नहीं हुई, बल्कि उद्योग और टेक्नालॉजी ही उसके परिणाम हैं। यूरोप और अमरीका का सबसे बड़ा लक्षण वैज्ञानिक दृष्टि है, निष्ठुर होकर सत्य को खोजने की व्याकुलता है। और इस खोज के क्रम में श्रद्धा, विश्वास, परम्परा और धर्म, किसी भी बाधा को बुद्धि सहने को तैयार नहीं है। आधुनिक मनुष्य के बारे में सामान्य कल्पना यह है कि वह अपने चिन्तन में निर्मम और निर्भीक होता है। जो बात बुद्धि की पकड़ में नहीं आती, उसे नया मनुष्य स्वीकार नहीं करता और जो बातें बुद्धि से सही दिखाई देती हैं, उनकी वह खुली घोषणा करता है, भले ही उनसे नैतिकता, चिरपोषित विश्वास अथवा किसी परम्परा का खण्डन क्यों न होता हो।

जहाँ तक औद्योगीकरण और जटिल अर्थव्यवस्था का प्रश्न है, ये चीज़ें यूरोप और अमरीका में भी पिछले दो सौ वर्षों में ही बढ़ी हैं। किन्तु आधुनिकता के साथ जो वैचारिक और सांस्कृतिक क्रान्ति लिपटी हुई है, उससे मिलते-जुलते आन्दोलन भारत में कम-से-कम तीन बार उठे हैं। पहले बुद्ध के समय में, फिर कबीर के समय में और तब उन्नीसवीं सदी में, जब भारत और यूरोप के बीच सम्पर्क बढ़ा। ब्राह्मणों की श्रेष्ठता के विरुद्ध बुद्ध ने विद्रोह का प्रचार किया था, जाति-प्रथा के बुद्ध विरोधी थे और मनुष्य को वे जन्मना नहीं, कर्मणा श्रेष्ठ या अधम मानते थे। नारियों को भिक्षुणी होने का अधिकार देकर उन्होंने यह बताया था कि मोक्ष केवल पुरुषों के ही निमित्त नहीं है, उसकी अधिकारिणी नारियाँ भी हो सकती हैं। किन्तु बुद्ध में आधुनिकता से बेमेल बात यह थी कि वे निवृत्तिवादी थे और गृहस्थी के कर्म से भिक्षु-धर्म को श्रेष्ठ समझते थे। इसी प्रकार कबीर ने भी अपने समय में बड़ी भारी वैचारिक क्रान्ति की ओर लोगों के मन को नवीन बनाने का प्रयास किया। बुद्ध के समान कबीर से भी निवृत्ति मार्ग को प्रोत्साहन मिला। इसमें कोई सन्देह नहीं कि निवृत्ति मनुष्य के ऊर्ध्व विकास का सूचक है, किन्तु वैज्ञानिक संस्कार से जन्मी हुई आधुनिकता का ऐसे विकास में कोई विश्वास नहीं है।

बुद्ध के पहले भारत में संस्कृति की एक ही धारा बहती थी, जिसे हम वैदिक संस्कृति के नाम से जानते हैं। किन्तु बुद्ध के आविर्भाव के बाद से इस देश में संस्कृति की दो धाराएँ बहने लगीं। पहली धारा संस्कृति की वह मातृधारा है, जो वर्णाश्रम का समर्थन करती है, जाति प्रथा को क़ायम रखना चाहती है, शूद्रों को ऊपर उठने देना नहीं चाहती, छुआछूत में विश्वास करती है और अन्य धर्मों और संस्कृतियों से बचकर जीना चाहती है। दूसरी धारा वह है, जो बुद्ध के कमण्डलु से निकली है। यह धारा बृहत् मानवता की धारा है। जन्मान्तरवाद और कर्मफलवाद

में यह धारा भी उसी दृढ़ता से विश्वास करती है जिस दृढ़ता के साथ वैदिक-धर्म उसमें विश्वास करता है। किन्तु यह धारा वर्णाश्रम-धर्म के विरुद्ध है, जात-पाँत को वह नहीं मानती, छुआछूत को वह अधर्म समझती है, शूद्रों और दलितों के लिए उसके भीतर ख़ास पक्षपात है तथा अन्य धर्मों और संस्कृतियों से उसे द्वेष नहीं है, वह उनके प्रति पूर्ण रूप से सहनशील है।

पहली धारा के आदि ऋषि-मनु, उसके दार्शनिक कपिल, कणाद और शंकराचार्य तथा उसके कवि वाल्मीकि, तुलसी, कम्बन और पोतन्ना हैं। वर्तमान युग में उस धारा के प्रतीक महामना मदनमोहन मालवीय हुए हैं। और दूसरी धारा के आदि ऋषि गौतम बुद्ध, उसके दार्शनिक वसुबन्धु और नागार्जुन तथा उसके कवि अश्वघोष, सरहप्पा, नहपा, कबीर, नानक और वेमन्ना हुए हैं। आधुनिक युग में इस धारा के अनेक लक्षण महात्मा गांधी में प्रकट हुए थे। ज्यों-ज्यों समय बीतता जाता है, पुरानी धारा खिसककर नयी धारा के पास पहुँचती जा रही है। इसीलिए इन दो धाराओं के बीच पहले जो दूरी थी, वह दूरी मालवीय और गांधी के बीच दिखाई नहीं देती।

जिस धारा का प्रवर्तन बुद्ध ने किया था, वह बृहत् मानवता की धारा है और भारत में आधुनिकता के भी वही धारा क़रीब है। जिन लोगों पर इस धारा का अधिक प्रभाव था, उन्हीं के बीच से वे कवि और सन्त उत्पन्न हुए, जिन्होंने धार्मिक कलह और विद्वेष की खुलकर निन्दा की और वैचारिक धरातल पर हिन्दू-मुस्लिम एकता का मार्ग प्रशस्त किया। कबीर, नानक, रैदास, दादू दयाल, मलूकदास, रज्जब और सुन्दरदास उन बौद्ध कवियों के वारिस है, जिन्होंने बुद्ध की सामाजिक क्रान्ति की मसाल को दीप्त रखा था। बौद्ध कवि नास्तिक थे, किन्तु कबीर आदि सन्त आस्तिक हुए, यह दूसरी धारा पर पहली धारा के प्रभाव का दृष्टान्त है। इसी प्रकार, ज्यों-ज्यों समय बीतता है, हम तुलसीदास से दूर और कबीर के समीप होते जा रहे हैं, यह पहली धारा पर दूसरी धारा का प्रभाव है।

हिन्दू धर्म जब इस्लाम के सम्पर्क में आया, तब पहले वे लोग उत्पन्न हुए, जो निर्गुणवादी थे। जैसे कबीर, नानक, रैदास आदि। इसी प्रकार हिन्दू धर्म जब ईसाइयत के सम्पर्क में आया, तब भी पहले ब्राह्मसमाजी, प्रार्थनासमाजी और आर्यसमाजी उत्पन्न हुए, परमहंस रामकृष्ण और स्वामी विवेकानन्द बाद को आये। उन्नीसवीं सदी में आधुनिकता का जो आन्दोलन उठा, उसकी ओर भारत अच्छी गति से बढ़ना चाहता था। किन्तु दो कारणों से वह ठिठक गया। एक तो यह कि आधुनिकता के प्रतीक अंग्रेज़ थे और अंग्रेज़ों पर जनता को शंका थी, अतएव आधुनिकता भी शंका की वस्तु बन गयी। और दूसरा कारण यह

हुआ कि कलकत्ते के जो नौजवान अंग्रेज़ी पढ़कर तैयार हुए, उनके आचरण में उच्छृंखलता दिखाई पड़ी। अतएव जनता का मन आधुनिकता से बिदक गया।

स्वराज्य के बाद से आधुनिकता की हवा फिर ज़रा तेज़ होकर बहने लगी है और फिर ऐसे लोग सामने आने लगे हैं, जो आधुनिकता का विरोध करते हैं। सोचने की बात है कि भारत आधुनिकता का विरोध क्यों करना चाहता है अथवा कहाँ तक करना चाहता है। क्या भारतवर्ष को उद्योग नहीं चाहिए, साक्षरता नहीं चाहिए, प्रतिमुण्ड होने वाली अधिक आय नहीं चाहिए? अथवा क्या आज भी हम अन्धविश्वासी बने ही रहेंगे और परलोक की चिन्ता में लोक को खोते ही जायेंगे? मेरा ख़याल है, भारत उद्योग भी चाहता है, साक्षरता भी चाहता है, प्रतिमुण्ड पीछे होने वाली अधिक आय भी चाहता है और वह अब यह भी मान गया है कि जाति-प्रथा झूठी चीज़ है, अस्पृश्यता पुण्य नहीं, पाप है तथा समाज में आगे बढ़ने की छूट सभी को एक समान मिलनी चाहिए। किन्तु एक बात है, जिसे भारत का मन मानना नहीं चाहता। विज्ञान ने तो ईश्वर के अस्तित्व अथवा अदृश्य वास्तविकता का खण्डन नहीं किया, लेकिन विज्ञान के प्रभाव से एक धारणा पैदा हो गयी है कि सत्य वहीं तक है, जहाँ तक विज्ञान उसे देख सका है। जो लोक विज्ञान की पहुँच से परे है, वह काल्पनिक है, असत्य है। भारत इस धारणा को ग्रहण करने को तैयार नहीं है।

अदृश्य के प्रति आस्था और परलोक के अस्तित्व में विश्वास—ये भारतीय सृष्टि-बोध की रीढ़ हैं। मूल में यही विश्वास भारत का अटल, मौलिक विश्वास रहा है और भारत में धर्म और नैतिकता का विकास इसी विश्वास के अधीन हुआ है। नीत्से ने एक बार यह घोषणा की थी कि ईश्वर की मृत्यु हो गयी। फिर उसने अपनी इस सूक्ति की व्याप्तियों पर विचार किया और कहा कि ईश्वर की मृत्यु बहुत बड़ी घटना है। इस घटना की बराबरी मनुष्य-जाति तभी कर सकती है, जब उसका एक-एक व्यक्ति खुद ईश्वर बन जाये अर्थात् ईश्वर और मनुष्य के बीच जो मूल्य फैले हुए हैं, उन्हें ईश्वर की मृत्यु के बाद भी क़ायम रहना चाहिए। इन मूल्यों की महिमा अलबेयर कामू भी समझते थे, अतएव उन्होंने कहा था, "आज मनुष्य के सामने सबसे बड़ा प्रश्न यह है कि वह ईश्वर के अस्तित्व में विश्वास किये बिना सन्त हो सकता है या नहीं।" भारत का अनुभव है कि आदमी ईश्वर को माने बिना भी सन्त हो सकता है। बुद्ध ईश्वर को नहीं मानते थे, किन्तु वे बहुत बड़े सन्त थे। महावीर ईश्वर को नहीं मानते थे, किन्तु वे महान साधु थे। किन्तु ईश्वर को न मानने पर बुद्ध और महावीर परलोक में विश्वास करते थे, जन्मान्तरवाद और कर्मफलवाद को मानते थे। मेरा ख़याल है, विज्ञान धर्म

का विरोधी नहीं है। जब भी आदमी विकास के शिखर पर होता है, वह विज्ञान और धर्म—दोनों की आराधना करता है। अदृश्य वास्तविकता में उसका विश्वास क़ायम रहा, तो भारत आधुनिक होकर भी भारत ही रहेगा।

पुरुषार्थ-चतुष्टय में से आधुनिकता धर्म और मोक्ष की उपेक्षा करती है, उसका सारा ज़ोर अर्थ और काम पर है। भारत की कमज़ोरी यह है कि वह अर्थ और काम को धर्म नहीं, आपद्धर्म समझता है। हमें अपने इस विश्वास का संशोधन करना होगा और यह मानकर चलना होगा कि जब भारत के इतिहास का स्वर्ण-काल था, भारतवासी धर्म और मोक्ष के ही समान अर्थ और काम को भी अपने पुरुषार्थ का प्रेरक अंग समझते थे।

आधुनिकता का वरण किये बिना भारत का कोई भविष्य नहीं है, यह बात मैं ज़ोर से कहना चाहता हूँ। किन्तु आधुनिकता के प्रचार के लिए बेचैन रहने वालों से मेरा यह भी निवेदन है कि कोई खेल इसलिए मत खेलिए कि वह विदेशों में कहीं खेला जा रहा है, कोई काम इसलिए मत कीजिए कि वह विदेशों में किया जा रहा है, बल्कि अपनी आधुनिक बुद्धि का प्रयोग भारत की अवस्था पर कीजिए और तब देखिए कि आधुनिक बनने का भारत का स्वाभाविक मार्ग क्या है। इस प्रयोग से आधुनिकता का जो रूप निखरेगा, वह भारत के परम अनुकूल होगा। तभी भारत आधुनिक भी होगा और वह भारत भी रहेगा।

विवाह की मुसीबतें

प्रेम एक है या दो?

प्लेटो के 'सिम्पोजियम' को पढ़ने से ऐसा लगता है कि प्रेम एक नहीं, दो हैं। हीन कोटि का प्रेम वह है, जो नर और नारी के बीच होता है। प्लेटो के अनुसार, इस प्रेम का एकमात्र लक्ष्य सन्तानोत्पत्ति है। किन्तु इससे अधिक श्रेष्ठ प्रेम वह है, जो नर को नर से होता है। रचना सर्जन अथवा उत्पादन तो इस प्रेम का भी ध्येय है, किन्तु जब दो पुरुष आपस में प्रेम करते हैं, तब उस प्रेम से बच्चे नहीं जनमते, बल्कि कला, ज्ञान और दर्शन उत्पन्न होते हैं।

प्लेटो का विचार है कि मनुष्य में अपने आपको अमर बनाने की इच्छा अत्यन्त बलवती है। प्रेम इसी इच्छा का क्रियाशील रूप है। किन्तु अमरता तो अलभ्य आदर्श है, इसलिए प्रेम से प्रेरित मनुष्य सन्तान उत्पन्न करता है और सन्तानोत्पादन का कार्य अपने को भविष्य तक खींच ले जाने का ही प्रयास है।

किन्तु यह प्रेम का शारीरिक धरातल है और इस धरातल पर वे ही लोग कार्य करते हैं, जिनकी सारी प्रेरणा शारीरिक है। इसके विपरीत, जो लोग शरीर से ऊपर उठना चाहते हैं, वे अपने को अमर बनाने के लिए दीर्घायु सुयश की खोज करते हैं अथवा कला और ज्ञान की साधना करते-करते उस महासौन्दर्य की ओर बढ़ते हैं, जिसका सामीप्य छोड़कर मनुष्य मर्त्यलोक में आता है। जन्म के पूर्व मनुष्य जहाँ रहता है, वह महासौन्दर्य का लोक है। आत्मा धरती पर उसी सौन्दर्य की खोज में है। उस सौन्दर्य की झाँकी नारियों में भी मिलती है और नरों में भी। इसीलिए मनुष्य इन दोनों सुन्दरताओं से आकृष्ट होता है। किन्तु नर के सौन्दर्य की ओर बढ़ना अधिक श्रेयस्कर है, क्योंकि वह निरापद है। प्लेटो का 'सिम्पोजियम' नारियों पर विश्वास नहीं करता। 'रिपब्लिक' में प्लेटो ने नर और नारी को परस्पर समान माना है, किन्तु प्रेम के विषय में उनका विचार यह दीखता है कि प्रेम में जो आध्यात्मिक प्रेरणा है, उसकी सिद्धि नारी-प्रेम से नहीं हो सकती, क्योंकि नारियों की रचनात्मक शक्ति शरीर के धरातल से ऊपर नहीं जाती है।

'सिम्पोजियम' में कुछ व्याख्यान ऐसे भी हैं, जिनसे काम के अप्राकृतिक रूप का समर्थन होता है, किन्तु प्लेटो का अपना विचार यह है कि प्रत्येक प्रकार के सम्बन्ध में वासना निंद्य है। श्रेष्ठ प्रेम दो स्वरूपवान और मेधावी नरों के बीच उत्पन्न होने वाला वह मधुर सम्बन्ध है, जिससे दोनों को आध्यात्मिक प्रेरणा प्राप्त होती है और दोनों कला, ज्ञान एवं आध्यात्मिक साधना के क्षेत्र में उत्तरोत्तर ऊपर उठते जाते हैं। सुकरात को प्लेटो ने ऐसे प्रेम की साकार प्रतिमा माना है।

किन्तु आज हमारे सोचने की पद्धति कुछ और हो गयी है। प्लेटो के श्रेष्ठ प्रेम का आधार आज की दुनिया में अप्राकृतिक अपराध माना जायेगा और यदि यह कहें कि सुकरात आदि का युवकों से जो प्रेम था, उसमें वासना नहीं थी, तो भी यह विचारने की बात हो जाती है कि वैसे सम्बन्ध को प्रेम और मैत्री में से किस कोटि में रखा जाये। और आज के चिन्तक प्लेटो की इस धारणा से भी असहमत होंगे कि नारी की प्रेरणा केवल शरीर के धरातल तक सीमित होती है तथा वह कला, ज्ञान और अध्यात्म तक नहीं जा सकती।

जहाँ तक सन्तानोत्पत्ति अथवा प्रजा वृद्धि का प्रश्न है, इस विषय में भारतीय परम्परा की भी वही मान्यता है, जो प्लेटो की रही होगी। किन्तु अब तो इस मान्यता के भी पाँव उखड़ रहे हैं, क्योंकि ट्यूब-क्रिया से सन्तान प्रेमानुभूति के बिना भी उत्पन्न की जा सकती है और जो नर-नारी सन्तान नहीं चाहते, प्रेम का दोल उनके हृदयों में भी चलता है। गर्भ-निरोधक यन्त्र प्रेम में बाधा नहीं डालते हैं।

बात घूम-फिरकर नैतिकता पर आ जाती है। समाज में उल्लंघ्य कामाचार न बढ़े, इसलिए शास्त्रों ने प्रेम पर अंकुश लगाया और यह निर्णय दिया कि नर-नारी का दैहिक मिलन पाप है, यदि वह प्रजोत्पत्ति के लिए न किया गया हो। और, अजब नहीं कि नैतिकता की ही किसी व्याप्ति से भीत होकर प्लेटो को भी प्रेम की दो श्रेणियाँ बनानी पड़ी हों। प्रेम के भीतर अच्छी और बुरी, अनेक प्रकार की प्रवृत्तियाँ काम करती हैं, इसलिए इस लता को किसी-न-किसी बाड़े में घेर रखना ही ठीक है। किन्तु यहीं कथा की इति नहीं हो जाती। समझने की बात यह है कि प्रेम है क्या और वह कैसे अपना काम करता है।

प्लेटो ने ज्ञान, सत्य और अध्यात्म को भी प्रेम का ही विषय माना है, किन्तु मेरे जानते ये प्रेम के विषय नहीं हैं। हाँ, वे प्रेम के परिणाम हो सकते हैं। काम की सनातन व्याख्या यह है कि प्रकृति उसके द्वारा जीव-सृष्टि को क़ायम रखती है। किन्तु काम की सारी व्याप्तियाँ इतनी ही नहीं हैं। काम केवल शरीर का धर्म नहीं है, उसके अनेक कार्यों में प्रेमियों की आत्मा भी साथ होती है। नारी

का शरीर निरी वासना का क्षेत्र नहीं है। नारी जब अपने सौन्दर्य से पुरुष को आकृष्ट करती है, तब वह उसके हृदय में किसी कवि को भी जाग्रत कर देती है। प्रेम शारीरिक कृत्य भी है, किन्तु शरीर की क्रियाएँ प्रेम को उतना उत्तेजित नहीं करतीं, जितनी उत्तेजना काम के मानसिक उपसर्गों से आती है; शब्द, चिन्तन ध्यान और समाधि से आती है। प्रेम का आरम्भ भौतिकता में और परिपाक अध्यात्म में है। प्रेम पहले 'फ़िज़िक्स' और तब 'मेटाफ़िज़िक्स' होता है। प्लेटो ने प्रेम की जो दो श्रेणियाँ बनायीं, वे वस्तुतः परस्पर भिन्न नहीं हैं। एक ही प्रेम दोनों श्रेणियों में विहार करता है।

यदि केवल प्रजनन की आवश्यकता को ही सत्य मानें, तो मनुष्य और पशु में कोई भेद न रह जायेगा और तब मनुष्य का प्रेम भी वैसा ही अनगढ़ और कुरूप होगा, जैसा वह पशु-जगत में पाया जाता है। किन्तु मनुष्य और पशु के कृत्य एक समान नहीं होते। पशु केवल पेट भरने को भोजन करते हैं, मनुष्य भोजन में स्वाद भी चाहता है। पशु अपनी नग्नता से सन्तुष्ट रहते हैं, मनुष्य भाँति-भाँति की पोशाकों से अपने सौन्दर्य में वृद्धि करता है। प्रेम के आवेग से विचलित पशु उछलते, नाचते और कूदते हैं। किन्तु इस आवेग से आक्रान्त मनुष्य मुख से कोई मनोरम शब्द निकालता या कविता करता है और शब्द विचारों की अभिव्यक्ति होते हैं। मनुष्य की काम-भावना केवल शरीर को ही नहीं, मन और आत्मा को भी आन्दोलित करती है। काम जब मन और आत्मा के धरातल पर पहुँचता है, तब उसके भीतर रहस्यपूर्ण अर्थों का समावेश होने लगता है। प्रेम प्रजनन भी है और मानसोल्लास भी। प्रेम सामाजिक कृत्य भी है और रहस्यवाद भी।

हौवा का जन्म कैसे हुआ? कहते हैं, एक दिन जब आदम सोये हुए थे अर्थात् रहस्य-चिन्तन अथवा ईश्वर की समाधि में लीन थे, तभी देवताओं ने उनके हृदय के पास की एक हड्डी निकाल ली और उसी अस्थि-तन्तु पर हौवा के व्यक्तित्व की नींव पड़ी, अर्थात् नारी नर की अस्थि से बनी है यानी वह शारीरिक सम्बन्ध के लिए है। यह भी कि नारी नर की प्रार्थनामयी समाधि से निकली है; अर्थात् वह आध्यात्मिक प्रेरणाओं का स्रोत है।

जिन देशों में विवाह वर और वधू की इच्छा के अनुसार किया जाता है, वहाँ नर विवाह में केवल इसलिए प्रवृत्त नहीं होता कि उसे सन्तान की आवश्यकता होती है अथवा वह नारी को फलवती बनाना चाहता है, प्रत्युत ऐसे सभी विवाहों का एकमात्र ध्येय प्रेम होता है और प्रेम के सामने कोई उपयोगी लक्ष्य है या नहीं, यह नहीं जाना जा सकता। शायद प्रेम उपयोगिता के वृत्त से बाहर की चीज़ है। कला के विषय में रवीन्द्रनाथ ने कहा है कि जब तक मनुष्य उपयोगिता

के वृत्त में है, वह कला की सृष्टि नहीं कर सकता, क्योंकि कला का उपयोग से कोई सम्बन्ध नहीं है। कला का आनन्द एक ऐसा आनन्द है, जिसका कोई लक्ष्य या उद्देश्य नहीं होता। मेरे जानते, प्रेम का भी प्रेम के सिवा कोई और उद्देश्य नहीं है। प्रकृति भी कदाचित् यही मानती है। मानवीय प्रेम के विषय में प्रकृति की दृष्टि व्यष्टि पर रहती है, समष्टि पर नहीं। उसका भाव शायद यह है कि व्यष्टि की आवश्यकता की पूर्ति से समष्टि की आवश्यकता आप-से-आप पूर्ण हो जाती है। किन्तु इसके बाद प्रेम का जो एक विशाल साम्राज्य बच जाता है, उसमें व्यक्ति ही विहार करते हैं।

केवल शारीरिक मिलन को प्रेम कहना चाहिए या नहीं, यह विषय सन्दिग्ध माना जाना चाहिए। शायद वह प्रेम नहीं है। प्रेम की सार्थकता दम्पति के तन, मन और आत्मा के एकाकार होने में है। और प्रेमियों में भी श्रेष्ठ वे हैं, जो केवल काम पर बस न मानकर सबसे अधिक रस उन झंकारों का लेते हैं, जिन्हें प्रेम-प्रेमियों की आत्मा में उत्पन्न करता है। प्रेम वासना है, किन्तु यह वासना आत्मा में विलक्षण उमंग, अप्रतिम प्रसार और अद्भुत उत्तेजना जाग्रत करती है। प्लेटो की यह उक्ति ठीक है कि प्रेम एक प्रकार के आनन्दोन्माद का माध्यम होता है, प्रेम उस लोक की ओर उड़ने की प्रेरणा देता है, जो अतीन्द्रिय सुषमाओं का लोक है। प्लेटो ने जिस आनन्दोन्माद की ओर संकेत किया है, उसकी अनुभूति सबको होती है, उन्हें भी जो सुसंस्कृत और सुरुचिसम्पन्न हैं, और उन्हें भी जो भौंडे और गँवार हैं। किन्तु भौंडे और गँवार लोग इस स्फुरण को ठीक से नहीं पहचान पाते, यद्यपि अनुभव उन्हें भी होता है कि आनन्द की यह किरण किसी अपरलोक से आ रही है।

ऐसा दीखता है कि प्रेम और कला में निकट का सम्बन्ध होगा। इसके कई प्रमाण दिये जा सकते हैं। सबसे बड़ी बात तो यह है कि प्रेम का आनन्द बहुत कुछ कला के आनन्द के समान होता है और आदमी चाहे कितना भी अकलात्मक क्यों न हो, उसे जीवन में एक बार इस आनन्द की अनुभूति अवश्य होती है। प्रेम से कई प्रकार की चिनगारियाँ छिटकती हैं। इनमें से सबसे अधिक तेज वाली वे होती हैं, जिनसे कला को प्रेरणा मिलती है। इसीलिए कलाकार नारी रूप की ओर सहज ही खिंच जाता है। पण्डित, मूर्ख, धनी और निर्धन—प्रेम, प्रायः सभी प्रकार के लोग करते हैं, किन्तु प्रणय-भावना की जैसी अनुकूलता योद्धाओं और कलाकारों से है, वैसी और लोगों से नहीं। यह शायद इसलिए कि योद्धा में बलिदान के आवेग अधिक होते हैं और कलाकार उन आध्यात्मिक किरणों को कुछ अधिक समझ सकता है, जो नारियों के सौन्दर्य से निःसृत होती हैं।

प्रेम की सहज भूमि उस हृदय को मानना चाहिए, जिसमें अतृप्त प्रवृत्तियों की भरमार है और जो यह अनुभव करता है कि वह उपेक्षित, रीता और असन्तुष्ट है। कलाकारों में इच्छाएँ और प्रवृत्तियाँ असंख्य होती हैं और वे सदैव एक प्रकार की तृषा से चंचल, एक प्रकार की रिक्तता से आक्रान्त रहते हैं। इसीलिए सौन्दर्य को देखते ही कलाकार के हृदय में हलचल-सी मचने लगती है, जो प्रेम और कला, दोनों की पहली पहचान है।

जिसके भीतर प्रवृत्तियाँ कम हैं और जो हैं भी, वे सन्तृप्त हैं, वह व्यक्ति प्रेम, शायद ही कर सके। जो सुखी है, जो सन्तुष्ट है, प्रेम का सारा तेज उसमें प्रकट नहीं होता। इसी प्रकार, जिसके अन्तर में वेदना नहीं, पीड़ा और अतृप्ति नहीं, वह व्यक्ति भी प्रेम की क्षमता से विहीन होगा। कलाकार चूँकि जीवनभर अपनी रिक्तता और तृषा से बेचैन रहता है, इसीलिए प्रेम वह उस उम्र में भी कर सकता है, जब इतर जन सौन्दर्य से आँखें चुराने लगते हैं। नारी जिस प्रेम को सदा जगाये रखना चाहती है, नरों में वह प्रेम केवल कलाकारों में अधिक-से-अधिक काल तक जीवित रहता है। प्रेम से एक प्रकार के अमृत की वृष्टि होती है, जिसे पीकर प्रेमी मन से जवान रहते हैं। जिस व्यक्ति को सांसारिक सफलता मिलने लगी, वह इस अमृत से दूर होने लगता है। किन्तु चिरन्तन तृषा से पीड़ित रहने वाला कलाकार इस अमृत की खोज आजीवन करता रहता है। कला की सर्वाधिक प्रेरक शक्ति सौन्दर्य और प्रेम है।

और वासना से भी सर्वाधिक मुक्त केवल कलाकार का प्रेम होता है। कला प्रेम को जीव-विज्ञान, समाज और ऐन्द्रियता के धरातल से उठाकर ऊपर ले जाती है। कला का ध्येय प्रेम का, स्वप्न की भाषा में अनुवाद है। कविताओं में हम जिस नारी का बखान सुनते हैं, वह किसी की भी बेटी, बहन या भार्या नहीं होती। वह तो अनामिका, अशरीरी कल्पना की प्रतिमा है, जिसके अंग पर उम्र के दाग़ नहीं लगते, जो स्पर्श से परे खड़ी हमारे सपनों पर राज करती है। चूँकि वह कोई एक नारी नहीं है, इसीलिए वह सभी नारियों का प्रतिनिधित्व करती है।

नर-नारी के शारीरिक मिलन का सन्धान शास्त्रकार वात्स्यायन ने किया। किन्तु शरीर के धरातल से ऊपर नर-नारी के मिलन की महिमा कालिदास और लारेंस का अनुसन्धान है। प्रेम में आनन्द की एक प्रकार की अशरीरी लहर उठती है, जो बहुत-कुछ रहस्यवादी कल्पना की लहर के समान है। कविता इस लहर के लिए राह बनाती है। कला इस लहर का अनुकरण करती है। प्रेम से प्लेटो ने एक प्रकार की अतीन्द्रिय अनुभूति की माँग की थी। कला इस माँग की सबसे समीपवर्ती पूर्ति है।

सूफ़ी परम्परा में एक कहावत चलती है कि इश्क़मिज़ाजी इश्क़हक़ीक़ी का सोपान है अर्थात् शारीरिक सोपान पर प्रेम करते-करते मनुष्य आध्यात्मिक सोपान की ओर बढ़ने लगता है। प्रेम के भीतर आध्यात्मिक प्रसार की शक्ति है, यह निश्चित बात है। किन्तु क्या प्रत्येक व्यक्ति शारीरिक सोपान से, स्वभावतया, अध्यात्म की ओर बढ़ सकता है? काश! यह बात होती। किन्तु वह है नहीं। शरीर प्रेम की जन्मभूमि है और जैसे सब लोग जन्मभूमि से प्यार करते हैं, वैसे ही प्रेम को भी अपनी जन्मभूमि अन्य सभी भूमियों से अधिक पसन्द है :

प्रेम की मादकता का भेद
छिपा रहता भीतर मन में,
काम तब भी अपना मधु वेद
सदा अंकित करता तन में।

(नये सुभाषित)

शरीर से ऊपर उठने के लिए सब्लिमेशन अथवा उदात्तीकरण की प्रक्रिया पर अधिकार होना चाहिए, किन्तु यह अधिकार अधिक लोगों को प्राप्त नहीं होता। प्रत्येक युग में कुछ थोड़े-से ही लोग उदात्तीकरण की क्षमता से सम्पन्न होते हैं, और उनसे भी कम संख्या उनकी होती है, जो प्रयासपूर्वक अपने को उदात्तीकरण के अनुरूप बनाने में सफलता प्राप्त करते हैं। सबसे बड़ी बाधा यहाँ प्रेम से ही आती है, क्योंकि प्रेम शरीर को छोड़ना नहीं चाहता, वह उड्डयन के क्रम में आधी राह से भी बार-बार नीचे लौट आता है। प्रेम की बाधाओं से घबराकर लोग अक्सर यती-मार्ग पर जा पड़ते हैं, किन्तु यह 'सब्लिमेशन' नहीं है। केवल शरीर व्रती हो, इससे क्या होता है? व्रत की पवित्रता तो मन के भीतर रहनी चाहिए। सच्चा सब्लिमेशन वह है, जिसमें मन तो शरीर के रस से आप्यायित रहता है और शरीर मन के व्रतों का साथ देता है। उदात्तीकरण में सिद्धि उसे मिलती है, जो 'विरागलोक का रसिक' और 'मधुवन का संन्यासी' है।

सब्लिमेशन की प्रक्रिया काम के सर्वथा त्याग की प्रक्रिया नहीं उसकी शारीरिक अभिव्यक्ति के त्याग की प्रक्रिया है। और यह त्याग देह-दण्डन के भाव से नहीं मधुरता के साथ किया जाना चाहिए। सब्लिमेटेड अथवा उदात्त पुरुष काम से सर्वथा मुक्त नहीं होता, केवल उसकी स्थूलताओं से परे होता है। वीणा को गोद में रखकर उसे बजाने का काम वह प्रेम है, जिसे प्लेटो ने हीन कोटि में रखा है। किन्तु वीणा से निकलने वाली झंकारों का सेवन वह प्रेम है, जो उच्च कोटि में आता है। प्रेम का जन्म काम में होता है, किन्तु उसकी परिणति काम

के अतिक्रमण में होनी चाहिए। यही नहीं प्रत्युत प्रेमिका के सौन्दर्य पर चकित रहने वाले चिन्तनशील प्रेमी के मन में भी यह भावना उठा करती है कि वह सौन्दर्य कहा है जो इससे भी अधिक महान होगा। प्रेम में पवित्रता धर्म के भय से नहीं लायी जाती, पवित्रता प्रेम का अपना गुण है।

किन्तु यह साधना अत्यन्त कठोर है। प्रेम के भीतर भ्रान्ति और मरीचिकाएँ एक-दो नहीं, अनन्त हैं। प्रेम और काम एक नहीं हैं, किन्तु उन्हें दो करके देखना अत्यन्त दुष्कर कार्य है। प्रेम भ्रामक होता है, प्रेम चंचल होता है, प्रेम अक्सर विकृत हो जाता है, वह पण्डितों के उपदेशों से चिढ़ता और सामाजिक बन्धनों की अवज्ञा करता है। वह उड़कर आकाश की सैर करता है और मौक़ा मिलते ही पंक में धँस जाना चाहता है। उसकी प्रेरणाएँ दिव्य भी हैं और राक्षसी भी। प्रेम अपने आपको न्योछावर भी करता है और दूसरों के वह प्राण भी लेता है। इसलिए व्यक्ति और समाज, दोनों उसके प्रति सावधान रहें, इसी में कल्याण है। क्योंकि वन के हिंस्र जन्तुओं से लड़कर मनुष्य जीत भी जाये, किन्तु प्रेम के आवेगों से लड़कर जीतना दुःसाध्य है। कबीर साहब ने सत्य कहा है :

चढ़ै सो चाखे प्रेम-रस, गिरै सो चकनाचूर

किन्तु यह प्रेम-रस है क्या चीज़? प्रेम और काम को दो करके देखना कठिन है, किन्तु उनकी भिन्नता सदैव अदृश्य नहीं रहती। प्रेम भावनाओं की तृप्ति, आनन्द की लहर, शारीरिक कृत्य, सामाजिक यज्ञ और मनोवैज्ञानिक समाधान—सब कुछ है और इन सारे कृत्यों में काम उसके साथ रहता है। किन्तु एक कार्य है जिसमें प्रेम वासना से अलग खड़ा होता है। प्रेम बलिदान है। प्रेम त्याग है। प्रेम अपने आपको दान में दे देना है और बिना यह सोचे दे देना है कि इसका कोई प्रतिदान भी है या नहीं। और यह दान उस वस्तु का नहीं है, जो हमारे पास है, बल्कि उस सम्पूर्ण अस्तित्व का जो हम स्वयं हैं। प्रेम का सबसे बड़ा कार्य पाने में नहीं देने में है। और यहीं वासना प्रेम से भिन्न हो जाती है। वासना वह प्रेम है, जिसने आत्मदान से अपने को पूर्ण नहीं किया है। सिद्ध प्रेम उस व्यक्ति का है, जिसने अपना सर्वस्व चढ़ा दिया है :

यह तो घर है प्रेम का, खाला का घर नाहिं।
सीस काटि भुइयाँ धरे, तब पैठे घर माहिं।।

—कबीर साहब

समाज में अनन्त काल से प्रेम के प्रति सन्तों, चिन्तकों और शास्त्रकारों का

व्यवहार पुलिस का-सा रहा है। और उन्हीं के भय से मनुष्य ने अपने चेहरे पर पवित्रता का नकाब लगाना मंजूर कर लिया, यद्यपि इस नकाब का उसे अभ्यास नहीं था अथवा यों कहें कि यह नकाब जितने अच्छे सूत का है, उतने बारीक और महीन सूत आदमी की भीतरी ज़िन्दगी में नहीं काते जाते।

लोग बड़ी आसानी से कह देते हैं (और मैंने भी ऊपर कहीं कहा है) कि मनुष्य को पशु से भिन्न होना चाहिए, क्योंकि पशुओं से वह कहीं श्रेष्ठ है। मनुष्य पशुओं से श्रेष्ठ तो है, किन्तु इसी श्रेष्ठता से उसकी बहुत-सी दुर्बलताएँ भी उत्पन्न होती हैं। विशेषतः, काम के विषय में मनुष्य को उतनी भी स्वाधीनता नहीं है जितनी पशु-जगत में दिखाई देती है। पशुओं का मस्तिष्क अविकसित है, यह उनके लिए इस प्रसंग में फ़ायदे की बात है। इसके प्रतिकूल, मनुष्य का मन अत्यन्त विकसित और सतत क्रियाशील है। उसके भीतर भावना की अनेक तरंगें उठती-गिरती रहती हैं और इनमें से प्रत्येक तरंग के साथ मानव की काम-भावना सम्बद्ध है। यह भावना जब मनुष्य के अवचेतन में प्रवेश करती है, उसका सारा व्यक्तित्व उत्तेजना से भर जाता है और उसमें से नयी-नयी शाखाएँ फूटने लगती हैं। जो मनुष्य सुस्वादु भोजन का प्रेमी होता है, वह धीरे-धीरे खुरदुरे वस्त्रों को छोड़ देता है और उसकी रुचि रेशम और मलमल की ओर जाने लगती है। नारी को जब दर्शकों की आँखों से झरने वाले प्रशंसा के रस का स्वाद मिलता है, वह प्रसाधन का महत्त्व समझने लगती है और तब उसकी बातचीत, हाव-भाव और सामाजिक आचारों में भी एक नया सम्मोहन भरने लगता है। और नारी-सौन्दर्य पर रीझने वाली कलाकार की आँखें केवल नारी सौन्दर्य तक ही सीमित नहीं रहतीं, वे वनों की हरियाली और पर्वतों के अवाक् सौन्दर्य पर भी देर तक बिरमना चाहती हैं। इसी प्रकार, रमणी-रूप की चोट खाकर जगने वाला हृदय अदृश्य सौन्दर्य के सन्धान में भी तत्पर हो जाता है :

> *विस्मृति के जिस सुधा सिन्धु में तुम्हें कविता और दर्शन पहुँचाते हैं, वहाँ मैं नारी-प्रेम की नाव पर चढ़कर गया हुआ हूँ। रूप साकार कवित्व है। और सौन्दर्य की लहर दर्शन की लहर से मिलती-जुलती है।*
>
> (उजली आग)

इससे ज्ञात होता है कि प्रेम के जागरण से चेतना के प्रत्येक कूप में लहरें उठती हैं, कामना की कोई मन्द वायु समस्त इन्द्रियों की गहराई में बहने लगती है तथा मन और आत्मा का प्रत्येक शिखर किसी लालिमा से उद्भासित हो उठता है। किन्तु ये सारे कम्पन काम के कम्पन नहीं होते, यद्यपि यह सत्य है कि इनका

आरम्भ काम के सचेत होने पर ही होता है। मनुष्य के भीतर शायद ही कोई प्रवृत्ति हो, जो काम की प्रवृत्ति से प्रभावित न होती हो। इसीलिए जितनी सावधानी अन्य प्रवृत्तियों को राह पर रखने के लिए बरती जाती है, उससे बहुत अधिक सावधानी प्रेम के विषय में बरती जानी चाहिए। किन्तु यह सावधानी क्या है? नीत्से ने कहा है कि धर्म ने काम को मारने के लिए उसे ज़हर पिलाने की कोशिश की, किन्तु काम मरा नहीं, वह ज़हरीला होकर रह गया। और योगियों ने उसे दमित करने की शिक्षा दी, किन्तु काम दमन में भी न लाया जा सका। अब मनोविज्ञान आया है कि काम को वह फुसलाकर बस में लायेगा। किन्तु कहा नहीं जा सकता कि मनोविज्ञान को कितनी सफलता मिलेगी। हाँ, यह आशा अवश्य होती है कि मनोविज्ञान का प्रयोग पहले के प्रयोगों से अधिक सफल होगा।

जब मनुष्य आदिम अवस्था में था, जब सामाजिक आचार प्रचलित नहीं थे, तब प्रेम का स्वरूप क्या रहा होगा, इसकी कल्पना की जा सकती है। काम के विषय में पशुओं को जो स्वाधीनता है, वही स्वाधीनता उस समय मनुष्य को भी रही होगी अर्थात् नारी किसी एक नर की और नर किसी एक नारी का न रहता होगा। साथ ही, काम जीवन में प्रधान भी न रहा होगा, जैसे वह आज भी पशु-जगत में प्रधान नहीं है। किन्तु ज्यों-ज्यों मनुष्य के मन का विकास होने लगा, त्यों-त्यों काम भी मनुष्य के मानसिक आवेग के रूप में बढ़ने लगा। धर्म की उत्पत्ति के समय काम मनुष्य की बहुत बड़ी समस्या बन गया था, यह तो इसी बात से प्रत्यक्ष है कि संसार के सभी धर्मों ने सबसे अधिक दण्ड काम को ही दिया है। और जब रोमांटिक जागरण का काल आया, लोग यह तो मानने लगे कि नारी पाप की प्रतिमा नहीं, शोभा का समुद्र है, किन्तु धर्म ने काम के प्रति जिस भय को जगा दिया था, वह भय रोमांटिक चिन्तकों में भी मौजूद मिलता है। उस भय का रूप यह है कि नारी भोग नहीं, पूजा की पात्री है; वह छूने नहीं, देखने की चीज़ है।

इस दृष्टि से विचार करने पर प्रेम की बीसवीं सदी की धारणा मुझे अधिक श्रेष्ठ दिखाई देती है, क्योंकि वह सत्य पर आधारित है, क्योंकि वह स्वाभाविक और निसर्गसिद्ध है। किन्तु धारणा के श्रेष्ठ होने पर भी इस सदी का कामाचार सर्वथा निर्दोष नहीं कहा जा सकता। हमारा सबसे बड़ा अपराध कदाचित् यह है कि धर्म ने जिस वस्तु को अत्यन्त दुर्लभ बना रखा था, उसे हमने ज़रूरत से ज़्यादा सस्ता कर दिया है। और यह प्रक्रिया गर्भ-निरोधक यन्त्रों के प्रचार से दिनोंदिन अधिक आसान होती जा रही है। वृक्ष का पता फलों से चलता है। तो जब फल ही नहीं हैं, तब वृक्ष के होने का प्रमाण क्या है? इसलिए प्रेम भय से

मुक्त हो गया और प्रेमियों की घबराहट बिल्कुल जाती रही। इससे अच्छे और बुरे, दोनों ही परिणाम निकले हैं। भय से मुक्ति मिली, यह अच्छी बात है। किन्तु सस्ता होना तो स्पष्ट ही बुरी बात है। नोट जब बहुत छापे जाते हैं, तब रुपये का मूल्य घट जाता है। कामाचार चूँकि बहुत निरापद हो गया, इसलिए प्रेम की ज्योति मन्द हो गयी है।

बड़ी झील तभी तैयार होती है, जब उसके बाँध बड़े और मज़बूत हों। प्रेम में भी महत्ता तभी आती है, जब काम के ज्वारों से उसके पाँव नहीं उखड़ते। उपवास केवल धार्मिक कृत्य नहीं है। उससे भूख में भी तीव्रता आती है और चबाने के समय रोटी का स्वाद भी बढ़ जाता है। ऐसा लगता है कि प्रेम को सस्ता बनाने की जो पद्धति आरम्भ हुई है, वह टिकाऊ नहीं होगी, क्योंकि जो चीज़ बहुत सस्ती है, वह हमारे आदर का विषय नहीं हो सकती।

(1958 ई.)

संसद में दिनकर

रस का साहित्य आप सिर्फ़ अपनी भाषा में लिख सकते हैं

सभापतिजी! बहिनो और भाइयो!

आख़िर मुझे भी आपके सामने खड़ा होने का मौक़ा मिल गया। 'ज्ञानपीठ पुरस्कार' ने देखते-देखते एक अच्छी-ख़ासी ऊँचाई का शिखर तैयार कर दिया है, जिस पर खड़ा होने से आदमी, सारे देश को दिखाई पड़ जाता है। और जिस दिन यह पुरस्कार-समारोह होता है, उस दिन आप पुरस्कार विजेता को यह छूट भी देते हैं कि वह कुछ बोले और आप लोग प्रेम और प्रोत्साहन के भाव से सुनें। इसे मैं बहुत बड़ा गौरव मानता हूँ और मैं निश्छल भाव से, सच्चे हृदय से, उन सभी सहृदय विद्वानों, रसिक आलोचकों और निष्पक्ष दृष्टि वाले समीक्षकों के प्रति अपना धन्यवाद अर्पित करता हूँ, जिन्होंने बहुत छानबीन के बाद, शायद खण्डन-मण्डन के बाद, मेरी पुस्तक को इस पुरस्कार के योग्य समझा और मुझे आपके सामने खड़े होने का अवसर प्रदान किया।

जिस देश में 15 भाषाएँ संविधान के द्वारा स्वीकृत हों और लगभग सभी भाषाओं में साहित्य-निर्माण का कार्य हो रहा हो, उस देश में साहित्य के क्षेत्र में अखिल भारतीय मंच की स्थापना का काम, कुछ हँसी-खेल का काम नहीं है। मुझे याद है जब ज्ञानपीठ ने अपने पुरस्कार की योजना पहले-पहल विज्ञापित की थी, तब इस योजना के शुभचिन्तक भी मन-ही-मन बहुत सहमे हुए थे। शंका उन्हें इस बात को लेकर थी कि नाना भाषाओं में लिखी गयी पुस्तकों की तुलना की प्रक्रिया क्या होगी? और प्रवर समिति जब अन्त में अपना निर्णय घोषित करेगी तब देश में सामान्यतः वह निर्णय मान्य होगा या नहीं। लेकिन आठ वर्षों के अनुभव ने यह बता दिया कि यदि पूरी सदाशयता बरती जाय, पूरा परिश्रम किया जाय और सभी भाषाओं के विद्वान अपना पूरा सहयोग दें, तो यह दुःसाध्य कार्य भी सुसाध्य नहीं तो साध्य तो बनाया ही जा सकता है।

भारतीय ज्ञानपीठ ने जिस बीहड़ काम में हाथ डाला था, उसमें उसे सफलता प्राप्त हुई और आठ वर्षों से उसकी जो प्रशंसा हो रही है, ज्ञानपीठ की सेवाएँ उस प्रशंसा के योग्य रही हैं। इसके सिवा, मैं इस पुरस्कार का या ज्ञानपीठ की सेवा का एक ऐतिहासिक महत्त्व भी मानता हूँ। स्वराज्य के पहले इस देश में एक भाषा का लेखक दूसरी भाषा में जाना नहीं जाता था। जब तक कि वह रवीन्द्र न हो जाये, प्रेमचन्द न हो जाये, शरद्चन्द्र न हो जाये, सर इक़बाल न हो जाये। स्वराज्य के बाद भाषाओं का जागरण शुरू हुआ। बहुत लोग तो अभी तक घबराते हैं कि देश में भाषाओं का जागरण क्यों शुरू हुआ। उसके लिए बुरा नाम निकल आया है लिंगविक्' (भाषावाद)। तो भाई! अगर भारत को अपनी भाषा ही नहीं मिलने वाली थी तो स्वराज्य की क्या ज़रूरत थी? इसलिए स्वराज्य के बाद भाषाओं में आपसी आदान-प्रदान कुछ अधिक हुए। ये जो भारत की 15 भाषाएँ हैं—एक ही घर की 15 दुलहनें हैं, जो 15 कमरों में रहती हैं। अब देश की एकता बनाने के लिए महल ढाने की ज़रूरत नहीं है। कमरे तोड़ने की ज़रूरत नहीं है। दीवारों में बड़ी-बड़ी खिड़कियाँ काटनी चाहिए। और कभी-कभी दुलहनों को एक मंच पर एकत्र करना चाहिए। यह काम सबसे अधिक हिन्दी की पत्र-पत्रिकाओं ने किया। और इस काम में साहित्य अकादमी की सेवा बड़ी ही उच्च कोटि की हुई है। यह साहित्य अकादमी की सेवा का परिणाम है कि अब देश में प्रत्येक भाषा की चोटी के लेखक दूसरी भाषाओं में भी जाने जाते हैं। मंगर साहित्य अकादमी की चाहे जितनी बड़ी सेवा हुई हो, साहित्य के क्षेत्र में, राष्ट्रीय मंच के निर्माण की कल्पना निराकार की निराकार चली आ रही थी।

मुझे इसमें कोई सन्देह नहीं है कि इतिहास यह श्रेय भारतीय ज्ञानपीठ को देगा कि उसने एक निराकार कल्पना को साकार कर दिया है। 'ज्ञानपीठ' ने भारत राष्ट्र का एक बहुत बड़ा काम कर दिया; जिसके लिए मैं उसे बधाई देता हूँ।

ज्ञानपीठ के पुरस्कार से, केवल साहित्य की ही सेवा नहीं हो रही है, उससे भारत की भावात्मक एकता में भी वृद्धि हो रही है। हमारा बौद्धिक व्यक्तित्व भी निखार पा रहा है। भाषाओं के भीतर, रचना के क्षेत्र में, आत्म-विश्वास में वृद्धि हो रही है। और अप्रत्यक्ष रूप से, भारत अंग्रेज़ी के दबाव से निकलता जा रहा है। इसलिए भारतीय ज्ञानपीठ की और भी प्रशंसा की जानी चाहिए और ऐसे कार्य का अनुकरण किया जाना चाहिए।

अब यह बात, जो मैंने कही, उसको थोड़ा-सा समझाना होगा। साहित्य दो प्रकार का होता है—एक को हम 'ज्ञान का साहित्य' यानी 'Literature of

Knowledge' कहते हैं। दूसरे को हम 'रस का साहित्य' यानी 'Literature of Power' कहते हैं।

लिटरेचर ऑफ़ नॉलिज—आप ऐसी किसी भी भाषा में लिख सकते हैं जो आपकी मातृभाषा नहीं है, फिर भी जिसे आपने दक्षता के साथ सीख लिया है। लेकिन रस का साहित्य आप सिर्फ़ अपनी भाषा में लिख सकते हैं, अपनी संस्कृति की भाषा में लिख सकते हैं। अपने देश की भाषा में लिख सकते हैं।

कितने बड़े-बड़े कवि हमने अंग्रेज़ी में पैदा किये—आरुदत्त, तोरुदत्त, भारत कोकिला सरोजिनी नायडू, हीरेन मुखर्जी, श्री अरविन्द—लेकिन अंग्रेज़ी साहित्य ने उनका कोई 'नोटिस' नहीं लिया। संसार ने पहचाना तो उस कवि को पहचाना, जो अपनी भाषा 'बँगला' में लिखता था। इसलिए अपनी भाषा—भारत की भाषा—हमारे रस-साहित्य की भाषा है। प्रत्येक देश, जिसका कोई इतिहास है उसकी आत्मा, अपनी भाषा को छोड़कर दूसरी भाषा में बोल नहीं सकती। और भारत में जो दृश्य हम देख रहे हैं, वह यह है कि भारत अपनी समस्त परम्पराओं तथा अपने समस्त आत्मबल के साथ ऊपर उठना चाहता है। और ऊपर में, जिन्होंने नक़ली भाषा से नक़ली नाम पैदा कर लिए हैं, नक़ली ताक़तें हासिल कर ली हैं, वे उस भारत को दबाकर रखना चाहते हैं।

उन्नत देशों की भाषा सीखना और अपनी भाषा की उन्नति करना—ये दोनों विरोधी काम नहीं हैं। इसलिए यह कहना तो मूर्खता है कि संसार में जो उन्नत भाषाएँ हैं उनका इस देश में प्रचार न हो। जो लोग ऐसा बोलते हैं वे भारत को पीछे रखना चाहते हैं। लेकिन यह भी ध्यान रखना होगा कि अगर भारत को 'डुप्लीकेट नेशन' नहीं बनना है, अगर इसको मौलिक राष्ट्र बनना है, तो मौलिक राष्ट्र भारत केवल अपनी भाषाओं के ज़रिये बनेगा, विदेशी भाषाओं के ज़रिये नहीं बनेगा।

अब जो औपचारिक बातें मुझे सूझती थीं, वे मैं बोल चुका। अब आगे क्या बोलूँ, इस पर कुछ संशय हो रहा है। 'नोबल प्राइज' के आसन से तो लोग संसार में शान्ति का सन्देश फैलाते हैं और रोज़ लड़ाई बढ़ती चली जाती है। मुझे आपको उपदेश वग़ैरह कुछ नहीं देना है, मैं तो कुछ अपना ही उद्घाटन करना चाहता हूँ। हालाँकि जो 30-40 किताबें मुझ पर निकली हैं उनमें मेरी काफ़ी पिटाई हुई है, मेरी काफ़ी जाँच-पड़ताल हुई है, लेकिन अपनी दृष्टि से, कुछ अपनी समस्याएँ आपके सामने कहता हूँ। मैं जिस चीज़ पर गर्व करूँ, ऐसी कोई चीज़ मेरे पास नहीं है। देश की रक्षा के लिए जो संघर्ष किया जाता है, वह बड़ा होता है। परिवार की रक्षा के लिए जो संघर्ष किया जाता है, वह छोटा होता है। लेकिन

मेरी सारी आयु इस छोटे संघर्ष में गयी है। ज़िन्दगी-भर में जितने भी दिन थे, उनका ताज़ा अंश परिवार के लिए रोटी कमाने में गया। उसके बाद जो अवसाद की घड़ियाँ आती हैं, उन्हीं घड़ियों में मैंने साहित्य पढ़ा और साहित्य लिखा। यह देश की कृपा है, साहित्य संसार की कृपा है, जो उसने उदारतापूर्वक आँख उठाकर मेरी ओर भी देखा। इसे मैं भगवान् की कृपा समझता हूँ। मेरी यह भी कल्पना है कि प्रत्येक जीव, जब परलोक से इस लोक में जन्म लेने के लिए चलता है तब एक बार शायद वह भगवान् के यहाँ विदाई लेने के लिए जाता होगा। तो अपने बारे में मेरी कल्पना यह है कि मैं जब भगवान् के यहाँ विदाई लेने गया तब भगवान् कलाकारों के बीच छेनी, हथौड़ी, टाँकी, रन्दा, कूची, रंग सब बाँट रहे थे लेकिन भगवान् ने मुझे पच्चीकारी के औज़ार नहीं दिये यानी उन्होंने छेनी नहीं दी, हथौड़ी नहीं दी, कूची नहीं दी। उनके भण्डार में एक मोटा-सा हथौड़ा पड़ा हुआ था, वही उठाकर उन्होंने मुझे दे दिया और कहा—"जा, इस हथौड़े से तू पहाड़ों के पत्थर तोड़ेगा और तुम्हारे तोड़े हुए पत्थर, काल के समुद्र की छाती पर फूल के समान तैरेंगे।" (अब इसमें थोड़ी-सी प्रशंसा अपनी कर रहा हूँ, माफ़ कीजिएगा और क्या कहूँ कि जिसमें आपकी दिलचस्पी हो)। लेकिन मैं जब भगवान् के यहाँ से हथौड़े को लेकर चला, तो लगता है कि मैं बार-बार लोभ से उस छेनी, टाँकी और हथौड़ी की ओर देख रहा था कि भगवान् ने मुझे ये चीज़ें क्यों नहीं दीं? और इस लोभ ने मुझे ज़िन्दगी-भर परेशान रखा है और ज़िन्दगी-भर मैं इस विषय पर सोचता रहा हूँ कि कविता का प्रयोजन क्या है? और सच पूछिए तो ईमानदारी से कहूँ कि आज भी मैं यह नहीं समझ सका हूँ कि कविता लिखी क्यों जाती है? उसका प्रयोजन क्या हो सकता है? मनुष्य को उन्नत बनाना, जाति को शक्ति देना, मनुष्य को पुण्य के रास्ते पर ले चलना या सिर्फ़ आदमी को रिझाना, उसे खुश करना, उसे प्रसन्न करना या मुमकिन है, इनमें से कोई भी लक्ष्य कविता का लक्ष्य नहीं हो। एजरा पाउंड ने कहा है—

"कविता, केवल कविता है, जैसे पेड़ केवल पेड़ है। पेड़ अपनी जगह पर खड़ा है। वह किसी को बुलाता नहीं, लेकिन लोग उसकी हरियाली को देखकर खुश होते हैं। छाया में बैठ भी जाते हैं और फलदार हुआ तो ज़रा तोड़कर खा भी लेते हैं। और पक्षी उसमें घोंसले बनाते हैं। यहाँ तक तो तुलना मुझे ठीक लगती है। लेकिन अगर मनुष्य और पक्षी न रहें, पेड़ तब भी फलेगा। मगर श्रोता और पाठक न रहें तो कवि कविता लिखेगा या नहीं, इसमें मुझे आज भी सन्देह है।"

कल्पना कीजिए—भगवान् न करें ऐसा हो—लेकिन, अगर दुनिया के सभी लोग मर जायें और एक आदमी जीवित रहे और वह कवि हो, तो वह क्या

कविता लिखेगा? इसलिए मेरा ख़याल है कि जिसको हम 'शुद्ध कविता' कहते हैं, जिस कविता का न कोई उद्देश्य है, न सिखाना है, न रिझाना है—कुछ नहीं है, वह कविता भी समाज के लिए ही लिखी जाती है। समाज से अलग कवि का अस्तित्व नहीं है और कवि को मैं मानता हूँ कि कवि का कार्य, वैयक्तिक कार्य भी, समाज के लिए सम्पादित कार्य है।

एक बात और याद आती है। जब कवि के निर्माण के दिन होते हैं, बनने की अवस्था होती है, तब कविता की ओर वह ललचाकर देखता है, दौड़-धूप करता है कि क्या करूँ, कहाँ जाऊँ, किसके पीछे पड़ूँ! तो निर्माण के दिनों में कवि को, उस एक महाकवि का पता लगाना पड़ता है जिसके समान वह बनना चाहता है।

मेरा भाग्य या दुर्भाग्य यह रहा कि मैंने एक के बदले ऐसे दो कवियों का पता लगा लिया जिनके समान बनने की मुझमें उमंग थी। इनमें से एक थे श्री रवीन्द्रनाथ ठाकुर, जिनको 'नोबल प्राइज' मिला था। जिनकी कीर्ति की घण्टी संसार के प्रत्येक प्रान्त में बज रही थी और जिनके प्रभाव में आकर भारत की अनेक भाषाओं ने छोटे-छोटे रवीन्द्रनाथ पैदा कर दिये थे। और दूसरे थे, सर मोहम्मद इक़बाल, जिनको 'नोबल पुरस्कार' तो मिला नहीं था, लेकिन जिनकी कविता पाठकों के लहू में उष्णता की धार प्रवाहित करती थी, पढ़ने वालों के मन में चिन्तन का दरवाज़ा खोल देती थी।

टैगोर और इक़बाल, इनका प्रभाव तो मुझ पर शुरू में ही पड़ गया, जब मैं समझ ही नहीं पाता था कि दोनों में क्या-क्या चीज़ें हैं? बहुत बाद में पता चला कि दोनों दो प्रकार के कवि हैं और परस्पर विरोधी क्षितिजों से बोलते हैं। उदाहरण के लिए, भगवान् के प्रति रवीन्द्रनाथ का भाव सम्पूर्ण शरणागति का भाव था, समर्पण का भाव था—

प्रभु, तोमाय लागि आँखि जागे!
देखा नाइ पाइ, शुधू पथ चाइ,
सेओ मोने भालो लागे!

(हे भगवान्! आपके लिए मेरी आँखें जग रही हैं। मैं आपको देख तो सकता नहीं, केवल रास्ता देखता हूँ किन्तु वह भी मन को अच्छा लगता है।)

लेकिन सर इक़बाल इससे उल्टे क़िस्म के भक्त थे। वे उस प्रकार के भक्त थे जो यह नहीं चाहता कि मैं भगवान् में विलीन होऊँ किन्तु जो यह कामना करता है कि भगवान् ही मुझमें विलीन हो जाये।

समुद्र समाना बूँद में, कबिरा गया हिराय।

कहते हैं, हजरत मूसा जब तूर पर गये थे तब भगवान् की लीला, ज्वाला के रूप में उनको दिखाई पड़ी और वे बेहोश होकर गिर गये लेकिन इक़बाल कहते हैं भगवान् से—

हूर ओ फ़रिश्ते हैं असीर मेरे तखय्युलात में,
मेरी निगाह से खलल तेरी तजल्लियात में।

हूर और फ़रिश्ते, दोनों मेरे विचारों के क़ैदी हो गये हैं और मेरी आँखों से, मेरी दृष्टि से, तुम्हारे प्रकाश में खलल पड़ रही है।

दोनों के बीच और भी भेद था। रवीन्द्रनाथ मानते थे कि उपयोगिता कला का लक्षण नहीं है, जहाँ तक उपयोगिता है, वहाँ तक वह पशु-धर्म है। खाना, पीना, अपनी रक्षा के लिए लड़ने की तैयारी करना, कपड़ा बुनना, ये सारी चिन्ताएँ भैंस को भी होती हैं, मनुष्य को भी। इसलिए जहाँ तक उपयोगिता का घेरा है, वहाँ तक तुम मनुष्य नहीं हो, तुम्हारा व्यक्तित्व नहीं है। उपयोगिता के घेरे को लाँघकर पार जाओ तब तुम मनुष्य बनते हो, तुम्हारा व्यक्तित्व बनता है और उसी व्यक्तित्व की अभिव्यक्ति कला है। अचरज की बात है सर इक़बाल ने भी इसी तरह से सोचा—

आर्ट इज़ एक्सप्रेशन ऑफ़ पर्सनैल्टी

लेकिन पर्सनैल्टी क्या है? इसके बारे में उनका विचार दूसरा था। वे मानते थे कि जो सुख में है, जो किसी बड़ी चीज़ को हासिल करने के लिए संघर्ष नहीं कर रहा है, उसका कोई व्यक्तित्व नहीं है। व्यक्तित्व उसका है जो कठिनाई में जीता है, जो संघर्ष करता है, जो बड़ी चीज़ों को हासिल करता है। उसी को व्यक्तित्वशाली कहते थे सर इक़बाल और उसी व्यक्तित्व की अभिव्यक्ति को कविता कहते थे।

शुरू में ही रवीन्द्र और इक़बाल का मुझ पर जो प्रभाव पड़ा, तो मैं थोड़ी घबराहट में ज़रूर रहा। असल में हमारा निर्माण सिर्फ़ रवीन्द्र का काल ही नहीं है। हम लोगों का निर्माण उस समय हुआ जब गांधी जी त्याग, तपस्या, प्रेरणा, आलोक और संघर्ष से सारे देश को आलोड़ित कर रहे थे। तो स्वाभाविक था कि ऐसा समय, क्या निरुद्देश्य गीत का समय होता है—यह मन में होता था और इसलिए इक़बाल का प्रभाव ज़्यादा पड़ता था। अब उस समय कॉलेज में थोड़ी

पढ़ाई मैंने भी की थी और वहाँ एकाध पद्य पढ़ा था। कॉलेज में वर्ड्सवर्थ की ये पंक्तियाँ कदाचित् मैंने भी पढ़ी होंगी–

The gods approve the depth
And not the tumult of the soul.

लेकिन जवानी-भर मुझे इसकी परवाह नहीं रही कि देवताओं की पसन्द क्या है, मुख्य बात यह थी कि गर्म लोहे पर हथौड़े की चोट ज़ोर से पड़ती है या नहीं। मैं रन्दा लेकर काठ को चिकनाने के लिए नहीं आया था, मेरे हाथ में कुल्हाड़ी थी और मैं जड़ता की लकड़ियों को फाड़ रहा था।

लेकिन मुझे राष्ट्रीयता, क्रान्ति और गर्जन-तर्जन की कविताएँ लिखते देखकर मेरे भीतर बैठे हुए रवीन्द्रनाथ दुखी होते थे और संकेतों में कहते थे–"तू जिस भूमि पर काम कर रहा है, वह काव्य के असली स्रोतों के ठीक समीप नहीं है।" तब मैं असमय 'आह्वान' में, 'हाहाकार' में तथा अन्य कविताओं में अपनी क़िस्मत पर रोता था कि हाय! काल ने इतना कसकर मुझे ही क्यों पकड़ लिया है।

मैं बड़ी ही निश्चिन्तता और आत्म-विश्वास के साथ गाता आ रहा था। सन् 1943 के आसपास मेरा परिचय 'अदृश्य कवि' यानी 'इनविजिबल पोयट' इलियट से हुआ। 1943 से पहले मैं इलियट का नाम सुनता था। 1943 में पहले-पहल मैंने इलियट की कविताएँ पढ़ीं। यह मेरी काव्य-चेतना में आने वाला पहला भूडोल था। पूर्व इसके कि युग की बीमारी अपनी हस्ती का ऐलान करे, कवि को चाहिए कि वह युग से कह दे कि तुम बीमार हो या बीमार होने वाले हो। इलियट की कविताएँ पूरी तरह मेरी समझ में नहीं आयीं, लेकिन तब भी मैं मान गया कि उन्होंने युग को यह चेतावनी दे दी है। मैं बड़ी निश्चिन्तता और आत्म-विश्वास के साथ गाता आ रहा था। साम्राज्यवाद की कुरूप छाती में अपने गीतों के ख़ंजर चुभोता आ रहा था। परतन्त्रता की बेड़ियों पर अपने हथौड़े से प्रहार करता आ रहा था, जो मुझे भगवान् से प्राप्त हुआ था। किन्तु इलियट को पढ़ते ही मैं थोड़ी देर के लिए ठिठककर रह गया–"अरे! इलियट की कविताएँ, हम लोगों की कविताओं, यानी मेरे गुरु रवीन्द्रनाथ और इक़बाल की कविताओं से कितनी भिन्न हैं?" फिर मन ने कहा–"यह अवश्य ही परिस्थितियों का भेद है। इलियट उस दुनिया के कवि हैं, जो दुनिया समृद्धि की अधिकता से बेजार है, जिस दुनिया ने आत्मा को सुलाकर, शरीर को जगा दिया है। किन्तु, हम तो पराधीन देश के कवि हैं। हमारा तो कोई देश ही नहीं है। फिर हम वेस्टलैंड की कल्पना कैसे करें?"

मगर इलियट को मैं चाहे जितना भी भूलना चाहता, मैं उन्हें भूल नहीं सकता था। उनकी कविताएँ समझ में भले ही नहीं आती हों, किन्तु वे मेरी शान्ति भंग करने में समर्थ थीं; मेरे मन को वे अक्सर उस दिशा में भेज देती थीं जिस दिशा में कहीं कोई क्षितिज नहीं था, न कोई किताब खुलकर कभी बन्द होती थी। मेरी चेतना के घाट बँध चुके थे, मेरी चमड़ी मोटी हो चुकी थी, मेरे मुहावरे अब बदले नहीं जा सकते थे। अतएव, इलियट के लिए असम्भव कार्य था कि वे मुझे बदलकर अपनी राह पर लगा लें। लेकिन मन बराबर यह महसूस करता रहा कि इलियट, रवीन्द्र और इक़बाल से छोटे हों या बड़े, यह अलग बात है, किन्तु वे उन दोनों से भिन्न हैं और उनके साथ कविता में कोई ऐसी अदा उतरी है जो संसार में और कभी दिखाई नहीं पड़ी थी। उस समय मैं यह क्या जानता था कि नवीनता का पाठ, कविता ने इलियट में आकर नहीं पढ़ा; यह पाठ इलियट की कविताओं से कोई पचास वर्ष पूर्व, वह फ्रांस में पढ़ चुकी थी। लेकिन भारतवासियों को तो भारत से बाहर केवल अंग्रेज़ दिखाई पड़ते थे। अतएव जब तक अंग्रेज़ नहीं बदले, भारतवासियों ने कविता के क्षेत्र में बदलने की बात सोची भी नहीं।

रवीन्द्र और इक़बाल ने मेरे हृदय-सरोवर को ख़ूब हिलकोरा था। जब सरोवर किंचित् जड़ होने लगा, उसे इलियट और उनके समानधर्मा कवियों ने फिर से हिलकोर दिया। नयी कविता से मेरे घबराने का कारण यह था कि वह मेरी समझ में नहीं आती थी। दूसरे, उसने छन्द की राह छोड़ दी थी। किन्तु जब मैंने देखा कि चित्रकारी बालू और कोलतार से और मूर्तिकारी लोहे के तारों से की जा रही है, तब मैंने भी यह मान लिया कि कविता का गद्य में लिखा जाना भी कोई अनुचित बात नहीं है।

मुझे जो कुछ बनना था, रवीन्द्र और इक़बाल की कृपा से मैं बन चुका था। अब मुझे यह उम्मीद नहीं थी कि मुझ पर कविता के नये आन्दोलन का भी प्रभाव पड़ेगा। लेकिन जो बात जवानी में नहीं हो पायी, वह बुढ़ापे में आकर हो गयी। जिस प्रभाव का अदृश्य-आरम्भ 'नील कुसुम' में हुआ, उसका दृश्य-प्रमाण 'हारे को हरि नाम' में मौजूद है। धर्म में मैं निराकार से साकार की ओर गया हूँ। कविता में मेरी यात्रा साकार से निराकार की ओर है। पहले मैं यह जानता था कि कविता कहाँ से आ रही है और किस तरफ़ को जायेगी। अब मुझे यह मालूम नहीं होता कि कविता कहाँ से आती है और उसका गन्तव्य क्या है।

कविता युग के संचित ज्ञान का आख्यान नहीं है। कविता का क्षेत्र ज्यों-ज्यों नवीन होता जाता है, कवि त्यों-त्यों अधिक गहराई में उतरता जाता है। ज्यों-ज्यों

वह गहराई में उतरता जाता है, त्यों-त्यों वह यह बताने में अधिक असमर्थ होता जाता है कि यह सच है और वह सच नहीं है। कविता की जो यात्रा गहराई की ओर है, वही उसे अनेकान्त की ओर लिये जा रही है। कवि यह जान गया है कि कोई भी बात ज़ोर से बोलने के लायक नहीं है। इसीलिए वह निश्चित और अनिश्चित, ज्ञात और अज्ञात के सन्धि-स्थल पर काम करता है। मनुष्य इतनी बार धोखा खा चुका है कि अब उसे किसी भी ज्ञान पर विश्वास नहीं रहा। और सत्य को उसने इतनी बार बदलते देखा है कि वह कहीं भी दुराग्रहपूर्वक अड़ने को तैयार नहीं है। इसका प्रभाव कविता पर पड़ना स्वाभाविक था। कविता अब सत्य का उद्घोष नहीं, उसके अनुसन्धान का प्रयास है। मैं भी 'उर्वशी' में सिखाने के बदले, अनुसन्धान के काम में ज़्यादा लगा रहा हूँ। यह ठीक ही है कि 'उर्वशी' में द्वाभा और गोधूलि है। 'कुरुक्षेत्र' की वाणी विश्वास की वाणी है; 'उर्वशी' की वाणी संशय और द्विधा से ग्रस्त है। 'कुरुक्षेत्र' में मैं धृष्टतापूर्वक गुरु के पद से स्वयं बोल गया हूँ। 'उर्वशी' की ऊँचाई पर पहुँचकर मुझे ऐसा लगा कि काश कोई गुरु मिल जाता तो उससे पूछ लेता कि असली रहस्य क्या है। अब अपने रहस्य, अपनी कला, अपनी टेक्नीक और अपने स्वप्न की व्याख्या कवि को ख़ुद नहीं करनी चाहिए, लेकिन मैंने इसलिए की कि और कुछ मिला नहीं जिसमें आपका मनोरंजन हो। कुछ यह भी कारण है कि अब समय वह आ गया है जब कवि प्रधान और कविता गौण हो गयी है। मैंने देखा है कि कवियों की जीवनियाँ अब ज़्यादा बिकती हैं और कविताएँ कम बिकती हैं। मेरी कविता छपती है तो उस पर प्रतिक्रिया कम होती है; किन्तु मुझसे कोई प्रेस का आदमी इंटरव्यू लेकर छाप दे तो उस पर चिट्ठियाँ आती हैं। इसलिए मैंने उचित समझा कि यही सब-कुछ कह-सुनकर आज का काम पूरा कर दूँ।

अब एक बात और है! यह जो समय है वह 'स्पेशलिस्ट' का समय आ गया है। सुना है, (कोठारी साहब जानते होंगे) कि विज्ञान का फॉरमूला (फ़िज़िक्स का) अब गणित का फॉरमूला बन गया है और दुर्भाग्यवश सभी वैज्ञानिक गणितज्ञ नहीं होते हैं, इसलिए विज्ञान की बात वैज्ञानिक भी नहीं समझते हैं। वही हाल कविता में हुआ है, कविता को कवि ही नहीं समझता है। और मेरी चिन्ता यह है कि कोई कवि ऐसा जन्म लेता जो इलियट और रिल्के के स्वप्न को तुलसीदास की सरलता से लिखने का मार्ग निकाल देता तो बड़ी बात हो जाती।

अन्त में एक खुफिया भेद और बताकर अपनी जगह ले लूँ। जिस तरह जवानी-भर मैं रवीन्द्र और इक़बाल के बीच झटके खाता रहा, उसी तरह, जीवन-भर मैं गांधी और मार्क्स के बीच भी झटके खाता रहा हूँ। इसीलिए उजले

को लाल से गुणा करने पर जो रंग बनता है, वही रंग मेरी कविता का है। और मेरा यह विश्वास है कि भारतवर्ष के भी भावी व्यक्तित्व का रंग यही होगा।"

जय वाग्देवी! जय हिन्द!

(यह वक्तव्य भारतीय ज्ञानपीठ के कैसेट द्वारा तैयार किया गया है—सं.)

शेष-निःशेष

चक्रवर्ती राजगोपालाचारी

श्री राजगोपालाचारी जी के दर्शन मैंने पहले-पहल सन् 1946 में किये थे, उस समय केन्द्र में जो अन्तरिम सरकार बनी थी, उसके अध्यक्ष गवर्नर जनरल लॉर्ड वावेल थे और उपाध्यक्ष पण्डित जवाहरलाल नेहरू। राजाजी भी उस मन्त्रिमण्डल के सदस्य थे। काशी विद्यापीठ का दीक्षान्त समारोह था। राजाजी उस समारोह में दीक्षान्त-भाषण देने को आये हुए थे। राजाजी को सुनने के लिए जनता उमड़ पड़ी थी, किन्तु स्नातक मुश्किल से बीस या पच्चीस रहे होंगे। इस स्थिति पर राजाजी ने मज़ाक़ किया—"दीक्षान्त-समारोह में स्नातक अधिक होते हैं, अन्य लोगों की संख्या थोड़ी होती है, किन्तु यहाँ तो हालत बिल्कुल उल्टी है। ऐसा लगता है, कुत्ता पूँछ को नहीं हिला रहा है, पूँछ ही कुत्ते को हिला रही है।"

यह तो ख़ैर, दर्शन की बात हुई। राजाजी से मेरी पहली मुलाक़ात सन् 1956 में हुई, जब राजभाषा आयोग मद्रास गया और राजाजी उसके सामने अपना वक्तव्य देने को पधारे। राजाजी अपना वक्तव्य लिखकर लाये थे। उस वक्तव्य की एक बात मुझे याद है—"हिन्दी देश की राजभाषा बनेगी, इस आशा में अंग्रेज़ी को मत हटाइए। हाथ में आया हुआ एक पक्षी झाड़ी में छिपे दो पक्षियों से बेहतर है।"

उस समय भाषावार प्रान्तों के गठन के लिए भी आयोग बना था, जो अपना काम कर रहा था। राजाजी ने कहा, "भाषाओं के आधार पर प्रान्त बनेंगे, तो उससे भी देश कमज़ोर होगा।" मैंने पूछा, "किन्तु श्रीमान्, प्रत्येक प्रान्त अपनी भाषा की ओर दौड़ रहा है, इसे क्या आप रोक देना चाहेंगे?" राजाजी ने एक ही वाक्य कहकर मुझे चुप कर दिया, "क्या आप धारा के साथ बहने में विश्वास करते हैं?"

दूसरे दिन पण्डित बालकृष्ण शर्मा 'नवीन' और मैं राजाजी से मिलने उनके घर गये। राजाजी जिस कमरे में बैठे थे, वह बिल्कुल अनलंकृत, स्वच्छ और शान्त था और उसके भीतर वह अदृश्य तेज फैल रहा था, जो सादगी में जीनेवाले

महापुरुष की उपस्थिति से निःसृत होता है। राजाजी बेंत की कुर्सी पर बैठे बेंत की ही मेज़ पर रखी कोई पोथी पढ़ रहे थे। प्रणाम-पाती के अनन्तर मैंने पूछा, "क्या पढ़ रहे हैं श्रीमान्?"

राजाजी ने कहा, "क्यों, 'रामायण' संसार में सबसे अच्छी पुस्तक है। मैं रामायण पढ़ रहा हूँ। और कोई दूसरी पुस्तक मैं क्यों पढ़ूँ?"

देश में भाषावार प्रान्तों के गठन के लिए जो आन्दोलन चल रहा था, उससे राजाजी बहुत चिन्तित दीखे। उन्होंने कहा, "जब सभी प्रान्त अपनी ही भाषाओं में काम करेंगे, तब हमारी राष्ट्रीय एकता का क्या होगा? तुम लोग नेहरू को समझाओ कि वे भाषावार प्रान्त बनाने का विचार छोड़ दें।"

मैंने निवेदन किया, "कांग्रेस भाषावार प्रान्तों की रचना का वादा बहुत पहले कर चुकी है। फिर यह भी है कि इतने बड़े प्रश्न पर पण्डित जी हम लोगों के कहने से अपना विचार नहीं बदलेंगे। आप उनके नाम से कोई पत्र दीजिए तो उसके आधार पर हम लोग पण्डित जी को समझाने की कोशिश कर सकते हैं।"

राजाजी ने कहा, "पत्राचार से ऐसे प्रश्न नहीं सुलझते। सोचो न, पहले एक प्रश्न, फिर दूसरा प्रश्न, फिर तीसरा प्रश्न! पत्र मैं कहाँ तक लिखता रहूँगा!"

मैंने कहा, "तब एक बात हो सकती है कि हम दिल्ली जाकर पण्डित जी से कहें कि राजाजी ने आपको बुलाया है। हमारा ख़याल है, वे तुरन्त आपसे मिलने मद्रास चले आयेंगे।"

राजाजी बोल उठे, "अरे नहीं, यह बात तुम प्रधानमन्त्री से हरगिज मत कहना। और अब तो हाँ-में-हाँ मिलानेवाला सबसे भारी-भरकम आदमी वहाँ दिल्ली में ही मौजूद है।"

साफ़ झलक गया कि राजाजी का अभिप्राय पं. गोविन्दबल्लभ पन्त से है। अतएव नवीन जी और मैं ख़ूब ज़ोर से हँस पड़े। राजाजी ने फिर घबराकर कहा, "देखो, इस मज़ाक़ को दिल्ली मत ले जाओ।"

सबको हिन्दी सीख लेनी चाहिए

फिर हिन्दी की बात चली। राजाजी जब सन् 1937 में मद्रास के प्रधानमन्त्री थे, वहाँ हिन्दी के विरोध में एक आन्दोलन उठ खड़ा हुआ था। उस आन्दोलन के सिलसिले में राजाजी ने बारह सौ हिन्दी-विरोधियों को जेल भिजवाया था।

सन् 1929 में कांग्रेस का अधिवेशन लाहौर में हुआ था। उस अधिवेशन से लौटने के बाद राजाजी ने 'हिन्दी-प्रचारक' नामक पत्र में 'छात्रों से अपील' शीर्षक से एक लेख लिखा था, जिसमें उन्होंने बहुत ज़ोर देकर कहा था कि दक्षिण के

लोगों को हिन्दुस्तानी भाषा ज़रूर सीखनी चाहिए। "शिक्षा अधिकारी जब तक यह नहीं महसूस करते कि भारत के सभी प्रान्तों में स्कूली पाठ्यक्रमों में एक ही भाषा का स्थान नहीं होना भारी ग़लती है, तब तक अपनी मदद हमें आप करनी चाहिए। यह भाषा बड़ी आसानी से सीखी जा सकती है। आप संस्कृत की लिपि सीखकर हिन्दुस्तानी तुरन्त आरम्भ कर सकते हैं।"

जेल भिजवाने की बात तो मैंने नहीं कही। लेकिन इस लेख की याद दिलाते हुए मैंने निवेदन किया, "कल आपने आयोग के सामने जो मत रखा, वह आपके पहलेवाले मत से भिन्न था।"

राजाजी बोले, "नहीं, मेरे विचारों में असंगति नहीं है। हिन्दी देश में फैलेगी, इसलिए हर आदमी को हिन्दी सीख लेनी चाहिए। लेकिन क़ानून के बल से थोपना देश की एकता के लिए अच्छा नहीं होगा।"

प्रबल मेधा, बेजोड़ हास्य

गांधी-युग में भारतवर्ष का आकाश अनेक महानक्षत्रों से दैदीप्यमान था। इन नक्षत्रों में से प्रत्येक की अपनी-अपनी विशेषता थी। राजाजी की विशेषता यह थी कि उनकी मेधा बड़ी प्रबल थी। बात करते समय वे रूपक, दृष्टान्त और उपमा का ऐसा विलक्षण प्रयोग करते थे कि प्रतिपक्षी उनसे जीत नहीं सकता था। उनकी दूसरी विशेषता यह थी कि अगर उनकी आत्मा सही समझे, तो वे ऐसी बात भी निर्भीकता के साथ बोलते थे, जिसे सारी दुनिया ग़लत समझती हो। जब लीगी मुसलमानों ने 'पाकिस्तान-पाकिस्तान' की रट लगा दी, तब कांग्रेसियों में से सबसे पहले राजाजी ने ही कहा कि मुसलमानों की इस माँग पर हमें सहानुभूतिपूर्वक विचार करना चाहिए। सन् 42 के भारत-छोड़ो आन्दोलन में उन्होंने गांधीजी का साथ नहीं दिया, यद्यपि गांधीजी उन्हें अपना सबसे आन्तरिक और विश्वसनीय सलाहकार मानते थे।

उन दिनों देश में राजाजी का भारी विरोध हो रहा था, लेकिन वे सभाओं में जाने से बाज नहीं आते थे। बम्बई की एक सभा में वे जब बोलने को खड़े हुए, तब किसी लड़के ने कोलतार का एक पिण्ड राजाजी पर फेंका, जो सीधे जाकर राजाजी के चेहरे पर लगा। राजाजी तनिक भी उत्तेजित नहीं हुए। उन्होंने सिर्फ़ यह कहा, "वाह, क्या अचूक निशाना है!" वे मुँह धोकर फिर मंच पर आये और एक घण्टे तक जनता को अपने विचार सुनाते रहे। जीवन के दैनिक क्रम में वे बिल्कुल स्थितप्रज्ञ पुरुष थे।

राजाजी उस प्रकार के महापुरुष थे, जो अपने साथ भीड़ लेकर नहीं चलते।

एकान्त में चट्टान पर खड़े रहते हैं। एक बार नवीन जी से मैंने पूछा था कि मेरे जानते राजाजी के पास जो दिमाग़ है, वह आज और किसी के पास नहीं है। फिर भी वे दिल्ली में नहीं हैं, यह कैसी बात है? नवीनजी ने कहा, "तुम उन्हें जानते नहीं हो। अपनी बुद्धि के सामने वे दूसरों की बुद्धि को नितान्त तुच्छ समझते हैं। यही समझो कि हम लोगों के बीच जब वे आते थे, तब यही आभास देते थे, मानो कोई महामहोपाध्याय भंगियों के मुहल्ले में आ रहा हो।"

राजाजी मज़ाक़ और व्यंग्य करने में बेजोड़ थे। एक बार वे प्यारेलाल जी को 'कावेरीपत्तनम अप्पास्वामी शंकर सुब्रह्मण्यम' इस नाम के हिज्जे बतलाने लगे। प्यारेलाल जी ने कहा, ज़रा ठहरिए। स्टेनो को बुलाता हूँ कि वह नाम को शुद्ध-शुद्ध लिख ले। राजाजी चुप रह गये। प्यारेलाल के इस मज़ाक़ का जवाब उन्हें तुरन्त नहीं सूझा। लेकिन थोड़ी देर बाद वे बोले, "अच्छा, प्यारेलाल, हकीम साहब का पूरा नाम क्या है?"

"हकीम अजमल खाँ।" प्यारेलाल जी ने कहा।

राजाजी ने कहा, "नहीं-नहीं। वह नाम बताओ, जिस नाम से उनका परिचय सभाओं में दिया जाता है।"

अब प्यारेलाल जी ने समझा कि राजाजी उन्हें रगड़ने का रास्ता खोज रहे हैं। मगर वे भागकर जाते भी कहाँ? आख़िर उन्हें कहना ही पड़ा, "जी, वह नाम तो है मसीह-उल-मुल्क हजाकुल-हकीम, हकीम अजमल खाँ साहब।"

मगर पूरा नाम सुनने को रुकता कौन है? ज्योंही प्यारेलाल जी ने नाम शुरू किया, राजाजी बोले, "अरे रुको भी! ज़रा स्टेनो को बुला लेता हूँ कि वह नाम शुद्ध-शुद्ध लिख डाले।"

असहयोग आन्दोलन के समय गर्मी के दिनों में राजाजी सेकेंड क्लास में सफ़र कर रहे थे। उस डिब्बे में एक अंग्रेज़ भी था, जो पसीने से तर-बतर हो रहा था और गर्मी के मारे बेचैन था। उसने राजाजी से कहा, "आज का दिन तो बहुत ज़्यादा गर्म है।" राजाजी ने कहा, "फिर भी काफ़ी गर्म नहीं है।" वह अंग्रेज़ चकित होकर राजाजी का मुँह देखने लगा। राजाजी ने मुस्कराते हुए कहा, "मेरा मतलब है, इतना गर्म नहीं है कि आप लोग इस देश को छोड़कर इंग्लैंड चले जायें।" वैसे यह सुनकर अंग्रेज़ को ग़ुस्सा आ जाता, मगर वह राजाजी की मुस्कराहट की मार से चुप रह गया।

राजाजी बंगाल के गवर्नर हुए थे। फिर वे भारत के अन्तिम गवर्नर-जनरल भी हुए। इन पदों के साथ जो आडम्बर और ठाठ-बाट है, उस पर राजाजी बराबर व्यंग्य करते रहते थे। एक बार अपने सचिव से उन्होंने कहा था, "गवर्नर के पद

पर रहने में इतना ज़रूर है कि जो भी मुझसे मिलने आता है, अच्छे कपड़े-लत्ते पहनकर आता है।"

एक बार श्रीमती सरोजिनी नायडू गवर्नमेंट हाउस में राजाजी से मिलने आयीं। राजाजी उन्हें सारा भवन घूम-घूमकर दिखाने लगे। जब वे अपने शयनकक्ष में पहुँचे, तब उन्होंने श्रीमती नायडू से कहा, "यह तो देखिए भला, यह पलंग कितना बड़ा है और मैं कितना अल्प-सा जीव हूँ।" श्रीमती नायडू भी मज़ाक़ में चूकती नहीं थीं। उन्होंने कहा, "ख़ेद है राजाजी! मैंने कई परिस्थितियों में आपकी मदद की है, लेकिन इस पलंगवाले मामले में मैं आपकी कोई सहायता नहीं कर सकती।"

कलकत्ते के गवर्नमेंट हाउस में 'कंट्री-लाइफ़' नामक एक पत्रिका इंग्लैंड से आती थी और राजाजी उसे बड़े चाव से पढ़ते थे। एक दिन अपने मिलिटरी सेक्रेटरी से उन्होंने कहा, "इस पत्रिका में बड़े उपयोगी लेख आते हैं—ख़ासकर पक्षियों के विषय में। यह जो हर महीने पत्रिका के आवरण पर एक ख़ूबसूरत औरत की तस्वीर आया करती है, उससे इस पत्रिका का कुछ ख़ास बिगड़ता नहीं है।"

एक दिन घर पर बैठे राजाजी अपने जूते साफ़ कर रहे थे। एक मित्र ने पूछा, "राजाजी, आप अपने जूते साफ़ कर रहे हैं?" राजाजी ने कहा, "आप किसके जूते साफ़ किया करते हैं?"

दुश्मन नम्बर एक का दुश्मन नम्बर एक

राजाजी के जीवन में धर्म, वैराग्य, अनासक्ति और त्याग, सब-कुछ था। किन्तु इन सारे गुणों के साथ वे कर्मवीर भी थे। वे मानते थे कि जीवन तभी तक जीने योग्य है, जब तक उससे कर्म सम्पादित होता है। एक बार किसी मित्र ने उनसे कहा कि जीवन को गम्भीर मत बनाइए, उसे आसानी से चलने दीजिए। राजाजी को यह बात पसन्द नहीं आयी। उन्होंने कहा, "तब तो मैं मर ही जाऊँगा।"

जब सन् 1952 में आम चुनाव हुए, मद्रास में चिन्ता उठी कि यहाँ का मुख्यमन्त्री कौन हो। मद्रास के राज्यपाल श्रीप्रकाश जी ने राजाजी को बुलाया और उनसे कहा कि आप मुख्यमन्त्री नहीं बनेंगे, तो मद्रास संकट में फँसेगा। राजाजी ने कहा, "मैं तो विधानसभा का सदस्य तक नहीं हूँ। मेरे बारे में आप सोच क्यों रहे हैं?" तब श्रीप्रकाश जी ने कहा, "मैं आपको विधान परिषद् का सदस्य नामजद करता हूँ। आप मुख्यमन्त्री बनना स्वीकार कीजिए।" राजाजी ने कहा, "प्रधानमन्त्री से पूछ लिया है?" श्रीप्रकाश जी कहते थे कि उसी समय

उन्होंने दिल्ली से फ़ोन मिलाया और राजाजी को परिषद् का सदस्य नामजद कर दिया। पण्डित जी को यह बात पसन्द नहीं थी, किन्तु श्रीप्रकाश जी के यह कहने पर कि "यहाँ की स्थिति गम्भीर है, या तो ख़ुद आकर इसे सँभालो या मुझे सँभालने दो।" पण्डित जी चुप लगा गये। राजाजी जब शपथ ग्रहण कर विधानसभा में गये, तब एक साम्यवादी सदस्य ने पूछा, "आपकी नीति क्या होगी?" राजाजी ने कहा, "यह कि आप मेरे दुश्मन नम्बर एक हैं और मैं आपका दुश्मन नम्बर एक हूँ।"

लेकिन मुख्यमन्त्री पद से हटने के बाद राजाजी हर ऐसी चिनगारी को सुलगाने लगे, जो जवाहरलाल के ख़िलाफ़ थी। जब साम्यवादी लोग जवाहरलाल जी के ख़िलाफ़ आन्दोलन करने लगे, राजाजी अपने दुश्मन नम्बर एक के दोस्त बन गये और उनकी सभाओं में जाकर उन्हें इज़्ज़त बख़्शने लगे। लेकिन जब यह हथियार उन्हें पूरा अनुकूल नहीं दीखा, तब राजाजी ने कांग्रेस के ख़िलाफ़ स्वतन्त्र पार्टी की स्थापना कर दी। वे वशिष्ठ और विश्वामित्र ही नहीं थे, बहुत दूर तक चाणक्य भी थे।

राजाजी मन्त्री भी रहे, गवर्नर भी रहे और गवर्नर-जनरल भी हुए, किन्तु अन्त में वे कांग्रेसी राज्य के बिल्कुल विरुद्ध हो गये। सत्ता से हटने के बाद जिस निर्भीकता के साथ उन्होंने प्रजातन्त्र के प्रहरी का काम किया, वह विलक्षण थी। मद्रास का छोटा-सा साप्ताहिक 'स्वराज' उनकी लेखनी के प्रभाव से शक्तिशाली पत्र बन गया। केवल चरित्र और मेधा के बल से मनुष्य, शासक न होते हुए भी, कितना प्रभावशाली हो सकता है, राजाजी का बादवाला जीवन इसका ज्वलन्त उदाहरण था। जिस साहस के साथ उन्होंने सरकार का विरोध किया, वह साहस हर आदमी नहीं दिखा सकता। यह साहस वही दिखा सकता है जिसने जीवन-भर अपने चरित्र पर पहरा दिया हो। राजाजी ऐसे ही व्यक्ति थे। अपने नाती से उन्होंने कहा था, "ऐसा मत समझना कि मैं कुदरती तौर पर बना-बनाया अच्छा आदमी हूँ। अच्छा मैं तभी तक हूँ, जब तक अपने-आप पर पहरा देता हूँ।"

जमनालाल जी बजाज ने मद्रास में एक छोटा-सा घर ख़रीदकर राजाजी को भेंट किया था। राजाजी ने कहा, "इस घर में मैं तभी रहूँगा, जब आप मुझसे इसका किराया लेना स्वीकार करेंगे।" जमनालाल जी के बाद जमनालाल जी के पुत्र कमलनयन ने भी राजाजी से अनुरोध किया था कि यह आपके मित्र का प्रेमोपहार है। इसे प्रेमोपहार ही रहने दीजिए। किन्तु राजाजी ने फिर वही बात कही—इस घर में मैं तभी तक रहूँगा, जब तक तुम इसका किराया लेना स्वीकार करोगे।

दूसरे के घर पर ढेले वही फेंक सकता है, जिसका अपना घर शीशे का नहीं हो। मद्रास में सुनी हुई एक कहानी याद आती है। राजाजी के यहाँ एक दाई काम करती थी। एक दिन राजाजी को भोजन कराते समय उसने कहा, "अगर अमुक व्यक्ति से आप फ़ोन पर कुछ कह दें तो मेरे बेटे की तरक़्क़ी हो जाये।" राजाजी उस समय तो कुछ नहीं बोले, लेकिन शाम को दाई का महीनेभर का वेतन उन्होंने उसके हाथ पर रख दिया और कहा—कल से तुम मेरे घर में काम नहीं करोगी।

राजाजी : रोशनी सारी दुनिया के लिए

यान्त्रिक सभ्यता पर राजाजी को घोर शंका थी। उन्होंने 'स्वराज' के एक अंक में लिखा था, "उद्योगीकरण के लोभ में अगर हम नहीं फँसते, भारत अगर अपने स्वधर्म यानी धर्म और दर्शन पर आरूढ़ रहता, तो वे राष्ट्र भी हमारा आदर करते, जो अमीर हैं। उद्योग के क्षेत्र में हमें साइकिल और सीने की मशीन से आगे नहीं जाना था। अमीर बनने के लोभ में न पड़कर भारत ने अगर नैतिक मूल्यों के उत्थान के लिए प्रयत्न किया होता, तो विश्व-सभ्यता की वह उत्तम सेवा कर सकता था।" राजाजी का विचार एक पिछड़े आदमी का विचार है, यह कहकर यहाँ आसानी से हँसा जा सकता है। लेकिन जो दूरदर्शी मनुष्य है, जो मनुष्य के आध्यात्मिक व्यक्तित्व के पारखी हैं तथा सभ्यता के भविष्य पर जो चिन्ता करते हैं, वे ही इसका अनुमान लगा सकेंगे कि राजाजी किस ऊँचे धरातल से बोल रहे थे। अथवा यदि आगे की सन्ततियों के सामने राजाजी की यह उक्ति पड़ेगी, तो वे सन्ततियाँ अपने कलेजे पर मुक्के मारेंगी कि हाय, ऐसी-ऐसी बातें बीसवीं सदी के मध्य में बोली जा चुकी थीं, तब भी मानवता को चेत नहीं हुआ!

राजाजी की प्रसिद्धि भारत तक ही सीमित नहीं थी। विदेश यात्रा तो उन्होंने केवल एक ही बार (1962 में) की थी, किन्तु सारे संसार के सुधी राजनीतिज्ञ उनके नाम से परिचित थे और अनेक चिन्तक यह मानते थे कि राजाजी को जो भविष्य दिखाई देता है, वह कल्पना का खेल नहीं है। आस्ट्रेलिया के एक राजदूत ने लिखा था, "ज़माने के आसार अच्छे नहीं हैं। एक ही बात अच्छी है कि राजाजी हमारे साथ हैं। उनके भीतर एक रोशनी है और वह रोशनी केवल भारत के लिए नहीं, सारी दुनिया के वास्ते है।"

रामायण और महाभारत को राजाजी भारतीय संस्कृति का आधार मानते थे। राजाजी ने कई पुस्तकें लिखी हैं, किन्तु रामायण और महाभारत पर लिखी अपनी

पुस्तक उन्हें ख़ास तौर से पसन्द थी। वे कहते थे कि तमिल भाषा में मैंने जो काम किया है, वही मुझे जीवित रखेगा।

वैयक्तिक स्वतन्त्रता में अटल विश्वास

राजाजी गांधी जी के समधी ही नहीं, भीतर से उन्हीं के समान थे। उनमें कन्फ़्यूशियस की व्यावहारिकता थी, जनक का वैराग्य था, तिरुवल्लुवर का ज्ञान और वाल्तेयर का तीखापन था। राममोहन राय से लेकर गांधी तक, भारतीय महापुरुषों ने जिस प्रकार के भारत की कल्पना की थी, राजाजी उस भारत के साकार रूप थे।

1971 के संसदीय चुनाव के समय वे चाहते थे कि कांग्रेस चुनाव हार जाये। किन्तु कांग्रेस हारी नहीं। इसी प्रकार जिस जनवादी ज्वार के ख़िलाफ़ उन्होंने अपनी छाती रोप दी थी, वह ज्वार भी नहीं रुका। मगर उन्हें सन्तोष था कि उनके प्रयत्न निष्फल नहीं गये हैं। पानी अब उस रास्ते से बहने लगा है, जो कम ख़तरनाक है।

संसार में उनका नाम दूर-दूर तक फैल गया था और मद्रास की ओर जानेवाले पर्यटक अक्सर यह चाहते थे कि महाबलिपुरम् को देखकर वे एक बार राजाजी को भी देख लें। और राजाजी मज़ाक़ में कहा भी करते थे, "अरे, मैं आदमी अब कहाँ हूँ? दूसरा महाबलिपुरम् बन गया हूँ!"

राजाजी ने तमिल में कोई कविता लिखी है या नहीं, यह मैं नहीं जानता, किन्तु अंग्रेज़ी में एक कविता उन्होंने ज़रूर लिखी थी। इस कविता का मुखड़ा है, 'हियर अंडर दिस युनाइटिंग रूफ' (संसार को एक करने वाली इस छत के नीचे)। सन् 1966 के अक्तूबर महीने में श्रीमती सुब्बालक्ष्मी जी ने यही गीत राष्ट्र संघ के महासम्मेलन में गाया था।

राजाजी धारा के ख़िलाफ़ तैरनेवाले वीर थे, वे अपकीर्ति का सामना करके भी वह बात बोल सकते थे, जिसमें उनका विश्वास था। वे अपने प्रत्येक क्रिया-कलाप का सम्बन्ध कहीं-न-कहीं धर्म से जोड़ते थे। और सबसे बड़ी बात यह थी कि मनुष्य की वैयक्तिक स्वतन्त्रता में उनका अटल विश्वास था। और इस बात पर वे चौकसी रखते थे कि सरकारी तन्त्र नागरिकों की वैयक्तिक स्वतन्त्रता पर कहाँ-कहाँ अपना पाँव रख रहा है।

(1974 ई.)

□□